中外哲學典籍大全

中國哲學典籍卷

總主編 李鐵映 王偉光

周易口義

經部易類

〔宋〕胡瑗 著 〔宋〕倪天隱 述其師説

白輝洪 于文博 〔韓〕徐尚賢 點校

中國社会科学出版社

圖書在版編目（CIP）數據

周易口義／（宋）胡瑗著；白輝洪，于文博，（韓）徐尚賢點校．—北京：中國社會科學出版社，2021.3

（中外哲學典籍大全．中國哲學典籍卷）

ISBN 978－7－5203－8070－6

Ⅰ.①周…　Ⅱ.①胡…②白…③于…④徐…　Ⅲ.①《周易》—研究　Ⅳ.①B221.5

中國版本圖書館 CIP 數據核字（2021）第 041818 號

出 版 人　趙劍英
項目統籌　王　茵
責任編輯　孫　萍
責任校對　趙　威
責任印製　王　超

出　　版　中国社会科学出版社
社　　址　北京鼓樓西大街甲 158 號
郵　　編　100720
網　　址　http://www.csspw.cn
發 行 部　010－84083685
門 市 部　010－84029450
經　　銷　新華書店及其他書店

印　　刷　北京君昇印刷有限公司
裝　　訂　廊坊市廣陽區廣增裝訂廠
版　　次　2021 年 3 月第 1 版
印　　次　2021 年 3 月第 1 次印刷

開　　本　710×1000　1/16
印　　張　42.25
字　　數　445 千字
定　　價　158.00 元

凡購買中國社會科學出版社圖書，如有質量問題請與本社營銷中心聯繫調換
電話：010－84083683

中外哲學典籍大全

學術委員會

「中國哲學典籍卷」

學術委員會

主　任　陳　來　趙汀陽　謝地坤　李存山　王　博

委　員（按姓氏拼音排序）

白　奚　陳壁生　陳　静　陳立勝　陳少明　陳衛平　陳　霞　丁四新　馮顔利
于春松　郭齊勇　郭曉東　景海峰　李景林　李四龍　劉成有　劉　豐　王中江
王立勝　吴　飛　吴根友　吴　震　向世陵　楊國榮　楊立華　張學智　張志强
鄭　開

項目負責人　張志强

提要撰稿主持人　劉　豐　趙金剛

提要英譯主持人　陳　霞

中外哲學典籍大全

總序

中外哲學典籍大全的編纂，是一項既有時代價值又有歷史意義的重大工程。

中華民族經過了近一百八十年的艱苦奮鬥，迎來了中國近代以來最好的發展時期，迎來了奮力實現中華民族偉大復興的時期。中華民族衹有總結古今中外的一切思想成就，才能並肩世界歷史發展的大勢。爲此，我們須編纂一部匯集中外古今哲學典籍的經典集成，爲中華民族的偉大復興、爲人類命運共同體的建設、爲人類社會的進步，提供哲學思想的精粹。

哲學是思想的花朵，文明的靈魂，精神的王冠。一個國家、民族，要興旺發達，擁有光明的未來，就必須擁有精深的理論思維，擁有自己的哲學。哲學是推動社會變革和發展的理論力量，是激發人的精神砥石。哲學解放思維，净化心靈，照亮前行的道路。偉大的時代需要精邃的哲學。

一 哲學是智慧之學

哲學是什麽？這既是一個古老的問題，又是哲學永恒的話題。追問哲學是什麽，本身就是「哲學」問題。從哲學成爲思維的那一天起，哲學家們就在不停追問中發展、豐富哲學的篇章，給出一個又一個答案。每個時代的哲學家對這個問題都有自己的詮釋。哲學是什麽，是懸疑在人類智慧面前的永恒之問，這正是哲學之爲哲學的基本特點。

哲學是全部世界的觀念形態，精神本質。人類面臨的共同問題，是哲學研究的根本對象。本體論、認識論、世界觀、人生觀、價值觀、實踐論、方法論等，仍是哲學的基本問題和生命力所在！哲學研究的是世界萬物的根本性、本質性問題。人們可以給哲學做出許多具體定義，但我們可以嘗試用「遮詮」的方式描述哲學的一些特點，從而使人們加深對何爲哲學的認識。

哲學不是玄虚之觀。哲學來自人類實踐，關乎人生。哲學對現實存在的一切追根究底、「打破砂鍋問到底」。它不僅是問「是什麽」(being)，而且主要是追問「爲什麽」（why），特别是追問「爲什麽的爲什麽」。它關注整個宇宙，關注整個人類的命運，關注人生。它關心柴米油鹽醬醋茶和人的生命的關係，關心人工智能對人類社會的挑戰。哲學是對一切實踐經驗的理論升華，它關心具體現象背後的根據，關心人類如何會更好。

哲學是在根本層面上追問自然、社會和人本身，以徹底的態度反思已有的觀念和認識，從價值理想出發把握生活的目標和歷史的趨勢，展示了人類理性思維的高度，凝結了民族進步的智慧，寄託了人們熱愛光明、追求真善美的情懷。道不遠人，人能弘道。哲學是把握世界、洞悉未來的學問，是思想解放、自由的大門！

古希臘的哲學家們被稱爲「望天者」，亞里士多德在形而上學一书中説，「最初人們通過好奇—驚讚來做哲學」。如果説知識源於好奇的話，那麽産生哲學的好奇心，必須是大好奇心。這種「大好奇心」衹爲一件「大事因緣」而來，所謂大事，就是天地之間一切事物的「爲什麽」。哲學精神，是「家事、國事、天下事，事事要問」，是一種永遠追問的精神。

哲學不祇是思維。哲學將思維本身作爲自己的研究對象，對思想本身進行反思。哲學不是一般的知識體系，而是把知識概念作爲研究的對象，追問「什麽才是知識的真正來源和根據」。哲學的「非對象性」的思想方式，不是「純形式」的推論原則，而有其「非對象性」之對象。哲學之對象乃是不斷追求真理，是一個理論與實踐兼而有之的過程，是認識的精粹。哲學追求真理的過程本身就顯現了哲學的本質。天地之浩瀚，變化之奧妙，正是哲思的玄妙之處。

哲學不是宣示絶對性的教義教條，哲學反對一切形式的絶對。哲學解放束縛，意味著從一切思想教條中解放人類自身。哲學給了我們徹底反思過去的思想自由，給了我們深刻洞察未來的思想能力。哲學就是解放之學，是聖火和利劍。

哲學不是一般的知識。哲學追求「大智慧」。佛教講「轉識成智」，識與智相當於知識與哲學的關係。一般知識是依據於具體認識對象而來的、有所依有所待的「識」，而哲學則是超越於具體對象之上的「智」。

公元前六世紀，中國的老子說，「大方無隅，大器晚成，大音希聲，大象無形，道隱無名。夫唯道，善貸且成」。又說，「反者道之動，弱者道之用。天下萬物生於有，有生於無」。對道的追求就是對有之爲有、無形無名的探究，就是對天地何以如此的探究。這種追求，使得哲學具有了天地之大用，具有了超越有形有名之有限經驗的大智慧。這種大智慧、大用途，超越一切限制的籬笆，達到趨向無限的解放能力。

哲學不是經驗科學，但又與經驗有聯繫。哲學從其作爲學問誕生起，就包含於科學形態之中，是以科學形態出現的。哲學是以理性的方式、概念的方式、論证的方式來思考宇宙人生的根本問題。在亞里士多德那裏，凡是研究實體（ousia）的學問，都叫作「哲學」。而「第一實體」則是存在者中的「第一個」。研究第一實體的學問稱爲「神學」，也就是「形而上學」，這正是後世所謂「哲學」。一般意義上的科學正是從「哲學」最初的意義上贏得自己最原初的規定性的。哲學雖然不是經驗科學，却爲科學劃定了意義的範圍、指明了方向。哲學最後必定指向宇宙人生的根本問題，大科學家的工作在深層意義上總是具有哲學的意味，牛頓和愛因斯坦就是這樣的典範。

哲學不是自然科學，也不是文學藝術，但在自然科學的前頭，哲學的道路展現了；在文學藝術的山頂，哲學的天梯出現了。哲學不斷地激發人的探索和創造精神，使人在認識世界的過程中，不斷達到新境界，在改造世界中從必然王國到達自由王國。

哲學不斷從最根本的問題再次出發。哲學史在一定意義上就是不斷重構新的世界觀、認識人類自身的歷史。哲學的歷史呈現，正是對哲學的創造本性的最好説明。哲學史上每一位哲學家對根本問題的思考，都在爲哲學添加新思維、新向度，猶如爲天籟山上不斷增添一隻隻黄鸝翠鳥。

如果説哲學是哲學史的連續展現中所具有的統一性特徵，那麽這種「一」是在「多」個哲學的創造中實現的。如果説每一種哲學體系都追求一種體系性的「一」的話，那麽每種「一」的體系之間都存在着千絲相聯、多方組合的關係。這正是哲學史昭示於我們的哲學多樣性的意義。多樣性與統一性的依存關係，正是哲學尋求現象與本質、具體與普遍相統一的辯證之意義。

哲學的追求是人類精神的自然趨向，是精神自由的花朵。哲學是思想的自由，是自由的思想。

中國哲學，是中華民族五千年文明傳統中，最爲内在的、最爲深刻的、最爲持久的精神追求和價值觀表達。中國哲學已經化爲中國人的思維方式、生活態度、道德準則、人生追求、精神境界。中國人的科學技術、倫理道德，小家大國、中醫藥學、詩歌文學、繪畫書法、武術拳法、鄉規民俗，乃至日常生活也都浸潤着中國哲學的精神。華夏文化雖歷經磨難而能够透魄醒神，堅韌屹立，正是來自於中國哲學深邃的思維和創造力。

先秦時代，老子、孔子、莊子、孫子、韓非子等諸子之間的百家争鳴，就是哲學精神在中國的展現，是中國人思想解放的第一次大爆發。兩漢四百多年的思想和制度，是諸子百家思想在争鳴過程中大整合的結果。魏晋之際，玄學的發生，則是儒道冲破各自藩籬，彼此互動互補的結果，形成了儒家獨尊的態勢。隋唐三百年，佛教深入中國文化，又一次帶來了思想的大融合和大解放，禪宗的形成就是這一融合和解放的結果。兩宋三百多年，中國哲學迎來了第三次大解放。儒釋道三教之間的互潤互持日趨深入，朱熹的理學和陸象山的心學，就是這一思想潮流的哲學結晶。

與古希臘哲學强調沉思和理論建構不同，中國哲學的旨趣在於實踐人文關懷，它更關注實踐的義理性意義。中國哲學當中，知與行從未分離，中國哲學有着深厚的實踐觀點和生活觀點，倫理道德觀是中國人的貢獻。馬克思説，「全部社會生活在本質上是實踐的」，實踐的觀點、生活的觀點也正是馬克思主義認識論的基本觀點。這種哲學上的契合性，正是馬克思主義能够在中國扎根並不斷中國化的哲學原因。

「實事求是」是中國的一句古話。今天已成爲深遂的哲理，成爲中國人的思維方式和行爲基準。實事求是就是解放思想，解放思想就是實事求是。實事求是毛澤東思想的精髓，是改革開放的基石。只有解放思想才能實事求是。實事求是就是中國人始終堅持的哲學思想。實事求是就是依靠自己，走自己的道路，反對一切絶對觀念。所謂中國化就是一切從中國實際出發，一切理論必須符合中國實際。

二　哲學的多樣性

實踐是人的存在形式，是哲學之母。實踐是思維的動力、源泉、價值、標準。人們認識世界、探索規律的根本目的是改造世界，完善自己。哲學問題的提出和回答，都離不開實踐。馬克思有句名言：「哲學家們只是用不同的方式解釋世界，而問題在於改變世界！」理論只有成爲人的精神智慧，才能成爲改變世界的力量。

哲學關心人類命運。時代的哲學，必定關心時代的命運。對時代命運的關心就是對人類實踐和命運的關心。人在實踐中產生的一切都具有現實性。哲學的實踐性必定帶來哲學的現實性。哲學的現實性就是强調人在不斷回答實踐中各種問題時應該具有的態度。

哲學作爲一門科學是現實的。哲學是一門回答並解釋現實的學問，哲學是人們聯繫實際、面對現實的思想。可以説哲學是現實的最本質的理論，也是本質的最現實的理論。哲學始終追問現實的發展和變化。哲學存在於實踐中，也必定在現實中發展。哲學的現實性要求我們直面實踐本身。

哲學不是簡單跟在實踐後面，成爲當下實踐的「奴僕」，而是以特有的深邃方式，關注着實踐的發展，提升人的實踐水平，爲社會實踐提供理論支撑。從直接的、急功近利的要求出發來理解和從事哲學，無異於向哲學提出它本身不可能完成的任務。哲學是深沉的反思，厚重的智慧，事物的抽象，理論的把握。哲學是人類把握世界最深邃的理論思維。

哲學是立足人的學問，是人用於理解世界、把握世界、改造世界的智慧之學。「民之所好，好之，民之所惠，惠之。」哲學的目的是爲了人。用哲學理解外在的世界，理解人本身，也是爲了用哲學改造世界、改造人。哲學研究無禁區，無終無界，與宇宙同在，與人類同在。

存在是多樣的，發展是多樣的，這是客觀世界的必然。宇宙萬物本身是多樣的存在，多樣的變化。歷史表明，每一民族的文化都有其獨特的價值。文化的多樣性是自然律，是動力，是生命力。各民族文化之間的相互借鑒，補充浸染，共同推動著人類社會的發展和繁榮，這是規律。對象的多樣性、複雜性，決定了哲學的多樣性；即使對同一事物，人們也會産生不同的哲學認識，形成不同的哲學派别。哲學觀點、思潮、流派及其表現形式上的區别，來自於哲學的時代性、地域性和民族性的差异。世界哲學是不同民族的哲學的薈萃，如中國哲學、西方哲學、阿拉伯哲學等。多樣性構成了世界，百花齊放形成了花園。不同的民族會有不同風格的哲學。恰恰是哲學的民族性，使不同的哲學都可以在世界舞臺上演繹出各種「戲劇」。即使有類似的哲學觀點，在實踐中的表達和運用也會各有特色。

人類的實踐是多方面的，具有多樣性、發展性，大體可以分爲：改造自然界的實踐，改造人類社會的實踐，完善人本身的實踐，提升人的精神世界的精神活動。人是實踐中的人，實踐是人的生命的第一屬性。實踐的社會性決定了哲學的社會性，哲學不是脱離社會現實生活的某種遐想，而是社會現實生活的觀念形態，是文明進步的重要標誌，是人的發展水平的重要維度。哲學的發展狀况，反映着一個社會人的理性成熟程度，反映著這個社會的文明程度。

哲學史實質上是自然史、社會史、人的發展史和人類思維史的總結和概括。自然界是多樣的，社會是多樣的，人類思維是多樣的。所謂哲學的多樣性，就是哲學基本觀念、理論學説、方法的異同，是哲學思維方式上的多姿多彩。哲學的多樣性是哲學的常態，是哲學進步、發展和繁榮的標誌。哲學是人的哲學，哲學是人對事物的自覺，是人對外界和自我認識的學問，也是人把握世界和自我的學問。哲學的多樣性，是哲學的常態和必然，是哲學發展和繁榮的内在動力。一般是普遍性，特色也是普遍性。從單一性到多樣性，從簡單性到複雜性，是哲學思維的一大變革。用一種哲學話語和方法否定另一種哲學話語和方法，這本身就不是哲學的態度。

多樣性並不否定共同性、統一性、普遍性。物質和精神，存在和意識，一切事物都是在運動、變化中的，是哲學的基本問題，也是我們的基本哲學觀點！

當今的世界如此紛繁複雜，哲學多樣性就是世界多樣性的反映。哲學是以觀念形態表現出的現實世界。哲學的多樣性，就是文明多樣性和人類歷史發展多樣性的表達。多樣性是宇宙之道。

哲學的實踐性、多樣性，還體現在哲學的時代性上。哲學總是特定時代精神的精華，是一定歷史條件下人的反思活動的理論形態。在不同的時代，哲學具有不同的内容和形式，哲學的多樣性，也是歷史時代多樣性的表達。哲學的多樣性也會讓我們能够更科學地理解不同歷史時代，更爲内在地理解歷史發展的道理。多樣性是歷史之道。

哲學之所以能發揮解放思想的作用，在於它始終關注實踐，關注現實的發展；在於它始終關注著科學技術的進步。哲學本身没有絶對空間，没有自在的世界，只能是客觀世界的映象，觀念形態。没有了現實性，哲學就遠離人，就離開了存在。哲學的實踐性，説到底是在説明哲學本質上是人的哲學，是人的思維，是爲了人的科學！哲學的實踐性、多樣性告訴我們，哲學必須百花齊放、百家争鳴。哲學的發展首先要解放自己，解放哲學，就是實現思維、觀念及範式的變革。人類發展也必須多塗並進，交流互鑒，共同繁榮。采百花之粉，才能釀天下之蜜。

三　哲學與當代中國

中國自古以來就有思辨的傳統，中國思想史上的百家争鳴就是哲學繁榮的史象。哲學是歷史發展的號角。中國思想文化的每一次大躍升，都是哲學解放的結果。中國古代賢哲的思想傳承至今，他們的智慧已浸入中國人的精神境界和生命情懷。

中國共産黨人歷來重視哲學，毛澤東在一九三八年，在抗日戰爭最困難的條件下，在延安研究哲學，創作了實踐論和矛盾論，推動了中國革命的思想解放，成爲中國人民的精神力量。

中華民族的偉大復興必將迎來中國哲學的新發展。當代中國必須有自己的哲學，當代中國的哲學必須要從根本上講清楚中國道路的哲學道理。中華民族的偉大復興必須要有哲學的思維，必須要有不斷深入的反思。發展的道路，就是哲思的道路，文化的自信，就是哲學思維的自信。哲學是引領者，可謂永恒的「北斗」，哲學是時代的「火焰」，是時代最精緻最深刻的「光芒」。從社會變革的意義上説，任何一次巨大的社會變革，總是以理論思維爲先導。理論的變革，總是以思想觀念的空前解放爲前提，而「吹響」人類思想解放第一聲「號角」的，往往就是代表時代精神精華的哲學。社會實踐對於哲學的需求可謂「迫不及待」，因爲哲學總是「吹響」這個新時代的「號角」。「吹響」中國改革開放之

「號角」的，正是「解放思想」「實踐是檢驗真理的唯一標準」「不改革死路一條」等哲學觀念。「吹響」新時代「號角」的是「中國夢」，「人民對美好生活的向往，就是我們奮鬥的目標」。發展是人類社會永恒的動力，變革是社會解放的永遠的課題，思想解放，解放思想是無盡的哲思。中國正走在理論和實踐的雙重探索之路上，搞探索没有哲學不成！

中國哲學的新發展，必須反映中國與世界最新的實踐成果，必須反映科學的最新成果，必須具有走向未來的思想力量。今天的中國人所面臨的歷史時代，是史無前例的。十三億人齊步邁向現代化，這是怎樣的一幅歷史畫卷！是何等壯麗、令人震撼！不僅中國歷史上亘古未有，在世界歷史上也從未有過。當今中國需要的哲學，是結合天道、地理、人德的哲學，是整合古今中西的哲學，只有這樣的哲學才是中華民族偉大復興的哲學。

當今中國需要的哲學，必須是適合中國的哲學。無論古今中外，再好的東西，也需要再吸收，再消化，必須要經過現代化和中國化，才能成爲今天中國自己的哲學。哲學是解放人的，哲學自身的發展也是一次思想解放，也是人的一个思維升華、羽化的過程。中國人的思想解放，總是隨著歷史不斷進行的。歷史有多長，思想解放的道路就有多長；發展進步是永恒的，思想解放也是永無止境的，思想解放就是哲學的解放。

習近平説，思想工作就是「引導人們更加全面客觀地認識當代中國、看待外部世界」。這就需要我們確立一種「知己知彼」的知識態度和理論立場，而哲學則是對文明價值核心最精練和最集中的深邃性表達，有助於我們認識中國、認識世界。立足中國、認識中國，需要我們審視我們走過的道路，立足中國、認識世界，需要我們觀察和借鑒世界歷史上的不同文化。中國「獨特的文化傳統」、中國「獨特的歷史命運」、中國「獨特的基本國情」，「決定了我們必然要走適合自己特點的發展道路」。一切現實的，存在的社會制度，其形態都是具體的，都是特色的，都必須是符合本國實際的。抽象的制度，普世的制度是不存在的。同時，我們要全面客觀地「看待外部世界」。研究古今中外的哲學，是中國認識世界、認識人類史，認識自己未來發展的必修課。今天中國的發展不僅要讀中國書，還要讀世界書。不僅要學習自然科學、社會科學的經典，更要學習哲學的經典。當前，中國正走在實現「中國夢」的「長征」路上，這也正是一條思想不斷解放的道路！要回答中國的問題，解釋中國的發展，首先需要哲學思維本身的解放。哲學的發展，就是哲學的解放，這是由哲學的實踐性、時代性所決定的。哲學無禁區、無疆界。哲學是關乎宇宙之精神，是關乎人類之思想。哲學將與宇宙、人類同在。

四　哲學典籍

中外哲學典籍大全的編纂，是要讓中國人能研究中外哲學經典，吸收人類精神思想的精華；是要提升我們的思維，讓中國人的思想更加理性、更加科學、更加智慧。

中國有盛世修典的傳統。中國古代有多部典籍類書（如「永樂大典」「四庫全書」等），在新時代編纂中外哲學典籍大全，是我們的歷史使命，是民族復興的重大思想工程。

只有學習和借鑒人類精神思想的成就，才能實現我們自己的發展，走向未來。中外哲學典籍大全的編纂，就是在思維層面上，在智慧境界中，繼承自己的精神文明，學習世界優秀文化。這是我們的必修課。

不同文化之間的交流、合作和友誼，必須達到哲學層面上的相互認同和借鑒。哲學之間的對話和傾聽，才是從心到心的交流。中外哲學典籍大全的編纂，就是在搭建心心相通的橋樑。

我們編纂這套哲學典籍大全，一是中國哲學，整理中國歷史上的思想典籍，濃縮中國思想史上的精華；二是外國哲學，主要是西方哲學，吸收外來，借鑒人類發展的優秀哲學成果；三是馬克思主義哲學，展示馬克思主義哲學中國化的成就；四是中國近現代以來的哲學成果，特別是馬克思主義在中國的發展。

編纂這部典籍大全，是哲學界早有的心願，也是哲學界的一份奉獻。中外哲學典籍大全總結的是書本上的思想，是先哲們的思維，是前人的足迹。我們希望把它們奉獻給後來人，使他們能够站在前人肩膀上，站在歷史岸邊看待自己。

中外哲學典籍大全的編纂，是以「知以藏往」的方式實現「神以知來」；中外哲學典籍大全的編纂，是通過對中外哲學歷史的「原始反終」，從人類共同面臨的根本大問題出發，在哲學生生不息的道路上，綵繪出人類文明進步的盛德大業！

發展的中國，既是一個政治、經濟大國，也是一個文化大國，也必將是一個哲學大國、思想王國。人類的精神文明成果是不分國界的，哲學的邊界是實踐，實踐的永恒性是哲學的永續綫性，打開胸懷擁抱人類文明成就，是一個民族和國家自强自立，始終佇立於人類文明潮頭的根本條件。

擁抱世界，擁抱未來，走向復興，構建中國人的世界觀、人生觀、價值觀、方法論，這是中國人的視野、情懷，也是中國哲學家的願望！

李鐵映

二〇一八年八月

「中國哲學典籍卷」

序

中國古無「哲學」之名，但如近代的王國維所說，「哲學爲中國固有之學」。「哲學」的譯名出自日本啓蒙學者西周，他在一八七四年出版的百一新論中說：「將論明天道人道，兼立教法的philosophy 譯名爲哲學。」自「哲學」譯名的成立，「philosophy」或「哲學」就已有了東西方文化交融互鑒的性質。

「philosophy」在古希臘文化中的本義是「愛智」，而「哲學」的「哲」在中國古經書中的字義就是「智」或「大智」。孔子在臨終時慨嘆而歌：「泰山壞乎！梁柱摧乎！哲人萎乎！」（史記孔子世家）「哲人」在中國古經書中釋爲「賢智之人」，而在「哲學」譯名輸入中國後即可稱爲「哲學家」。

哲學是智慧之學，是關於宇宙和人生之根本問題的學問。對此，中西或中外哲學是共同的，因而哲學具有世界人類文化的普遍性。但是，正如世界各民族文化既有世界的普遍性，也有民族的特殊性，所以世界各民族哲學也具有不同的風格和特色。如果説「哲學」是個「共名」或「類稱」，那麽世界各民族哲學就是此類中不同的「特例」。這是哲學的普遍性與多樣性的統一。

在中國哲學中，關於宇宙的根本道理稱爲「天道」，關於人生的根本道理稱爲「人道」，中國哲學的一個貫穿始終的核心問題就是「究天人之際」。一般説來，天人關係問題是中外哲學普遍探索的問題，而中國哲學的「究天人之際」具有自身的特點。

亞里士多德曾説：「古今來人們開始哲學探索，都應起於對自然萬物的驚異……這類學術研究的開始，都在人生的必需品以及使人快樂安適的種種事物幾乎全都獲得了以後。」「這些知識最先出現於人們開始有閒暇的地方。」這是説的古希臘哲學的一個特點，是與當時古希臘的社會歷史發展階段及其貴族階層的生活方式相聯繫的。與此不同，中國哲學是產生於士人在社會大變動中的憂患意識，爲了求得社會的治理和人生的安頓，他們大多「席不暇暖」地周遊列國，宣傳自己的社會主張。這就決定了中國哲學在「究天人之際」

中首重「知人」，在先秦「百家争鳴」中的各主要流派都是「務爲治者也，直所從言之異路，有省不省耳」（史記太史公自序）。

中國哲學與其他民族哲學所不同者，還在於中國數千年文化一直生生不息而未嘗中斷，中國文化在世界歷史的「軸心時期」所實現的哲學突破也是采取了極温和的方式。這主要表現在孔子的「祖述堯舜，憲章文武」，删述六經，對中國上古的文化既有連續性的繼承，又經編纂和詮釋而有哲學思想的突破。因此，由孔子及其後學所編纂和詮釋的上古經書就以「先王之政典」的形式不僅保存下來，而且在此後中國文化的發展中居於統率的地位。

據近期出土的文獻資料，先秦儒家在戰國時期已有對「六經」的排列，「六經」作爲一個著作群受到儒家的高度重視。至漢武帝「罷黜百家，表章六經」，遂使「六經」以及儒家的經學確立了由國家意識形態認可的統率地位。漢書藝文志著録圖書，爲首的是「六藝略」，其次是「諸子略」「詩賦略」「兵書略」「數術略」和「方技略」，這就體現了以「六經」統率諸子學和其他學術。這種圖書分類經幾次調整，到了隋書經籍志乃正式形成「經、史、子、集」的四部分類，此後保持穩定而延續至清。

中國傳統文化有「四部」的圖書分類，也有對「義理之學」「考據之學」「辭章之學」和「經世之學」等的劃分，其中「義理之學」雖然近於「哲學」但並不等同。中國傳統文化没有形成「哲學」以及近現代教育學科體制的分科，但是中國傳統文化確實固有其深邃的哲學思想，它表達了中華民族的世界觀、人生觀，體現了中華民族的思維方式、行爲準則，凝聚了中華民族最深沉、最持久的價值追求。

清代學者戴震説：「天人之道，經之大訓萃焉。」（原善卷上）經書和經學中講「天人之道」的「大訓」，就是中國傳統的哲學；不僅如此，在圖書分類的「子、史、集」中也有講「天人之道」的「大訓」，這些也是中國傳統的哲學。「究天人之際」的哲學主題是在中國文化上下幾千年的發展中，伴隨著歷史的進程而不斷深化、轉陳出新、持續探索的。

中國哲學首重「知人」，在天人關係中是以「知人」爲中心，以「安民」或「爲治」爲宗旨的。在記載中國上古文化的尚書臯陶謨中，就有了「知人則哲，能官人；安民則惠，黎民懷之」的表述。在論語中，「樊遲問仁，子曰：『愛人。』問知（智），子曰：『知人。』」（論語顔淵）「仁者愛人」是孔子思想中的最高道德範疇，其源頭可上溯到中國文化自上古以來就形成的崇尚道德的優秀傳統。孔子說：「未能事人，焉能事鬼？」「未知生，焉知死？」（論語先進）「務民之義，敬鬼神而遠之，可謂知矣。」（論語雍也）「智者知人」，在孔子的思想中雖然保留了對「天」和鬼神的敬畏，但他的主要關注點是現世的人生，是「仁者愛人」「天下有道」的價值取向，由此確立了中國哲學以「知人」爲中心的思想範式。西方現代哲學家雅斯貝爾斯在大哲學家一書中把蘇格拉底、佛陀、孔子和耶穌作爲「思想範式的創造者」，而孔子思想的特點就是「要在世間建立一種人道的秩序」，「在現世的可能性之中」，孔子「希望建立一個新世界」。

中國上古時期把「天」或「上帝」作爲最高的信仰對象，這種信仰也有其宗教的特殊性。如梁啓超所說：「各國之尊天者，常崇之於萬有之外，而中國則常納之於人事之中，此吾中華所特長也。……其尊天也，目的不在天國而在世界，受用不在未來（來世）而在現在（現世）。是故人倫亦稱天倫，人道亦稱天道。記曰：『善言天者必有驗於人。』此所以雖近於宗教，而與他國之宗教自殊科也。」由於中國上古文化所信仰的「天」不是存在於與人世生活相隔絕的「彼岸世界」，而是與地相聯繫（中庸所謂「郊社之禮，所以事上帝也」，朱熹中庸章句注：「郊，祀天；社，祭地。不言后土者，省文也。」），具有道德的、以民爲本的特點（尚書所謂「皇天無親，惟德是輔」，「天視自我民視，天聽自我民聽」，「民之所欲，天必從之」），所以這種特殊的宗教性也長期地影響著中國哲學對天人關係的認識。相傳「人更三聖，世經三古」的易經，其本爲卜筮之書，但經孔子「觀其德義而已」之後，則成爲講天人關係的哲理之書。四庫全书總目易類序說：「聖人覺世牖民，大抵因事以寓教……易則寓於卜筮。故易之爲書，推天道以明人事者也。」不僅易經是如此，而且以後中國哲學的普遍架構就是「推天道以明人事」。

春秋末期，與孔子同時而比他年長的老子，原創性地提出了「有物混成，先天地生」（老子二十五章），天地並非固有的，在天地産生之前有「道」存在，「道」是産生天地萬物的總根源和總根據。「道」内在於天地萬物之中就是「德」，「孔德之容，惟道是從」（老子二十一章），「道」與「德」是統一的。老子說：「道生之，德畜之，物形之，勢成之。是以萬物莫不尊道而貴德。道之尊，德之貴，夫莫之命而常自然。」（老子五十一章）老子的價值主張是「自然無爲」，而「自然無爲」的天道根據就是「道生之，德畜之……是以萬物莫不尊道而貴德」。老子所講的「德」實即相當於「性」，孔子所罕言的「性與天道」，在老子哲學中就是講「道」與「德」的形而上學。實際上，老子哲學確立了中國哲學「性與天道合一」的思想，而他從「道」與「德」推出「自然無爲」的價值主張，這就成爲以後中國哲學「推天道以明人事」普遍架構的一個典範。雅斯貝爾斯在大哲學家一書中把老子列入「原創性形而上學家」，他說：「從世界歷史來看，老子的偉大是同中國的精神結合在一起的。」他評價孔、老關係時說：「雖然兩位大師放眼於相反的方向，但他們實際上立足於同一基礎之上。兩者間的統一在中國的偉大人物身上則一再得到體現……」這裏所謂「中國的精神」「立足於同一基礎之上」，就是説孔子和老子的哲學都是爲了解決現實生活中的問題，都是「務爲治者也」。

在老子哲學之後，中庸説：「天命之謂性」，「思知人，不可以不知天」。孟子説：「盡其心者知其性也，知其性則知天矣。」（孟子盡心上）此後的中國哲學家雖然對天道和人性有不同的認識，但大抵都是講人性源於天道，知天是爲了知人。一直到宋明理學家講「天者理也」，「性即理也」，「性與天道合一存乎誠」。作爲宋明理學之開山著作的周敦頤太極圖説，是從「無極而太極」講起，至「形既生矣，神發知矣，五性感動而善惡分，萬事出矣」，這就是從天道講到人事，而其歸結爲「聖人定之以中正仁義而主静，立人極焉」，這就是從天道、人性推出人事應該如何，「立人極」就是要確立人事的價值準則。可以説，中國哲學的「推天道以明人事」最終指向的是人生的價值觀，這也就是要「爲天地立心，爲生民立命，爲往聖繼絶學，爲萬世開太平」。在作爲中國哲學主流的儒家哲學中，價值觀又是與道德修養的工夫論和道德境界相聯繫。因此，天人合一、真善合一、知行合一成爲中國哲學的主要特點。

中國哲學經歷了不同的歷史發展階段，從先秦時期的諸子百家争鳴，到漢代以後的儒家經學獨尊，而實際上是儒道互補，至魏晉玄學乃是儒道互補的一個結晶；在南北朝時期逐漸形成儒、釋、道三教鼎立，從印度傳來的佛教逐漸適應中國文化的生態環境，至隋唐時期完成中國化的過程而成爲中國文化的一個有機組成部分；宋明理學則是吸收了佛、道二教的思想因素，返而歸於「六經」，又創建了論語孟子大學中庸的「四書」體系，建構了以「理、氣、心、性」爲核心範疇的新儒學。因此，中國哲學不僅具有自身的特點，而且具有不同發展階段和不同學派思想内容的豐富性。

一八四〇年之後，中國面臨着「數千年未有之變局」，中國文化進入了近現代轉型的時期。在甲午戰敗之後的一八九五年，「哲學」的譯名出現在黄遵憲的日本國志和鄭觀應的盛世危言（十四卷本）中。此後，「哲學」以一個學科的形式，以哲學的「獨立之精神，自由之思想」推動了中華民族的思想解放和改革開放，中、外哲學會聚於中國，中、外哲學的交流互鑒使中國哲學的發展呈現出新的形態，馬克思主義哲學在與中國的歷史文化傳統、中國具體的革命和建設實踐相結合的過程中不斷中國化而産生新的理論成果。中華民族的偉大復興必將迎來中國哲學的新發展，在此之際，編纂中外哲學典籍大全，中國哲學典籍第一次與外國哲學典籍會聚於此大全中，這是中國盛世修典史上的一個首創，對於今後中國哲學的發展、對於中華民族的偉大復興具有重要的意義。

李存山

二〇一八年八月

「中國哲學典籍卷」

出版前言

社會的發展需要哲學智慧的指引。在中國浩如煙海的文獻中，哲學典籍占據著重要地位，指引著中華民族在歷史的浪潮中前行。這些凝練著古聖先賢智慧的哲學典籍，在新時代仍然熠熠生輝。

收入我社「中國哲學典籍卷」的書目，是最新整理成果的首次發布，按照內容和年代分爲以下幾類：先秦子書類、兩漢魏晋隋唐哲學類、佛道教哲學類、宋元明清哲學類、近現代哲學類、經部（易類、書類、禮類、春秋類、孝經類）等，其中以經學類占多數。全本次整理皆選取各書存世的善本爲底本，制訂校勘記撰寫的基本原則以確保校勘品質。全套書采用繁體竪排加專名綫的古籍版式，嚴守古籍整理出版規範，並請相關領域專家多次審稿，整理者反復修訂完善，旨在匯集保存中國哲學典籍文獻，同時也爲古籍研究者和愛好者提供研習的文本。

文化自信是一個國家、一個民族發展中更基本、更深沉、更持久的力量。對中國哲學典籍進行整理出版，是文化創新的題中應有之義。中國社會科學出版社秉持「傳文明薪火，發時代先聲」的發展理念，歷來重視中華優秀傳統文化的研究和出版。「中國哲學典籍卷」樣稿已在二〇一八年世界哲學大會、二〇一九年北京國際書展等重要圖書會展亮相，贏得了與會學者的高度讚賞和期待。

點校者、審稿專家、編校人員等爲叢書的出版付出了大量的時間與精力，在此一並致謝。由於水準有限，書中難免有一些不當之處，敬請讀者批評指正。

趙劍英

二〇二〇年八月

本書點校説明

一

胡瑗（九九三—一〇五九），字翼之，泰州人，與石介、孫復從學於泰山，並爲宋初三先生，世稱「安定先生」。景祐二年（一〇三五），蘇州知州范仲淹奏立州學，延胡瑗爲教授。慶曆二年（一〇四二），胡瑗丁父憂服除後，又爲湖州太守滕宗諒延爲州學教授。胡瑗教學，立經義、治事二齋。前者講明六經，後者修習武備、治水、算曆諸事，是爲「蘇湖教法」。慶曆年間，中央興立太學，詔取蘇湖教法，著令於太學。皇祐四年（一〇五二），胡瑗應召赴京主持太學，四方學者雲集，以至太學不能容，「取旁官署以爲學舍」。至嘉祐四年（一〇五九）以病致仕，凡歷八年。又景祐三年，經范仲淹舉薦，胡瑗以白衣對崇政殿，參與更定雅樂，拜秘書省校書郎。皇祐二年，因更鑄太常鐘磬，胡瑗與阮逸典作樂事，歷三年撰成皇祐新樂圖記。又康定元年（一〇四〇），隨范仲淹至陝西，辟丹州軍事推官，後轉密州。丁父憂去官，復出歷保寧節度推官。據宋史紀事本末等，胡瑗撰有武學規矩，且蔡襄墓誌言其多注意軍陣之事，試圖革去北宋軍制沉疴。胡瑗立朝，先後授光禄寺丞、國子監直講、大理寺丞、天章閣侍奉講、太子中允，嘉祐四年以太常博士致仕，歸養杭州，不久病殁，葬於湖州烏程。行狀具宋史儒林傳、宋元學案安定學案等。

胡瑗所行之事雖衆，然其最爲措意和有影響的，當是傳習經義與教授後學。胡瑗以爲，自隋唐以來，仕進多取聲律浮華之詞，荒於經業，遂至於聖人之道闇昧不彰，士風偷薄。其以經義、治事二齋立學，固然是因材施教，更重要的則是在摒卻浮華，砥礪士行，以培養以天下生民爲己任的士大夫。熙寧二年（一〇六九），胡瑗高第劉彝在對宋神宗問時，以「明體達用」概括胡瑗之教，所謂體者，「君臣父子，仁義禮樂，歷世不可變者」；所謂用者，「舉而措之天下，能潤澤斯民，歸於皇極者」：此二者皆載於詩書經傳，垂法於後世。而胡瑗不僅明於經義，亦通於禮儀典章，留心於軍制，可謂以身來垂範明體達用之學。而就今所見周易口義、洪範口義等文，其力圖摒棄隋唐義疏，講明天地生成之道、君臣上下之理，正德利用厚生，不馳騁於玄渺之域，專意於自修成德、致君澤民之事，昭昭可見。其教人，「以身先之，雖盛暑，必公服坐堂上，嚴師弟子之禮。視諸生如子弟，諸生亦愛敬如父兄」。是以禮樂爲己則，而寬柔以接引來學。如散齋以後，「亦自歌詩奏樂，琴瑟之聲徹于外」。又如升堂講易，旨意明白，使衆人嗟服。又如對於放縱病身的番禺子，先以素問警惕其心，使知愛身，然後以經義教導，使之修身。又如出己意而使諸生論議可否，就政事使之折衷，如此之類，是皆循循善誘，教導有方，能激起諸生向學之心，故能使四方學士歸之。其教學亦頗有成效，培養人才衆多，「禮部所得士，先生弟子十常居四五，隨材高下而修飾之，人遇之，雖不識，皆知爲先生弟子」，其門人狀況可見於宋元學案者衆多。神宗問胡瑗與王安石優劣，劉彝以爲其師之功，非安石可比，其門人在朝内外者數有其人。程頤也稱「凡從安定先生學者，其醇厚和易之氣，一望可知」，又云「安定先生之門人，往往知稽古愛民矣，于從政乎何有」。其間或有溢美之處，然亦可見胡瑗教學功業所及。

是書周易口義，爲胡瑗在蘇湖和太學講説周易的集結。稱「口義」者，李振裕云：「蓋安定講授之餘，欲著述而未逮。倪天隱述之，以其非師之親筆，故不敢稱傳而名之曰『口義』。」述者倪天隱，字茅岡，桐廬人，進士，陳襄妹婿，世稱「千乘先生」，晚年主桐廬講席，任合肥學官。事迹具萬曆嚴州府志、安定學案。倪天隱既爲桐廬人，以地利之近，頗有可能在蘇湖時即已從胡瑗就學。又陳襄於皇祐間寫給蔡襄的信中言及太學直講胡瑗與進士倪天隱，則是否胡瑗赴京時倪天隱亦隨至，並進士登科？又其嘗爲桐廬縣令葉安道作題名記，查董弅嚴陵集，文末記嘉祐七年四月二十三日，大概在胡瑗致仕歿後，倪天隱即返鄉。又其門人彭汝礪送梁晦之詩並序言治平、熙宁中在合肥從學倪天隱，後六、七年間倪公亡。此爲今所知倪天隱生平梗概。

二

倪天隱述周易口義，當以其所記胡瑗周易講説爲主，並有可能采録他人所記。按安定學案等言及胡瑗講易，並云「五經異義，弟子記之，目爲胡氏口義」，是當時有多种口義存世。又王得臣麈史記有胡瑗講易之事，云：

> 安定胡翼之，皇祐、至和間國子直講，朝廷命主太學。時千餘士，日講易，余執經在諸生列。先生每引當世之事明之。至小畜，以謂「畜，止也，以剛止君也」。已，乃言及中令趙普相藝祖日，上令擇一諫臣，中令具名以聞上，上却之，弗用。異日又問，中令復上前劄子，亦却之。如此者三，仍碎其奏，擲於地，中令輒懷歸。他日復問，中令仍補所碎劄子呈于上，上乃大悟，卒用其人。

以畜爲畜止君主邪欲使不得行，此説殊爲特出，異於諸家。王得臣所記，與今所見口義解説小畜、大畜二卦同。又周易程氏傳中數言及胡瑗，如大畜上九注「予聞之胡先生曰：天之衢亨，誤加何字」，夬九三注「爻辭差錯，安定胡公移其文曰：壯于頄，有凶，獨行遇雨，若濡，有愠，君子夬夬，无咎」，漸上九注「安定胡公以陸爲逵。逵，雲路也，謂虚空之中」，皆見於口義。又其觀卦辭注云：

予聞之胡翼之先生曰：君子居上，爲天下之表儀，必極其莊敬，則下觀仰而化也。故爲天下之觀，當如宗廟之際，始盥之時，不可如既薦之後，則下民盡其至誠，顒然瞻仰之矣。盥，謂祭祀之始，盥手酌鬱鬯於地，求神之時也。薦，謂獻腥獻熟之時也。盥者事之始，人心方盡其精誠，嚴肅之至也。至既薦之後，禮數繁縟，則人心散，而精亦不若始盥之時矣。居上者正其表儀，以爲下民之觀，當莊嚴如始盥之初，勿使誠意少散，如既薦之後，則天下之人莫不盡其孚誠，顒然瞻仰之矣。

口義云：

「觀，盥而不薦」者，盥、薦者，皆祭宗廟所行之禮也。盥，謂天子始入廟，則必盥手，酌鬱鬯于地，以求幽陰之時也。薦，謂三獻薦腥，五獻薦熟之時也。夫始盥之時，其禮簡畧，故至誠之心、恭肅之意，莫不盡之。若薦腥熟之時，則其禮已煩，雖有强力之容、恭懿之心，則亦倦怠矣。是以聖人在上，臨御天下，必當如始盥之時，盡其至誠之心，以爲天下所觀法也；固不可如行薦之時，禮數煩劇，其志懈怠，則不能使天下之人觀之，以爲法則也。「有孚顒若」者，孚，信也；顒，謂恭肅之貌也；若，語助也。言聖人既能盡至誠之心，如始盥之時，而臨制天下，則天下之人仰以法之，皆以孚信而應之，其貌顒顒然盡其恭肅，以應夫上也。

兩相比較，其文字雖有不同，然義理則完全一致。麈史、程傳皆成書於倪天隱之後，可知倪天隱所述確爲師說，非僞托之作。又南宋李燾周易古經序文中言晁氏古周易，「凡故訓多取許叔重說文解字、陸德明音義、僧一行、李鼎祚、陸希聲，及本朝王昭素、胡翼之、黄聱隅輩所論亦時采掇，嘉祐以後獨否」。清宋咸熙所輯呂祖謙古易音訓，中有晁說之所采胡瑗易說兩條，其一坤初六小象「履霜堅冰」，晁氏曰「徐氏无堅冰二字……胡先生亦云然」，其一臨九二小象「未順命也」，晁氏曰「胡先生云，此未字羨文」。此兩條皆合於口義。而郡齋讀書志著録胡先生易傳即倪天隱所纂，故知晁氏所引胡瑗易説，定出自口義，而口義在晁氏之時已流傳開來。

周易口義十三卷，上下經十卷，繫辭以下三卷，或有析爲二卷者，作十二卷。郡齋讀書志著録胡先生易傳十卷，「無繫辭」；中興書目、文獻通考同。陳振孫直齋書録解題著録周易口義十三卷，鄭樵通志作十二卷，則是有繫辭。又朱睦㮮萬卷堂書目著録周易口義十三卷，焦竑國史經籍志著録周易口義二十卷，以及朱彝尊經義考亦有著録，可知自宋至清，周易口義著録不絶，流傳有自。

又宋史藝文志在口義之外，别著録有胡瑗易解十二卷，故有以爲在倪天隱所述之外，另有胡瑗親筆之書。按此實宋史之誤。自宋至明，周易口義頗爲諸家引述，如南宋李衡周易義海撮要、馮椅厚齋易學，宋元之際胡一桂易本義附録纂疏、俞琰周易集説，以及元代吴澄易纂言、熊良輔周易本義集成，董真卿周易會通等，其間所引胡瑗之説，與口義對照，或文字全同，或概括其義而略引，絶大多數都能相合。偶有不合者，往往是將胡炳文、胡一桂等人之説誤爲胡瑗，如熊良輔周易本義集成於同人卦下引胡氏曰：

初、二、五、上皆稱同人，獨三、四不言同，而曰伏莽、乘墉，此則無與之同也。二同宗而吝，五師克而同，則于至公自然之道尚有可議者。若初之同人于門，上之同人于郊，郊對門而言，卦之首末可見。同人于門曰無咎，則同人之初已無疵之可言；同人于郊曰無悔，則同人之終又無過之可悔。此皆同人之善者也。

本義集成引述胡瑗，一般稱胡氏，而此不見於口義。董真卿周易會通同人卦下有文字與此幾乎全同，而云「雙湖先生」，可知熊氏錯將胡一桂之説當成胡瑗。又如周易大全於履卦下引胡氏云：

卦彖爻之辭，言履虎尾者凡四。以卦象言，則兑以和説，履乾剛之後，非决行不顧者，故不咥人，亨。以爻言，三正當兑口，以柔爻而蹈剛位，和説之體不具，所以咥人，凶；四位雖不正，然以剛履柔，剛不至於强暴，所以能戒懼而終吉，故不言咥人也。

此亦不見於口義，然胡一桂易本義附録纂疏有相同解説，文字相似，可知是將胡一桂之説錯係於胡瑗。又如晉卦辭「柔進而上行」，董真卿周易會通引胡氏曰：

易言「柔進而上行」者三卦，晉、睽、鼎也。噬嗑則曰「柔得中〔二〕而上行」。晉六五之柔，自觀四進五也；睽，中孚之四進五也；鼎，巽四進五也。噬嗑雖不言進，而六五之柔，由益四上行至五也。此可以見柔進上行之例。

按此言卦變皆不見於口義，且與口義所見「賁卦自泰而得」「无妄由否卦而來」不類，反與朱子卦變説一一相合，故疑此胡氏非胡瑗，當爲朱子後學。又如繫辭「一陰一陽之謂道」，周易會通引胡氏曰：「陽中有陰，陰中有陽，一陰一陽，此太極之所以爲道也。」此不見於口義，然胡宏云「陽中有陰，陰中有陽，陽一陰，陰一陽，此太和所以爲道也」，

〔二〕底本原作「位」，據彖辭改。

故知是錯將胡宏當作胡瑗。如此之類，可以説自宋至明，學者所見胡瑗易説，大抵不出口義之外，故正如李振裕與四庫館臣所言，易解、口義，只是稱名不同，實無二書。

前言倪天隱述其師説而爲周易口義，當是以己述爲主，綜合他人所記而成。除當時有多人記述之外，翻檢今所見周易口義，猶可見其中留有彌縫之迹。如解説頤卦彖傳「聖人養賢以及萬民」，先詳釋其義，隨後又云「言聖人之有天下，必先養賢，然後及民也」。相同之義前後詳略講説兩次，故可推知是綜合兩本而成。又如解説蠱卦上九爻，先以講疏經文，後以云「聖人之德，始終如一，无有衰耗」，前後之義稍有疏離。又如解説蠱卦六四爻，有云「萬世治家之法，當在於始也。是以爲臣爲子者，不可以无剛明之才也」，「是以」前後文義不相貫通，當屬裁剪不當。又繫辭上「書不盡言，言不盡意」章，口義先將其分作單獨一章，後言「當連上文爲一章」，此爲胡瑗不同時期講授之異。又口義闡明義理絶大多數以「言」字引起，以「謂」作文字、名物訓詁，二者分工清晰。但偶有以「謂」字引起義理解説者，如坤卦初六、觀卦彖傳、解卦九四等。此或爲記述者表達習慣上的不同，而倪天隱整合時未能完全統一。

三

胡瑗易學當北宋古文運動之時，處於道學發生之際，反映了當時士大夫的精神風貌與訴求，在易學史和思想史上都頗具特色，今略陳數端如下。

（一）疑經。唐宋疑經，往往針對固守漢魏舊注的學風，以義理爲歸宗，力圖重振儒學。趙匡、啖助開其端，韓愈、柳宗元承其後，宋則蔚然。口義所見疑經，一爲「羡文」，如以乾卦文言上句「其唯聖人乎」，坤卦初六之小象傳「堅冰」，同人卦彖傳「同人曰」，臨卦九二之小象傳「未」，遁卦六二爻辭「之革」，繫辭「能研諸侯之慮」的「侯之」；二爲「脱文」，如以賁卦彖傳「天文也」上脱「剛柔交錯」，繫辭「大衍之數五十」脱去「五」；三爲「誤文」，如以睽卦六三爻辭、夬卦大象傳；四爲「倒錯」，如夬卦九三爻辭、革卦九三爻辭，以及大衍章。

（二）不守注疏。宋代經學，首在破除對漢唐注疏的墨守，直面經文以求其義。胡瑗雖執注疏以説經，但並不依從，往往以己見講明發揮經義，並時有攻駁，如乾卦初九、屯卦六二、蒙卦初六、需卦九五、隨卦大象傳、蹇卦六四，以及繫辭上的分章等。或攻其訓詁，或攻其義理，而以後者爲重。雖然，胡瑗也時有沿襲，如「性者，天生之質，有剛柔遲速之別也。命者，人所禀受，有貴賤夭壽之等也」，此乃孔疏原文。又如「以數言之則謂之一，以體言之則謂之无，以開物通務言之則謂之通，以微妙不測言之則謂之神，以應機變化則謂之易」，此稍變孔疏。又如以天地爲形，以乾坤爲用，以及解卦特説卦辭不云「不利東北」，「卦之六爻，上與初爲无位」（按胡瑗並不完全遵循此例，如家人卦「初九以陽居陽」，「小畜之初九以陽居陽」，「觀之初六以陰居陽」，「噬嗑之上九以陽居陰」），皆本王弼。

（三）以十翼解易。十翼本爲上下經而作。以十翼解易，可上溯於西漢費氏。東漢鄭玄分象、象於諸卦，王弼又分象、大象於卦辭下，小象於爻辭下，附文言於乾、坤二卦之後，是以傳解經。胡瑗承於其後，不僅以象、象解説卦爻辭，也頗注重繫辭，凡繫辭所言，莫不於上下經加以引述。而最爲醒目的，是韓康伯以序卦「非易之緼」，然胡瑗以其

「發明大易之淵蘊」，故在解説諸卦（乾、坤、比、蠱、咸、損卦除外）時引述序卦。

（四）輕於象數而重於義理。繫辭云「立象以盡意」，象數爲易學所固有，以此方可通達易道，故不可掠去，亦不可溺於其中。胡瑗主因象以明義，重在講明天地生成之道、君臣上下之理。其有十二辟卦之説，如「四月純陽用事，其卦爲乾。至於五月，則一陰剥一陽，故其卦爲姤。六月則二陰剥二陽，故其卦爲遁。以至於七月爲否，八月爲觀，九月爲剥，十月爲坤」；有卦變之説，如「賁卦自泰而得」，「无妄由否卦而來」，「小過之卦，自中孚而來」；有五行之説，如「信屬於土，土者分王四季」，「甲於五行爲木，於四時爲春」，「庚者於五行爲金，於四時爲秋」，其中又有納甲之説。雖有如此之類，胡瑗僅以其爲背景知識，藉以明義，並不關注象數體系本身，而留心於五常、中正、剛柔，無機祥之説。

此是周易口義的易學特色，其思想與當時士大夫的精神氣質亦多有契合，例如：

（一）學以至聖。周敦頤通書以聖可學，周易口義數言聖可學而至，如對乾卦文言、蒙卦大象傳、蒙卦六四爻辭、復卦初九爻辭、恒卦初六爻辭、升卦大象傳等的解説。既聖可學而至，則胡瑗極爲重學，其言所學當求聖賢之道之業，以致君澤民；學者須長久篤實，漸積小善至於大善，又須與師友切磋講習，廣大其視聽心知，如此方可成就聖人之道之業。

（二）掊擊隱逸。胡瑗云：「以天之所以生聖人者，必將有以益于天下，而興天下之利，除天下之害，舉天下之教化，行天下之大道也。」故極力掊擊隱逸之風，以爲非聖人之教，如蒙卦彖傳、蠱卦上九爻辭、井卦上六爻辭；而最爲顯出的，是對「潛龍勿用」的辨明。此與韓愈批駁佛老、振興士風的精神一脉相承，强調對於天下生民的擔當和對自身德性的成就。由此，胡瑗特重憂患，如對需卦大象傳、需卦九五爻辭、隨卦大象傳、既濟卦辭等的解説。其言君子以仁義爲心，「不以一己爲憂，所憂者天下；不以一己爲樂，所樂者天下，以至天下之人合心而從之，是君子之正也」，「憂天下之饑如己之饑，憂天下之溺如己之溺」。此與孟子「樂以天下，憂以天下」，范仲淹「先天下之憂而憂，後天下之樂而樂」，以及張載「爲生民立命」異曲同工，反映了北宋士風。

（三）君臣共治。胡瑗既以天下爲己任，故特重君臣，於口義中廣論君臣之道，如尊君、諫止、待君之聘、正身以事等。其中最突出的當是强調君臣共治，如對乾九二九五爻辭、師卦六五爻辭、同人九五爻辭、鼎卦彖傳、未濟六五爻辭等的解説。此前於王安石。與此相應，胡瑗亦强調求賢、養賢，如對蒙卦九五爻辭、大畜彖傳、頤卦彖傳、姤卦九五爻辭等的解説。

（四）褒舉孟子、中庸。孟子本爲子書，中庸本禮記中一篇，口義多有褒舉，其中引述孟子二十來處，中庸十幾處。且胡瑗以孟子爲亞聖，「知至至之」，是學爲聖人的典範；而以中庸所謂「博學之，審問之，慎思之，明辨之，篤行之」，即言學爲聖人之道，又以聖人之德乃積誠明以致於至誠。如此之類，是褒舉孟子、中庸，可謂四書學的先導。

（五）君子小人之辨。周易本有此辨，而胡瑗特重之，凡言小人，必言君子，以爲君子小人各從其類，不可淆亂，「君子同于君子之人則吉，小人入于君子之党則凶」。又以小人毁壞正道，荼毒良民，讒謗君子，故必黜退小人，陟進君子，君子居内而小人居外，君子居高權重，小人居下，可受賜金帛，不可給予權位，如此方可成天下之治。

胡瑗周易口義闡明經義，文辭清晰，頗有利於學者。程頤令學者習易，先看王弼、胡瑗、王安石三家。其易傳亦多有所取，除上述之外，尚有引序卦解易，以及具體的解説，如習坎六四「納約自牖」，伊川云「牖，開通之義。室之暗也，故設牖以通明。自牖，言自通明之處，以况君心所明處」，口義云「蓋牖者，所以通幽而達明也」，可見伊川對胡瑗的取用。又如蒙卦上九「利禦寇，不利爲寇」，伊川以舜征三苗、周公誅三監及秦皇、漢武爲説，此皆見於口義。又如以二体、六三兩種方式解説小畜之義，咸卦言感道當以至诚無我，以虚受人，不可役私心以求感，以及以乾卦九二、九五言君臣共治，以小畜、大畜卦言畜止君主之欲，皆是資取於胡瑗。而宋明之間，學者多引胡瑗易説，可見胡瑗易學正當唐宋學術變革之際，對於開啓宋代易學頗有貢獻，以至於流風如此。

四

周易口義一書，今所見最早版本止康熙二十六年李振裕所刊白石山房本，然跋云得自胡瑗二十三世孫胡其柔家藏，則此本頗可據信。又乾隆時纂修四庫全書，得浙江吴玉墀家藏本。然按摛藻堂四庫全書薈要本口義卷後所作的勘誤，對比白石山房本，一一相合，故知四庫館臣所見，實是白石山房本，或至少同出一源。此即是説，今所見周易口義各本，皆祖白石山房本，同屬一個版本系統。現作校勘，粗擬條例如下：

（一）以摛藻堂四庫全書薈要本爲底本（簡稱「四庫薈要本」），以白石山房本、文淵閣四庫全書本（簡稱「文淵閣本」）參校。四庫薈要本雖晚出，但一則糾正了白石山房本的明顯訛誤，一則因專爲皇帝御覽，故繕寫精良，而文淵閣本反又滋生其他訛誤，故以四庫薈要本爲底本。

（二）宋明之間諸家多有引述口義，故亦可作爲參校。不過由於古書引述不求精確，故難以據此釐定文字，僅可求其大義。

（三）胡瑗口義多有就注疏而言，故亦以注疏參校。王注取宋撫州公使庫本和鐵琴銅劍樓舊藏宋刊附釋文本，孔疏取單疏本和越刊八行本。此外，其中所引論語、孟子、中庸、周禮等，亦據善本參校。

（四）底本非而校本是者，改正出校；底本與校本相異而兩可者，亦出校。底本與校本僅字形不同，如陷與陥、姦與奸、耦與偶、遯與遁、惟與唯、辨與辯等，凡不害文義者，皆各隨之，不作校改。己、已、巳三字，各隨文義而改定，不出校。

（五）洪範口義失傳，四庫館臣從永樂大典中輯出，其篇幅不足以單行，今附於後。又直齋書録解題、通志、宋史藝文志著録胡瑗尚書全解二十八卷、春秋口義五卷、春秋要義三十卷、中庸義等，這些或與兩口義一樣是門人所述，惜皆不傳。今從典籍中輯出，附於後。

胡瑗周易口義的校勘，始於二〇〇九年北京大學的本科生科研，由徐尚賢、于文博與我共同完成。此次幸蒙出版，由于文博和我作重新校訂，最後由我通校全書，故其中訛誤，文責在我。只是尚賢已故去，不知道他是否會認可此次校訂的結果；對於生者而言，此書聊可作爲紀念吧！

白輝洪

二〇一八年於北京大學

目録

周易口義卷三

周易口義卷四

周易口義卷五

周易口義卷八……二五三

周易口義卷九……二八五

周易口義卷十……三二一

胡瑗周易口義發題〔一〕

先生曰：夫易者，伏羲、文王、周公、孔子所以垂萬世之大法，三才變易之書也。自伏羲仰觀天文，俯察地理，始畫八卦。故爻有九、六，以盡陰陽之數；位有三畫，以盡三才之道；寫天、地、雷、風、水、火、山、澤之象，以盡天下之用；明健、順、動、入、止、説、陷、明之體，以盡天下之理。然而伏羲之時，世質民淳，巧僞未興，詐端未作，故雖三畫，亦可以盡吉凶之變。自神農至堯、舜，莫不取法八卦之象，以爲大治之本。歷夏沿商，以及桀、紂之世，民欲叢生，姦僞萬狀，禮隳樂缺，天下紛然，故三爻不能盡萬物之消長，究人心之情僞。文王有大聖之才，罹于憂患，覩紂之世，小人在位，詐僞日熾，思周身之防，達憂患之情，通天人之淵藴，明人事之始終，遂重卦爲六十四，重爻爲三百八十四。又于逐卦之下，爲之彖辭，故天地通變之

〔一〕白石山房本作「安定先生周易口義發題」，文淵閣本作「周易口義發題」。

道，萬物情僞之理，一備于此。

然謂之易者，按乾鑿度云：「易一名而含三義：簡易也，不易也，變易也。」故穎達作疏，洎崔覲、劉正簡〔二〕皆取其説。然謂不易、簡易者，于聖人之經，繆妄殆甚，且仲尼曰：「名不正則言不順，言不順則事不成。」是言凡興作之事，先須正名，名正則事方可成。况聖人作易，爲萬世之大法，豈復有二三之義乎？按揚子曰：「陰不極則陽不生，亂不極則德不形。」又繫辭曰：「易窮則變，變則通，通則久。」又云：「生生之謂易。」是大易之作，專取變易之義。蓋變易之道，天人之理也。以天道言之，則陰陽變易而成萬物，寒暑變易而成四時，日月變易而成晝夜；以人事言之，則得失變易而成吉凶，情僞變易而成利害，君子小人變易而成治亂。故天之變易，則歸乎生成而自爲常道；若人事變易，則固在上位者裁制之如何耳。何則？在位之人，苟知其君子小人相易而爲治亂，則當常進用君子而擯斥小人，則天下常治而无亂矣；知其情僞相易而成利害，當純用情實而黜去詐僞，則所爲常利而无害矣；知其得失相易而成吉凶，當就事之得而去事之失，則其行事常吉而无凶矣。是皆人事變易，不可不慎也。故大易〔三〕之作，專取變易之義。

謂之周易者，自伏羲畫卦，文王重之，又從而爲之彖辭，至周公又爲之爻辭，仲尼又十翼之，數聖相繼，

〔二〕劉正簡，正義作「劉貞簡」。
〔三〕四庫薈要本誤作「義」，依白石山房本、文淵閣本改。

其道大備于周，故曰周易。謂之上經〔二〕者，自乾、坤至坎、離三十卦，謂之上經；自咸、恒至未濟三十四卦，謂之下經。然則所以分上下二經者，以簡帙〔三〕重大，故分之也。乾、坤者，天地之象；坎、離者，日月之象，故取以爲上經；咸、恒者，夫婦之義；既濟、未濟，人倫終始之道，故取以爲下經。先儒亦常謂不分之即无損于義，分之亦无害其實。但以簡帙重大而分之也。乾傳者，乾，卦名也；傳，傳也。言傳述聖人之法，以示萬世也。

〔二〕文淵閣本有「下經」二字，四庫薈要本、白石山房本無。按從「謂之周易」以下，當是講説經本「周易上經乾傳第一」，故當無「下經」二字。其後説下經，乃順上經而言。

〔三〕帙，白石山房本作「秩」。下同。

周易口義卷一[一]

上經

乾

☰☰乾下乾上 乾，

義曰：此伏羲所畫之卦也。伏羲畫八卦，始有三爻，一爻爲地，二爻爲人，三爻爲天，以象三才之道。然未能盡變通之理，故文王重之爲六爻。初爲地之下，有蒙泉之象；二爲地之上；三于人爲臣民之位；四出于臣民之上，爲儲貳之象；五正當天位；六爲天之上，有太虚之象。然後萬物成形理[二]，天下之能事畢矣。六

[一] 白石山房本作「安定先生周易口義上經卷第一」。下皆倣此。

[二] 文淵閣本作「而」。按胡瑗屢言「理」，故當從白石山房本、四庫薈要本。

爻皆陽，象天積諸陽氣而成也。既象天，其不名天而名乾者，蓋天者乾之形，乾者天之用。夫天之形，望之其色蒼然，南樞入地下三十六度，北樞出地上三十六度，狀如倚杵，此天之形也。言其用，則一晝夜之間，凡行九十餘萬里。夫人之一呼一吸，謂之一息，一息之間，天行已八十餘里。人之一晝一夜，有萬三千六百餘息，是故一晝一夜而天行九十餘萬里，則天之健用可知。自古及今，未嘗有毫釐之過，亦未嘗有毫釐之不及，蓋乾以至健至正而然也。故聖人于此垂教，欲使人法天之用，而不法天之形，所以名乾而不名天也。且天之形，象人之體魄也；天之用，象人之精神也。使寒暑以成，日月以明，萬物以生，此天之健用也。若人之有耳、目、口、鼻四體，是其形也；其口言、鼻臭、目視、耳聽、手足四體之運，此其用也。至于心之思慮藴于内，則爲五常；百行發于外，則爲政教禮義，故爲君爲臣，爲父爲子，爲兄爲弟，爲夫爲婦，以至于爲士農工商，莫不本于乾乾不息，然後皆得其所成立也。左氏曰：「民生在勤，勤則不匱。」是皆言人當法天之健用也，故曰「乾」。

元亨利貞。

義曰：文王既重伏羲所畫之卦，又爲此卦下之彖辭，以明乾之四德，又配之四時五常而言也。元者，始也。言天以一元之氣始生萬物。聖人法之，以仁而生成天下之民物，故于四時爲春，于五常爲仁。亨者，通也。夫物，春始生之，夏則極生而至于大通，故高者下者、洪者纖者各遂其分而得其性也。聖人觀夏之萬物有高下洪纖，乃作爲禮以法之，使尊者卑者、貴者賤者各定其分而不越于禮，故于四時爲夏，于五常爲禮。利者，和也，在文言曰：「利者，義之和。」言物之既生既育，故必成之有漸。自立秋涼風至八月白露降，九月寒露降，以至爲霜爲雪，以成萬物，莫不有漸而成也。聖人法之以爲義。義者，宜也。天下之民雖有禮以定其分，然必得其義以裁制之，則各得其宜也，故于四時爲秋，于五常爲義。貞者，正也，固也。言物之既成，必歸于正，以陰陽之氣幹了于萬物。聖人法之爲智，事非智，不能幹固而成立，故于四時爲冬，于五常爲智。然則此五常不言信者，何也？蓋信屬于土，土者分王四季。凡人之有仁義禮智，必有信然後能行，故于四者无所配也。然此四德以天下事業言之，則元爲樂，亨爲禮，利爲刑，貞爲政。何則？蓋元者始生萬物，萬物得其生，然後鼓舞而和樂。聖人法之，制樂以治天下，則天下之民亦熙然而和樂，故以元爲樂也。天下既已和樂，然而不節則亂。故聖人制禮以定之，使上下有分，尊卑有序，故以亨爲禮也。夫禮樂既行，然其間不无不率教者，聖人雖有愛民之心，亦不得已，乃爲刑以治之。于是大則有征伐之具，小則有鞭朴之法，使民皆畏罪而遷善，故以利爲刑也。夫天下既有樂以和之，禮以節之，刑以治之，不以正道終之則不可也。故政者正也，使民物各得其正，故貞爲政也。夫四者達而不悖，則天下之能事畢矣。故四者在易則爲元亨利貞，在天則爲春夏秋冬，在五常則爲仁義禮智。聖人備于乾之下，以極天地之道而盡人事之理也。

初九，潛龍勿用。

義曰：自此至用九，皆周公所作之爻辭也。爻者，效也，效一卦之動而爲之，故謂之爻。謂之初者，一卦之始也；謂之九者，陽之數也。凡易言九、六者，皆陰陽之數也。天一、天三、天五、天九，是陽數之奇也；

地二、地四、地六，是陰數之耦也。潛者，隱也；龍者，有變化之神，陽氣之象也。陽以生成爲德，君子之象也。凡乾坤之十二爻，配之十二月。今初九乃是建子之月，一陽始萌于黄鍾[一]之宫，雖生成之功未及于物，然已有生成萬物之心矣。若君子未得位之時，雖道未澤于世，然已有澤天下之心矣。謂之潛龍者，言陽氣未發見而在潛隱之地也。勿用者，聖人戒後世勿用此潛龍爲德也。何以言之？凡人萃五行秀氣而生，爲萬物之最靈者也。然天下之衆，愚不肖者常多，賢智者常少。况聖人挺全粹之德，受天元之純，則又過于賢也遠矣。夫有聖人之資，則无所不通，无所不明矣，固當出見于世，輔其君，澤其民，利其物，以成天下之事業，則可也。文言曰：「君子以成德爲行，日可見之行也。」今有聖人之德之明，反以潛隱爲事，則天下之愚不肖，將誰治之？是不知天所以生聖人之意也。孔穎達作疏，以謂勿用者，于此時小人道盛，「若其施用，則爲小人所害，寡不敵衆，弱不勝强，禍患斯及，故戒勿施用」。此大非聖人之旨。夫聖人，才无所不能，智无所不周，懷道德，持仁義，以革天下弊，舉陋典，新污俗，矯曲爲直，表邪爲正，以陶冶于上，而天下治矣，又何憚小人之害？若懼其見害而勿施用，則是天下常亂而不可得治也。然此勿用者，蓋言勿用此潛龍爲德也。今歷考易中，或彖或爻，言「勿用」者有四：若屯之彖云「勿用有攸往」，言屯難之時，不可往撓其民，務安全也；姤之彖云「勿用取女」，言一女配一男，是其正也。今一陰而遇五男，剛壯者也。若此之女，可勿取之，不可與長

[一] 白石山房本、四庫薈要本誤作「黄泉」，依文淵閣本改。下同。

也；師之上六曰「大君有命，開國承家，小人勿用」，言上六師道之成，大君班爵行賞，其功大者開建其國爲諸侯，其功小者建立其家爲卿大夫。若小人偶立一戰之效，與之金帛可也，賜之甲胄可也。後漢光武不任功臣以吏事，深得其道。不然，若用小人，必亂其邦，所以韓、彭、英、盧立功受地，不旋踵而就戮也；蒙之六三曰「勿用取女，見金夫，不有躬，无攸利」，言婦人必當正静其德，以待六禮之備，然後用父母之命、媒妁之言，方可歸之。今六三持身不正，見其金夫，遂欲從之。聖人戒之，勿用取此女也。由是觀之，聖人之戒後世不可用潛龍爲德，誠无疑矣。故孔子目長沮、桀溺曰：「鳥獸不可與同羣，吾非斯人之徒與而誰與〔二〕？」又曰：「素隱行怪，後世有述焉，吾弗爲之矣。」蓋後世之人多以潛隱爲德，或隱于巖野，或遯于林泉，罔德義以沽名，傲衣冠以耀志，故有終身不見用于世而亂人倫者也。且疏又引舜耕歷山，漢祖爲泗水亭長，是豈終潛哉？蓋養成其德耳。然聖賢其无隱乎？曰己道未著，己行未成，必學問之以養成聖德，然後施爲于天下耳，甘終身于山林川澤哉？然或上下爲戾，亦有可隱之時，故中庸曰：「君子之道費而隱。」雖然，豈隱遁哉？隱其身不隱其道。所以然者，不以一己之私，忘天下之公。故孔子皇皇于衰周，孟軻汲汲于戰國，皆謂有聖人之德，身未顯而其道不自窮也。乾六爻皆聖人象也，若之何有聖人之資而潛隱自居乎？文言曰：「潛之爲言也，隱而未見，行而未成，是以君子弗用也。」聖人之戒勿用潛隱爲德，可謂明矣。

〔二〕白石山房本、四庫薈要本作「吾非斯人之徒歟」，按此論語微子文，當從文淵閣本校補。

九二，見龍在田，利見大人。

義曰：九二之爻是十二月中氣之後，正月中氣之前，陽氣發見地上之時也。田者，稼穡所生而有資益之地也。以人事言之，則是聖賢君子有中庸之德，發見于世之時也。夫君子之道積于内則爲中庸之德，施于外則爲皇極之化。此爻但有君德而无君位，故曰「見龍在田」。「利見大人」者何？蓋凡有大人之德，必須利見有大才大德之君，然後可以行己之道。若舜之得堯，禹之得舜，伊尹之得成湯，傅説之得高宗，吕尚之得周文是也。然則五得天位，亦曰「利見大人」者何？曰有是君必須有是臣，然後萬務可舉，天民可治。若堯得舜，舜得禹、皋陶，禹得稷，成湯得伊尹，文王得吕尚是也。故九二、九五之爻皆言利見大人。今驗于易，或彖或爻言「利見大人」者有七：萃之彖曰「王假有廟，利見大人」，言既作廟以萃聚先祖之神靈，必須得大才大德之人以輔行其禮；訟之彖曰「利見大人」，言訟之世[一]，必須利見大才大德之人以辨其是非；巽之彖曰「小亨，利有攸往，利見大人」，言申其號令法制，必須大才大德之人以參酌恢隆之也；蹇之上六曰「往蹇來碩，吉，利見大人」，言居蹇難之極，往則益蹇。若來居位則安，安則得其碩大之福而吉，必須利見大才大德之人以求解散蹇難也。及此乾之二、五凡七[二]，皆聖人之微旨也。

[一] 文淵閣本作「事」。

[二] 按上文所舉，實止六例。胡瑗未言者，乃蹇之彖曰「利見大人」。然依胡瑗之説，蹇之彖與上六「利見大人」，其義無差。

九三，君子終日乾乾，夕惕若，厲无咎。

義曰：九三居下卦之上，在人臣之極位，正當公相之權也。上則須輔弼于君，下則須總領百官以平均天下之民。凡朝廷之幾務，莫不一責于己。若專奉上而怠于恤下，則有佞邪之諂；若勤于恤下而簡于奉上，則有侵權之誅。固宜終朝乾乾，日不自暇，慎思之，力行之，不倦以終之。是上則以思輔其君，下則以思總百官以治天下之民，自朝及夕常戒懼而惕若，則可以无咎矣。若者，辭之助，注以爲「至于夕猶惕然若厲」，今則不取。

九四，或躍在淵，无咎。

義曰：或者，疑惑也；躍者，騰躍也；淵者，龍之常處也。九三已極人臣之位，九四出人臣之上，切近至尊之位。既非人君，又非王官，是儲貳之象也。何哉？仲尼曰：「或躍在淵，乾道乃革。」言人道近于地，今九四近于天位，已出人臣之上，是乾道革變之始也。夫太子者，天下之本、生民之望也。不有所進，則无以副四海之望；欲進其位，又恐侵君之權。處多懼之地，故不得不疑也。始則疑惑，終則无咎者，蓋或躍以進其德，在淵以守其位分，是進其德不進其位也。故昔者太子必入太學，求賢師以教諭之，就賢友以漸摩之，使知爲君爲臣、爲父爲子之道，目見正色，耳聞正聲，是躍以進己德而在淵以守己位也。震曰：「震驚百里，不喪匕鬯。」言百里者，威不遠也；匕鬯者，宗廟之器也。有威而不過，守禮而循常，是以見臣子之道全而不侵于君父也。今輔嗣之注曰：「近乎尊位，欲進其道，迫乎在下，非躍所及。」孔穎達從而疏之曰：「以其遲疑進退，不敢果敢以取尊位。」且聖人六經垂萬世之教，爲天下之法，所以教人臣之忠、人子之孝也。今其言曰「不敢果敢以取尊位」，是何人臣之忠、人子之孝哉？又言曰：「西伯内執王心，外率諸侯以伐紂。」此尤違聖人之旨，如其言則篡逆之道也，今故不取。夫聖人之言，不勸則戒。勸之者，欲其進德也；戒之者，懼其侵君之權也。爲儲貳者但進修其德，以禮法而守其位，則文言所謂「進德修業，欲及時也」，故无咎。

九五，飛龍在天，利見大人。

義曰：九五之爻當建辰之月，陽氣盛而上升于天，如龍之騰飛然。猶聖人積中正誠明之德，德既廣，業既成，即人君之位，上合天心，下順人情，以居至尊之地也。然乾之六爻，九二、九五並言「利見大人」者，九五雖有聖人之德之位，必須得大才大德之臣〔一〕輔佐之，然後可以有爲于天下，使一民不失其所，一物必遂其性。此聖人之心也，故言「利見大人」。九二雖有聖人之德，固須得大才大德之君，然後得己道之行。先聖云：「水流濕，火就燥，雲從龍，風從虎，聖人作而萬物覩。」此言聖人在位，天下有聖人之德者皆來仕于朝，皆以類應也。禮曰：「天降時雨，山川出雲。」如聖人在上，則天下聖人皆來輔佐之也。孟子曰：「堯以不得舜爲己憂，舜以不得禹、稷、皋陶爲己憂。」堯，大聖人也，必得舜；舜，大聖人也，必得禹、稷、皋陶，故可以治。是雖有大才大德之君，必利見大才大德之臣，然後成天下之治也。

〔一〕四庫薈要本作「人」。按下文云「必利見大才大德之臣」，是當依白石山房本、文淵閣本改作「臣」。

上九，亢龍有悔。

義曰：此一爻居卦之終，亢極之地也。若聖人當衰耗之年，不可更專己任，必得聖賢之人以代己之聰明也。故堯之耄期倦于勤則授之舜，舜耄期倦于勤則授之禹，禹耄期則授之啓。是聖人與時消息，知進退存亡而不至亢極，故无悔耳。然聖人之德固无亢也，蓋其年有亢耳；聖人之道固无悔也，蓋其身有盛有長有耄耳。今上九是年齒衰耗、精神倦怠之時，若居此時不能自反而求代己任，則必有悔矣。離之九三曰「日昃之離，不鼓缶而歌，則大耋之嗟，凶」，太玄中首之九曰「巔靈氣形反」，正此謂也。是皆聖賢謂耄必求代而著萬世之戒也。

用九，見羣龍，无首，吉。

義曰：乾之六爻，自初至上皆稱龍者，終始全用剛陽之德也。王者法天之健，居兆人之上，亦當終始用其剛陽之德也，故言「用九，見羣龍」。然謂「无首，吉」者，言全用剛德，不可居物之首也。何則？夫國家兵武，至剛威者也，動則蠹民之財，殘民之命，聖人不得已而用之也。凡人臣有背叛，四夷有侵撓，天子于是加兵以誅討之，去其元惡大憝，以安天下之生靈。待其有犯，然後應之耳，不可先之也，先之則窮黷矣。夫窮兵黷武，豈聖人之事哉？秦之始皇、漢之孝武、隋之煬帝、唐之明皇，皆爲首以自取敗亡之道耳。故聖人戒之，言无首乃得无咎也。

彖曰：大哉乾元，萬物資始，乃統天。雲行雨施，品物流形。大明終始，六位時成。時乘六龍，以御天。乾道變化，各正性命。保合太和，乃利貞。首出庶物，萬國咸寧。

義曰：「彖曰」者，仲尼爲十翼之文，贊明易道，以解文王所作卦下彖辭之辭，以明一卦之大要，故亦謂之「彖」。「大哉乾元，萬物資始，乃統天」者，此三句釋乾元之義也。大者，无限極之辭；乾者，剛陽至健之氣；元者，始生長養之德。言天以一元之氣長養萬物，而无有限極也。然坤則稱「至哉」者，蓋天氣降于地，爲萬物之始；地承天之氣，以育成萬物之形，是有所至，故曰「至哉」。資者，取也。言乾以一元之氣發育施生，故萬種之物乃〔二〕資而爲始。坤則待天氣之降，然後能生萬物，故乾言「資始」，坤言「資生」。此聖人于一字皆有旨意。「乃統天」者，夫天者形之名。今以剛健之德，運行不息，故得天氣常存，是乾元能統領天之形也。「雲行雨施，品物流形」者，此釋亨之德也。乾爲陽氣而上統于天，天將降雨，山川出雲，雲氣升行，雨澤下施，故品類〔三〕之物各流布其形體而得亨通也。「大明終始，六位時成。時乘六龍，以御天」者，此四句總結乾之德。大明終始之道、六爻之位各有次序：初則潛，陽氣潛萌于黄鍾之宫；二則見，陽氣見于地之上；三則處人臣之極；四則出人臣之上，爲儲君；五則陽氣至盛，躋升于天；上則亢極，在太虚之中。時潛則

〔二〕白石山房本、文淵閣本及義海撮要、義叢所引，皆無「乃」字。
〔三〕白石山房本、文淵閣本作「彙」。

潛，時見則見，時躍則躍，時升則升，是六位以時而成也。「時乘六龍，以御天」者，夫以上下定位而言之，謂之六位；以陽氣變化而言，謂之六龍。陽氣自十一月漸升，冬至之日萌于黄鍾之宫，至五月而陰氣漸升，是乘此六龍之位，以時而升降，故大明生成萬物終始之道，以控御天體也。且人之神氣，萃之則生，散之則亡。天有剛陽之氣，運行不息，故天體常存也。「乾道變化，各正性命」者，此二句申明乾元之德。變者，後來改前，以漸變易也；化者，一有一无，全然而化也；性者天生之質，有剛柔遲速[二]之别也；命者人所禀受，有貴賤夭壽之等也。天以剛陽之德，自然以漸變化，各正其萬物之性命。按書曰「惟天陰隲下民」，是或富或貴或夭或壽，皆上天默定之也。至于草木之性有甘有苦、有益人者有害人者，皆天所賦性命之然也。「保合太和，乃利貞」者，此釋利貞之德也。天以剛陽之德生成萬物，必以漸成之以保合太和之道。蓋剛陽不以健而利物，則不能保和[三]者也，故必漸成之。若立秋凉風，至八月白露降，九月寒露降，以至爲霜爲雪，是漸成其物而不暴終，能正固而幹了之也。若其大暑之後寒凉暴至，則萬物能成乎？故曰「保合太和，乃利貞」。「首出庶物，萬國咸寧」者，自「大哉」而下，明乾之四德：元爲春以始生，亨爲夏以大通，利爲秋以漸成，貞爲冬以幹了，是天道自然而然也。此二句言人。爲天下之君，首出萬民之上，法乾之四德，爲禮樂刑政，以生成天下之

[二] 四庫薈要本誤作「緩」。按此乃引述正義，故當從白石山房本、文淵閣本改作「速」。

[三] 文淵閣本誤作「合」。按「保和」乃「保合太和」略語。

萬民，故樂爲元，禮爲亨，刑爲利，政爲貞，四達而不悖，萬國所以皆得安寧也。

象曰：天行健，君子以自彊不息。

義曰：此先聖所作大象之辭，所以明一卦之用也。「天行健」者，蓋言天以至健而行，故一晝夜之間凡行九十餘萬里。而君子之人則當法之而健健不已，以至爲君爲臣、爲父爲子，小之一身，次之一國，大之天下，皆當法天之至健之德，强勉于己，夕思晝行，无有休息，則可以成天下之事業而行天下之大道也。故曰：「天行健，君子以自强不息。」

潛龍勿用，陽在下也。見龍在田，德施普也。終日乾乾，反復道也。或躍在淵，進无咎也。飛龍在天，大人造也。亢龍有悔，盈不可久也。用九，天德不可爲首也。

義曰：「潛龍勿用」至「不可爲首也」，此先聖又解釋周公之爻辭，故謂之小象。「潛龍勿用，陽在下也」者，言建子之月陽氣始發，而功尚未及于物。是猶以聖人之德而在于潛隱之時也。然千里一賢，猶爲比肩，且千里至遠之處而間有一賢，則猶以爲比肩相接。是則普天之下，庸庸者多而賢智者寡矣。以賢者尚或如此其少，况聖人乎？是蓋千載而一遇也。以天之所以生聖人者，必將有以益于天下，而興天下之利，除天下之害，舉天下之教化，行天下之大道也。而復潛遁爲事，則是辜天地之生矣。雖然，天陽之氣有時而潛，有時而見；聖賢君子亦有時而潛，有時而見。蓋聖人慮萬世之下觀此潛龍之事，遂務隱遁而失其施用，故于此戒之，言當勿用此潛龍爲德也。今言「潛龍勿用」者，以其陽氣在地之下而功未及物，故曰「陽在下也」。「見龍在田，德施普也」者，言陽氣發見于地之上而功及乎物也。是猶聖人執中道，其功施布而无所不至，使賢者智者皆可以俯而就之，愚者不肖者皆可以企而及之，以至一民一物，欲使无不得其宜而皆合于中道，是其德施普也。然而雖有聖人之德而无聖人之位，不能大營造天下之事業，故曰「德施普也」。「終日乾乾，反復道也」者，乾乾，健健不息之謂。九三當公相之位，其責甚重，上以道承事于天子及其儲君，而盡其忠義之分，竭其人臣之節；下以道表率百官之事，平均萬民之政教，反復以事上治下，不離其道，故曰「反復道也」。「或躍在淵，進无咎也」者，言儲貳之位能進其德，則不失天下之望；守其位分，則絶君上之疑，雖日進其德而无有咎悔，故曰「進无咎也」。「飛龍在天，大人造也」者，言九五之爻正當陽氣極盛之時，生成萬物，而萬物各遂其性。猶聖人有大中之德，又居聖人之位，故當興利除害，扶教樹化，鋤奸進賢，以至經營萬事，設爲仁義之道，使一民一物无不被其澤，无不遂其性，故言「飛龍在天」；是大人營造興制之時，故曰「大人造也」。「亢龍有悔，盈不可久也」者，大凡日中則昃，月盈則蝕，物理之常也。今聖人自初至上，其功已著，其德已成，則至于年衰齒耗，當求所代，以副天下之望則可，不然則有過亢之悔。故謂之盈滿之地，不可久居；知其可退而退，則悔吝可遠，故曰「盈不可久也」。「用九，天德不可爲首也」者，言聖人用剛健之德以化成天下，鎮撫四夷，懷來諸侯。如四夷交侵中國，諸侯不臣天子，則聖人以兵應之，是不爲首也。凡先動爲首，後動爲應。若其純用剛德而又爲事首，是必至于過暴而爲禍害也。待其有犯己者，然後應之，則不失其道，故曰「天德不可爲首也」。

文言曰：元者，善之長也。亨者，嘉之會也。利者，義之和也。貞者，事之幹也。

義曰：文言者，先聖以乾、坤之義尤深，故又作文飾之言以解其義。「元者，善之長也」者，自此以下至「元亨利貞」，文言之第一節也。元者，始也。言天以一元之氣始生萬物，萬物皆由一元而生，是爲衆善之長也。何則？善莫大于生德，故「天地之大德曰生」。是大德生成，以元爲始，即此元者能長于衆善也。「亨者，嘉之會也」者，言天既以一元之氣施生萬物，而至于盛夏之月，則陽氣極盛，萬物皆極其生養而无不繁蔚，故高下洪纖无不得其所，是嘉美之所聚會也。「利者，義之和也」者，義，宜也；和，漸也。所謂自立秋涼風至，以至爲霜爲雪，是天之生物，皆使不失其宜，以積漸而成之也。「貞者，事之幹也」者，言天之使物，自始生至于亨通，而又成之有漸，及冬之時則生成之功已畢，使皆得其正固而幹了之。

君子體仁足以長人，嘉會足以合禮，利物足以和義，貞固足以幹事。君子行此四德者，故曰「乾，元亨利貞」。

義曰：此以下言君子法天四德而行也。「君子體仁足以長人」者，言天以一元之氣生成萬物，而萬物得遂其性，各安其所。故君子以至仁之德陶成天下，使一民一物莫不受其賜。是故于一家施仁，則一家之内愛敬而尊事之；一國施仁，則一國之内愛敬而尊事之，雖有鰥寡孤獨窮民之无告者，均使之不失其所，如此是爲衆人之長也。「嘉會足以合禮」者，言天以盛夏亨通萬物，而萬物莫不茂盛。故君子施嘉美之道，使各得會聚。謂猶民物既已富庶，則不可以无節。故欲男女有別，則爲之制婚姻之禮；欲上下交接而和樂，則爲之制鄉飲酒之禮；欲其尊君賓王，則爲之制朝覲之禮；欲其篤哀戚孝思，則爲之制喪祭之禮。如是之類，是君子以嘉美之道而使皆合禮也。「利物足以和義」者，言君子法天霜露之氣而成就萬物，皆有其漸。故始以仁義禮樂教之導之。然民有不令不肖者，雖善教之而終不能遷，則必用刑罰以整治〔一〕之，使不至于亂而皆得其利。又以漸而成治，使天下之物各得其宜也。「貞固足以幹事」者，言君子法天貞正之德，能幹了其事。若正而不固，則无能終其正；若固而不正，則入于邪。必當守正堅固，然後可以幹濟天下之事也。此君子法天之四德而行，故曰「乾，元亨利貞」也。

初九曰「潛龍勿用」，何謂也？子曰：龍德而隱者也。不易乎世，不成乎名，遯世无悶，不見是而无悶，樂則行之，憂則違之，確乎其不可拔，潛龍也。

義曰：此孔子欲申言乾六爻之旨，故假設問荅以明其義。此以下至「動而有悔」，文言之第二節也。「潛龍勿用」，其義何謂也？子曰：「龍德而隱者也。」言有聖人之德而處于貧賤，是隱遁之時也。「不易乎世」者，言有聖賢之道，則必隨世俗而施爲教化，以磨揉于下，使其亂則變而爲治，惡則悛而爲善。今潛隱之時，但韜晦其光而自修其己，是不爲世俗而變易者也。「不成乎名」者，言聖人不務于名。其有實

〔一〕文淵閣本作「齊」。

則名隨之矣。今但以潛隱爲事而不行教化之實，是不成其名也。「遯世无悶」者，言既潛遁，則不務行其教化之實，是无所憂于天下，故遯世而无以爲悶也。「不見是而无悶」者，言有聖人之德，居其位，行其道，是爲世所是也。今止以潛隱爲事而不務行其教化，則不見是于天下也。雖不見是于天下，然己亦終无所憂悶，而務專獨爲事也。「樂則行之，憂則違之」者，凡聖人有爲于時，則其所施設教化皆與天下同之。若天下之所樂，己亦樂而行之；天下之所憂，己亦憂而違去之，是憂樂皆同于天下，此聖人之常行也。今止以潛遁爲事，是所爲皆異于衆也。若天下之所憂，己或樂之，則行也；天下之所樂，己或憂之，則違去之而不行也。是務隱晦者，雖憂樂必異于世也。「確乎其不可拔，潛龍也」者，言如上之數事，確然不能舉拔也。其所爲者，是潛隱之人也。此皆聖人著爲萬世之戒，言上之所行皆潛晦之事，故當勿用此爲德也。

九二曰「見龍在田，利見大人」，何謂也？子曰：龍德而正中者也。庸言之信，庸行之謹，閑邪存其誠，善世而不伐，德博而化。易曰「見龍在田，利見大人」，君德也。

義曰：此釋九二爻辭。言聖人居于下位，而所行无過无不及者，以其有中正之德也，故曰「龍德而正中者也」。「庸言之信，庸行之謹」者，庸，常也。言九二之君子有聖人之德，故俯仰循理，從容中道，至于常言必信實，常行必謹慎。是由其性至明，故出處語默皆合于中和之域，然後口无可擇之言，身无可擇之行也。「閑邪存其誠」者，寬而防之謂之閑，誠則至誠也。言此九二能以中正之德防閑其邪惡，慮其從微而至著，故常切切而防閑之。若中庸所謂「博學之，審問之，慎思之，明辨之，篤行之」，以小善至于大善，由大善乃至于聖，是由能防其邪惡而内存至誠然也。中庸又曰「至誠不〔二〕息，不息則久，久則徵」，言至誠之道終而不已，則有證驗也。又曰「其次致曲，曲能有誠，唯天下至誠爲能化」，蓋言委曲之事發于至誠，則形于外而見著，見著則章明，章明則感動人心，人心感動則善者遷之，惡者改之，然後化其本性，故曰「惟天下至誠爲能化」。此聖人存誠之驗也，故曰「閑邪存其誠」也。「善世而不伐」者，伐，矜伐也。夫中人之性，有一善則盎然溢于面目而自矜伐其能也。若夫有善功有善德而不自矜伐者，唯聖人能之。若堯之時，洪水泛濫于中國，而民幾魚矣。唯大禹能排決疏導之以消其難，使萬世之下被其賜。然而禹亦未嘗矜伐之，故舜稱曰：「汝惟不矜，天下莫與汝爭能；汝惟不伐，天下莫與汝爭功。」〔三〕又若仲尼，萬世之師，其功配天地，其明並日月，然且嘗言「君子之道四，丘未能一焉」。以仲尼之于四事，豈有不能哉？蓋聖人雖有大善于世，而不自伐也。「德博而化」者，此言既有中正之德，其言常信，其行常謹，又能防閑其邪惡而存其至誠，有大善而不自伐，故其德廣而化行于天下矣。「易曰『見龍在田，利見大人』，君德也」者，九二雖未居大人之位而爲人臣，乃有人君大中之德，故

〔二〕文淵閣本作「無」。
〔三〕白石山房本先言「不伐」，後言「不矜」。胡瑗於繫辭中復引此，同白石山房本。

特舉本爻之辭以結之。

九三曰「君子終日乾乾，夕惕若，厲无咎」，何謂也？子曰：君子進德修業，忠信所以進德也；脩辭立其誠，所以居業也。知至至之，可與幾也；知終終之，可與存義也。是故居上位而不驕，在下位而不憂，故乾乾因其時而惕，雖危无咎矣。

義曰：「君子進德脩業，忠信所以進德也」者，内盡其心謂之忠，不欺于物謂之信。蓋九三居人臣之極位，内能盡己之心，不欺于物，使德行日進而功業日脩也。「脩辭立其誠，所以居業也」者，辭謂文教也，誠謂至誠也。言外以脩其文教，内以敦其誠實，此所以居業也。然上謂之「脩業」，下謂之「居業」者，蓋文辭相避，亦功業之盛，故當居之也。「知至至之，可與幾也」者，幾者，有理而未形之謂也。言君子之所學，學聖賢之事業，致君澤民之術也，小而一邑，次而一郡，以至爲將爲相，佐天子治天下。當其未至之時，知其必至，預習其業，朝夕以思之，學其爲治之道；至于有位，宰一邑，牧一郡，爲將爲相，舉而行之，无所施而不可，蓋由知至而至之耳。昔孟子四十不動心，蓋當志學之年，天下之事无所不學；及其壯仕之歲，凡天下之事莫有動其心者，是知至而至之也。「知終終之，可與存義也」者，言爲臣之義，終始一德以奉其上，是得臣之宜也，豈非知終乎？然後之人臣，居于顯位，上而奉一人之尊，下而有百官萬民之責，内无覬覦僭竊之心。若伊尹之于太甲，周公之于成王，霍光之于昭帝，諸葛亮之于蜀主，此數君子是謂知終終之，于人臣之分，能存萬世之義也。「是故居上位而不驕，在下位而不憂」者，言九三居人臣之位〔二〕，其德業既已進脩，則宜進退必以德而升降必以道。故居上位而无驕亢之色，在下位而无憂悶之心，故乾乾不息，因其所爲之時而惕懼戒慎，雖履至危之地，亦免其咎矣。

九四曰「或躍在淵，无咎」，何謂也？子曰：上下无常，非爲邪也；進退无恒，非離羣也。君子進德脩業，欲及時也，故无咎。

義曰：此先聖釋九四之爻辭。以位言之曰上下，以出處言之曰進退。今九四當儲貳之位，故雖或上或下，非苟爲其邪佞也；或進或退，非苟離其羣類也。是故進其德以副天下之望，脩其業以絶君上之疑，如此者，是將欲及時而行道也。故上與進是或躍之義，下與退是在淵之謂也。「故无咎」者，言若不能進其德以塞天下之望，又不能守其位分而致君之疑，則其爲禍也不細矣。今得无咎者，誠能副民望而去君疑也。

九五曰「飛龍在天，利見大人」，何謂也？子曰：同聲相應，同氣相求。水流濕，火就燥，雲從龍，風從虎，聖人作而萬物覩。本乎天者親上，本乎地者親下，則各從其類也。

義曰：此釋九五之爻辭。「同聲相應，同氣相求」者，此釋聲氣自然相感之道也。同聲，若彈宫而宫應，

〔二〕白石山房本、文淵閣本作「分」。

彈商而商應，「鳴鶴在陰，其子和之」之類是也。同氣，若天欲雨而柱礎潤，磁石引針，琥珀拾芥之類是也。「水流濕，火就燥」者，此釋无情之物自然相應。夫地體卑下，水性就下，其流必就卑濕也。火本炎上，其性燥，故焚其芻薪，必先于燥也。「雲從龍，風從虎」者，此言有情感无情也。龍者水畜，雲者水氣，故龍吟則景雲出。虎是猛威之物，而風亦是震動之氣，故虎嘯則谷風生。「聖人作而萬物覩」者，言聖人之作，光明盛大，與天地合德，萬物莫不遍燭。夫天地感應而生萬物，聖人感應而用天下之賢，共成天下之業，敷爲皇極之教，而天下萬物莫不觀覩之也。前言「大人造」，是聖人營造興制之時。此統言之，故曰「聖人作而萬物覩」也。「本乎天者親上，本乎地者親下」者，此言本天則動物也，本地則植物也。言天之運動而飛物亦動，地之凝静而植物亦静。此聖人推舉自然之理以明之也。

上九曰「亢龍有悔」，何謂也？子曰：貴而无位，高而无民，賢人在下位而无輔，是以動而有悔也。

義曰：夫卦之六爻，上與初爲无位，初則未中，上則過中，是雖在高貴而无大中之位。既貴而无位以居于尊高，則安得天下之民也？「賢人在下位而无輔」者，今既亢極，則賢雖在下位而亦不輔佐矣。夫如是，則動静之間皆有悔也。

潛龍勿用，下也。見龍在田，時舍也。終日乾乾，行事也。或躍在淵，自試也。飛龍在天，上治也。亢龍有悔，窮之災也。乾元用九，天下治也。

義曰：此以下至「天下治也」，文言之第三節，全以人事明其義也。「潛龍勿用，下也」者，言聖人有龍德在于潛隱之時，故聖人戒其勿用此爲德者，以其功不及物，居无位之地而處于卑下也。「見龍在田，時舍也」者，舍，棄舍也。若仲尼有聖人之德而无其位，當衰周之時，皇皇汲汲而不得見于世，是爲時之所棄舍也。夫既爲時棄舍，然而前又言「德施普也」及「天下文明」者，何也？前蓋以聖人之德言之也，此所謂「時舍」者，以位言之也。「終日乾乾，行事也」者，言九三居人臣之極位，有奉上率下之責，至難至重，故終日之間，乾乾不息，以行當位之事也。「或躍在淵，自試也」者，言九四已離下卦而居上卦之下，逼近至尊，慮有僭上之嫌，故疑之；而或騰躍以試己之才德，副天下之望也。「飛龍在天，上治也」者，言聖人有龍德而居天位，以興天下之治也。「亢龍有悔，窮之災也」者，言聖人當過亢之年，其精力耗倦，若不求所代以終其位，則必有窮極之災也。「乾元用九，天下治也」者，言乾以一元之氣自潛至飛，終始本末，能用陽剛之德以生成萬物。在聖人則有剛明之道，以一己不能盡天下之治，固在左右前後、大臣小臣皆能用剛正之君子，然後得天下治矣。

潛龍勿用，陽氣潛藏。見龍在田，天下文明。終日乾乾，與時偕行。或躍在淵，乾道乃革。飛龍在天，乃位乎天德。亢龍有悔，與時偕極。乾元用九，乃見天則。

義曰：此以下文言之第四節，全以天氣明其義也。「陽氣潛藏」者，言建子之月陽氣潛施于地下，而藏遁之時也。「天下文明」者，言天氣發見于地上，使勾萌皆達，枯槁畢榮，故高下洪纖皆流形品，使天下之物有文章而光明也。「與時偕行」者，言建寅之月三陽並用之時，其卦成泰，故君子終日之間乾乾不已，與天時相契而行也。「乾道乃革」者，言九四離下卦之上而入上卦之下，故其道有所變革也。「乃位乎天德」者，言天者，積諸陽氣而成。今九五之爻以剛陽之德居至尊之地，是位本乎天位者也。「與時偕極」者，言四月之間陽氣盛極，如聖人當耄期之年，是與時偕極也。「乃見天則」者，言乾元能用剛陽之德，乃顯天之法則也。

乾元者，始而亨者也。利貞者，性情也。乾始能以美利利天下，不言所利，大矣哉！大哉乾乎！剛健中正，純粹精也。六爻發揮，旁通情也。時乘六龍，以御天也。雲行雨施，天下平也。

義曰：此以下文言之第五節，又重釋乾之四德也。「乾元者，始而亨者也」者，元，始也；亨，通也。言乾以一元之氣始生萬物，萬物皆資始于一元，然後得其亨通，故于春則芽者萌者盡達，至夏則繁盛，是乾以一元之氣始生于物，而物得其亨通也。「利貞者，性情也」者，言萬物既生而繁盛，則必漸成之，故利于秋，貞于冬。當秋之時，則萬物和漸而成；至于冬，則幹了而无不獲其正性。言之人事，則聖人能生成天下民物，使皆獲其利而不失其正者，蓋能性其情也。何則？蓋性者天生之質，仁義禮智信五常之道无不備具，故稟之爲正性。喜怒哀樂愛惡欲七者之來，皆由物誘于外，則情見于内，故流之爲邪情。唯聖人，則能使萬物得其利而不失其正者，是能性其情，不使外物遷之也。然則聖人之情固有也，所以不爲之邪者，但能以正性制之耳，不私于己而與天下同也。聖人莫不有喜之情，若夫舉賢賞善，興利于天下，是與天下同其喜也；聖人莫不有怒之情，若夫大姦大惡、反道敗德者，從而誅之，是與天下同其怒也；聖人莫不有哀之情，若夫鰥寡孤獨則拯恤之，凶荒札厲則賙貸之，是與天下同其哀也；聖人莫不有樂之情，若夫人情欲壽，則生而不傷，人情欲安則扶而不危，若此之類，是與天下同其樂也。是皆聖人有其情，則制之以正性，故發于外則爲中和之教，而天下得其利也。小人則反是，故以情而亂其性，以至流惡之深，則一身不保，况欲天下之利正乎？「乾始能以美利利天下，不言所利，大矣哉」者，此又嘆美乾之德，言乾始以一元而生成美利于天下。于卦不言所利者，誠由至廣至大无有限極，故不可以所利言之也。然則易卦有具四德者七，其餘皆言所利，若坤言「利牝馬之貞」，屯言「利建侯」之類是也，蓋有所係然耳。獨乾德至大，故不可言所利也。其曰「大哉乾乎！剛健中正，純粹精也」者，此言乾之德至大而不可窮測也。以其剛健運行，晝夜之間凡行九十餘萬里，而无毫釐之過與不及；至于春夏以生，秋冬以成，自古逮今，未嘗違悖，是其至健而不失中正也。所以然者，蓋以至純至粹、精健而不雜故也。「六爻發揮，旁通情也」者，言乾之六爻或潛或見，或躍或飛，而跡皆不同，故發越揮散，則可以見聖人出處進退之情也。「時乘六龍，以御天也」者，已解在象。「雲行雨施，天下平也」者，言乾以一元之氣布而爲雲，散而爲雨，以生成天下而无不均也。

君子以成德爲行，日可見之行也。潛之爲言也，隱而未見，行而未成，是以君子弗用也。

義曰：自此至「其唯聖人乎」，文言之第六節也。此一節復釋潛龍之言，故先發上二句，以明不可用潛龍爲德也。言君子之人得其天性之全，故五常之道亦必博學審問，然後俻成其德，爲常行之行而發之于天下，使天下之人日見其所行，此謂君子之常道也。「潛之爲言也，隱而未見，行而未成。是以君子弗用也」者，夫君子之人既以成德爲行爲心，則不可專務隱晦。今之潛，則是以聖人之資性，反在于潛遁未見之時也。「行而未成」者，言既有聖人之性，則必學之問之，俻成其道，而爲行于己，然後用之于外，則可以成聖人之全德。今止以潛遁爲心，則是有聖人之資質而不學不問，亦終不能成行于己，是與不聖同矣。故聖人于此戒之，言是以君子弗用此潛龍爲德也。

君子學以聚之，問以辨之，寬以居之，仁以行之。易曰「見龍在田，利見大人」，君德也。

義曰：此釋九二爻辭也。言君子之人，禀天之全性，發見于世，而能執中庸之道者也。何哉？蓋聖人雖得天生善性之全，亦須廣博其學以精其德，審問以辨其疑，而又寬裕居其時，以畜聚其事業而志于遠大。是以執其中庸而不有妄動，以至推仁義以愛人，示恩信以撫物，其德業恢廣，无所不至，使天下之賢智者可以俯就，天下之愚不肖者可以企及。此皆由博學審問、寬居仁行之然也。是故庸人之情，苟一善得于己，則必悻悻然耻于下問，而又躁妄以求其進，所居失其寬，所行失其仁，是故業不能成于遠大而終爲淺丈夫矣。故聖人又于此歎美九二之德，言其見龍在田，以其有人君之德而无人君之位耳。

九三重剛而不中，上不在天，下不在田，故乾乾因其時，而惕雖危无咎矣。

義曰：此又釋九三之爻。蓋此一卦上下皆乾，是重剛也。三、四介重剛之間，下已過于二，上不及于五，故皆曰「重剛而不中」也。上不在天，非九五之君也；下不在田，非九二之臣也。正當大臣之位，上有一人之奉，下有百官萬民之責，故乾乾因其時而惕懼，不敢遑安，如此則雖在危地，亦可无咎。

九四重剛而不中，上不在天，下不在田，中不在人，故或之。或之者，疑之也，故无咎。

義曰：此又釋九四之爻。乾之六爻，上二爻爲天，下二爻爲地，中二爻爲人，備三才也。此九四一爻上不在天，下不在田，中不在人，是中不在人臣而正得儲君之位。既爲儲貳，則進退上下皆有疑惑，故所進而上者，脩德也；所退而下者，守位也。夫如是，故无咎矣。

夫大人者，與天地合其德，與日月合其明，與四時合其序，與鬼神合其吉凶。先天而天弗違，後天而奉天時。天且弗違，而況于人乎！況于鬼神乎！

義曰：此又釋九五之爻。大人者，大才大德之人也。夫天高而覆，地厚而載，故其德曰生。聖人亦能以仁愛生成于物，故與天地合德。日月至明，故无幽无隱皆燭之，而聖人亦能同其明。天以春夏秋冬而生成肅殺，聖人亦能以仁義刑政化天下，故與四時合其序。鬼神之爲道，善者福之，淫者禍之，聖人則賞善罰惡，是與鬼神合其吉凶。先于天時而行事，則天弗違之，是天合大人也。後于天時而行事，則奉順于天時，是大人合天也。

以天之至大而聖人合之，况于人與鬼神乎！

亢之爲言也，知進而不知退，知存而不知亡，知得而不知喪。其唯聖人乎！知進退存亡，而不失其正者，其唯聖人乎！

義曰：此又釋上九之爻。亢之爲言，但知進而不知退，知存而不知亡，知得而不知喪，如此之類，皆聖人之所不爲，是亢而招悔者也。唯聖人爲能知進而不忘退，知存而不忘亡，知得而不忘喪，故于衰耗之年則求所代而終之，堯、舜、禹是也。上一句「其唯聖人乎」于義不安，當爲羨文。

坤

䷁坤下坤上坤，

義曰：此伏羲所畫，文王所重，純陰之卦也。上下六爻皆陰，以象地積諸陰氣而成也。坤者，順也。言坤柔順之德上承于天，以生成萬物；猶臣以柔順之德上奉于君，以生成萬民也。

元亨，利牝馬之貞。君子有攸往，先迷，後得主利。西南得朋，東北喪朋，安貞吉。

義曰：此一節是文王所作卦下之彖辭也。凡坤之四德，與乾之四德同也。但乾以剛健之德資始萬物，坤以柔順之德資生其形也。其言「利牝馬之貞」者，蓋乾體至大，全用剛德，故于乾卦之下直言「元亨利貞」而不言所利也。今坤主臣道，故言「利牝馬之貞」者，蓋馬取其服乘，有善行之才而又牝馬，順之至也。以言地之爲道，能順承天之氣以生成萬物，无有休息。若人臣順承于君而能宣君之令，行君之事，皆不失其正道，故言「利牝馬之貞」也。「君子有攸往」者，夫坤體之利唯至順至正，然後不失其常道。人臣之分，亦當執其正而濟之以順。若順而不正，則失于諂媚；若正而不順，則失于悍愎而有先君之事。是故唯君子有全德，乃能循此道，始終不失其分，以此而往，无所不利，故曰「君子有攸往」也。「先迷，後得主利」者，夫乾者天道，坤者地道。言之人事，則乾爲君、爲父、爲夫，坤爲臣、爲子、爲婦；言其分，則君倡而臣和，父作而子述，夫行而婦從。若臣先君而倡，子先父而作，婦先夫而行，則是亂常道也。若能處其後而順行其事，不爲事先，則得其主守而不失爲臣、爲子、爲婦之道也。「西南得朋」者，西南，致養之地，陰之位也。今坤本陰，以陰之陰，是得其朋類而行。若君子未仕之時，必得明師賢友以相切磋，蓋聖賢事業尤甚淵博，獨學則不能成，獨見則不能明，固須資于朋類而後有所至也。故伐木詩曰「自天子至庶人，未有不須友以成也」〔一〕，是言人必得朋類而事業可成也。「東北喪朋」者，西南爲陰位，東北爲陽位。今離西南而反之東北，是以陰之陽，喪失其朋類。如君子之人與師友講成道德，及其業已就，其性已明，務行其道而薦身于朝廷之間，以求致君澤民之事，是喪

〔一〕此伐木詩序。

失其朋類者也。「安貞吉」者，言地體安静而永守其正，若天氣降于地，地則承而發生，是不妄有所發也。如臣之輔君，當常守安静貞正之德，待君倡，然後和之。是亦不妄有所動，故得獲其吉也。

象曰：至哉坤元，萬物資生，乃順承天。坤厚載物，德合无疆。含弘光大，品物咸亨。牝馬地類，行地无疆。柔順利貞，君子攸行。先迷失道，後順得常。西南得朋，乃與類行。東北喪朋，乃終有慶。安貞之吉，應地无疆。

義曰：此以下先聖釋文王彖辭之辭。「至哉坤元，萬物資生，乃順承天」，此三句釋坤元之德也，故先嘆美之。言「至哉」者，蓋坤主承天之氣而生萬物之形，必有所至也。「萬物資生」者，言一元之氣降于地，爲萬物之始也。承一元之氣以生萬物之形，是天下萬品之物，莫不資取于坤元而生其形質也。「乃順承天」者，蓋地得天之降氣，然後順從而發生萬物也。「坤厚載物，德合无疆」，此二句釋坤之自然之德也。「坤厚載物」者，言地道博厚，于天下之物，高下洪纖，无不持載，无不包容也。「德合无疆」者，言地者形之名，坤者地之用。是地之形則至廣至大而无疆畔，若其德則持載生育萬物，大无不周，遠无不及，是坤之德亦合地形之无疆也。「含弘光大，品物咸亨」者，此釋亨之德也。含，包也；弘，厚也；光，明也；大，盛也。謂之含者，言坤之爲體无所不包，无所不周。謂之弘者，言博厚而无所不載。謂之光者，言萬物由地而生，皆得亨通而光明。謂之大者，言其體至廣至大。謂坤之有此四德，然後萬物繁植，得其亨通也。「牝馬地類，行地无疆」者，此釋「利牝馬之貞」。言地之爲道，生成萬物，无有休息。馬爲人所服乘，亦能行之不息，是爲地之倫類而行之无疆也。「柔順利貞，君子攸行」者，此釋「君子有攸往」之義。言君子之人能柔和謙順以盡其爲臣之節，而又不失其正，是所往无不獲其利也。「先迷失道，後順得常」者，此釋「先迷，後得主利」之義。言爲人子，爲人臣，爲人婦，其爲道必須待倡而後和，行而後隨。若首先而行，則迷惑錯亂而失其道。若所行居人之後而順承其上，乃得君子之常道也。「西南得朋，乃與類行」者，已釋在前。「東北喪朋，乃終有慶」者，此言君子已仕，進用朝廷，上以致君，下以澤民，以施已之素藴，是終獲其美慶之道也。「安貞之吉，應地无疆」者，此言坤之所以安静守正而得吉者，蓋由承天之氣以發育萬物，无所不得其生，是其德之无疆也。君子之人上承于君，亦當安然守至正之德而不爲事始，不爲物先，待君令而後行，此其所以獲吉也。是其德應地无疆也。

象曰：地勢坤，君子以厚德載物。

義曰：此先聖大象之辭。言地之形體，固本柔順。柔順者，地之勢也，故能生成萬物之形質也。「君子以厚德載物」者，言君子之人法地之道，以寬厚其德，使其器業廣大弘博，无所不容，以載萬物，使萬物无不得其所，皆如地之容載也。

初六，履霜，堅冰至。象曰：履霜堅冰，陰始凝也。馴致其道，至堅冰也。

義曰：言「履霜」者，陰氣始凝結之時也。「堅冰」者，陰氣極盛之時也。夫坤之六爻皆陰，而初六居其最下，是陰氣始凝之時也。大凡陰之爲氣至柔至微，不可得而見。故自建午之月，則一陰之氣始萌于地下，以至于秋，人但見其物之衰剥時之愴慘，且不知其陰之所由來。然于履霜之時，則是其迹已見，故可以推測其必至于堅冰也。以人事言之，則人君御臣之法，此其始也。夫人之深情厚意，不易外測，故大姦若忠是也。然爲臣而佐君，必有行事之迹，于其始，善善惡惡，可得而度之，故在人君早見之也。見其人臣之間始有能竭節報効，則知終必有黄裳之吉，乃任而用之，使之由小官至于大官，則爲國家之福。若姦邪小人，其有諂佞之狀，一露則知，積日累久，必至于龍戰之時，故當早辨而黜退之，則其惡不能萌漸也。若使至于大位以僭竊侵陵，則惡亦不易解矣。是由履霜之積，積而不已，終至堅冰，是宜辨之在始也。象曰「履霜堅冰，陰始凝也」者，言陰之至于履霜，是陰氣始凝之時也。「堅冰」二字當爲羨文，蓋下文已有「至堅冰也」。「馴至其道，至堅冰也」者，蓋馴者，馴狎之義。謂臣之積惡有漸，久而不已，則至大患也。

六二，直方大，不習无不利。象曰：六二之動，直以方也。不習无不利，地道光也。

義曰：直，正也。待夫陽之至，然後發而生成萬物，是其體安静守正而不爲物之先也。方，義也；義，宜也。言生物无私，使各得其宜也。大者，言地體至大，无所不包，无所不容也。「不習无不利」者，言坤有三德，自然而物生，故不待修習而後能。以人事言之，則君子之人，其德素藴，其行素著，聖賢之事業已習之于始，至此用之朝廷之上，隨時而行之，且非臨事而乃營習，故无所不利。是以孟子四十不動心者，此也。于卦則二爲地之上，是萬物發生之時也。故三德之備、地道之美，盡于此矣。象曰「六二之動，直以方也。不習无不利，地道光也」者，言六二以直、方、大之三德發動而生物，无不得其宜。蓋以自然之質，不勞而生，不爲而成，光大之至也。

六三，含章可貞，或從王事，无成有終。象曰：含章可貞，以時發也。或從王事，知光大也。

義曰：含，畜也；章，美也；貞，正也。言六三陽位，今以陰居之，是能執謙，不敢爲事之倡始。故内畜聖賢之事、章美之道，待君之所令；及謀議之所至，則從而發其章美之道以進于君，如此是得臣子之正。「或從王事，无成有終」者，言六三之君子執臣子之分，不敢先倡，待君有命，然後從而行之。既行之，又歸美于君而不敢居其成功，但竭節盡忠而終于爲臣之分也。象曰「含章可貞，以時發也」者，言人臣含畜章美之道，若謀議未及而先發之，非其時而宣行之，使天下之人但知臣之所爲而不知君之所命，則失所以爲臣之分也。今含畜章美，俟可發而發之，然後功成于己，即歸之于君，而不失臣子之分也。「或從王事，知光大也」者，此言君子待君之命而從之，則是君子之智益光明而盛大也。

六四，括囊，无咎无譽。象曰：括囊无咎，愼不害也。

義曰：括，結也；囊，所以盛物也。坤是陰卦，六四本陰位又以陰居之，則是陰陽之道不交，而君臣之間不相接也。然六四既當此否塞之時，則必括結其囊，藏其德，卷而懷之，以待其時。「无咎」者，言六四有聖賢之才，若非時而進，則爲小人所害。今既能韜光晦迹，故得无咎也。「无譽」者，言六四既括結其囊，所以歛其才德，則天下之美譽何由而至哉？故曰「无咎无譽」也。象曰「括囊无咎，慎不害也」者，言六四當君臣不交之時而能慎密而不出，則小人雖有殘賊之心而欲害之，必不能及也。

六五，黄裳，元吉。象曰：黄裳元吉，文在中也。

義曰：黄者中之色，裳者下之飾。蓋衣譬其君，裳喻其臣。以六五居上卦之中而當公卿之位，是能執中道，施美利而暢于四方，故獲元大之吉也。象曰「黄裳元吉，文在中也」者，大凡五色備具謂之文。今六五能居中而施其美利，自内及外，自朝廷及天下，是得黄中之色，而可以見四方之色也。

上六，龍戰于野，其血玄黄。象曰：龍戰于野，其道窮也。

義曰：龍者，陽之氣；戰者，戰敵之稱；野者，非龍之所處。言陰之爲物至微至柔，積而不已，至于彰著，必成堅冰。蓋自履霜，若能積其善，杜其惡，及其終，則有黄裳之大吉。若不能杜其惡，以至害于而家，凶于而國，終有龍戰之災也。夫姦臣賊子之爲心，其禍亂之萌，包藏之久，至此既不可遽滅之，則必有賢明之君起而誅討之。然而以陽來勝陰，不无相傷，故血玄黄也。玄者天之色，黄者地之色，言上下相傷之甚也。象曰「龍戰于野，其道窮也」者，言自細惡而不辨，至于盛大，以及于戰，是其道之窮極也。

用六，利永貞。象曰：用六永貞，以大終也。

義曰：此言六者，陰之位。自初至終皆有柔順之德，故曰「用六」。然既柔順而不守其正，則爲邪爲惡。故純用柔順，則利在永長守其貞正，則不失臣子之道也。象曰「用六永貞，以大終也」者，言既能用其柔順，又能永守貞正之道，則是臣子能以大義而終也。

文言曰：坤至柔而動也剛，至静而德方。後得主而有常，含萬物而化光。坤道其順乎！承天而時行。

義曰：此以下仲尼之文言，釋坤之德也。「坤至柔而動也剛」者，言坤之體用至柔，待天之降氣，然後生成萬物之形質，无不持載，是其動則至剛也。「至静而德方」者，言地體凝静，不妄有所動，待天之降氣，然後始發生萬物。若天氣不降于下，則凝結安静，而其德至方至正，不妄有所發也。「後得主而有常」者，此釋文王之彖辭也。凡爲人臣之道，必待君倡而後和，君令而後從，不敢居事之先，則得所守而不失臣子之常也。「含萬物而化光」者，此釋「含弘光大」之義。言地之道含養萬物，其德弘厚而光大也。「坤道其順乎！承天而時行」者，此仲尼嘆美坤卦之辭。言坤道至柔至順，承天之道，順時而行之，若春則生、秋則成是也。以人事言之，若臣奉君之命，以時而行之，皆无不得其宜也。

積善之家，必有餘慶；積不善之家，必有餘殃。臣弑其君，子弑其父，非一朝一夕之故，其所由來者漸矣，由辨之不早辨也。易曰「履霜，堅冰至」，蓋言順也。

義曰：此釋初六之爻辭也。「積善之家，必有餘慶」，此釋履霜之義，因先發此文言。君子之人不以小善爲无益而不爲，故積日累久，至于大善，延及于乃子乃孫，皆獲慶善之餘也。故中庸曰：「舜其大孝也與！德爲聖人，尊爲天子，富有四海之内，宗廟饗之，子孫保之。故大德必得其位，必得其禄，必得其名，必得其壽。」其言大舜自匹夫有一小善，未嘗捨去，以至積爲大善而終享聖人之位，流慶于後。此積善之慶也。「積不善之家，必有餘殃」者，夫小人以小惡爲无傷而弗去，故積小惡以至大惡，累小罪以及大罪，而終有殃禍加之于身，以至乃子乃孫皆受餘殃也。「臣弑其君，子弑其父，非一朝一夕之故，其所由來者漸矣，由辨之不早辨也」者，言君素寵其臣，父素寵其子，寵而不已，耳目之所狎習，荏成凶惡，以至包藏禍賊之心，非在弑君之朝、弑父之夕驟使然也，蓋由積久漸漬而成其凶災也。如此，由君之不早辨其臣，父之不早辨其子故也。「易曰『履霜，堅冰至』，蓋言順也」者，此先聖因履霜之戒，故引上文以結。蓋言順者，是言履霜而至堅冰，由順而積至之也。

直其正也，方其義也。君子敬以直内，義以方外，敬義立而德不孤。直方大，不習无不利，則不疑其所行也。

義曰：此釋六二之爻辭也。「直其正也」者，言地之爲道不爲妄動，必待天氣至而後發之，故其德无有不正也。「方其義也」者，義，宜也。言地之爲德，四時之間生育萬物，終始皆得其宜也。「君子敬以直内」者，凡人有忿怒之氣，皆出于心之不敬。故君子之人既執直于内，則必濟之以恭敬也。以之事君，而能恭敬其顔色。内有執直不回之心，則反覆之間皆合于道也。「義以方外」者，夫君子外有廉隅，方正而立，則邪不能入，然而所行又能合其宜，則于事无不通濟也。夫直而不敬則傷于訐，方正而不得其宜則傷于愎，故君子直則必敬于内，方則必合于外也。「敬義立而德不孤」者，言君子之人内直以敬，外方以義，則其德不孤也。何則？蓋君子既以敬義接于人，則人亦以敬義反于己，是不孤也。「直方大，不習无不利，則不疑其所行也」者，夫直而不邪，正而謙恭，義則于物无競，方則凝重不躁。如此，既不假營習而无所不利，則不須疑慮其所行而皆中于道也，故曰「不疑其所行也」。

陰雖有美，含之以從王事，弗敢成也。地道也，妻道也，臣道也，地道无成，而代有終也。

義曰：此釋六三之爻詞也。言爲臣之道，當内含章美之德，以待君議論之所及、詢謀之所至，然後發己之素藴，以贊行君之事業，輔成君之教化。及其有所成功，則歸美其君而不敢自居其成功。此所以盡爲臣爲子之分，故曰「陰雖有美，含之以從王事，弗敢成也」。「地道也，妻道也，臣道也」者，此先聖釋地之道，因舉大綱而言之。蓋凡爲子當奉于父，爲弟當事于兄，卑者當事于尊之類，皆下奉上之道也。「地道无成，而代有終也」者，言地之爲德，必待天之氣至，然後發之，以贊成天之生育之德，是得其地道大終之義也。

天地變化，草木蕃。天地閉，賢人隱。易曰「括囊，无咎无譽」，蓋言謹也。

義曰：此釋六四之爻詞也。天地變化，若陽下交陰，陰上交陽，陰陽交通，故能生成萬物，而草木品類皆得蕃昌。猶如君臣之道，交接則天下得其安也，故曰「天地變化，草木蕃」也。「天地閉，賢人隱」者，言天地不交，陰陽不通，則草木枯槁而萬物衰滅。猶君不交于臣，臣不交于君，君臣道塞，則賢者退隱也。蓋坤爲陰卦，四本陰位又以陰居之，是天地閉塞，陰陽不交之時。是猶君不交于臣，而賢者退而自處也。若于此不能退，則爲小人之害也。「易曰『括囊，无咎无譽』，蓋言謹也」者，言賢者當此之時，既能括結其囊而自處，是能謹慎而避害也。

君子黄中通理，正位居體，美在其中，而暢于四支，發于事業，美之至也。

義曰：此釋六五之爻辭也。黄者，中之色。居其中，則通于四方之理。言其黄，則極于四方之色。今六五之君子有此黄中之德，故能通天下之物理也。「正位居體」者，言六五位極公相，是得其正也；而又執柔順之道，以全臣子之節，是居其體也。「美在其中，而暢于四支，發于事業，美之至也」者，言六五正居公相之位，内總百揆，外統九州牧伯，而又作樂以興天下之和，制禮以正天下之序，施刑以懲天下之惡，爲政以正天下之治，是皆内含章美之道，以通暢于四支，開發天下之事業。如此，是文明章美之極至者也。

陰疑于陽必戰。爲其嫌于无陽也，故稱龍焉。猶未離其類也，故稱血焉。夫玄黄者，天地之雜也，天玄而地黄。

義曰：此釋上六之爻辭也。言其疑者，蓋其始不杜凶惡之漸，以至于極盛，則疑忌之心生而僭竊禍亂之事作，以至見侵于陽，而陽與之戰也。「爲其嫌于无陽也，故稱龍焉」者，此坤六爻皆陰，故无陽。龍，陽也。此稱之者，蓋言陰至于此既已極盛，則是至于建子之月，必有一陽之生以消退羣陰，使之不能有爲也。固如亂臣賊子爲惡已甚，則必有剛明之君子與之戰而滅之也。此蓋聖人不容陰之過盛，故稱龍以存戒也。「猶未離其類也，故稱血焉」者，言陽微陰盛，以至相敵，然而陰雖至極，猶不能離其陰類，故雖見敵于陽，但稱血也。猶臣雖盛極，見侵于君，猶不能離臣之分也。「夫玄黃者，天地之雜也，天玄而地黃」，玄，天之色；黃，地之色。以其上下相敵，必有相傷，故玄黃之色錯雜于其間。然陰雖至盛，終不能勝于陽。猶臣之道，惡雖至盛，亦終不能有其成也。此皆聖人存戒于人君，言于履霜之時，則必察其臣之所爲而進退之，故至此可无龍戰之事也。

周易口義卷二

屯

䷂震下坎上屯，元亨利貞，勿用有攸往，利建侯。

義曰：此文王所作之卦名也。文王既定乾、坤二卦于前，以明天地之道，又以震、坎二象畫爲六位以次于後，名之曰「屯」。屯者，屯難之名，天地始交而生物之時也。夫天地氣交而生萬物，萬物始生，必至艱而多難，由艱難而後生成，盈天地之間。亦猶君臣之道始交，將以共定天下，亦必先艱難而後至于昌盛。如湯之于伊尹，文武之于吕望，其始交時，皆有四方之多虞，然後卒能共治天下，是皆先艱而後通也。然萬物始生多難，何以見之？試以草木言之：當勾萌甲柝[一]之時，其體弱而未成，日曝之則槁，必雨以潤之，雨久反害，是始生多難可知也。君臣倡始，豈无難哉？然屯有二義：一爲屯難，剛柔始交而難生是也；二爲盈，序卦云「有天地，然後萬物生焉。盈天地之間者惟萬物，故受之以屯。屯者，盈也」，是爲二義。以人事言之，自古聖賢，未有不由險難成名。若文王囚羑里，周公攝政，有管、蔡之流言，仲尼厄于陳，畏于匡，拔樹于宋，削跡于魯，孟軻有臧倉之困，齊、梁之君以爲迂濶，是皆出于險難而後能興事業于當時，或垂名教于後世。是以君子之人將欲立功立事，不可以時屯而不往，世難而不行。雖小人之譖毁傾險，安損君子之道哉？且君子之道獨立，不懼而行，若終屯而不行，乃生靈之不幸耳，小人何能掩我哉！唯君子能徧歷險阻艱難，然後可以成名。此聖人明卦之深教也。「元亨利貞」者，此屯之四德，亦天地之四德也。注疏以爲劣于乾，非也。蓋陰陽之始交，必有屯難，萬物由屯難而後生。如春之時則勾萌畢[二]達，元之德也；夏之時則物生而大通，亨之德也；秋之時漸而成之，利之德也；既生既通既成，而又于冬幹了之，貞之德也。是屯之四德亦乾、坤之四德也。以人事言之，則君臣始交而定難，難定而後仁德著，故揚子曰「亂不極則德不形」。是其拯天下之大危，解天下之倒懸，出民于塗炭，由于難而後仁著也。此元之德也。天下既定，必得禮以總制之，使君臣、父子、兄弟、

[一] 各本誤作「拆」。
[二] 白石山房本、四庫薈要本作「必」。按前文云「勾萌皆達，枯槁畢榮」，故當依文淵閣本作「畢」。

夫婦，尊卑、上下之分不相錯亂，此亨之德也。天下既定，人倫既序，然後保合太和而各得其宜，一歸于貞，此利貞之德也。「勿用有攸往」者，此以下專以人事言之。屯難之時，天下未定，萬民未安，不可重爲煩擾之事，往而撓之。若復往而撓之，是益屯也。必在省其刑罰，措其甲兵，輕其徭役，薄其税斂，以安息之可也。「利建侯」者，夫天下始定，民方息肩于困難，一人不能獨治，政教不能徧及，必建侯分守，使之行上之號令，布上之德教，以各治一國之民，則幽僻遠陋之區无不被其澤。故屯難可以寧，生民可以定也。

彖曰：屯，剛柔始交而難生，動乎險中，大亨貞，雷雨之動滿盈。天造草昧，宜建侯而不寧。

義曰：此以下先聖釋文王彖辭之辭也。言謂之屯者，是天地剛柔二氣始交，萬物始生，則必有其難也。若君臣始交，萬物始定，則亦必有難也。「動乎險中，大亨貞」者，此以上下二體言之也。震爲動而下，坎爲險而上，是動于險中也。屯之初動而不已，故得大通。言聖人創業，初在險難而教化未濟，故于此動乎險中而不已，則出乎險中，而施元亨利貞之四德，以濟天下之民也。「大亨貞」者，釋四德也。不言利者，蓋聖人于乾、坤二卦既備言四德，故于諸卦有四德者皆略而不舉也。「雷雨之動滿盈」者，此聖人重釋亨貞之義也。言屯者，盈也。陰陽始交，則有雷雨之澤以生成萬物，而使盈滿于天地之間。若君臣始交，以德澤布于天下，使天下之人皆被其賜而至于盈盛也。「天造草昧，宜建侯而不寧」者，草，草創也；昧，冥昧也。夫天之營造萬物，于草創冥昧之時。在聖人，則當興制天下之事。然教化未備，人民冥昧而未通，以聖人一己不能獨治，必分建邦國之諸侯以撫綏其民。是聖人于此之時，豈得安寧而遑暇？宜急急以治屯也。

象曰：雲雷，屯，君子以經綸。

義曰：此先聖大象之辭也。言雲而不言雨者，蓋雲者，畜雨將降之時也。故又有雷動于下，將興雨澤以蘇天下之民物，是天地經綸之始也。故君子法此之象，當屯難之世，撥亂反正，施教行化，興天下之利，除天下之害，以經綸當世之務也。

初九，磐桓，利居貞，利建侯。象曰：雖磐桓，志行正也。以貴下賤，大得民也。

義曰：「磐桓」者，不進之貌。言初九居屯難之初，天下方定，不可煩擾于民，故磐桓然不遽而進。然身雖磐桓，而其志在經綸天下，不失其正也。「利建侯」者，以其天下至廣，不能獨治，況當屯難之世，生民方定，必須封建聖賢之諸侯，以康天下之難者也。象曰「志行正也」者，此先聖象辭，言身雖不進，然志在經綸天下，所行不失其正故也。「以貴下賤，大得民也」者，此言初九以一陽居衆陰之下，是以崇貴而謙處于下，屈己而就卑者也。故身能禮下賢善，而民心莫不歸之。

六二，屯如邅如，乘馬班如，匪寇婚媾。女子貞不字，十年乃字。象曰：六二之難，乘剛也。十年乃字，反常也。

義曰：屯，難也；邅，廻也；如，語辭也。言六二與九五爲正應，而下乘初九之剛，欲乘馬而行，往應于五，則以其難在于初，故邅廻班旋而不敢進也。「匪寇婚媾」者，寇謂初也。言六二若非初九爲寇于己也，則上與五爲婚媾矣。「女子貞不字，十年乃字」者，女子以陰言之，未有所從者也。蓋此六二以陰居陰，正也；處下卦之中，中也。六二能居中得正，不以初九爲寇于己而下從之，是女子能守正不變，不爲初之愛字者也。「十年乃字」者，十年乃天地之終數也，數終則反常，難釋則亨來。是以中正之女至此十年難極，則可以受九五之愛字也。象曰「六二之難，乘剛也」者，言六二所以邅廻班旋，乘馬而不敢進者，蓋以陰柔之質而乘初九之剛也。「十年乃字，反常也」者，言于十年難終之後，得從九五之應，是反得常道也。此爻施之人事，猶君子守正專應，不妄有所從者也。

六三，即鹿无虞，惟入于林中。君子幾，不如舍，往吝。象曰：即鹿无虞，以從禽也。君子舍之，往吝窮也。

義曰：即，就也；虞，虞人也。以畋獵言之，欲就其鹿而无虞人導之，鹿不可得也。夫六三以陰居陽，本失正也。夫人之不正，則雖君子能博施者，亦不愛于己矣。上又无應，若往求于五，五屯其膏，自與二爲應，必不見納；若下求于初，初又有六四之應，則是以不正而妄動，上下皆不獲其安。故君子立身處世，則必内畜其德，外潔其行，而存心于聖賢，自任以天下生靈之重，不爲躁進妄動，必待時之所推、君子之援引以爲先容，則位可得而道可行也。今以不正之質而又不畜其德，不潔其行，但以躁進妄動爲心，而又无君子之援，是其往必无所得也。故若欲就其鹿，无虞人援引，度其可否，則鹿必不可得而徒入于林中而已，何所獲哉？「君子幾，不如舍，往吝」者，注疏謂幾爲語辭，非也。蓋幾者，有理而未形者也。君子之人能知之先見，知微知彰，度其所然，正身而動，知其進退无所適而又无其援，必不利矣，則不如舍之。是能豫決其可否，知幾之君子也。若不能如是而務爲躁進，必取其悔吝也。象曰「即鹿无虞，以從禽也」者，凡飛走可擒獲者，皆謂之禽，故曲禮曰「猩猩能言，不離禽獸」，又書云「无禽荒」者，皆可擒取之義也。六三雖欲即鹿從禽，然而无虞人以度其可否，雖有鹿，亦不可得也。鹿，即喻干禄財利之謂也。「君子舍之，往吝窮也」者，此聖人爲妄求躁動之戒也。故繫辭云：「君子安其身而後動，易其心而後語，定其交而後求……危以動，則民不與也；懼以語，則民不應也；无交而求，則民不與也，莫之與，而〔二〕傷之者至矣。」今六三居屯難而求進，是危以動也；非應而往，是懼以語也；以无虞而求鹿，是无交而求也。如此而往，則速其悔吝困窮，可知矣。

六四，乘馬班如，求婚媾，往吉无不利。象曰：求而往，明也。

義曰：此一爻誠可謂知幾之君子也。然雖與初九爲正應，而二近于初，疑其與初相得而隔己之路，故乘馬班旋而不敢進也。然己守正而无求于陽，故待初九之來求于己，以爲婚媾，然後往而應之，則獲吉而无所不利

〔二〕而，繫辭作「則」。

也。若君子雖懷才藴德，有聖賢之事業，然亦不可以己而求人，必待其人再三見求于己而往，則道可行，言可從也。故伊尹耕于有莘之野，由湯三聘而後往，以堯舜之道覺天下之民是也。象曰「求而往，明也」者，言六四居其正而能知其幾，性脩智明，不爲妄動，必待人求于己，然後往而應之。果非君子性脩智明，其能與于此乎？

九五，屯其膏，小貞吉，大貞凶。象曰：屯其膏，施未光也。

義曰：凡爲人君之道，當如天之造物，雲行雨施，滿盈天下，使萬物无不被其澤，則可也。書曰「无偏无黨，王道蕩蕩」，此爲君者所當然也。今九五據至尊之位而反屯難其膏澤，專應在二，不及于衆，是但能煦煦之仁、孑孑之義，私己之親，偏己之應。若施之一家則可以澤一家，若施之一國則可以澤一國，若施之天下則无以濟。是恩澤不及于廣遠，使天下之人无以慰其望，是以小貞則吉而大貞則凶也。是所施膏澤不至光大也可知，故象曰「施未光也」。

上六，乘馬班如，泣血漣如。象曰：泣血漣如，何可長也？

義曰：此言上六處一卦之上，最居屯難之極，欲應于五，五屯其膏而无所告也。固若鰥寡孤獨失職之民不得其所，而罹于塗炭之中，无所告愬者也。五既澤不及于己，三又失其正應，故乘馬班旋而不得進，泣血相續而无所愬也。象曰「泣血漣如，何可長也」者，此先聖之微旨，非謂上六也，蓋責其爲君臣之道也。夫人君者不欲一夫有失其所，一物不遂其性；爲人臣者，又當佐君力行之。今人見赤子墜井，自非親戚，皆將匍匐而救之，況爲民之父母，豈可使斯民有此屯難之事，泣血漣如而无所告哉？是不可使之長如此也。是不可長者，盖責其爲君臣之道也。此先聖之微旨，然自古以來，獨伊尹可能當此也。

蒙

䷃坎下艮上 蒙，亨。匪我求童蒙，童蒙求我。初筮告，再三瀆，瀆則不告。利貞。

義曰：蒙，即蒙昧之稱也。凡義理有未通，性識有未明，皆謂之蒙。所以次于屯者，按序卦云「屯者，物之始生也。物生必蒙，故受之以蒙」，又曰「蒙者，物之稚也」，言若人之幼穉，其心未有所知，故曰「蒙」也。「蒙，亨」者，言蒙昧之人其性不通，其志不明，必得賢明之人舉其大端以開發之，則其心稍通，通而不已，遂至大通。亦若民之生，雖懵然无所知，冥然无所明，必得在上賢明之君善教化之，教化之不已，則知禮義而至于大通，故曰「蒙，亨」也。「匪我求童蒙，童蒙求我」者，我，謂賢明老成之人也。言非是賢明老成之人往求童蒙者而告之，蓋是童蒙之人其性不明，其志不通，思其開釋而來求于我，我則告之。亦若賢明之君非是己欲自求于民而治之，蓋其民无知，不能自治，思欲開發暗昧之心以求于己，則己然後居其位，明教化以導之。是以古之聖賢在上者，其處心積慮，非樂居于權位，好處于富貴，蓋民來求治于我，我當治之。亦以天之生民，蚩蚩者衆，无所知識，須得聖賢之人以治之。以堯、舜居之而不爲樂者，是聖人之本心也。「初筮告，再三瀆，瀆則不告」者，筮，所以决疑也。言童蒙之人不能自明，志有所疑，來决于己，則己舉其大端一理以明告之。而蒙者必當精思其可否，深慮其善惡，然後可以大通其志。若或不思不慮而其性不達，以至于再于三求告于老成之人，則其事煩而瀆亂矣。既已瀆亂，則老成之人不復告之矣。故仲尼曰：「舉一隅不以三隅反，則吾不復之矣。」故古之時有朴作教刑，以至蒙昧之人諭之而不思，告之而不慮，則有鞭朴夏楚之刑以戒之。亦如蒙昧之民求治于在位者也，聖賢之人在上，則道之以教化，漸之以禮義。有或不能以自通，以至反善趨惡，瀆上之化。故古之時有明于五刑，以弼五教以正之。是言再三瀆亂，則不復告之，而有懲戒之刑也。「利貞」者，此言亨蒙之道，當利以正也。故先聖曰「子帥以正，孰敢不正」，言必以正道開發于人也。

彖曰：蒙，山下有險，險而止，蒙。蒙亨以亨，行時中也。匪我求童蒙，童蒙求我，志應也。初筮告，以剛中也。再三瀆，瀆則不告，瀆蒙也。蒙以養正，聖功也。

義曰：艮爲止爲山，坎爲險爲水。山之下有險，窒塞而不通，則是蒙之象也。夫水之性无不下，導之則爲江爲海，止之則爲潢爲汙。今止而未决，是其有蒙之義也。「蒙亨以亨，行時中也」者，言蒙昧之人智性既未明，而賢明老成之人必以一理而决之，使其由稍通以至于大通。如此是以亨通，而行皆得時之中也。「匪我求童蒙，童蒙求我，志應也」者，言非賢明老成之人求于童蒙之人，蓋童蒙之人來求決于賢明老成之人也。既來求決，則賢明老成之人當告以善道，是上下之志相爲合應也。「再三瀆，瀆則不告，瀆蒙也」者，言蒙昧之人既來求決于賢明之人，賢明者但開發一隅而告之。其蒙者既得賢明之告，必當思慮之，自一隅以至于三隅，然後可通也。今若不思不慮，以至于再于三而瀆問于賢明之人，則賢明之人不復告之，以其不能思慮而自瀆亂于蒙者也。孔子曰「學而不思則罔」是也。「初筮告，以剛中也」者，剛中謂九二也。言九二以剛明之德而居中，是能以剛中之德而發其蒙昧者也。「蒙以養正，聖功也」者，此言聖賢外能蒙晦其德而内養其正〔一〕性，至誠不息以育其德，是其聖賢之功也。此正合潛龍之義，始卷懷其才德，而終存心于天下。後世怪民不知蒙晦養正之意，乃退身于山林，是豈聖賢之功乎？

象曰：山下出泉，蒙，君子以果行育德。

義曰：言泉之始發于山下，未有所之，則必待決導之，然後流注而至爲江爲海。于未決之前，雖出于山之下，而未有所適，是蒙之象也。「君子以果行育德」者，言君子之人則當果決其行，而力學審思，强問篤行，使其性明志通，又且養育其德以脩其志，使其道之大成，至于聖賢而後已。然後發其所畜，以教化于人也。

初六，發蒙，利用刑人，用説桎梏，以往吝。象曰：利用刑人，以正法也。

〔一〕文淵閣本作「至」。按此釋「養正」之義，故當從白石山房本、四庫薈要本作「正」。

義曰：據此一爻注疏之解，以爲初六在屯難之後，居蒙昧之初，不能自明，而上得九二之陽以照于己，遂發其蒙。蒙昧既發，則志遂明于事而无所疑，可以用刑于人，或説其罪，无所不當也，今則不取。蓋此一爻乃亨蒙之法也。初六居蒙之初，久在蒙昧，不能通明，必得在上聖賢之君申嚴其號令，設張其教化以開示之，使得其曉悟，故曰「發蒙」也。若其性識至昧，雖得號令教化開發之，而尚不通曉于心，反善趨惡，犯君之教化，則賢明之君當用刑罰以決正之，故曰「利用刑人」也。然又其間久在蒙昧之時，不知禮義，不知教化，過而爲之，以至遭桎梏之苦，始曉悟而自悔，則聖賢之君又當肆赦之，書曰「舊染污俗，咸與維新」是也，故曰「用説桎梏」也。「以往吝」者，言凡刑法者，小懲而大戒，刑一而勸百，使天下之人皆遷善而遠罪，是不得已而用之也。語曰：「上失其道，民散久矣。雖得其情，則哀矜而勿喜也。」不可恃己之勢，肆己之威，快己之欲，用之以往，无有休已，則自取悔吝也。

九二，包蒙吉，納婦吉，子克家。象曰：子克家，剛柔接也。

義曰：初六發蒙，蒙之小者也。上九擊蒙，蒙之大者也。而餘四爻皆陰柔之質，惟此九二以剛明之德居下卦之中，是居得其中者也。夫剛則能斷天下之事，明則能察天下之微，有剛明中正之德，則天下之賢不肖者皆從而歸之，天下之蒙昧之人皆樂而求之，而己能包容，无所不納，故曰「包蒙吉」。「納婦吉」者，婦，所以助己而成治也。以上下三爻皆陰柔之質，故稱婦也。然其中必有賢者能者，而九二又能納之以助于己。蓋言九二居人臣之位，正應于五。五爲至尊，而以柔順之質專委于二。苟天子之重任，掌天下之繁務，其責至重，雖有剛明之德，亦不能獨當之，必在廣納天下之賢才以相輔助，然後可以成治也，故云「納婦吉」也。「子克家」者，言有包蒙、納婦之吉，施之人子，則可以幹父之事而克集一家之治；施之人臣，則可以幹君之命而克成天下之治也，故曰「子克家」。象曰「子克家，剛柔接也」者，言六五與九二爲正應，上以柔順而接于下，父之慈也；下以剛明而奉于上，子之孝也。父子之義相交則家道成也，君臣之義相交則天下治也。是六五之君，能以柔順之道下委于九二之臣；九二之臣，能以剛明之德上奉其六五之君，是則剛柔相接而克成其治也。

六三，勿用取女，見金夫，不有躬，无攸利。象曰：勿用取女，行不順也。

義曰：金夫者，剛陽之人也。六三以陰柔而居陽位，本不正也。以不正之女，不能順守婦道，比近九二剛陽之人，故起躁求之心而欲遽從之。是不有其躬，非清潔之行，故聖人戒之，曰勿用取此六三不正之女也。「无攸利」者，言六三之女，以不正之質而從于剛夫，則必蠱其一家之事。亦猶不正之臣以此道而事君，必害其天下之治，復何有所利哉？象曰「勿用取女，行不順也」者，先聖所以言勿用取此女者，以其不正之質而又躁求于金夫，不待夫見求而自遽應之，是行不順也。

六四，困蒙，吝。象曰：困蒙之吝，獨遠實也。

義曰：六四以陰柔之質居蒙昧之世，又處陰之位，上既遠上九之陽，下又遠九二之陽，在二陰之間，无陽以發明于己，困于蒙暗，不得通達，故有悔吝。是以自古聖賢，未有不自擇師取友、親仁善鄰以成者也。故子貢問爲仁于仲尼，仲尼答曰：「工欲善其事，必先利其器。居是邦也，事其大夫之賢者，友其士之仁者。」夫賢者事之，仁者友之，以相訓導，以相琢磨，未有不成其道業者。果能此道，則雖愚必明，雖弱必强，則自小賢以至于大賢，自大賢以至于聖人也。故孔子又曰：「里仁爲美。擇不處仁，焉得智？」言人之所居，必擇仁者之里而處之，觀其動作必中于道，觀其言語必中于義，出入游處，日漸月摩，雖有凶子頑弟，未有不率而至于善者。又若孟子之母三徙其居，而卒使其子爲萬世之大賢，是由母能親仁善鄰之力也。今六四不能親仁善鄰，故至于困窮而有悔吝也明矣。象曰「困蒙之吝，獨遠實也」者，夫陽主生物，故爲實。今六四既遠上下之剛陽，至于困窮而有悔吝，是遠于陽實，故曰「獨遠實也」。

六五，童蒙，吉。象曰：童蒙之吉，順以巽也。

義曰：六五陰柔之質而居陽位，至尊之極也。内有剛德，可以通天下之志；外示柔順，足以專任臣之道，故獲童蒙之吉。非六五柔順之德，无以委任九二剛明之臣；非九二剛明之才，无以當六五委任之重。故此能專權委寄，所謂勞于求賢，逸于任使，不勞聰明，垂拱而自治者也。象曰「童蒙之吉，順以巽也」者，以陰柔居至尊，是順也；能專任于賢而以柔接之，是巽也。

上九，擊蒙，不利爲寇，利禦寇。象曰：利用禦寇，上下順也。

義曰：據初九是蒙之小者，故曰「利用刑人」。凡昧于理者皆謂之蒙。若爲臣不盡臣之忠；爲子不盡子之孝；爲弟者當奉于兄，而反爲輕侮之事；爲兄者所以友于弟，而反爲傷虐之行；爲士者所以守義明先王法則，以正流俗，而反爲偷薄之行；爲農者所以力穡務本，而反爲怠惰之事；爲工者所以作器用以利于人，而反爲彫巧之弊；爲商者所以通濟有无，而反爲侈靡之異。是皆反于常理而蒙昧之小者，故用刑法以正之。今上九乃是蒙之大者，若諸侯羣臣，所以佐天子，而反爲叛逆之醜；若夷狄所以柔服于中國，而反爲叛亂之孽，罪深惡大，非五刑所能制，必在興師動衆以征伐之，故曰「擊蒙」也。「不利爲寇」者，夫兵，凶器也；戰，危事也。若逞其凶器、肆其危事以自寇于人，往必不利。故秦之始皇、漢之孝武、隋之煬帝，皆貪一時之欲，恃一己之威，窮兵黷武，長征遠伐，使天下之男死不得緣南畝，天下之女罷不得就蠶室，而勞于餽餉，流離四郊，以至老母弔其子，幼婦哭其夫，怨毒之氣徹于骨髓，愁痛之聲淪于腸胃。此皆爲寇不利之明效也。言「利禦寇」者，言征伐之事非務乎窮兵黷武，蓋在于禦難備害而已。若三苗之民反道敗德，而舜征之；葛伯有先祖之奉而不祀，有千乘之富而奪人之餽餉，湯始征之；昆夷、玁狁爲華夏之難，而文王討之；三監叛周，而周公誅之；四夷交侵，宣王伐之。此皆利于禦寇之明效也。象曰「利用禦寇，上下順也」者，言諸侯之叛逆、四夷之不賓服，人神之所共怒也。故聖人選兵簡將以擊之，則上下之心无不承順也。中庸曰：「喜怒哀樂發而皆中節，謂之和。」若此可謂怒中其節也，上下安得不順承之哉？

需

䷄乾下坎上需，有孚，光亨，貞吉，利涉大川。

義曰：需訓爲須，須，待也。需所以次于蒙者，按序卦云：「蒙者，物之稚也。物稚不可不養，故受之以需。需者，飲食之道也。」夫需又爲濡潤之義。物在蒙稚，必得雲雨以濡潤之；人在蒙稚，必得飲食以濡潤之，以養成其體也。謂之待者，蓋卦之二體，乾在下，必務上進，既欲其進而又險在于上，于是見險而止。猶君子以險難在前，故待時而動，不妄求進，是須待之義也。「有孚，光亨」者，此指九五而言也。故卦辭或統論一卦以明其體，或因一爻以明其德。此需是九五當其義，故指而言之以明其德。孚者，由中之信也；光，明也；亨，通也。夫九五以陽明之德處至尊之位，有由中之信以待于物，物亦以由中之信接于己，上下交相以至誠之道，浹洽于天下，其德乃光明而亨通也，故曰「有孚，光亨」也。「貞吉」者，言九五以陽居陽，得正者也。夫既有由中之信接于物，必須濟之以正，乃獲其吉也。若信而非正，則入于邪僻。故先聖云「信近于義」，又曰「子帥以正，孰敢不正」，故曰「貞吉」。然則此非止于九五人君之道獨當然，若凡在位者能以正信之道接于下，則下亦信之而從正也。若父子之間以正信相接，則不陷于不善；朋友之間以正信相接，則不陷于不義。是凡爲人者有由中之信，皆當正而行之，乃得吉也。然既以正信接于人，而人亦以正信歸于己，以此而濟大難，何不利之有？故曰「利涉大川」。

彖曰：需，須也，險在前也。剛健而不陷，其義不困窮矣。需，有孚，光亨，貞吉，位乎天位，以正中也。利涉大川，往有功也。

義曰：需者，濡潤飲食之謂也，亦謂需待之義也。「險在前也」者，此以二體明之。坎在上爲險，乾在下務于上進，而坎險在上，是以待時而動，不躁求妄進，故曰「需，須也，險在前也」。「剛健而不陷，其義不困窮矣」者，此言雖險阻在前，而下之三陽皆剛明至健之人，必有欲進之心也。然而既剛且健，其進又不躁不妄，固不陷溺于險難之中，而其義不至困窮矣。「需，有孚，光亨，貞吉，位乎天位，以正中也」者，此言九五之位有剛明之德，居至尊之極。以陽居陽，是正也；又在上卦之中，是中也。既内有由中之信而外得其正，故得光明而亨通，是處至尊之位，而以中正者也。「利涉大川，往有功也」者，言有光亨之德，知其可進之時，然後施己之道；又本懷乾健之性，以斯而往，必有成功，故曰「往有功也」。

象曰：雲上于天，需，君子以飲食宴樂。

義曰：坎爲水爲雲，乾爲天。今坎在乾上，是雲上于天也。且雲者，畜雨之具也，今上于天，是必反降雨澤于下也。君子觀此需待之象，以飲食養其身，以宴樂寧其神，居易以俟命，待時而後動也。注疏之説以飲食宴樂，謂童蒙既發，盛德光亨，无所爲而但飲食宴樂而已。觀此，則是教天下以逸豫爲心也，非聖人之旨，今則不取。飲食者，所以養身也；宴樂者，所以寧神也，是亦樂天知命，居易俟時耳。故君子之于飲食，非謂肥甘其口腹也。孟子曰：「飲食之人，无有失也，則口腹豈適爲尺寸之膚哉？」君子之于宴樂，非謂苟安其身也，所以保其躬，治其心，明其性，是君子樂天知命，待天時之至也。孟子曰：「仁義忠信，樂善不倦，此天爵也；公卿大夫，此人爵也。古之人脩其天爵，而人爵從之。」今夫君子之待時也，若農夫之趨于田也。農者非不耕而可待其食也，非務休逸而可待四時之有成也。必力勤于稼穡，志專于耕耨，然後春生之，夏長之，秋成冬藏之。如不耕耨不播種，則四時何有成哉？君子之待時，必須脩其仁義忠信之德，然後可享其位，伸其道也，故曰「君子以飲食宴樂」。

初九，需于郊，利用恒，无咎。象曰：需于郊，不犯難行也。利用恒，无咎，未失常也。

義曰：郊者，曠遠之地也。按此卦坎在上爲險，乾在下爲健。夫有剛健之德，必欲上進。今初九雖是剛健之質，然而險難在前，故見險而止，待時而動，厄窮而不憫，樂天知命，不務速進，但需待其時，遠難而已。然所以于郊者，郊最遠于水，待之于此，最遠難者也，故曰「需于郊」也。「利用恒，无咎」者，言居无位之地，又處險難之下，本有咎也。然初九若能守其恒心，不爲困窮而易其節，不以貧賤而渝其志，相時之可否，可進則進，故得免其咎也。象曰「需于郊，不犯難行也」者，言此初九能見險待時于遠郊之地，是不犯冒險難而行也。「利用恒，无咎，未失常也」者，言俟時而動，不犯難行者，乃有常之君子也，故中庸曰：「君子居易以俟命，小人行險以徼倖。」言君子雖居貧賤，而但守平易之心，不妄動不躁進，俟時而已；小人則務險詖其行，以徼恩倖。今初九能守常不變，是君子所爲也。

九二，需于沙，小有言，終吉。象曰：需于沙，衍在中也。雖小有言，以吉終也。

義曰：沙者近于水，亦平易之地焉。按六四爲險難之初，三最近之，初最遠之，而二居遠近之間，以陽居中，内有剛明之德而處得其中，但守平易之心，需于沙而已。「小有言，終吉」者，言九二將近于難者也。夫險難者，小人陰險之行也。己以君子之道守其中正，不與小人苟合，則小人興讒搆之言以謗于己。然九二動以剛德，行以中道，不顧流俗之毁呰，雖有小人讒搆之言，終不能爲害于己，故曰「需于沙，小有言，終吉」也。象曰「需于沙，衍在中也。雖小有言，以吉終也」者，衍，寬衍也。言九二所以需待于沙者，以中有寬衍之德而居中也。夫小人之言也如犬之狺狺焉，吠其聲者有之，吠其形者有之，安能爲君子之害？故九二雖有小人之言將害于己，然而終不能害之，自獲其吉也。

九三，需于泥，致寇至。象曰：需于泥，災在外也。自我致寇，敬慎不敗也。

義曰：上卦坎爲險，又爲水。六四在陰險之初，而三最近之。夫泥之爲物，最近于水者也。此九三去難最迫，故曰「需于泥」也。「致寇至」者，六四居險難之初，小人之行者也。以小人之心，毁壞正道，荼毒良民，讒謗君子者也，則君子之人必在敬而遠之。然九三以陽剛君子之德而反不敬遠小人，則己之道何以著于天下？

又以至健之質務欲上進，而最迫于小人，故致小人之爲寇也。然九三以陽居陽，雖不及中，且履正者也。以至正之道，又内謹其心，外慎其事，則爲寇之小人終不能陷于己。象曰「需于泥，災在外也」者，易中凡上卦爲外，下卦爲内。今九三雖進而至此，然尚未入于難，但迫近六四，是來害己者在外也。「自我致寇，敬慎不敗也」者，言寇之欲來，皆由己之欲進而自迫之也。然君子所行必中道，所爲必中節，使无毫髮之差，則小人不能窺伺而起害也。今既至此，則固宜恭敬謹慎其所爲，則小人終亦不能克勝也，故曰「敬慎不敗」也。

六四，需于血，出自穴。象曰：需于血，順以聽也。

義曰：血者，傷之謂；穴者，所居之地也。夫乾之爲體本在于上，今卦反在于下，三陽皆欲上進，復其本位。六四以小人陰險之質居險之初，而窒塞其中。然下之三陽以至健之德俟時而動，至此皆引類而進。六四雖始欲拒其進，妨其路，然覩衆賢之來，其勢，度己之力，必不能退，故退而避之，則始獲安居。如或止而不使之進，是必致衆賢之所害，自待其傷，故曰「需于血」也。「出自穴」者，言若能度己之力，不能禦則退其所居，而不敢妨衆賢之進，如此則庶可以免害也。象曰「順以聽也」者，夫小人不能與君子敵。今三陽上進，己必柔順以聽從其所命也。

九五，需于酒食，貞吉。象曰：酒食貞吉，以中正也。

義曰：注疏之解，謂需之所須，須于天位，何所復需？需于酒食以宴樂而已。若此，則是教人以體逸爲心耳，无足爲法。夫自古聖帝賢王雖當平治，未敢忘于喪亂危亡及匹夫匹婦之失所者，夕思晝行，以濟于天下，安敢自懷于安逸哉？蓋九五以中正之德居至尊之位，而息于險難，又以由中之信待于物，則天下之賢者樂從之。賢者既樂從之，則必養之。故需于酒食，所以待賢也，亦所以養身也。賢人既養，則天下之賢皆引類而歸之；身既安，則可以暢仁義之道于天下，故曰「需于酒食」。既以酒食待天下之賢，得其正，則吉也，故曰「貞吉」。象曰「以中正也」者，言九五居卦之中，是以中也；以陽居陽，是以正也。既有中正之德，于是用酒食以待賢，所以獲吉者也。

上六，入于穴，有不速之客三人來，敬之，終吉。象曰：不速之客來，敬之，終吉，雖不當位，未大失也。

義曰：上六居一卦之極，以陰柔之質，乃復入于穴以獲其安。何則？蓋六四退避，不敢妨羣賢之路，九五又能用酒食以待之賢者。既以仕進，不見害于己，故得入于穴以安其居也。「有不速之客三人來，敬之，終吉」者，速，召也。言四、五既使羣賢並進，而上六又執柔而得安居，故下之三陽君子皆不期而自應，不召而自來。然既以一陰而當三陽之應，則是爲其主也。上六固當執柔順恭敬，盡其禮而接納之，如此則終得其吉也。象曰「雖不當位，未大失也」者，言上六既當无位之地，而能恭敬以接納三陽之君子，是能來天下之賢者也。位雖不當而有所過失，然亦不至于大也。何哉？夫納賢好善，優于天下，天下之至美者也。有此至美，雖有過失，又何大哉？

訟

䷅坎下乾上訟，有孚窒，惕，中吉，終凶。利見大人，不利涉大川。

義曰：按序卦云：「需者，飲食之道也。飲食必有訟，故受之以訟。」然謂之訟者，上下不和，物情違戾，所以致也。「有孚窒，惕，中吉」者，蓋孚者，由中之信。人所以興訟，必有由中之信實于己，而爲他人之所窒塞，不得已而興訟。蓋己直而彼曲，己是而彼非，其間情僞利害雖存，則必具兩造以聽斷于在位之人。然雖己有信實而爲他人之窒塞，亦須恐懼兢慎而不敢自安，則庶幾免于凶禍；又中道而止則可以獲吉也。「終凶」者，言能兢懼中道而已，則可也。若于訟之時必欲終成而不已，則聽訟之人必加之以鞭朴之刑，重之以流竄之罪，如此則是凶之道也。「利見大人」者，夫爭訟之所由興，皆由情意之相違戾，上下之不和同。鬬訟一生，姦僞萬狀。然刑獄之情至幽至隱，必得大才大德之人以明斷其事，則情僞利害、是非曲直可曉然而決矣。何則？蓋大人者才識明達，智慮通曉，雖幽隱纖芥皆能察辨之。故訟者往求而決之，宜矣。「不利涉大川」者，大川，謂大險大難也。凡歷險涉難，必須物情相協，志氣和同，則可得而濟也。今訟之時，是其物情違忤而不相得，欲濟涉險難，必不可得。何則？以剛健在上，坎險在下，用剛健而涉坎險，則愈入于深淵，何利之有？

象曰：訟，上剛下險，險而健，訟。訟，有孚窒，惕，中吉，剛來而得中也。終凶，訟不可成也。利見大人，尚中正也。不利涉大川，入于淵也。

義曰：大凡在上者剛，在下者柔，則不至于不和；在上者巽，在下者險，亦不至于爲訟。今在上者既剛，爲下者又險，其訟必興，故曰「訟，上剛下險，險而健，訟」。「訟，有孚窒，惕，中吉，剛來而得中也」者，此言九二之爻也。以訟之所由興，由己有信實而爲人之所窒塞，又兢懼怵惕，得中而止，不敢終竟其事而獲其吉。是惟九二以剛明之德而處得其中，則能然也。「終凶，訟不可成也」者，爲訟之道，雖有理而見窒于人，然亦不可久于其事。若必欲成其事而終竟于訟，則凶禍必及之也。「利見大人，尚中正也」者，言九五之爻以剛明居中，又處得其正，獄訟之事皆可决之，是善聽訟之主。蓋所尚者，中正而已。「不利涉大川，入于淵也」者，大川，謂大險大難也。若以訟道入于大險大難，則訟愈深也，故曰「入于淵」。淵，即川之又深者也。

象曰：天與水違行，訟，君子以作事謀始。

義曰：天之運行則左旋而西，水之流行則无不東流。以天與水所行既相違背，則不相得，是訟之象也。君子之人當法此訟卦，凡作一事，必須謀其始而圖其終，使争訟之端无由而起。以之居一家，興一事，則皆謀慮其初，使上下和睦而絶閨門之訟；以之居一國，凡造一事，必須謀度其初，使人民和同而絶一國之訟。若此之類，皆于其始慎慮之，則忿争辨訟自然可以息也。故孔子曰：「聽訟，吾猶人也，必也使无訟乎。」其獄訟之事，得明賢之人聽治之，而又謀之在始，則刑可期于无刑也。

初六，不永所事，小有言，終吉。象曰：不永所事，訟不可長也。雖小有言，其辯明也。

義曰：夫剛險相勝，物情違戾，故理有窒塞而事有侵犯，是以成訟也。今此一爻以柔順之質居下卦之初，其性柔順，不好爲訟者也。然應在九四，九四以剛强而好訟，來犯于己，是以初六不得已而應之。然訟之所由興，在乎得理而已，不可終竟其訟，故曰「不永所事」。「小有言，終吉」者，興訟之道，若不務終其事，則聽訟者亦必哀矜之。雖然事理明辨，亦須惕懼戒慎，然後可以終得其吉。今初六其性柔順，不好辯[一]訟，雖小有忿争之言，又不終竟其事，故終獲吉也。象曰「其辯明也」者，言雖小有辯訟之言，且非己好，蓋九四來侵于己，其理自可明矣。

九二，不克訟，歸而逋，其邑人三百户，无眚。象曰：不克訟，歸逋竄也。自下訟上，患至掇也。

義曰：克者，能勝之辭。據彖辭言「訟，上剛下險」，則好訟之人也。今九二以剛强之質，又居坎險之中，好爲其訟而上敵于九五。然九五居至尊之位而行得其正。今九二以非理訟之，是下訟于上，少訟于長，

[一] 白石山房本及四庫薈要本皆作「辨」，而文淵閣本作「辯」，與小象相合，取之。下同。

卑訟于尊，賤訟于貴，此而行訟，何由勝？故曰「不克訟」也。「歸而逋」者，九二既不克訟，若不退歸而逋竄，則禍必及之矣。「其邑人三百户，无眚」者，言訟不克勝而逋逃，若反據其强盛之國，則是復有敵上之意。故退避于至小之邑而止三百之户，則可以免其災眚。三百户，即周禮司徒所謂通十爲成，成一百井，三百家，革車一乘，二十人，徒二十人〔一〕之邑，是其邑之至小者也。象曰「自下訟上，患至掇也」者，掇，拾取之謂也。自外來謂之災，自己召謂之眚。此先聖因象而戒之，言凡人以下而訟上，至于逋逃，蓋自掇取其患害也。

六三，食舊德，貞厲，終吉。或從王事，无成。象曰：食舊德，從上吉也。

義曰：六三以陰柔之質居坎險之終，其性和同，不犯于物。然而上應于上九。上九之性剛暴，乃來訟于己。己不與之辯争，故衆人莫克傾覆，時君不爲憎忿，所以保全舊德，是所食爵禄不爲上九之侵奪也，故曰「食舊德」。「貞厲」者，言本亦失正而又介二陽之間，雖得食其舊德，于正道言之，亦危厲也。「終吉」者，言此六三雖有危厲，然已不好辯訟，能以順從于上，故終得吉也。「或從王事，无成」者，言六三居一卦之下，體柔而不敵上，雖有訟于己，而己能順之，不爲之辯，是以終爲在上之信任而人委之以事。及其成功，而且不自恃其力，又不敢居其成，但從王事，守其本位本禄而已，故獲其吉也。

〔一〕此非周禮本文，而是鄭注所引司馬法，且「二十人」本作「士十人」，或爲流傳所致的訛誤。

九四，不克訟，復即命渝，安貞吉。象曰：復即命渝，安貞不失也。

義曰：九四以剛暴之性與物不和，好爲争訟者也。而初六爲己正應，己以非理訟之。然初能以陰柔之質，不與物競，雖爲九四見陵，而自能辨明，故四于此不能勝之也，故曰「不克訟」也。「復即命渝，安貞吉」者，即，就也；渝，變也。言九四以非理訟于初，既不能勝，則當反就其好，而變争訟之命，故可安静守正而獲吉也。然而九二、九四皆不克訟，二乃逋，四乃吉，何也？蓋二者以下訟上，以卑訟尊，于義不可，是以懼而逋竄，不敢據其强邑，然後始可免咎。此九四者以上訟下，雖爲不可，然能反其所好，變其所訟，改前之非，從今之是，此所以獲吉也。象曰「復即命渝，安貞不失也」者，九四既復即其命，變其前非，脩其正應之道，守其安貞之德，復何所失也？

九五，訟，元吉。象曰：訟元吉，以中正也。

義曰：九五以剛明之德居至尊之位，爲訟之主者也。以陽居陽，故所行者正而无過與不及，皆得中道。而内有剛明之才，則无所偏黨，臨事果斷。以此爲聽訟之主，則可察天下幽隱之情，决天下寃枉之獄也。然以居中得正，又能决斷无私，以此數德，故獲元大之吉也。

上九，或錫之鞶帶，終朝三褫之。象曰：以訟受服，亦不足敬也。

義曰：上九以剛陽之性居訟之極，而下有六三之應，六三又柔順而不與物争，故此上九訟而能勝也，乃有鞶帶之錫。夫鞶帶者，寵異之服也。且上之賜必以禮，下之受必以功，此古之常道。今上九以爭訟忿競而受其寵異之服，則是賜之不以禮，受之不以功，其爲愧耻可知矣。故于終朝之間三褫之而不能自安也。褫云者，爲褫奪之褫，又爲耻辱之耻。蓋受之不以其分，則必反覆褫奪而不自安也。何哉？至如有虞之時，所賜皆以禮，所受皆以功，以至九官尚相遜而不敢當其所賜。況今上九乃因爭訟而受此寵異之服，則褫不亦宜乎？象曰「以訟受服，亦不足敬也」者，言凡授受賜予有差過其分，則君子且不敢當，是恐貽其羞辱也。今上九以訟而當其厚賜，何足敬尚之哉？

師

䷆坎下坤上師，貞，丈人，吉无咎。

義曰：按序卦云：「訟必有衆起，故受之以師。師者，衆也。」「師，貞，丈人，吉无咎」者，丈，長也。丈人者，言能以法度長于人也。語曰「杖者出，斯出矣」，是長之謂也。夫興師動衆，其賞罰號令必一。賞罰號令既一，則羣聽不惑，衆心皆歸，則天下之人合志畢慮，同心戮力，可以立大功于天下也，此乃「長子帥師，以中行」者是也。若賞罰號令出于二三，則羣聽必惑，衆心无所適從，而上下違背，離心離德，則兵戰之功无由而成也，故「師或輿尸，大无功」者是也。然師卦之中最得其正者，唯九二而已。然此一卦五陰一陽，而九二獨以剛陽之德，居得其中，爲六五之委任，是將之有才有德而又有其權位者也。如是則可以興師動衆而不失其將兵之道，以役天下之人，使皆同心戮力，悦從于上，而无怨望者也。然須吉而无咎者，夫兵之所動，生靈之性命、社稷之安危皆係之，若一失其機，一失其道，則血肉生靈，板蕩天下，其爲禍不細矣。故在將兵者以恩威兼濟而協民之心，合民之力，而使不失其機變，不失其威權，必致成功大吉，然後可以无咎也，故曰「師，貞，丈人，吉无咎」。夫所謂丈人者，莊嚴之稱，言必須以威猛剛强，然後可以陳師鞠旅而役毒師衆。此未盡其旨，何則？凡用兵之道，必剛柔相濟，恩威相須，然後可以戡難成功。或苐莊嚴其色，悚其威貌，夫何益哉？

彖曰：師，衆也。貞，正也。能以衆正，可以王矣。剛中而應，行險而順，以此毒天下，而民從之，吉，又何咎矣？

義曰：師者衆之稱，貞者正之謂，故曰「師，衆也。貞，正也」。此言于丈人獲吉者，蓋能以法令長于人，統其衆，帥其民，使天下之人皆同心戮力而歸正，則其丈長之人如此而可以王天下矣。凡言王者，天下之所歸于己者也。即湯、武之兵，戡亂而王是也。「剛中而應」者，此指九二而言也。言九二以剛陽之德而處得其中正，上應于六五之君，爲六五之君所委任。是以居于中正，有將帥之才也；其體剛陽，剛陽則明斷，有將帥之德也；而又爲五所注意，有將帥之任也，故能興師動衆，使天下之民畢從之也。何哉？蓋將兵之道，若剛而不中則失于暴，暴必傷物；明而不中則失于太察，太察則不能容民而士不附，皆失所以將兵之道也。故此有中正之德，有剛明之才，又爲君之所寵任，兼此數長，故可以成必戰之功而協從于天下也。「行險而順」者，此據[二]二體而言也。坎爲險，坤爲順。以興師之道，天下之至險也。何哉？夫兵，凶器也；戰，危事也。其征伐一出，則安危隨之，豈非至險乎？然而行此危險之事，必須順于物理，協于民心，然後得爲師之道也。「以此毒天下，而民從之，吉」者，此言以剛中之才德，役使天下之民，而民皆悦隨，乃得其吉。既得其吉，何過咎之有？故曰「又何咎矣」。

象曰：地中有水，師，君子以容民畜衆。

義曰：坎爲水，坤爲地。以地至博厚而水行其中，无所不容，此師卦之象也。君子法此師卦之象，包容其民，畜聚其衆，是得爲師之道也。故將驅民于兵戰，則必須以恩信而懷結之，以仁義而畜養之。及其臨事而使，則人之從也雖死而不怨，故曰「君子以容民畜衆」。

初六，師出以律，否臧凶。象曰：師出以律，失律凶也。

義曰：師，衆也；律，法也。言行師之道，役其羣衆，在于事始，未必盡從，故或勇或怯，或逆或順，如此則宜何爲？須在將兵者必有法律以制之，使進者必進，退者必退，然又不可失其威嚴[三]。蓋戰鬭之事動，

[二] 四庫薈要本作「對」。根據胡瑗的表達習慣，當從白石山房本、文淵閣本作「據」。

[三] 四庫薈要本作「儀」，當從白石山房本、文淵閣本作「嚴」。

驅民于死亡，非如此則莫可爲之統率也。故初六者居卦之下，爲出師之始，必當用之以道，制之以威，動静之間不可一失其法律也。「否臧凶」者，否，不也；臧，善也。言爲將統衆，于一動一止之間，捨法律則不可。苟不以法律，則行伍无以齊一，衆心无所適從，故雖偶有一策能屈于人，能勝其敵，是皆一時之幸，然于長久之策終至于凶也，故象所謂「失律凶也」。

九二，在師中，吉无咎，王三錫命。象曰：在師中吉，承天寵也。王三錫命，懷萬邦也。

義曰：夫九二以剛陽居下卦之中，爲六五柔順之君之所信任，是用剛而不失其威嚴，居中而所行无過无不及，而又有權有位，可以出奇策，立功立事于國家者也。何則？夫將兵統衆，柔而无剛，則失于怯懦而不能斷；剛不居中，則過不及皆有之；既剛而中，苟不見任于君，則雖有胸中之奇、萬全之策，无所施也。今九二于此數事皆備有之，故統兵出征，必立其功，是能以中而獲吉也。「无咎」者，夫兵者，國家之大事，社稷之安危、生民之性命所繫，苟一失其道，咎莫大焉。必獲其吉，然後可以无咎也，故曰「在師中，吉无咎」。「王三錫命」者，言九二既爲六五之信任，是其有才有德而又承其權位，酌行中道，不失爲師之義也，故王者再三錫其命。所謂三錫者，一命受爵，再命受服，三命受車馬也。然九二所以致其賜者，蓋人君以忠良難偶，才不易得，又况于不常之事而立不常之功，故所以稠厚其賜也。象曰「在師中吉，承天寵也」者，言九二以剛陽居中，然能在師旅之間成立其功，蓋應于五，而六五能信任之，使己之才德可以運籌决勝，扶衛社稷，是能上承天寵然也。「王三錫命，懷萬邦也」者，此又言承上王再三之錫命者，蓋由得將之才德備而盡所以用兵之道。以卦體終始六爻，獨此九二有剛中之德，爲師之主，上下莫不歸之，是有懷萬邦之象也。

六三，師或輿尸，凶。象曰：師或輿尸，大无功也。

義曰：輿，衆也；尸，主也。六三居下卦之極，以陰居陽，失位不正之人也。以六三當行師之時，是不能專一號令，紛揉羣聽，在衆皆得以主之也。以此而行，則凶可知矣。象曰「大无功也」者，此言出軍行師，其動作必以律，進退必以法，精練士卒，整一行伍，或天時不得，或地利不順，以至无功而敗于敵。又况六三以不正之陰柔，使號令二三而衆得主之，則是大无功者也。

六四，師左次，无咎。象曰：左次无咎，未失常也。

義曰：次，止也。按春秋莊三年冬，「公次于滑」，八年，「師次于郎，以俟陳人、蔡人」，是皆次者，止之義也。夫師必尚右，右者陰也，陰主于殺；左者陽也，陽主于生。今六四不右而左次之，是止而不進之義也。既不進，則是志不在于殺者也。何則？夫六四以陰柔之質，本无剛嚴果斷之德，不能成戰陣之功。但次止其兵而无肅殺之意，以此而行，則是量時度力，不蹈于禍，雖无功于大事，止獲保全而免其凶咎而已矣。象曰「左次无咎，未失常也」者，言六四雖不能統衆成戰陣之功，而次止其師，然亦不失其常也。

六五，田有禽，利執言，无咎。長子帥師，弟子輿尸，貞凶。象曰：長子帥師，以中行也。弟子輿尸，使不當也。

義曰：夫田野之有禽，則是害苗稼，固當獵取之。天下有奸詐之人，則是犯王之命，固當征討之。蓋奸臣賊子雖治平之世亦不能无，但在上之人及時誅之，不可使滋蔓其芽蘖，必務翦除而清其亂也。是如田之有禽必傷害苗稼，固獵而去之可也。「利執言，无咎」者，夫兵者凶器，聖王不得已而用之。用之者，所以誅不廷而討不軌也。然而征討之事，聖人固不當親往之。所利者，但執彼之不順之言，遣將而征討之可也。以此而行，于義自得其无咎矣。「長子帥師」者，夫長子，止言九二之爻也。言九二有剛明之才、中正之德，能統一師衆，又爲六五所委任，故能帥其衆，同心戮力以赴難，然後獲其成功也，是長子帥師之效也。「弟子輿尸，貞凶」者，弟子止謂衆陰之爻也。輿，衆也；尸，主也。夫統兵舉衆，必使號令齊一，法律中正，然後能成戰陣之功。或任以柔弱之質，而復衆主其兵，號令賞罰出于二三，以至衆有離叛之心，又不能成戰陣之功，以正道則凶也。

上六，大君有命，開國承家，小人勿用。象曰：大君有命，以正功也。小人勿用，必亂邦也。

義曰：夫初六者，行師之始也，當以法律而用之。今上六居用師之終，賞功之際，是大君有賞賜之命也，故曰「大君有命」。「開國承家」者，功大則開建一國以爲之諸侯也，功小則承一家以爲卿大夫也。「小人勿用」者，夫兵家之道，動以萬數，故所用之人或以勇力，或以謀智，是必有小人厠于其間，未必皆賢也。是以成功之後，居上者論功定賞，差次其秩，必審其可用不可用。若是賢人君子運謀智而决勝者，則當封之公侯，爵之卿大夫可也。蓋君子雖獲大功，而无矜伐之心，雖位尊權重，又无驕慢之志，寵盛則益恭，爵崇則愈謹者也。若小人得一小功，則希其大賞，使之在高位，必生驕慢，驕慢生則覬覦之心熾，是堅冰之漸所由來矣。然則小人宜如何而置之？錫之金帛，厚之田宅可也，若賞之以大位，則不可也。以是庶可絶覬覦而窒禍階也。是故漢之高祖以韓、彭、英、盧之輩而王天下，及其賞功，則封之列國，授之大權，然其終亦不免叛逆之禍而幾至于喪亂也。後光武中興有天下，雖臣有大勳大功，亦但賜之金帛土田而已。此誠英斷睿哲，深謀遠慮，先天下之禍亂而思之，合聖人之微意，得小人勿用之深旨者也。聖人于此切戒之，言勿用此小人居于大位，若其用之，必至于亂〔一〕邦也。

比

䷇坤下坎上 比，吉，原筮，元永貞，无咎。不寧方來，後夫凶。

〔一〕四庫薈要本作「喪」，而白石山房本、文淵閣本作「亂」，合于小象，取之。

義曰：比者，相親比之義也。「比，吉」者，言所以得吉，蓋上下順從，衆心和睦，衆心和睦則禍害不生，故由此而得吉也。「原筮，元永貞，无咎」者，原，究也；筮者，決疑之物也；元，善之長也；貞，正也。言人之所相親比，不可不慎也。若所比之人善，則爲吉爲美也；若所比之人惡，則爲凶爲禍也。故當原究其情性，筮決其善惡，必須有元善之德，永常而不變，守正而不回。有此三德，故可親附之，獲其吉而得无咎也。苟三德不備者，未盡所以相親附之道也，則凶咎將至焉。是以君子之人居官則親其同僚，爲士則親其朋友，以至閭里則親其賢善之人，如此則可以獲其无咎也。「不寧方來」者，寧，安也；方，將也。言有此元永貞三德之人爲比之主，則人將親比之，然後獲其安也。是以天下之人其有不安者，有不得所者，率將輔從于賢善之人，則此相親比者无不獲其利，而无不得其所從也。「後夫凶」者，言在上爲比之主，能使天下之人皆悦而來親比。然天下之人既至親比，其有後至而不從者，則必爲居上之人所誅戮也，是終自取其凶咎也。故昔夏禹會于塗山，執玉帛者，萬國獨防風恃强而後至，爲夏禹之所戮，此其後夫凶之驗也。

彖曰：比，吉也。比，輔也，下順從也。原筮，元永貞，无咎，以剛中也。不寧方來，上下應也。後夫凶，其道窮也。

義曰：「比，吉」者，此統明比卦之義。言人之所以相附近，由其志意符契而无所相違，以是爲比，故獲其吉也。「比，輔也」者，言人之所來比于上，由其有元永貞三德之人爲比之主，以是天下之人皆悦隨依輔之也。「下順從也」者，言此比之卦，惟九五一爻以剛陽之德而居尊位，爲比之主，使下之衆陰皆來親附而順從，是蓋居上者有德以率服之然也。「原筮，元永貞，无咎，以剛中也」者，言九五所以爲天下之人來比附而无咎者，蓋其以剛陽之德居上卦之中故也。「不寧方來，上下應也」者，言九五以剛陽之德居于尊位，上下衆陰皆親附于己，至于不寧之人罔不來應也。「後夫凶，其道窮也」者，親比之時，己獨後人，是比道已窮，其凶也不亦宜乎？

象曰：地上有水，比，先王以建萬國，親諸侯。

義曰：坤下，地也；坎上，水也。且地得水則潤澤，水得地則安流。今地上有水，乃合和親比之象也。「先王以建萬國，親諸侯」者，言比之大，莫大于建國親侯。是以先王法此象，建萬國使相親附，其諸侯使之和協，然後天下四方皆可以使之親比也。且諸卦言君子，而此獨言先王者，蓋建國親侯，莫非天子之事也，故止言先王。凡能君臨天下，愛萬民，通謂之君子。又諸卦或言「后」者，天子、諸侯之通稱也。

初六，有孚，比之无咎。有孚盈缶，終來有它，吉。象曰：比之初六，有它吉也。

義曰：凡親比之道，貴心无係應，光大其志，來者見納，則得爲比之道也。今初六處比卦之初，以柔順之質而上无專應，是有由中之信，行親比之道，自然不蹈于咎過者也。「有孚盈缶」者，缶，即素質之器也。凡親比之人苟无由中之信，雖豐其禮、盛其器以接于物，終无有信之者。今以至約之禮、至儉之器也，然此初六本有至信發之于中以接于物，雖此質素之器，以其信而盈溢之，則合于親比之道，所以獲吉也。故左傳曰：「苟有明信，澗溪沼沚之毛，蘋蘩薀藻之菜，筐筥錡釜之器，潢汙行潦之水，可以羞于王公，可以薦于鬼神。」夫以鬼神之尊、王公之貴，以此微薄之物尚可爲薦羞，蓋以至誠爲之本而物爲之末也。「終來有它，吉」者，蓋此初六本負廣大之德，无專應之私，又以其至信盈溢于素質之器，故于終久之道，有它來比輔而得其吉也。若西漢鄭當時待四方賢士，以延時髦而輔己之不逮，然奉養不過一盤餐而已。蓋本以至信接物，當世賢士英傑莫不歸心，以是盡所以比附之道也。

六二，比之自内，貞吉。象曰：比之自内，不自失也。

義曰：六二止與九五相應，是不若初六之廣大其道，恢宏其志，廣比于人，但偏私以應于五，故于卦言之，是自内而比于上也。然得其貞吉者，以六二志偏專應，苟更不以正道處之，則淫邪佞媚，无所不至也，故當大正，乃得吉也。

六三，比之匪人。象曰：比之匪人，不亦傷乎？

義曰：六三過二，不得中也；以陰居陽，不得正也。夫以不中不正之人當親比之世，則所行皆非人之常道也。夫以是，雖有中正之人，必不相輔。故孔子于衛主顔讎由，彌子之妻與子路之妻兄弟也。彌子謂子路曰：「孔子主我，衛卿可得也。」子路以告，孔子曰：「有命。」孔子進以禮，退以義，得之不得曰「有命」。

是聖賢之人雖欲假位行道，汲汲于救時，然非人則不主也。又若魯桓公以不正之人，于家則殺兄，于國則弑君，嘗欲求會于衛，至桃丘之地，而衛侯以其弑逆不正之君，則弗與之見，故仲尼于春秋但書「公會衛侯于桃丘，弗遇」。是由持不正之道欲求比于人，則人莫之于輔。以人莫有與之者，誠可悼也，故象曰「不亦傷乎」，是可傷也。

六四，外比之，貞吉。象曰：外比于賢，以從上也。

義曰：二言「比之自內」者，以其上係于九五，一志而專應之，是自內而比者也。此六四「外比之，貞吉」者，蓋初六有由中之信而能比天下之賢，故不專于一應，而天下之人皆比之，故有它來之吉。此六四既非初之專應，必須外比于九五之賢也。然以陰居陰，履得其正。九五以陽居陽，亦得其正。故九五之爻以一陽居至尊，衆陰之所歸也。此則往而親比之，是能外附于賢而不失其正道，所以獲吉也。

九五，顯比，王用三驅，失前禽，邑人不誡，吉。象曰：顯比之吉，位正中也。舍逆取順，失前禽也。邑人不誡，上使中也。

義曰：「九五，顯比」者，言此九五以剛明居至尊，爲比之主者也，必須虛心廣志以待天下之賢，以比天下之人，故于比道光大也。今反一志專應，其道褊隘而私係于物，是止能顯然明比于六二也。「王用三驅，失前禽」者，三驅，田獵之禮，欲左者左，欲右者右，不用命者入吾網，此三驅之禮也。然用此三驅者，蓋從田獵之時，禽有逆之而去者則棄而殺之，其有順而來者則愛而活之。田獵之禮，常失前往之禽也。今九五不能恢洪廣大其道而止應于二，是應于己者則比之，不應于己者則棄之，是常失于不應己者也。「邑人不誡，吉」者，言九五其志既狹，但顯然明比于二，是不能親天下之賢，而賢者亦不來附于上，故止于己邑之人，不爲誡令而歸附于己，故得其吉也。象曰「顯比之吉，位正中也」者，五處至尊，不能廣遠其志而苐顯然比于六二。然本不得吉，此所以獲吉者，蓋以其居中得正也。「邑人不誡，上使中也」者，言此比道雖不廣，而能于己邑之間不須誡令而得吉者，蓋由居上者使以中道之故也。

上六，比之无首，凶。象曰：比之无首，无所終也。

義曰：比言无首凶，而乾言无首吉者，何也？蓋乾之爲道，至剛至健，若爲事物之先，必至玩威而暴物，是必待物之來犯，然後從而加之，所以得吉也。此親比之道，必先往比于人，如在下者比于上，卑者比于尊，愚者比于賢，又原究其情性，箴决其善惡，觀其有元永貞三德之人，從而附之，如是卑可升于尊，愚可至于賢。是必先往而比，則可獲其吉也。是故聖人一起，天下之人畢來附之，其有不從而逆之者，則爲聖人之所誅戮也，故有後夫之凶。今上六以陰柔之質居比卦之終，是不能率先親比于賢者，所以致其凶咎，信无所終也。

周易口義卷三

小畜

☰☴乾下巽上小畜，亨，密雲不雨，自我西郊。

義曰：序卦云：「比必有所畜，故受之以小畜。」是由比卦既相親比，則必有畜積之道也。蓋此一卦是乾巽二體，乾本剛健而居上，處于下則必務于進；而巽以柔順處上，必不能止禦之也。亦猶在上之邪欲已形，然雖有順正之德，必不能止畜之也，故得小畜之名。此「小畜，亨」者，以大畜之卦，其畜道至盛，故不言亨。而此得亨者，蓋大畜是乾下艮上，以乾在下，必欲上通，而艮居上卦爲山，又能止物，是使在下之陽不得上進，及夫畜極乃亨，故卦下所以不言「亨」也。若此小畜亦乾在下，而巽在上，巽以柔順之質不能拒物，乾雖上進而不能止之，故初則「復自道」，九二則「牽復」，至于依附乃能止之，獨止于九三一爻而已。是陽志得以上升，故言「亨」也。然按此一卦之迹，其文王之事耶？蓋文王當紂殘暴不道之君，以己雖有其才德，然紂之左右前後皆僉壬，故終不能止之也。以此知文王內文明外柔順，而道在小畜也。「密雲不雨，自我西郊也」者，夫陰陽交則雨澤乃施。若陽氣上升而陰氣不能固蔽，則不雨；若陰氣雖能固蔽而陽氣不交，亦當不雨。猶若釜甑之氣，以物覆之則蒸而爲水也。夫東震北坎皆陽方，其陰氣上交于坤位則雨矣；南離西兑皆陰方，其雲氣不能爲雨。今言「自我西郊」，是雲氣起于西郊之陰位，必不能爲雨也。以人事言之，則猶君之邪惡已形，而又有便佞之臣左右逢迎其志，其間雖有一二賢正之人，亦必不能止矣。夫君欲既行而諂諛以滋之，臣又不能止畜，則膏澤何從而下哉？

彖曰：小畜，柔得位而上下應之，曰小畜。健而巽，剛中而志行，乃亨。密雲不雨，尚往也。自我西郊，施未行也。

義曰：「柔得位而上下應之，曰小畜」此指六四而言也。小畜卦有二義，何者？夫陽以生物，其德至大；陰以濟陽，其德至小。今六四以一陰柔得位，體无二陰以分其應，故上下五陽皆應之，是小者能畜矣。夫三陽在下而並進，四以一陰獨當其路，勢極柔弱，必不能止禦，至于進極乃始能畜，是小有所畜也，此一義也。「健而巽，剛中而志行，乃亨」者，此據二體而言，又就釋所以得亨之義也。夫乾以健位于下，巽以順處于上，乾健務進而巽順不能止之，使其剛健巽順安然由中而行，是于邪欲得亨耳。「密雲不雨，自我西郊，施未行也」

者，已解在前。

象曰：風行天上，小畜，君子以懿文德。

義曰：風者，震動之氣，能生物亦能成物，其行于地上，則可以助天地生成之力也。今以二體言之，則巽在乾上，則是風行于天之上，其功不及于物，是小畜之象也。君子當此之時，知其未可以進用，則懷畜仁義，懿美文德，樂天知命，待時而動，其志在于佐君以澤天下之民物而已。

初九，復自道，何其咎？吉。象曰：復自道，其義吉也。

義曰：乾體在上，今居于下，必務上進也。此初九以剛健之質居乾之初，勢必務進。而又應在六四，六四又以柔弱居巽始，是必不能爲之制畜，但聽其進而不拒，順其性而不違。此所以得復自故道而剛志得行，安然不犯咎過而自以爲吉也。象曰「其義吉也」者，言復自故道而无所違拒，于義理自吉也。

九二，牽復，吉。象曰：牽復在中，亦不自失也。

義曰：九二以剛陽而務進，然其應在五。五雖以剛陽居上，而體本巽順，非制畜之極，不能逆已之進，故得牽連而復。所以得吉者，居中之故也。然五本剛健，雖不違己志，然猶不若六四以柔道依違于初，使其安然上進，故此必待牽連而後得復也。象曰「牽復在中，亦不自失也」者，言九二必待牽連而後復，是不能復有所爲，但于己不自失耳。

九三，輿説輻，夫妻反目。象曰：夫妻反目，不能正室也。

義曰：輿，車也；輻，車輪也。乾爲陽，故稱夫；巽爲長女，故稱妻。言九三以剛健欲務上進，上九居畜之極，固止而不從之，是故輿説其輻而不能行，夫妻反目而不能正。然按大畜之三則曰「閑輿衛，利有攸往」，而此言「輿説輻」者，蓋大畜之時，臣能以大正之道畜君于始，使其邪欲之不行，故畜則有厲而二則説輹；九三畜極則通，所往皆獲其利，故「曰閑輿衛，利有攸往」。今小畜巽順居上，其臣之勢微力弱，不能禦君邪欲之志，故初則「復自道」，二則「牽復」，至此九三方能止畜而不使之進，故曰「輿説輻，夫妻反目」也。大凡非至聖之人不能无邪曲之情，必左右前後皆得正人端士，以大正之道而規戒制畜之，使其思慮不入于邪，言動皆由于正，則終有天衢之亨也。若夫左右前後皆以讒諂佞諛逢迎其惡，則其間雖有一中正之臣，亦必不能止畜之也。夫正臣不能止畜，則放僻邪侈无所不入，驕奢淫佚无所不至，而車輿説輻之咎、夫妻反目之禍，何以逃哉？且大畜始雖不通，至于九三則利有攸往，是其爲福也甚大；小畜始雖能亨通，至于九三則有説輻、反目之禍，其爲患也非輕。蓋制畜之道當在其始，而聖人所以深戒也。象曰「夫妻反目，不能正室也」者，言九三至放縱既極而見畜于至正之臣，以至不能正己之室，況于他事乎？則其爲禍也可知矣。

六四，有孚，血去惕出，无咎。象曰：有孚惕出，上合志也。

義曰：孚，謂由中之信也；血者，所傷之稱也；去，除也；惕，懼也；出，散也。言六四以柔順居巽之初，下之三陽上進而己獨當其路，將以拒止之而不使其進，則必爲其所傷。故當以由中之信發于至誠，依附于上之二陽，同心一志，與之共止畜之，則傷害可以去，惕懼可以出散，而免其凶咎也。象曰「有孚惕出，上合志也」者，言六四所以畜于物者，蓋上九當制畜之極，己能一心合志，依附于上而共畜之，則能出散惕懼也。此不言血者，蓋惕懼既散，則去其傷害可知矣。

九五，有孚攣如，富以其鄰。象曰：有孚攣如，不獨富也。

義曰：攣，攀連也；如，語辭也；鄰，謂九二也。此九五居小畜之時，位雖剛明，體本巽順，又以由中之信攀攣于物。故九二所以得牽復而上進也，故曰「有孚攣如」。「富以其鄰」者，言九二以陽質上應于九五，九五又以由中之信接之，是不專己之富盛而分用于二也。

上九，既雨既處，尚德載，婦貞厲，月幾望，君子征凶。象曰：既雨既處，德積載也。君子征凶，有所疑也。

義曰：夫六四以柔順不能畜物，使初得復自故道；至于九五雖以剛質處中，然體本巽順，故亦不能拒九二之進；至此上九制畜既極，九三雖欲務上進，乃爲己之所禦，而其志不通也，故其辭曰「輿説輻，夫妻反目」是也。夫陽氣上進，陰不能固蔽之，則不爲雨澤也，象所謂「密雲不雨」是也。若陽氣上升，陰能固蔽之，則蒸而爲雨。今此上九是能固畜九三之進，然位雖陽爻而體本巽順，是陰陽相應而成雨澤，故言「既雨」

也。「既處」者，既安也。夫六四以柔弱之故，是以惕懼而不敢安。此上九既爲制畜之極，能固止其九三之進，則安然而居，不在惕懼也，故曰「既處」。「尚德載」者，言昔之不雨，今既雨矣；昔之不安，今既安矣，此皆由君子之人貴尚其德而行之故也。「婦貞厲」者，言此上九雖以陽處之，然而體本柔順，下應于九三，是婦道也。以婦而制畜其夫，于正道言之，蓋亦亢厲也。「月幾望」者，〔一〕至陰之精也。乾爲陽故爲日，巽爲陰故爲月，日常滿，月多虧。今至于此，是巽之極而陰之盛也。月至盈而言幾望者，蓋月者，臣之象也。君之邪惡既見畜于臣，是臣德之盛也。然以臣之分則不可過，故當常若月之幾至于望，則可也。「君子征凶」者，夫上九居制畜之極而有既雨既處之事，是時之甚盛也。爲君子者若復更有所往，不知其止，則是凶咎之道。此聖人存誡之意也。象曰「既雨既處，德積載也」者，言所以獲既雨既處者，由君子以仁德積之于內而行之于外，以至有大正之道畜其剛健之進，皆由久于積習然也。「君子征凶，有所疑也」者，言至此道盛之時，若復征進不已，則必爲人之所見疑也。

履

䷉ 兌下乾上 履虎尾，不咥人，亨。

〔一〕此處疑脱去「月」字。

義曰：按序卦云：「物畜然後有禮，故受之以履。」言物既有所畜聚，須禮以節制之，故履所以次于小畜也。然則履者，禮也。夫人之情，目之于色，耳之于聲，口之于味，鼻之于臭，四體之于安逸，必得禮以節制之，然後所爲適中，動作合度，而放僻之心无自入矣。苟不以禮節制之，則必驕情肆欲，无所不至，是其禮不可一失之也。此卦上乾爲天爲剛，是爲君、爲父、爲夫之道也；下兑爲澤爲順，是爲臣、爲子、爲婦之道也。乾剛在上，是能以尊嚴臨于下也；兑説在下，是能以説順奉于上也。上下相承，故得君臣、父子、夫婦皆有其節制，則上下之分定而尊卑之理別，天下之禮行矣。「履虎尾，不咥人，亨」者，此聖人之深意也。虎者，至威至猛之物也；咥，齧也。然今履蹈其尾而不見咥齧，終獲其亨者，蓋言暴猛之物不可以犯，若君子能盡禮以履之，終亦不見其傷也。何則？夫以天下之尊，莫尊于君，生殺之權繫之也。若爲臣者能内盡其忠，外盡其禮，柔莊肅慎以事于上，則君雖有雷霆之威嚴，亦將温顔柔色而接之矣。一家之尊，莫尊于父，一家之喜怒繫焉。若爲子者内盡其孝，外盡其禮，温柔恭順以事其父，則父雖至嚴，亦將柔順而接之矣。况于下者有文以相接，有情以相親，其間縱有離間之心，亦不可得而離間也。是故君父之至嚴，鈇鉞在前，鞭朴在後，爲臣子者果盡其心，竭其力，厚其禮以事之，則終不見其傷害也，故曰「履虎尾，不咥人，亨」。

彖曰：履，柔履剛也。説而應乎乾，是以履虎尾，不咥人，亨。剛中正，履帝位而不疚，光明也。

義曰：「履，柔履剛也」者，此言得履卦之名者，蓋由以柔順之體上承于乾剛之質，此所以名曰「履」也。「説而應乎乾，是以履虎尾，不咥人，亨」者，此就二體而言之。兑以陰柔處于下而上承剛健，是由賤之事貴，卑之事尊，苟非盡悦順之禮以事之，則其傷害可知矣。固當執此道以事之，則猶蹈猛摯之獸而亦不見其咥齧也，故曰「説而應乎乾，是以履虎尾，不咥人，亨」也。「剛中正，履帝位而不疚，光明也」者，此止言九五之德也。體本剛健而又以陽處陽，居中履正，是其德剛明而中正也。以此履踐至尊之位而不有疾病，則其道光大而明顯也。

象曰：上天下澤，履，君子以辨上下，定民志。

義曰：乾，天也；兑，澤也。夫天本在上，今居于上；澤本在下，今居于下，是尊卑分定而各得其所也。故君子于此時，以人之飽食煖衣逸居而无教，則近于禽獸也。是以作爲禮制以節之教之，辨别其民之上下，安定民之心志，使爲君、爲父、爲夫、爲長，凡在人之上者皆以恩威接于下；使其爲臣、爲子、爲婦、爲幼，凡在人之下者皆以柔順事于上。如此則上下之分定，而人民之志固定矣。

初九，素履，往无咎。象曰：素履之往，獨行願也。

義曰：夫禮之本，本于質。是故冠冕之始，始于緇布之質；衣裳之始，始于韠韍之質；器皿之始，始于污尊瓦缶之質；飲啜之始，始于大羹玄酒之質。是皆禮之始，率以質素爲本也。今初九居履之初，是能本于質素而行，故曰「素履」也。「往无咎」者，往則踐履而行之之謂也。言當此履之始，而君子能往踐質素而行之，故得无咎。象曰「獨行願也」者，此履卦之初能踐履質素而行者，蓋獨行己之願也。何哉？其爲禮之始，本起于質朴，迨後世則尚文尚華。惟君子則能不撓于衆而獨行此質素之願，以矯正當時于淳約也。

九二，履道坦坦，幽人貞吉。象曰：幽人貞吉，中不自亂也。

義曰：九二居下卦之中，其體是兑，兑者，和説之謂也。今既履得其中，又能和説，則是樂其道而忘其憂，踐其道坦坦然，安于循理也。「幽人貞吉」者，幽人則樂道慎獨之人也。凡人之爲禮，貴本于中而行，則得其爲禮之中道。故周禮大司徒以六禮教萬民之中，是所行之禮貴得其中也。且凡人之爲禮，有恭肅矜莊而過其中者，有簡易惰慢而不及其中者，有外能恭莊内實不敬者，有内能恭敬而外不整肅者，有顯然能行中道而欺于闇室者，有不欺于闇室而傲于等夷者，是皆爲禮失其本而不得其中。故唯此樂道慎獨之人能行之，是于正道而得其吉者也。

六三，眇能視，跛能履，履虎尾，咥人凶，武人爲于大君。象曰：眇能視，不足以有明也。跛能履，不足以與行也。咥人之凶，位不當也。武人爲于大君，志剛也。

義曰：六三位過九二，不中也；以陰履陽，不正也。過中失正，則所行之禮皆不知其本始，而不能免其憂，逃其凶也。喻如眇者之能視，亦不足明其中道；跛者之能履，亦不足行其正道。以陰而乘剛，是踐履其虎之尾而見咥者也。且以陰而履剛，其志本暴。猶若强暴之人爲于大君，視所行所爲，皆不中不正而至凶禍者也。

九四，履虎尾，愬愬，終吉。象曰：愬愬終吉，志行也。

義曰：愬愬，驚懼之貌也。九四處上卦之初，履六三之上。而六三以陰居陽，其志尚剛武。今九四乘之，是履虎尾也。既履此剛暴之上，爲九四者固當愬愬恐懼，則終得其吉也。何則？四本陰位，今以陽而居之，是本有謙志；又近于九五之尊，五以己有剛明而尚謙志，委任之。既爲上之所委，又能愬愬然恐懼，則得其吉也，故曰「履虎尾，愬愬，終吉」。象曰「志行也」者，言九四能履蹈于六三之虎尾，終乃得吉而不見其咥者，蓋因己本尚謙而見信任于五，又能愬愬然恐懼，不敢自安，以是而獲其終吉，則己之志得行也。

九五，夬履，貞厲。象曰：夬履貞厲，位正當也。

義曰：夬，決也；貞，正也；厲，危也。言此九五以陽居陽，有剛明之德而居尊位，爲臨制典禮之主也。夫既有剛明之德而又居至尊之位，故能決然定典禮之是非，辨制度之中正，分上下之等夷，齊天下之民志也。夫爲禮之道，本于尚謙，在繫辭則曰「謙以制禮」是也。今九五以剛爲禮之主，于正道言之，則危厲可知也，故曰「夬履，貞厲」。象曰「位正當也」者，言此九五既爲制禮之主，固當尚謙退爲本，則得其中而吉也。今乃以剛夬而爲之，是于貞道有厲也。故聖人于此責之，言九五所處之位既已正當，則宜尚謙爲本，不可用剛夬以制禮，故有貞厲之道也。

上九，視履考祥，其旋元吉。象曰：元吉在上，大有慶也。

義曰：視，瞻視也；考，稽考也；祥，禍福之兆也。何謂禍福之兆？蓋凡能履其禮之中正而行者，則獲其福慶也；不能由禮之中正而行者，則至于禍患也。夫初九居履之初，尚其質素而行之，故得无咎。今此上九居卦之極，是禮法之已成也。禮之既成，則當視瞻其所行之道而稽考其禍福也。「其旋元吉」者，言上九既居禮法之成，又能視其所行之如何，故周旋反覆之間皆能獲元大之吉也。象曰「大有慶也」者，言此上九居禮之成，又能視其禍福，以至周旋之間皆獲元大之吉，是大有其福慶之事也。

泰

䷊乾下坤上泰，小往大來，吉，亨。

義曰：按序卦云：「履而泰，然後安，故受之以泰」。蓋言凡人既能行其禮典，則必獲其安泰。泰者，安也。以二體言之，則乾本在上，今降而下之；坤本在下，今升而上之，是上下相交，陰陽相會，故謂之「泰」。以人事言之，君以禮下于臣，臣以忠事于君，君臣道交而相和同，則天下皆獲其安泰也，故曰「泰」。「小往大來，吉，亨」者，自内之外是往也，由外入内是來也。陽德剛明，又主生育，其道至大，故稱大，今下降之，是大來也。陰主柔弱，又爲消剥，故稱小，今上而升之，是小往也。陰陽之氣既交，則萬物得其吉而亨也。以人事言之，則大爲君子也，小爲小人也。大者來居于内，是君子進用于朝廷；小者往而處外，是小人退黜于巖野也。君子既進，小人既退，則君臣之道交而上下之心和同，成治于天下，而天下之民皆得其吉而亨通也。

彖曰：泰，小往大來，吉亨，則是天地交而萬物通也，上下交而其志同也。内陽而外陰，内健而外順，内君子而外小人，君子道長，小人道消也。

義曰：「天地交而萬物通」者，言陽氣下附，陰氣上騰，二氣交感，萬物得其生而亨通也。「上下交而其志同」者，上，君也；下，臣也。若君以禮敬接于臣，臣以忠節事于君，則是上志下接，下情上通，上下之道交通，故能行天下之大道也，立天下之大治也，則天下之民皆得其安泰也。「内陽而外陰」者，陽爲君子，陰爲小人。小人外而君子内，泰之道也。「内健而外順」者，此止以君子之身而言也。故君子内懷剛健之德而外示柔順之貌，以此之故，所以爲泰也。「内君子而外小人」者，言君子則親附而用之，小人則疎遠而黜之，是君子之道日以長而小人之道日以消。然則聖人作易，書不盡言，言不盡意，于此所以丁寧而言者，蓋欲其在位者登君子而任用之，抑小人而黜退之，則天下之事无不舉，萬民之業无不安，是泰道畢矣。故聖人所以申勸而言也。

象曰：天地交泰，后以財成天地之道，輔相天地之宜，以左右民。

義曰：夫天氣下降，地氣上升，二氣交通而萬物得其生，此天地交泰之道也。后者，天子、諸侯之通稱也。蓋天地交泰以生天下之財，是以天子諸侯觀此泰卦之象，阜豐其財，以成就天地生育之道。故作爲網罟，以畋以漁；作爲耒耜，以耘以耔；用商賈，以通有无；作工功，以便器用；阜豐其財，使鰥寡孤獨皆有常餼。此所以成天地化育之道，輔相天地所生之宜，以扶助天下之民而至于安泰也。

初九，拔茅茹，以其彙征，吉。象曰：拔茅征吉，志在外也。

義曰：乾本在上，今居于下，必務上進。若君子將進用于朝廷，以佐君澤民而興天下之泰也。茹者，相續之稱也；彙者，類也；征者，進也。夫茅之爲物，拔之則其根牽連而起。若此初九之君子，既進用于朝廷，則天下之賢必皆引類而進，則是君子之道長之時也。君子之道得長，則天下之民受其賜，如此則吉莫大也。象曰「志在外也」者，言初九之君子必將引類而登進者，蓋其志于天下之民而進求其用，所以佐君而共立天下之治，興天下之泰也。

九二，包荒，用馮河，不遐遺，朋亡，得尚于中行。象曰：包荒，得尚于中行，以光大也。

義曰：九二以剛明之德居中，而上應于六五之君，爲六五之所任，是君子見用于時，爲興泰之臣也。然而天下雖泰，其間不无荒穢，而九二既以剛居中，則必寬弘廣大其心，以包藏其荒垢也，故曰「包荒」。「用馮河」者，馮河是暴猛之人也。九二既居重位，柄重權，爲天子之見任，而能遠大其器量，雖此馮河暴猛之人亦能用之。何則？夫良匠无棄材，隨其長短大小而皆適其用。况天下之廣，當泰之時，雖此暴猛之人亦有以用，故曰「用馮河」。「不遐遺」者，遐，遠也；遺，棄也。言此九二之君子，荒穢者包藏之，暴猛者能用之，是皆由其廣大寬厚之至，故雖遐遠者亦不遺棄之也。「朋亡，得尚于中行」者，言九二既以剛明之德見任于六五，而又廣大其量以容于物，故必不親己之所親而親其朋類，如此所以得尚于中道而行也。≀象曰「以光大也」者，言九二之君子既得尚于中而行，是其道光大而明顯也。

九三，无平不陂，无往不復，艱貞无咎。勿恤其孚，于食有福。≀象曰：无往不復，天地際也。

義曰：此一爻，聖人因天地將復之際，故設爲之戒也。言乾本在上，坤本在下，所以泰者，上下交也。今九三居下卦之極，是天地將復之際也。天地復，則不交而否矣。故聖人戒之，曰无有平而不歸險陂，无有往而不復其所者。猶若无有泰極而不至衰否，故當艱難而守之以正道，則可以久于其泰而免其凶咎也。「勿恤其孚，于食有福」者，言既能艱守正道，則不待憂恤其孚信而自然明顯，故可以往而安食其福禄也。≀象曰「无往不復，天地際也」者，言九三居乾之上，是將復于上；在坤之下，是將復于下，當天地之分際，故曰「天地際也」。

六四，翩翩，不富以其鄰，不戒以孚。象曰：翩翩不富，皆失實也。不戒以孚，中心願也。

義曰：翩翩者，自上而下疾飛之貌也。夫九三以陽居乾卦之極，是三陽同志，皆務上進也；六四以陰居坤卦之初，是三陰同志而皆欲下復也。故此所以翩翩然與上二陰具復其本，所以无有凝滯也，故曰「翩翩」。「不富以其鄰，不戒以孚」者，以，用也。言三陰同志，皆欲下復，故此六四不待富盛而自然能用其鄰，不須戒備而自孚信也，故曰「不富以其鄰，不戒以孚」。象曰「皆失實也」者，實，謂居處也。言乾本在上，今泰之時則下之；坤本在下，今上之，是上下皆失其實也。六四所以翩翩然欲將復而居下，謂其失實故也。「中心願也」者，言六四不待戒備，自然有孚信而下復者，是衆心之所共願也。

六五，帝乙歸妹，以祉，元吉。象曰：以祉元吉，中以行願也。

義曰：帝乙，商之賢王也；歸者，婦人謂嫁曰歸，歸妹之爲言，順也；祉，福也。此六五乃中順之主也，當此泰平之時，能以文柔接于下，則象所謂「上下交而其志同」，即君降志而接其臣，所以興泰道者也。猶言帝乙賢王以女下嫁于諸侯，是謙順之至也，故曰「帝乙歸妹」。「以祉，元吉」者，夫天子以女而下降于諸侯，是順之之至也；而在下者又能盡其分，故上下皆獲其福祉而有元大之吉也，故曰「以祉，元吉」。象曰

「中以行願也」者，言君治天下，必欲得賢能之臣，爲之委任也。今六五能執謙以下于九二賢明之臣，以至獲元大之吉，是由其中道而素願得行也。

上六，城復于隍，勿用師，自邑告命，貞吝。象曰：城復于隍，其命亂也。

義曰：大凡平治之世，雖教化甚盛，其間不能无姦惡之人。堯、舜太平也，未必无小人；桀、紂暴亂也，未必无君子，皆繫于其上之所爲如何耳。是故古之善爲國者，既以仁義道德爲己任而安治天下，又且高其城濬其隍以爲之戒備，而防天下之姦寇也。何則？天下雖在熙泰，而姦惡之人其心未嘗安。故聖人謂「王公設險以守國」者，將使治天下者必有仁義以興治道，亦須設險厄以崇備也。若但有其德而不能設備，則不可以保其國也；若但設其險阻而无其德，其國固不能以保也。昔在太王居邠，狄人侵之，去而居岐山之下而邑焉。以太王爲國，非无德也，然卒爲狄人之所迫者，以不設備故也。使太王居是時高深其城池，則雖夷狄之侵擾，亦无能以爲也。又秦之始皇有天下，北築長城，西據崤、函，帶山阻河，險厄萬里，非无備也。然二世則失天下者，以不爲德故也。使秦皇能以是國而脩其德以濟之，則傾亡之禍无有也。以此知爲國者必有其德，又設其險，則可以永永而守也。然吴起曰「在德不在險」，蓋一時之權言耳，非萬世之大法也。且五帝而下，堯都于冀，舜都于蒲，今之河中府是也；禹都于安邑，湯都于亳，今之河南是也；周都于酆、鎬，今之洛京是也。是皆其所都之地、所處之國，未有不以山河之險而守其國也。聖人之戒治天下者，安不忘危，治不忘亂，則可以永有其泰也。上六處卦之極而泰道將革，又不能居安而思危，處治而思亂，以至驕慢邪侈而不爲之戒備，故有城復于隍之事也。蓋言城復傾圮而无高險之阻，隍復盈滿而无深固之限，是皆恃泰之至，以及于否也，故曰「城復于隍」也。「勿用師」者，夫泰道既極，已不能自爲之備而更用軍師以攻伐于人，則是不量己力，而天下之人必不服從，適自取滅亡之道耳。故聖人又戒之，言不可復用師也。「自邑告命，貞吝」者，夫威賞政令，行之于天下則可。今上六既无所戒備，又不可用師，威德不足以及遠，告命不能及天下，但可號令于己邑之中而已。此皆由恃安泰之過而不能防閑，以至于此。以正道言之，誠足以鄙吝者也，故曰「自邑告命，貞吝」。象曰「其命亂也」者，蓋其命令紛亂，不能及于天下。聖人所以丁寧而言之者，欲戒後之人君處天下之泰，必常思危亡之事，則可以常保其泰也。

否

䷋坤下乾上否之匪人，不利君子貞，大往小來。

義曰：按序卦云：「物不可以終泰，故受之以否。」否者，閉塞之道也。天地相交，陰陽相接，則萬物得其亨通而繁盛，故曰「泰」。泰者，通也。物不可終通，故天地各復其本而陰陽不相交，則萬物皆閉塞而不生，此否之道也。「否之匪人」者，匪，非也。言天地不交，萬物不生而否塞，此非所謂人之常道也。夫君必以至誠接于臣，臣必以至忠奉于君，則天下可以獲安也。今否之時，君臣不交而物不得其所，是非人之常道也。何則？夫人情莫不欲安欲逸，欲富欲壽，否之時則不得其安，不得其逸，不得其富，不得其壽，是豈人之常道乎？「不利君子貞」者，夫否之時，天地不相交，君臣不相接，小人見用而其道長，小人之道長則讒疾于君子。爲君子者苟欲以正道而行，則必爲小人之所害，故韜晦道德，卷懷仁義，退而自處，不露其正則可也。「大往小來」者，陽德至大，陰德至小。今否之時，陽之大德往居于外，陰之小德來處于内，往者屈之，來者伸之。猶君子往屈于巖穴，小人來居于朝廷，則否道所以致也。

彖曰：否之匪人，不利君子貞。大往小來，則是天地不交而萬物不通也，上下不交而天下无邦也。内陰而外陽，内柔而外剛，内小人而外君子，小人道長，君子道消也。

義曰：言否之所以非人常道而不利君子貞者，由天地各復其所，二氣不相交而萬物不得其亨通也。「上下不交而天下无邦也」者，上，君也；下，臣也。君不以禮敬接于臣，臣不以忠節事其君，禮敬忠義之情不交，則君臣之道塞；君臣之道塞，則天下之諸侯從而亂，所以邦國將至于傾覆矣。「内陰而外陽」者，内者，親也；外者，踈也。陰爲小人，陽爲君子。親小人而踈君子，此所以成否道也。「内柔而外剛」者，此小人之體也，内而柔則陰賊殘害，外而剛則狠僻凌暴。故語曰「色厲而内荏」，厲，嚴厲也；荏，柔荏也。外有嚴厲之色，内有柔荏之心，此所以反君子之道也。「内小人而外君子，小人道長，君子道消也」者，由其内小人而親信之，外君子而疎遠之，是以小人之道日以長，君子之道日以消也。

象曰：天地不交，否，君子以儉德辟難，不可榮以禄。

義曰：言君子于此天地不交、賢人道塞之時，則當韜光遁迹以全身遠害，不可與小人並立。若與小人並立，則必見害而召禍也。故但守儉素之德，不憫貧賤，以避小人讒疾之患耳。如不得已而仕，則不可居重位、亨重禄以榮其身第，可全己遠害而已。故君子陽陽之詩曰：「君子陽陽，左執簧，右招我由房。」言周之衰，君子遭是時者相招爲禄仕，但爲一伶官之賤職，以全身遠害而已矣。

初六，拔茅茹，以其彙，貞，吉亨。象曰：拔茅貞吉，志在君也。

義曰：泰之初是君子道長之時，可以進用于朝廷，是以連引其類而進之，故其爻辭曰：「拔茅茹，以其彙征，吉。」今否之初是小人道長，君子不可用之時也。時既不可用，則必引類而退守以正道，不可求進，然後得其吉而獲亨也。象曰「拔茅貞吉，志在君也」者，夫君子之志，未嘗不在致君澤民也。雖當此否塞之時，引退守正，不苟務其進，俟時而後動者，蓋亦志在致君澤民而已。

六二，包承，小人吉，大人否，亨。象曰：大人否亨，不亂羣也。

義曰：六二居否之時，小人而見用者也。然而以陰居陰，處得中正，是于小人之中，能包其柔順便佞之心以奉承于上，是以小人而得小人之吉者也。「大人否，亨」者，若大德大才之人則不然。居是時也，以其道塞而不通，故能以正自守，韜藏其仁義，卷懷其道德，不爲世俗之所變，而不雜于小人之中，于否之世行否之中道，所以全身遠害也。中庸曰：「國有道，其言足以興；國无道，其默足以容。」詩曰：「既明且哲，以保其身。」蓋否之時不可進用，但以義而自處，全身遠害而已。中庸又曰：「素富貴，行乎富貴；素患難，行乎患難，君子无入而不自得焉。」是言大人君子于否之時行否之道，所以亨也，故曰「大人否，亨」。象曰「大人否亨，不亂羣也」者，言大人君子，其時雖否，然能以道自處，以正自守，不與小人雜，是不亂其羣類也。

六三，包羞。象曰：包羞，位不當也。

義曰：六二雖以小人之道用于時，猶且不失其中，承事其上而得其吉也。今此六三位既過中，履復失正，小人之道愈深，但包其羞耻，苟容其身而已，故曰「包羞」。象曰「包羞，位不當也」者，蓋言六三于小人之中最爲甚者，言其所處之位不當故也。

九四，有命，无咎，疇離祉。象曰：有命无咎，志行也。

義曰：「有命」，謂九四有命于初也。疇，類也；離，附也；祉，福也。夫否塞之時，不可有命于其人，蓋小人衆多也。然此九四乃有所命者，以其有剛明勤儉之德，所應在初耳。何則？初六居否之時，以道不行于天下，故不苟進，引類而退，存心在君，蓋守道之君子也。今九四有命焉，所以爲无咎也。然以君子而應君子，不唯己得无咎，使其疇類亦得附離于福祉也，故曰「有命，无咎，疇離祉」。象曰「有命无咎，志行也。」者，蓋九四以正而見命于初，以至同有其福祉，是己之志得行也。

九五，休否，大人吉。其亡其亡，繫于苞桑。象曰：大人之吉，位正當也。

義曰：休，息也。夫以柔順之道婉遜以承其上，而獲小人之吉者，六二是也。以剛健中正之德而履至尊之位，憂天下之所宜憂，泰天下之所未泰，消去天下之小人而休息天下之否道者，惟九五大人行之而獲吉也，故曰「休否，大人吉」。「其亡其亡，繫于苞桑」者，桑之爲物，其根幹皆相迫結而堅固者也；苞，即叢生也。夫以大人之德，能消天下之否而反于泰。雖然，且當常謂危亡之在前，不敢遑安，而曰：「其亡其亡矣！」如此之戒，則社稷磐固如繫于苞桑之上，而不可拔也。

上九，傾否，先否後喜。象曰：否終則傾，何可長也？

義曰：傾，覆也，圮也。夫否極則泰，剥極則復，未濟終之于既濟，此易之常道也。在繫辭則曰「易窮則變，變則通，通則久」，又揚子曰「陰不極則陽不生，亂不極則治不成」，皆變易之常道也。今上九居卦之極，則必傾去其否而反之于泰，可以獲其亨通也，故曰「傾否」。「先否後喜」者，此言否之道，始則六二包承而大人否，九五休否而有大人吉，至此上九則否傾而之泰，是先否後喜之驗也。象曰「否終則傾，何可長也」者，言何可常若此之否也？然聖人言之，繫乎勸戒也。泰之時慮其恃安而過極，故九三則曰「无平不陂，无往不復」，至上六則曰「城復于隍」，皆所以存戒之之意也。今否之時又慮其蹎跋而不進，故九五言「休否，大人吉」，至此上九則言「傾否，先否後喜」，亦存勸之之意也。此皆極言人事之道而明易之深旨也。

同人

☲☰ 離下乾上 同人于野，亨，利涉大川，利君子貞。

義曰：按序卦云：「物不可以終否，故受之以同人。」夫天下否塞之久，人人皆欲其亨通，是必君子同志以興天下之治，則天下之人同心而歸之，故曰「同人」。「同人于野，亨」者，野，取遐遠廣大之稱。大凡君子推己之仁以及天下之人，施己之義以合天下之宜，廣大宏博，无所不通，然後得同人之道而至于亨通，故曰「同人于野，亨」。「利涉大川」者，言君子既推仁義以同天下之心，使天下之人同心而歸之，无有不從，則雖有大險大難，亦得而濟之也，故曰「利涉大川」。「利君子貞」者，夫君子有仁義之心、忠恕之道，推之于身而加乎其民，故不以一己爲憂，所憂者天下；不以一己爲樂，所樂者天下，以至天下之人合心而從之，是君子之正也。故同人之道，所利者唯君子之正者也。

彖曰：同人，柔得位得中而應乎乾，曰同人。同人曰：同人于野，亨，利涉大川，乾行也。文明以健，中正而應，君子正也。唯君子爲能通天下之志。

義曰：「柔得位得中而應乎乾」者，此就二、五之爻釋所以得同人之名也。六二以陰居陰，是柔得位也；居下卦之中，是得中也，既中且正，又應于九五之尊，是得位得中而應乎乾也。以人事言之，則是有中正之臣而上應于乾剛之君，君臣之道同，則天下之人合心而歸之矣。又如在上者能以剛健之德、仁義之道推諸天下，而在下者又以柔順中正而應之，上下之心既同，是得同人之道。「同人曰」，此三字蓋羨文，于義无所通。「同人于野，亨，利涉大川，乾行也」者，言所以得于野亨而險難无不濟者，由君子以勤健之德、中正之道，以同天下之人，使天下之人同心而歸之，是以乾之道而行也。「文明以健，中正而應，君子正也」者，此以二體明利君子之貞也。下離爲文明，上乾爲健，以是之德則无所不濟，而天下之人莫不與之同心也，故曰「文明以健」。又以六二柔順而居下卦之中，九五以剛健而居上卦之中，上下皆有中正之德相應，故能率人之心以同天下，此君子之正也。「唯君子爲能通天下之志」者，因上文明君子之正，此又申説君子之道。且凡人之情，思慮不廣，唯止一身一家而已。唯君子則不然，但推其仁義之道、忠恕之德以及天下：以天下之人莫不欲安，則君子扶而不危；人莫不欲壽，則君子生而不傷；人莫不欲富，則君子厚而不困；人莫不欲逸，則君子節其力而不盡。是皆君子盡心于己，推之于人，恢廣宏大，无所不同，故能通天下之志也。

象曰：天與火，同人，君子以類族辨物。

義曰：夫天體居上而火之性又炎上，是得同人之象也。君子法此象，于是類其族，辨其物。族，即族黨也；物，即物性也。言其分别族黨，使各以其類；明辨其物性，使各得其所，善者同于善，不善者同于不善，君子則與君子同道，小人則與小人同道，是類别天下，使各得其同也。

初九，同人于門，无咎。象曰：出門同人，又誰咎也？

義曰：門者，亦言其遐遠廣大也；咎者，怨咎也。夫廣遠寬大，无所不同，是同人之道也。今初九以文明之性履同人之始，是其用心廣大，无所偏私，出于門則與人同也。夫出而與人同，則人亦同心歸之，又何有怨咎者乎？

六二，同人于宗，吝。象曰：同人于宗，吝道也。

義曰：宗，主也；吝，鄙也。夫不以己之親疎，不以己之憎愛，則盡同人之道矣。今六二不能遠大其志，廣與人同，而反私心偏意，上係于九五之主，是其道褊狹，誠可以鄙吝者也。

九三，伏戎于莽，升其高陵，三歲不興。象曰：伏戎于莽，敵剛也。三歲不興，安行也。

義曰：戎，兵也；莽，林莽也；陵，丘陵也；興，起也。夫六二以中正之道上應于九五中正之君，君臣上下各以正道相應。而九三以陽居陽，志好强暴，不量己力，輒欲私貪六二之應而奪之，是以伏其兵戎于林莽之中。然而以不正險陂之行加于人，故不敢顯然興其兵戎，但伏于林莽之中；又且恐懼而不敢進，故升其高陵以望之也。「三歲不興」者，夫以不正之道而欲犯于至正之人，其勢必不克勝，故至于三年之間，亦不能興起也。象曰「伏戎于莽，敵剛也」者，言其以不正之道欲妄攻奪，是其志不懼九五之剛而輒欲敵之也。「三歲不興，安行也」者，以不正之小人而欲敵大正之君子，其勢自然不能勝，雖窮三歲之間，安能行之哉？

九四，乘其墉，弗克攻，吉。象曰：乘其墉，義弗克也。其吉，則困而反則也。

義曰：墉，謂乘九三之墉也；克，能勝之辭也。九三不量己力，志尚剛暴，欲謀奪九五之偶，已爲大非，故伏其兵戎于林莽之中。今九四位乘于九三之上，亦欲因其九三之勢，乘陵而奪取六二，以義言之，是必不克勝也，然得吉者，蓋己既不能克勝，故因其勢之困弱而反守于法則，故得免咎而獲吉也。象曰「其吉，則困而反則也」者，言九四既因其困弱而反守法則，是改過之人也。故左傳曰：「人誰无過？過而能改，善莫大焉。」此九四所以獲吉也。

九五，同人，先號咷而後笑，大師克，相遇。象曰：同人之先，以中直也。大師相遇，言相克也。

義曰：九五與六二之爻，下以文明，上以剛健，各恃中正以相應，而欲同心同力，共治于天下。然而物有間于己而不得相遇者，蓋以九三伏戎于莽，九四又乘其墉，皆奪己之應，故己乃用大師以攻伐而克之，是先號咷也。既攻伐而克之，然後得與六二相遇，而同心同力以共成天下之治，是後有笑也，故曰「同人，先號咷而後笑，大師克，相遇」。象曰「同人之先，以中直也」者，言九五始以九三九四爲孽于其間而不得與六二相應，然一舉其師則克之者，蓋由己以大中之道、至直之德而往伐之，故无有不勝也。

上九，同人于郊，无悔。象曰：同人于郊，志未得也。

義曰：郊者，國城之外，曠遠之地也。夫同人之道，貴其无所不同，則可以立功立事也。今上九居同人之極而處于遐曠之地，志无所同，但可以免其悔吝而已。若其欲立功立事于天下，則其志未有所得，故象曰「志未得也」。

大有

䷍乾下離上 大有，元亨。

義曰：按序卦云：「與人同者，物必歸焉，故受之以大有。」蓋言君子推仁義之心以及于人，行忠恕之道以同于物，則天下之人皆同心而歸，是大有于天下也。然則大有者，大有于衆也，雜卦言「大有，衆」者是也。「元亨」者，元，大也；亨，通也。夫大有于天下之衆，苟不以天地元大之德治于天下，則不能致其亨通也。故大有之世，必以元大之德亨通于天下，故曰「元亨」。

象曰：大有，柔得尊位，大中而上下應之，曰大有。其德剛健而文明，應乎天而時行，是以元亨。

義曰：此就六五一爻以釋卦名也。夫六五以柔順之質居至尊之位，以大中之道行于天下，使天下之人无過无不及而盡合于中，故天下之人皆來應之也。以卦體言之，則是六五獨以柔順文明用其大中，而上下五陽他无所從，故皆來應之也。推之人事，則是聖人在位，得柔順之中道，而遠近无不應之，是大有天下之民也。「其德剛健而文明，應乎天而時行，是以元亨」者，此就二體而釋所以得元亨之義也。乾在下爲剛健，離在上爲文明。剛健則能幹濟于事，文明則能照察于物。其德既剛健而文明，則能應順乎天時而行也。夫天以春而生成萬物，聖人以仁而愛育之；天以秋而肅殺萬物，聖人以刑罰而懲勵之，是聖人所爲皆順于天，以時而行也。既以剛健文明之德，又上順于天時而行，是以獲其元亨也。

象曰：火在天上，大有，君子以遏惡揚善，順天休命。

義曰：夫火性本明，天體居上。今火在天之上，至明而无所不燭，是大有之象也。君子法此以大有天下之衆，則當遏絶其惡而揚舉其善。何則？大凡天下所以不明者，由其惡不去也。聖人在位則遏絶之，若惡之大者則誅擊之，惡之小者則刑戮之，如此則天下之爲惡者知懼也。天下之所以不知者，由其賢善之人不用也。聖人在上則揚舉之，若大賢則置之大位，小賢則置之小位，如此則天下之賢者知勸也。「順天休命」者，休，美也。夫福善禍淫，天之命也。聖人在上，惡者遏之，善者揚之，是能承順天休美之命也。

初九，无交害，匪咎，艱則无咎。象曰：大有初九，无交害也。

義曰：交害者，相交以利害者也。大凡以親而交于人，則必有疎之者矣；以喜而交于人，則必有怒之者矣；以利而交于人，則必有害之者矣。唯君子爲能用心廣大，故无意于交也。今初九居大有之始，處卦之下，是无心于物者也。既无心于物，則所尚遠大，不交于有害者也。「匪咎」者，言初九之所以无心于物而不交于害，豈凶咎之道耶？然雖非凶咎之道，又當艱難其志，終久而不變，則庶可以全得无咎也。

九二，大車以載，有攸往，无咎。象曰：大車以載，積中不敗也。

義曰：九二以剛明勤健之才當大有之時，履得中道，應于六五，是其中正之臣而可當其重任者也。猶若大車之持載，雖甚任重而不至傾敗者也。「有攸往，无咎」者，夫君子懷才抱道，患不得其位；既得其位，患不得其君。所謂得君者何若？己言則君聽之，己諫則君從之，己有所興爲則君順之是也。今二以剛明中正之才爲六五之所委任，故所行所往无不利也。所往既利，則凶咎何由而至哉？故曰「有攸往，无咎」。象曰「積中不敗也」者，言君子有剛健之才德積畜于内，雖授之大位，任之重權，而无有墮廢之事。是猶大車之持載，積于其中而无有傾敗也。

九三，公用亨于天子，小人弗克。象曰：公用亨于天子，小人害也。

義曰：此一爻處大有之時，以陽居陽，當下卦之極，爲衆陽之長，是尊極之臣，在三公之任者也。然當此至重之位，以君子則用可亨[一]于天子，而行天下之大道，立天下之大位也。以小人處之，則不能克勝其任，以至壞敗王事而爲害于時也，故曰「公用亨于天子，小人弗克」。

九四，匪其彭，无咎。象曰：匪其彭，无咎，明辨晳也。

義曰：彭，謂九三也。「匪其彭」者，是不有奉九三之心也。九四以陽居陰，當上卦之下，履失其正，而上近六五之君，下比九三之臣，處于君臣之間，若行不正，則咎莫大焉。且九三位爲三公，有權之臣也。四柔順屈節以趨附之，是行乎非正之道，而必有非常之咎也。固當常有不奉三之心，則得其无咎矣。象曰「匪其彭，无咎，明辨晳也」者，凡知人曰晳。此所以匪其彭者，由九四能明察其善惡，辨别其事宜，知九三之不可趨附之而不附，故獲无咎。

六五，厥孚交如，威如，吉。象曰：厥孚交如，信以發志也。威如之吉，易而无備也。

義曰：孚，由中之信也；交，謂上下之道相交也。六五居大有之時，以柔順而處至尊之位，是執柔示信以接于物，故上下皆歸向之也。夫己以由中之信接于人，人亦以由中之信奉于己，上下交相親信，故曰「厥孚交如」。「威如，吉」者，言既以由中之信及于天下，天下皆親信之，則是威德並行而獲其吉也，故不賞而民勸，不怒而民威于鈇鉞是也。象曰「厥孚交如，信以發志也」者，言發己之信以及天下之信，己能如是，則天

〔一〕按爻辭及小象皆言「亨」，而口義各本皆言「享」，是胡瑗以「亨」爲「享」，或後世流傳之誤。

下有信无信之人皆發其誠志以交應之也。「威如之吉，易而无備也」者，易，平易也；備，戒備也。言己既有孚信交于人，又有威德以及于天下，賞一賢而天下之賢知勸，罰一罪而天下之罪知懼，有此威德之著，故天下皆平易而无所戒備也。

上九，自天祐之，吉无不利。象曰：大有上吉，自天祐也。

義曰：按繫辭云：「天之所助者順也，人之所助者信也。履信思乎順，又以尚賢，是以自天祐之，吉无不利也。」此言餘爻皆履剛，而上九獨乘六五之柔，是思順也。六五有孚信而己履之，是履信也。又以剛而居上，處无位之地，是能崇尚于賢者。既能思乎柔順之道，履乎孚信之德，又以尚賢，如此則自天而下无有不助之者，又何不利之有？

謙

䷎ 艮下坤上 謙，亨，君子有終。

義曰：按序卦云：「有大者不可以盈，故受之以謙。」謙者，卑退而不自驕盈之謂也。以二體言之，則艮下剛而止也，坤上柔而順也。大凡内剛止而外不柔順，則失于亢；外柔順而内不剛止，則近于佞。剛也柔也，内外相稱，此盡其所以爲謙之道也。既盡其謙，則是无不濟而亨通也。「君子有終」者，終，謂終身踐履而不變也。夫用謙之道，貴在久而行之。若夫小人，亦有時而用謙，但不能終久由之，故朝行而夕或改矣。唯君子則能先明其性，平其心，發之于外，則皆恭敬之道，故有庸言之信、庸行之謹，終身而行之，无有改也。

象曰：謙亨，天道下濟而光明，地道卑而上行。天道虧盈而益謙，地道變盈而流謙，鬼神害盈而福謙，人道惡盈而好謙。謙尊而光，卑而不可踰，君子之終也。

義曰：「謙亨，天道下濟而光明，地道卑而上行」者，此釋所以得謙亨之道也。夫天體雖高，以其能降下其氣而生萬物，是得其謙而道益光明也。地以其卑，故其氣得以上升，相濟以成萬物。夫天氣下降，地氣上升，二氣相交而能生成萬物，是得謙亨之義也。以天地至大，尚以謙而後亨，况于人乎？「天道虧盈而益謙」者，此以下廣言謙之義也。虧，損也；益，增也。夫天之爲道，盈滿者虧損之，謙順者增益之，至如日中則昃，月盈則蝕，皆其類也。「地道變盈而流謙」者，變，變易也；流，流布也。至如水既盈滿，則必决泄而虧散之，其卑下者則流布而增盈之，此其類也。「鬼神害盈而福謙」者，害，謂禍害之也；福，謂福慶之也；鬼神者，天地之用也。有盈滿者則從而禍害之，有謙損者則從而福慶之。「人道惡盈而好謙」者，人之爲道，有驕淫者，衆共惡之；有謙退者，衆共好之。以天地鬼神之爲道，或虧變禍害其盈者而益流福慶其謙者，其在于人者可知矣。「謙尊而光」者，以尊上而言之，若天子諸侯及爲人父爲人兄，凡在人上者苟能好謙，則其德愈尊而光大矣。「卑而不可踰」者，卑者，以爵言之，士也；以人言之，庶民也，及爲子爲弟，凡在人下者若能益尚謙退，則雖在卑下，亦衆人所不能踰越也。「君子之終也」者，言上之所行，終身由之而不變者，唯君子爲能然也。此聖人舉之以結上文耳。

象曰：地中有山，謙，君子以裒多益寡，稱物平施。

義曰：山體本高，地體本卑，今山居地之中，是抑高舉下之義，而得謙之象也。君子假借其象，言物有多者減而裒聚之，少者增益之，稱其物之多少而均平其施與，是亦抑高舉下之義也。

初六，謙謙君子，用涉大川，吉。象曰：謙謙君子，卑以自牧也。

義曰：初六以謙巽而居一卦之下，是其謙而又謙者也。夫謙謙之道，小人所不能爲，唯君子則能行之，故曰「謙謙君子」。「用涉大川，吉」者，夫君子持身卑退，恭敬之心發于内，則謙謙之道形于外，故衆心皆歸而萬民皆服。民衆既歸，則雖有大險大難，用是而涉之，无有不濟。況于平易常處之時，獲其吉也可知矣。象曰「謙謙君子，卑以自牧也」者，牧，養也，守也。言大人君子所以謙而又謙者，蓋内明其性，外篤其敬，以卑而自守故也。

六二，鳴謙，貞吉。象曰：鳴謙貞吉，中心得也。

義曰：鳴者，聲聞流傳于外也。夫六二居卦之中，以陰居陰，是君子履中居正，積柔順而行其謙，故聲聞流于人也。「貞吉」者，言六二以謙退之聲聞于人，是得正道之吉也。象曰「鳴謙貞吉，中心得也」者，此言君子所作所爲皆得諸心，然後發之于外，則无不中于道也。故此謙謙皆由中心得之，以至于聲聞流傳于人而獲至正之吉也。

九三，勞謙，君子有終，吉。象曰：勞謙君子，萬民服也。

義曰：勞謙者，言勤勞于謙也。九三以陽居陽，爲下卦之長，衆陰所歸，而其位至重，故上則謙以奉于君，下則謙以治于民，勤勤不已，无有厭斁之心，是謂勞謙者也。「君子有終」者，言君子唯以行道爲己樂，不以用謙爲己勞，故終身行之而不變，所以得其吉也。象曰「勞謙君子，萬民服也」者，言君子之人勤勞而行謙，則爲萬民之所服而衆心之所歸。且凡人能謙者，天地鬼神尚且祐助而福慶之，則民之服從也可知矣。

六四，无不利，撝謙。象曰：无不利，撝謙，不違則也。

義曰：撝，謂指揮之間皆謙也。夫大有之四處君臣之間，故聖人戒之言「匪其彭」，然後得无咎，以其以陽而居陰也。此謙之四亦在君臣之間，乃言「无不利，撝謙」者，以其以陰居陰，履得其正故也。何則？凡朝廷之間，必得正人端士以贊佐其君，則爲治于天下，无所不利也。今六四以至柔之質而居柔位，是至正之人也。以至正之人而上近于六五之君，下比于九三之臣，而盡謙巽之道以承接之，故進退俯仰以至指揮之間，皆得用謙之道而无有不利也。象曰「无不利，撝謙，不違則也」者，言六四所以然者，由履于正位，不違逆其法則也。

六五，不富以其鄰，利用侵伐，无不利。象曰：利用侵伐，征不服也。

義曰：以，用也。六五以柔順居至尊之位，是能執柔以治人，居謙以遇物，故不待富盛而能用其鄰也。以天子言之，則能用其四夷與天下諸侯；以諸侯言之，則能用其鄰國也。「利用侵伐，无不利」者，言六五以柔德化治天下而能用其鄰，當此之時，苟有不庭不軌之人，則是不率仁人之教而天下共棄之人。乘天下共棄之心而伐之，无所不利。夫堯、舜以至仁率天下，然尚有三苗之征，則其他可知矣。但聖人在上，有叛逆之人，則衆所共怒也。以至仁而侵伐之，无有不利也。然先聖于此特言侵伐者，蓋有意于勸耳。何則？夫人君之治天下，必恩威兼用，然後可濟。今當謙之時，不可純用于謙，其有不庭不軌，必以侵伐而克之也。

上六，鳴謙，利用行師，征邑國。象曰：鳴謙，志未得也。可用行師，征邑國也。

義曰：上六居上卦之極，謙道已得而處于无位。然本以其行謙，故亦有聲名流傳于外，故曰「鳴謙」。「利用行師，征邑國」者，言上六雖行謙而聲名既著矣，然而居无位之地，无功實之效，故但可行師，征己之邑國而已。是其功未能及遠，不若六五之用侵伐而无所不利也。象曰「鳴謙，志未得也」者，按六二亦言「鳴謙」，而象曰「中心得也」，此言「志未得」者，蓋六二當人臣之位，居中履正，以此而行謙，故得吉也。今上六雖有謙巽之聲聞于外，然居无位之地，雖欲立功立事于天下，其志未有所得也。

周易口義卷四

豫

䷏坤下震上豫，利建侯，行師。

義曰：豫，樂也，悦也。按序卦云：「有大而能謙必豫，故受之以豫。」言聖人在上，大有天下之衆，而又能持謙巽之德以臨于下，則天下之人皆悦豫而從之。以二體言之，則雷出于地上，而蟄蟲昭蘇，勾萌皆達，萬物无不得其悦豫也，故曰「豫」。「利建侯，行師」者，天下之人既已悦豫，則當建立諸侯而分治天下，出兵行師以討其叛逆。何則？夫民苟不順，何爲而可哉？民心既已悦順，雖驅之死地而亦從之，故豫而建侯、行師，无所不利矣。若武王之伐紂，以其順天應人，是以一怒而安天下，天下之民无不悦豫而順從也。

彖曰：豫，剛應而志行，順以動，豫。豫順以動，故天地如之，而况建侯、行師乎？天地以順動，故日月不過而四時不忒；聖人以順動，則刑罰清而民服。豫之時義大矣哉！

義曰：「剛應而志行」者，此以二體明其義。剛謂九四也，應謂初也。九四以剛陽居大臣之位，又處震動之下，下與初六爲應，是上下之志皆得通行也。「順以動，豫」者，震上動也，坤下順也。言聖人所動皆順于民心，則民无有不順而悦豫也。「豫順以動，故天地如之，而况建侯、行師乎」者，此釋建侯、行師之義。言聖人能以豫順民心，又合乎時，雖天地之至高至厚，尚亦不違，况建侯以治民，行師以戡難乎？其利可知也。「天地以順動，故日月不過而四時不忒」者，言天地之大，一晝一夜凡行數十餘萬里而无毫釐之過與不及，是能以至順而動，故日月代明而无薄蝕之差，四時迭行而无繆之愆也。「聖人以順動，則刑罰清而民服」者，聖人以天地爲心，而有所動作，則天下之人悦豫而從，故刑罰清而民服從之。然此指刑罰而言者，蓋聖人用之，所以禁暴止姦，萬民之所深畏者也，當刑者刑之，當罰者罰之，懲一而勸百，故刑罰可措而清矣，是天下之民服從而不犯也。「豫之時義大矣哉」者，聖人歎美之辭也。言豫之時其義至大，意使後人所動所爲當順于心而已。

象曰：雷出地奮，豫，先王以作樂崇德，殷薦之上帝，以配祖考。

義曰：雷者，陰陽奮擊成聲也；殷，盛也。言雷聲奮出于地上，則震動萬物，使勾者盡出，萌者盡達，萬物起而滋植，悦豫之象也。先王觀此之象，則必順時而動，使天下之人皆從服而和樂也。民既和樂，于是采其和聲，作樂以通天下之和，使天下之人聞之而无不悦樂，則其德從而崇高也。故若武王伐紂之後，天下之民既出于塗炭而得其和樂，于是象其成功，而作大武之樂，是由順民心而動者也。且聖人作樂不惟民得其和，又且薦之上天，配以祖考，所以通人神之和而告其成功也。

初六，鳴豫，凶。象曰：初六鳴豫，志窮凶也。

義曰：鳴，謂聲名流傳于外也。初六居豫之初，係應于四。四爲悦豫之主，有盍簪之朋，而己應之，是得志于四也。夫以小人得志，則悦豫過甚，驕奢放恣，无所不爲，以至聲傳于外而致其凶咎也。象曰「鳴豫，志窮凶也」者，大凡樂不可極，志不可滿，人理之常也。今初六致其凶咎者，志窮于悦樂故也。

六二，介于石，不終日，貞吉。象曰：不終日貞吉，以中正也。

義曰：「介于石」者，言介然如石之堅勁也。六二處悦豫之時，居中履正，是中正知幾之君子也。初六有鳴豫之凶，己下交之而无褻瀆之心；九四爲悦豫之主，有盍簪之朋，己上交之而无諂媚之行。是君子之人介然守其節操，堅勁如石，守其正道，故不終日之間所以獲其吉也。先聖繫辭釋此爻曰：「君子見幾而作，不俟終日，介如石焉，寧用終日。」是言六二中正而獲吉也。

六三，盱豫悔，遲有悔。象曰：盱豫有悔，位不當也。

義曰：盱者，盱睢諂媚之謂也；遲，緩也。以不中不正之質而上近于九四操權之臣，若盱睢諂媚以求悦于四，則必有悔也；若遲緩而不求于四，亦必有悔也。然則六三何以進退遲速之間皆有悔？蓋悦豫之時，以正而從之則可也。三既以不正，而所求者又不正，則宜其速悔矣。

九四，由豫，大有得，勿疑，朋盍簪。象曰：由豫，大有得，志大行也。

義曰：此卦上下羣爻皆陰柔，而四獨以剛陽之德爲豫之主，然非至尊之位，乃專權之臣也。權既已專，是以上下皆附從之，必由于己而後得豫也，故曰「由豫」也。「大有得」者，四既得衆爻從之以取其悦樂，是己之大有所得也。「勿疑，朋盍簪」者，朋，類也；盍，合集也；簪，冠之笄也。言四秉悦豫之權，衆來附己，然而必藉天下羣才共成天下之事業。羣材既已從己，己必盡誠以信任之，不有疑貳之心，則彼將引其朋類合其簪纓而來也。象曰「由豫，大有得，志大行也」者，九四以剛陽之才爲豫之主，上下羣陰悦附于己，而又能信任天下之士，天下之士皆合其簪纓而來，是得其位而有權，故其志大得行也。

六五，貞疾，恒不死。象曰：六五貞疾，乘剛也。恒不死，中未亡也。

義曰：疾，謂疾病也；恒者，綿綿之貌。六五以柔弱之質居至尊之位，而履失其正，又下乘九四剛陽之權臣，是于正道有所疾也。「恒不死」者，言六五以柔弱之質而履失其正，是有疾病者也。然而得常不死者，以其居中處尊，猶且綿綿不絶而未至于亡也，然所存者但位號而已。故若周平東遷之後，天下之權盡屬强臣，而天王所存者位與號爾。此六五所以然者，蓋一卦之中最正者六二一爻而已，其執節堅勁，所交不諂不瀆，是至正之臣也。今五乃不能委任之，而又且乘陵于四，此所以得不死之疾也。

上六，冥豫成，有渝，无咎。象曰：冥豫在上，何可長也？

義曰：冥，謂冥昧也。上六居豫之極，悦樂過甚而不知止節，以至智性昏迷，冥冥而无所知識，以至于凶咎也。大凡禮樂之道，必相須而成，然後制節和平，皆得其所也。若禮勝而樂不至，則民散而不和也；樂勝而禮不至，則民蕩而不反也。是樂必有禮以爲節，禮必得樂而後和，二者兼備，則不至悔咎也。今上六悦樂過甚，是不知所節以至冥暗也。古之太康内作色荒，外作禽荒，而貽邦國之患；商紂作長夜之樂，以至傾圮社稷，是皆智性昏迷，恃樂過極以至亡也。非獨人君則然，至于公卿大夫而下，莫不若是，故伊訓曰：「惟兹三風十愆，卿士有一于身，家必喪；邦君有一于身，國必亡。」故知自天子至于士庶人，凡酣樂過甚，必有凶咎也。「有渝无咎」者，渝，變也。言苟能因其逸樂之過而反思悔咎，自省于己，變前之爲，而節之以禮，則庶幾免于悔咎也。象曰「冥豫在上，何可長也」者，此聖人深戒之意也。言其悦豫過甚，至于情蕩性冥而不知所止，是何可長如此乎？言能渝變，則可以无咎也。

隨

䷐ 震下兌上 隨，元亨利貞，无咎。

義曰：按序卦云：「豫必有所隨，故受之以隨。」言聖賢在上，既得天下之悦豫，必皆樂而隨之也。然謂之隨者，兑上爲説，震下爲動，是聖賢動順民心，則天下皆悦樂而隨之也。「元亨利貞」者，此天地之四德也。凡聖賢之人欲天下之隨己，故當修天地生成之四德，然後可以使天下皆悦而隨之，則可以免咎也。凡人將隨于人者，亦當審其所隨之人，有此元亨利貞之四德，能生成于民物者，然後隨之，則得其所安而獲其无咎也。是隨之道，必以此四德兼備，然後可以求人之隨及隨于人也。

彖曰：隨，剛來而下柔，動而説，隨。大亨貞，无咎，而天下隨時。隨時之義大矣哉！

義曰：「剛來而下柔，動而説，隨」者，此就二體以釋其義。夫震以動，其性剛；兑以説，其性柔。今震在兑下，是剛來而下于柔也。猶聖賢君子以至剛之德、至尊之位、至貴之勢，接于臣而下于民，故賞罰號令一出于上，則民皆説然隨于下也，故曰「剛來而下柔，動而説，隨」。「大亨貞，无咎，而天下隨時」者，此釋元亨利貞之四德也。言有是四德兼備而无其咎過，則天下之人盡將奔走匍匐，及時而隨之矣。「隨時之義大矣哉」者，言隨時之義至大，非大才大智有上四德之人，必不能使天下之民悦而隨之也，故先聖于此重嘆美之也。

象曰：澤中有雷，隨，君子以嚮晦入宴息。

義曰：雷在澤中，是待時而動。若雷之一奮，則萬物皆隨而震動，是隨之象也。「君子以嚮晦入宴息」者，此當有二義。言隨之時，必當慎其所以爲隨之道，不可輕動，必須待其人，有是四德之備而後隨之。雖然，亦未可以顯然而從之，固當韜光養正，向于隱晦之中以自安息而詳審其人，使可以隨，然後往而隨之，則得其道也。苟不擇其人，又且顯然而往，至于中道有所不至，則其爲患不細矣。故論語曰「朋友數，斯疎矣。事君數，斯辱矣」是也。又若君子欲人隨于己，亦當韜光潛德，向于冥晦之中使其元亨利貞四德之備，則天下之人自然隨之也。故君子之隨于人者，若伊尹起莘而隨湯，太公起海濱而隨文王，七十子之隨仲尼，皆得其爲隨之道也。故先聖于象辭以戒後人，凡隨之道，尤宜重慎也。注疏謂「物皆説隨，可以无爲，不勞明鑒」。且凡聖人在上，天下未隨之時，則當焦心勞思以治之；及天下既隨之後，則亦當憂勤而思所以安之之道，豈有物既隨而荒怠佚樂，无憂勤之志者哉？

初九，官有渝，貞吉，出門交有功。象曰：官有渝，從正吉也。出門交有功，不失也。

義曰：官，主守也；渝，變也。大凡人素有所主守，確然持一節不變者，當隨之世，則必觀時量勢而變其前之所守，則其人之可從者，决然往而隨之可也。今初九居隨之時，當動之始，固宜易所素守，擇其人而隨之也。既欲擇其人，則必視其有四德之備大賢大正之人，使可以隨之則隨之，則于正道得吉也。「出門交有功」者，言苟不能韜光晦迹，拱默以待其人，而已出門矣，則必擇其有功者，然後交之，乃可以獲安而不失其所也。象曰「官有渝，從正吉」者，大凡人之守節，確然執一而不能通變者，未可以語聖賢之道也。夫聖賢之道隨時通變，无所執泥。當可隨之時，雖素有所主，亦必擇其人之善者而從之也。若時不可動而人不可隨，則退而固其所守，以道自處也。然雖去就不同，但從于正則吉也。

六二，係小子，失丈夫。象曰：係小子，弗兼與也。

義曰：小子，謂初九也；丈夫，謂九五也。大凡陰柔不能自立，必得剛陽之人以係之，則可也。今六二居隨之時，與九五爲正應而最遠之，初九非其應而切近之，故己以陰柔之質因而附于初，是失九五之丈夫而係初九之小子也。然則六二履于中正，何係乎非應？蓋陰弱而无常守故也。夫以不定之性而又居隨之時，是必舍遠而係近矣。然所以不言凶者，蓋聖人于此戒之，謂其尚有從正之道，若能係于九五而舍于初九，則不至于凶咎也。象曰「係小子，弗兼與」者，言係于初則失五，係于五則失初，從此則失彼，從邪則失正，是不可以兼與也。

六三，係丈夫，失小子，隨有求得，利居貞。象曰：係丈夫，志舍下也。

義曰：丈夫，謂四也；小子，亦謂初也。六三亦以柔弱之質不能自立，必得剛陽之人以隨之也。上既近于四而下又遠于初，是以隨九四之丈夫而失初九之小子也。「隨有求得」者，言隨之時，六三上无正應，九四又下无正應，是兩无所繫而又相比。今六三往隨之，是所求有得也。「利居貞」者，言六三、九四皆非所應，今既相從，必以正道，乃獲其利而无凶咎之事也。是以凡師友朋黨之間，所相隨者必皆以正，則可以全其終也。故仲尼曰：「居是邦也，事其大夫之賢者，友其士之仁者。」蓋言必得正人端士，然後可以相從也。

九四，隨有獲，貞凶。有孚在道，以明，何咎？象曰：隨有獲，其義凶也。有孚在道，明功也。

義曰：九四以陽居陰，履非其正，然而己以剛明之才得居人臣之極位，用心廣大，无所係吝，天下之民欲隨于己，己輒納而不拒之，是有所獲也。「貞凶」者，夫民，君之民也。己居人臣之位而輒有之，則侵權擅民，于人臣之正道大爲凶也。「有孚在道，以明，何咎」者，孚，誠信也；道，臣子之道也。言九四雖擅有君之民，侵取君之權，蓋是君之澤未下于民，而己又當臣位之極，故天下皆願歸之也。然既在嫌疑之地，則宜如何？故必當推其至誠至信，率天下之民以奉于上，盡其齊物之心，顯然推白其臣子之道，以明非有叛逆之惡，則庶可以免其刑戮而逃其悔吝也。故昔者文王當紂之時，三分天下有二，而記者稱之曰「文王有君民之大德，有事君之小心」。然尚不免紂之疑而有羑里之囚，幾至不免，是臣子之道當顯然盡其誠信以事于君，則可以免咎。象曰「有孚在道，明功也」者，言既有孚信在于臣子之道，而上得剛明之君，知己非叛違之意，故足以明己之功也。

九五，孚于嘉，吉。象曰：孚于嘉吉，位正中也。

義曰：九五居隨之時，以剛陽居至尊而履得其正，處于大中，故天下之人莫不鼓舞而隨之。然則如何以副天下所隨之望？故當虛其心，盡其誠，以信任大才大賢嘉善之人，以共成天下之大治，則吉莫與盛。象曰「孚于嘉吉，位正中也」者，言九五爲中正之君，下應于六二，六二亦爲中正之臣，而己能孚信而任之，則天下之賢皆來隨于己，而輔成天下之事業也。

上六，拘係之，乃從。維之，王用亨于西山。象曰：拘係之，上窮也。

義曰：夫隨之世，天下之人莫不畢從于上也。今上六處卦之終，最居于上極，是其凶頑而不從之人也。夫凶頑之人，雖王者興而不從，聖人起而不服，必待其拘囚縶係之後乃從也。「維之，王用亨于西山」者，維，即維縶之也；西山，以上體兑，兑，西方之卦，山取其險惡也。夫聖人在上，天下之民莫不歸之。而此上六凶頑之人，置之一方，則一方受其害而罹其險惡。今既加之以誅伐而維縶之，使不能萌其惡以毒于民，故雖西方險阻之地，亦得亨矣。

蠱

☶☴（巽下艮上）蠱，元亨，利涉大川。先甲三日，後甲三日。

義曰：蠱，壞也。按左傳昭元年云：「皿蟲爲蠱，穀之飛者亦爲蠱。」蓋言三蟲食一皿，有敗壞之象，故云「皿蟲爲蠱」。又言穀之積久腐壞者則變而爲飛蟲，亦蠱敗之象，故云「穀之飛者亦爲蠱」。夫物既蠱敗，則必當脩飾之，故雜卦曰「蠱則飾也」是矣。以人事言之，則是風俗薄惡，教化陵遲，而不綱不紀也。方此之時，聖賢之人必以仁義之道施爲而拯治之也。「元亨」者，元者，天地大生之德，于人爲仁也；亨者，天地大通之德，于人爲禮也。言聖賢當此天下蠱壞之時，思欲拯治之，必有天地大生之德、至仁之道以拯濟之，又當以禮制而拯葺之，以救弱扶衰，興滯補弊，使天下之生靈各得其大通也。「利涉大川」者，大川，謂大險大難也。夫治天下弊壞之事，不可安然而治之，必在衝涉大難，奮不顧一己之私，存心于天下，然後可以治其事，措之安平也。何則？以天地之德至廣至大而發生萬物，尚有屯難，況聖賢治天下蠱敗之事，豈无險難乎？「先甲三日，後甲三日」者，庚、甲皆申令之名也。凡事仁恩，于五行爲木，木主春，春爲施生，故爲仁恩之令也。凡事已蠱敗，非下民之所能爲，皆在上者致之也。然聖賢必欲治之，則當以仁恩之令而爲之先也。是故民有匱乏者，則出粟帛以濟之；民有失于奢者，則以禮而節之；民有未出于塗炭者，則出之而使安其所；民有入于凶頑而陷于刑辟者，則使之改過自新。故先之三日以申諭之，後之三日以丁寧而勸戒之，如此則天下之事无有不舉矣。

彖曰：蠱，剛上而柔下，巽而止，蠱。蠱，元亨而天下治也。利涉大川，往有事也。先甲三日，後甲三日，終則有始，天行也。

義曰：上體艮爲剛，下體巽爲柔。夫天下之事所以弊壞者，由上无剛明之德以斷制于下，下无柔順之心以從令于上耳。今此卦上既剛明而能斷，下又柔順以奉令，故蠱敗之事可以得治也，故曰「蠱，剛上而柔下」。

「巽而止，蠱」者，上艮爲止，下體爲巽，巽爲權變，艮爲鎮静。夫能用權者多失于鎮静，今既止静，又能行權，故可以治蠱敗之事也。「利涉大川，往有事」者，言聖賢之人欲治蠱敗之事，則雖大險大難，必往而治之，庶成天下之事業也。「先甲三日，後甲三日，終則有始，天行也」者，言上之行仁恩之令，先之三日，後之三日，終而復始，若天有四時之行，春生而秋成，始始終終，无有休息也。

象曰：山下有風，蠱，君子以振民育德。

義曰：按左傳云：「在周易，女惑男，風落山，謂之蠱。」言山之有材木，今爲其風之所落而在山之下也。夫風之爲氣，能生物，亦能落物。此即肅殺之風，故爲蠱之象也。君子觀此之象，以拯救天下敗壞之事，振濟萬民之難，使皆得其所而遂其性，又且養育己之德業而加于天下，不使至于蠱敗也。

初六，幹父之蠱，有子，考无咎，厲終吉。象曰：幹父之蠱，意承考也。

義曰：大凡事之蠱敗，必求所以脩飾之也。初六居卦之始，得巽之體，能用權變以承家道而幹集父事，故云「幹父之蠱」。「有子」者，夫能代父之任而成家之事者，子之職也。一不能然，是无子矣。今初以權變而幹父之事，使男正位乎外，女正位乎内，内外和睦，上下整肅，是得其爲子之道也。「考无咎」者，言父有不能幹家之事而至于蠱敗，咎莫大焉。苟得賢明之子以代其任而成其事，則可使其父立于无過之地矣。今初六能用其權變以幹濟其事，使其父得无咎也。然謂之「考无咎」者，夫生曰父曰母，死曰考曰妣。蓋言初六不唯能幹父之蠱而致父于无過，兼使其父雖至于終没，亦免其咎而致其令名，以光于後也。故祭義曰：「亨孰羶薌，嘗而薦之，非孝也，養也。君子之所謂孝者，國人稱願然曰：『幸哉！有子若此。』所謂孝也已。」又哀公問于孔子曰「何謂成親」，孔子曰：「君子也者，人之成名也。百姓歸之名，謂之君子之子，是使其親爲君子也，是爲成其親之名也。」蓋言父雖有過而子能終幹之，則使其父免咎矣。「厲終吉」者，厲，危也。言初六居卦之始，幹父蠱敗之事，是主艱也，故當常若危厲在前，恐懼其始，則終可以獲吉也。象曰「幹父之蠱，意承考」者，意謂心之所存也。言爲子之道，不可盡循父之命，但心之所存，以至孝事其親而成之耳。

九二，幹母之蠱，不可貞。象曰：幹母之蠱，得中道也。

義曰：九二以剛明居中而在内卦之内，是能幹其母蠱壞之事也。故曰「幹母之蠱」。「不可貞」者，言君子之人必上思忠于君，下思利于民，不可屑屑然專以治閨門之事，久執其道，爲己之正也。象曰「幹母之蠱，得中道也」者，九二以剛明之德居得中位，在内則能幹母之蠱，在外則能幹父之事，在朝廷則能忠于君而利于民，是周旋進退皆得于中道也。

九三，幹父之蠱，小有悔，无大咎。象曰：幹父之蠱，終无咎也。

義曰：九三以陽居陽，有剛明之德，履于至正，故能幹父之蠱。何則？夫剛則有能斷之才，正則公而不私，以此而行，則克幹其事而无所不濟也。「小有悔，无大咎」者，言九三全用剛斷以幹其家事，則必傷于和睦之道，而親族之間必小有悔恨之者。然己代父之任，整肅閨門之教，而幹成其事，則終无大咎也。

六四，裕父之蠱，往見吝。象曰：裕父之蠱，往未得也。

義曰：夫父以柔懦不能剛決，以至蠱壞其家，而六四又以柔弱之質承其蠱敗之後，无剛明果決之才，不能代父之任而幹家之事也。然而以陰履正，故但少能寬裕其父之事耳，故曰「裕父之蠱」。「往見吝」者，夫承蠱敗之後，而以柔弱之質將有所往，必見悔吝而无所成也。然初六亦以陰柔之道乃能幹父之蠱，此即往而見吝，何也？蓋初六居壞敗之始，當幹家之初，能用權變以治其事，致父于无過之地。故聖人言之，以爲萬世治家之法，當在于始也。是以爲臣爲子者，不可以无剛明之才也。今六四既居事壞之後，而无剛明之才，不能幹濟其事，故往見吝而无所得也。

六五，幹父之蠱，用譽。象曰：幹父用譽，承以德也。

義曰：譽者，嘉美之稱也。六五所以能幹父之蠱者，蓋承以其德，不在剛威，而能代父之任，承家之事。又有大中之道，下應九二剛明之人，用是所以得嘉美之譽也。象曰「幹父用譽，承以德」者，言六五所以用譽者，非徒取于虛名也。蓋以大中至正之德承父之志，以治其事，使社稷永固，生靈受賜，各遂其所，而天下嘉美之譽自然至矣。

上九，不事王侯，高尚其事。象曰：不事王侯，志可則也。

義曰：夫事治于始，至于終，則其事已成也。大凡人子之始，竭力盡孝以事父而治于家；人臣之始，竭力盡忠以事君而利于民。及夫國家既濟，功業既成，榮問既極，而苟年德衰耗，則必有止足之心而不累其位，退休歸老，不事于王侯而自崇高，尊尚其事也。象曰「不事王侯，志可則也」者，言上九之不事王侯，蓋有足止之心、高尚之行，可爲世俗之所法則也。言聖人之德始終如一，无有衰耗。若周公之輔于周，亦卒于周，未聞高尚其事也。夫有周公之資則可爲，自賢人而下，則不能无衰耗矣。功業既成，則休退宜也。然世俗所謂高尚者，内則无心于家，不孝于父而幹其事；外則无心于國，不忠于君而利其民，但高傲衣冠，晦迹山林，遠去人迹，此直豕鹿木石之伍耳，非聖人言蠱上之意也。

臨

䷒兌下坤上　臨，元亨利貞，至于八月有凶。

義曰：按序卦云：「有事而後能大，故受之以臨。臨者，大也。」聖賢之人興立事業，必自小以至于大，故臨所以次于蠱也。然謂之「臨」者，居上臨下之義也。此卦之體二陽漸進，是聖賢興起，君子之道得行，有才德以臨于天下也。「元亨利貞」者，天地之四德也。夫聖賢興起，必有四德之備，如春之生、夏之長、秋之成、冬之固，使天下无一物不被其澤，无一民不受其賜，迺可以臨于人也。「至于八月有凶」者，八月即周之八月，今之六月，斗建未之時，二陰生也。臨卦二陽生，即周之二月，今之十二月，斗建丑之時也。此言聖賢興起，君子道長，而至于八月有凶者，蓋聖人之深戒也。言二陽始進，進而不已，不顧陰氣之侵逼。至于八月二陰之生，則其卦爲遯，以至爲否，陰氣漸進，陽氣必消也。猶君子乘時得位以臨于人，若不能深思極慮以防其失，使小人得乘隙而進，則至于侵害矣。故當此之時，居其安不忘其危，在其治不忘其亂，則可以久臨于天下而无有危亂也。

象曰：臨，剛浸而長，説而順，剛中而應，大亨以正，天之道也。至于八月有凶，消不久也。

義曰：浸，漸也。言所以爲臨者，二陽始生，其德漸進，猶君子得其時，遇其君，以漸而進于位，興立事業，以臨于天下也，故曰「臨」。「剛浸而長，説而順」者，上坤爲順，下兑爲悦也。言「剛浸而長」，是聖賢之人臨于天下，有至尊之勢、至嚴之威也。其勢至尊，其威至嚴，則卑賤之俗、疏遠之民，其情曷以通而其恩曷以下哉？是必有仁義之化以悦順于民心，使天下无不被其澤，无不受其賜，彼皆悦然以順于上也。「剛中而應」者，此謂九二以剛明之德而處下卦之中也。凡臨人之道，必須下其身、先于臣民以交接于下，則下之志皆得上通也。「大亨以正，天之道也」者，夫聖賢在上，既能悦而順人，以剛明之德先于臣民，故能行元亨利貞之四德，以撫育萬民，生成萬物，此乃天之道也。「至于八月有凶，消不久也」者，此言二陽漸進，至于八月二陰浸長，則陽道不久而消剥矣。亦如君子之待其時，不顧小人之進，使其少得勢，則必侵害君子，君子之道不久而漸退矣。然不曰七月者，蓋其一陰始生，小人之勢尚弱，未能爲害。至于八月二陰既長，則小人之道漸盛而其黨漸熾，故有侵害之事也。聖人至此言之，所以深戒萬世，居安思危之意也。

象曰：澤上有地，臨，君子以教思无窮，容保民无疆。

義曰：夫臨者，居上以臨下也。至高，天也；至下，地也。今不云「天臨」，而曰「澤上有地，臨」者，蓋地之勢最附近于澤，而澤又依著于地，是臨之象也。君子法此之象，汲汲然惟恐一物之不被其澤，故夜以思之，晝以行之，焦心極慮，施其教化以臨于民，而无有窮已也；又能寬容保安之，而无有疆畔也。然則爲君子者不能思其教化，則不可臨于民者一也；能教而不能寬容之，則不可以臨民者二也；能容而不能保安之，則不可以臨民者三也。須三者之道兼備，而又有元亨利貞之四德，夫然後可以臨于民也。

初九，咸臨，貞吉。象曰：咸臨貞吉，志行正也。

義曰：咸，感也。夫剛者，必有至尊之勢、至嚴之威以臨于人。今初九以剛明之才居一卦之下，是聖賢之人下其身以先于臣民者也。夫既下其身以先之，則天下之民莫不感悦而從矣，故曰「咸臨」。既能下其身、先于人，人皆從之，則得其正而獲吉也。象曰「咸臨貞吉，志行正也」者，且聖賢之人非苟欲柔邪佞媚以取悦于天下之人，蓋上之臨下以仁義之化，行己之道，興天下之利耳。今初九以剛明之才處衆陰之下，是其志本行于正也。

九二，咸臨，吉无不利。象曰：咸臨，吉无不利，未順命也。

義曰：九二亦以剛明之才居下卦之中，下其身以先于臣民者也，是以天下之人莫不感悦而歸之，故曰「咸臨」也。「吉无不利」者，初九雖能使人感悦而從之，然未得其中，故但得貞吉而已。九二以剛明之德處下卦之中，則所爲无過與不及，皆得中道；而又居衆陰之下，能下其身以接于民，則獲其吉而无所不利矣。象曰「未順命也」者，此「未」字當爲羨文。夫九二有剛明之德以臨于人，天下皆感悦而歸之，无有不順其命者也。而經文言「未順命」，豈天下卒歸而有未順命者乎？蓋易經傳之久，其間不能无脱誤，故此「未」字當爲羨文也。

六三，甘臨，无攸利，既憂之，无咎。象曰：甘臨，位不當也。既憂之，咎不長也。

義曰：甘者，柔邪佞媚之道也。六三不中不正，又居兑之極，是過于柔佞也。爲上者以此不正之行、悦媚之道而臨于人，故謂之「甘臨」。夫以不正之行、佞媚之道以苟且取譽于民，雖苟得頃刻之悦、一時之譽，然于天下之事終无所利矣，故在書曰「罔違道以干百姓之譽」者是也。象曰「既憂之，无咎」者，言六三若能以己之不正，而反自思省以憂其危，知甘佞爲非而變從于正道，則可以免咎悔也。

六四，至臨，无咎。象曰：至臨无咎，位當也。

義曰：六四所履得正，下應于初九剛明之援以臨于人，能至于臨下之道而得无咎也。蓋上之臨下，必得其正道，若一失于正而入于邪，則下之從也若影響之效，固不可以无正也。是以孔子曰：「其身正，不令而行。苟不正其身，雖令不從。」是上之臨下，必由于正也。今六四以陰居陰，是履得其正，以此臨下，則下无不從，是至于爲臨之道而獲其无咎也。象曰「至臨无咎，位當也」者，六四以陰居陰，處不失正，是能正一心以正朝廷，正朝廷以正百官，正百官以正萬民，正萬民以正四方，正四方則遠近莫不一于正，誠由居當其位而行得其正也。

六五，知臨，大君之宜，吉。象曰：大君之宜，行中之謂也。

義曰：「知臨」，謂能用羣賢而任知，以臨于人也。六五以陰柔之質居坤順之中，履至尊之位，得大中之道。九二有剛明之才，五以至誠接納而信任之，故天下之賢莫不竭其聰明、盡其才智以輔于己也。能用天下之賢，以知而臨于人，是得大君所行之宜而獲其吉也。故若堯、舜之爲君，而任皐陶、稷、禹之徒是也。象曰「大君之宜，行中之謂也」者，夫天下至大，生靈至衆，居上者以一耳一目不能周其視聽，必得天下之賢才以輔于己，則可也。今六五能任用剛明才智之臣以臨于下，是大君所行之中道，莫尚于此。

上六，敦臨，吉无咎。象曰：敦臨之吉，志在内也。

義曰：敦，厚也。坤爲博厚，而上六處坤之極，是能以敦厚之道而下臨于人也。「吉无咎」者，六四、六五皆有剛明之援，所以獲吉。今上六雖有敦厚之德，然下无正應，无剛明之助，是本有咎矣，必須吉而咎乃得免，故曰「吉无咎」。象曰「敦臨之吉，志在内也」者，夫坤之體本在于下，今在上而其志樂于下，復是志在于内也。何則？蓋上六處一卦之極，雖下无剛明之人以爲己助，然能以敦厚之德附于二陰，故三陰同志，皆樂下復，是其志在内者也。

觀

䷓坤下巽上 觀，盥而不薦，有孚顒若。

義曰：序卦云：「臨者，大也。物大然後可觀，故受之以觀。觀者，觀也。」此卦之體二陽在上，是聖賢之人有剛明之德以臨觀于天下，使天下之人莫不仰觀而化之也。「觀，盥而不薦」者，盥、薦者，皆祭宗廟所行之禮也。盥，謂天子始入廟，則必盥手，酌鬱鬯于地，以求幽陰之時也。薦，謂三獻薦腥、五獻薦熟之時也。夫始盥之時，其禮簡畧，故至誠之心、恭肅之意莫不盡之。若薦腥熟之時，則其禮已煩，雖有强力之容、恭懿之心，則亦倦怠矣。是以聖人在上，臨御天下，必當如始盥之時，盡其至誠之心以爲天下所觀法也；固不可如行薦之時，禮數煩劇，其志懈怠，則不能使天下之人觀之，以爲法則也。「有孚顒若」者，孚，信也；顒，謂恭肅之貌也；若，語助也。言聖人既能盡至誠之心，如始盥之時，而臨制天下，則天下之人仰以法之，皆以孚信而應之，其貌顒顒然，盡其恭肅以應夫上也。

象曰：大觀在上，順而巽，中正以觀天下。觀盥而不薦，有孚顒若，下觀而化也。觀天之神道而四時不忒，聖人以神道設教，而天下服矣。

義曰：「大觀在上」者，謂此卦以二陽居于上，臨觀于下，使其教化浹洽，而天下之所觀仰也。「順而巽」者，此以二體而言，下坤爲順，上巽爲權也。夫聖賢之人雖有剛明之德以臨于下，然在乎不自尊大，不自高抗，凡所作爲，皆用柔順之道以下于民，則天下之民悅而從之，无所懈倦；而又示之以權變之道，使民由之而不知其所以然也。「中正以觀天下」者，夫觀有二義，以度而言之則謂之觀，以目所觀亦謂之觀也。此一句指九五而言，蓋以陽居陽，又處上卦之中，履至尊之位，有大正大中之德以臨于天下，使天下皆有所觀法也。「觀天之神道而四時不忒，聖人以神道設教，而天下服」者，此廣明其義也。言下之人既觀上之道以爲法則，而聖人又觀天之道以爲法則也。神道者，陰陽不測之謂也。天運至神之道，生育萬物，春生夏長，秋成冬固，使物皆遂其性而不可推測其用，四時之行无或差忒。聖人法之，亦以至神之道設爲仁義之教以成治天下，使天下之人各安其性而懷其業，不知其所以然而然也。

象曰：風行地上，觀，先王以省方觀民設教。

義曰：夫風行于地上，則无所不至，物无不順，生成萬物，萬物得其茂盛，皆可以觀，故曰觀之象也。「先王以省方觀民設教」者，是先王觀此之象，以省察四方之利害，觀視萬民之善惡，而設仁義之教以行于天下，使一民一物皆得遂其生成而不失其所也。

初六，童觀，小人无咎，君子吝。象曰：初六童觀，小人道也。

義曰：按此卦二陽居上，有剛明之德，爲天下之所觀，而天下之人莫不奔走以觀其道而爲法則也。今初六以陰弱之質，最居其下而遠于剛陽，不能上進以求聖賢之道而觀之，但冥冥然无所知識，无所聞見，若兒童之所觀也，故曰「童觀」。「小人无咎」者，言于小人之道，則得其无咎也。何則？夫小人之人，天下之事无所歸責，但營保一身而已，故不能進而觀聖賢之道，爲己之法則，以至終身愚憒，无能開發，止爲兒童之見。此于小人所以无咎也。「君子吝」者，夫君子之人則當求聖賢之道，學聖賢之事業，廣其視聽，大其知識，以充己之道，上思致君，下思利民，而成天下之事業，則君子之道畢矣。今以童觀在下，而君子之人苟亦昧然无所聞見，而不能明顯以求觀于上，取法于聖賢之人，則誠可鄙吝也。

六二，闚觀，利女貞。象曰：闚觀女貞，亦可醜也。

義曰：夫自外顯然而觀則謂之觀，自内而觀則謂之闚。此六二一爻以陰柔之質居下卦之内，遠于在上二陽剛明之人，不能往而從之，惟在内闚竊而觀之，故曰「闚觀」也。「利女貞」者，夫居觀之時，大觀在上，而己爲闚觀之道，不能顯然而求觀其道以爲法則，是但利于女子之貞而已，固不可爲君子之道。何哉？蓋女子之職主于閨門之内，不預外事，故但自内而闚竊于外耳，故曰「利女貞」也。象曰「闚觀女貞，亦可醜也」者，言爲闚觀者，于女子之行則可爲正，其于君子誠可以醜也。蓋凡君子之人，上必志于君，下必志于民，而思兼濟于天下，故皇皇汲汲以求聖賢之道。若聖賢在上，則顯然而往觀之，以廣己之視聽，發己之才識，而成己之道，以著天下之事業也。今乃反爲女子之事而闚竊以觀于人，是誠足醜也。

六三，觀我生，進退。象曰：觀我生進退，未失道也。

義曰：生，謂風教之所自出也。六三處下卦之上，爲衆人之長者也。既爲衆人之長，則風教號令皆自己出也。是以六三必下觀于民而察己之道，其風教有過于中者則俯而就之，其風教有不及于中者則勉而及之，使進退俯仰皆至于道也。然六三既有風教下及于民，而又曰「進退」，何也？蓋所履非至尊之位，但居一卦之上，爲衆人之長耳。象曰「觀我生進退，未失道也」者，言六三雖非至尊之位，以其風教之及于下，而又能察己之所出，未至者則進之，過中者則退之，是或進或退皆未失于道也。

六四，觀國之光，利用賓于王。象曰：觀國之光，尚賓也。

義曰：夫大觀之時，有其才有其德而又有其位，爲天下之所觀法者，莫尚于九五也。初六最遠之，故曰

「童觀」。六二居内，不能顯然求觀，故曰「闚觀」。惟六四以陰居陰，履得其正而切近于九五，是能上附于賢明之君而求觀聖賢之道，故朝廷之義、宗廟之禮，无所不知；仁義之道、禮樂之事，无所不習。如是而進于朝廷，觀國之光輝，故王者以之爲賓也。且如舜以一匹夫之賤登之朝，堯與之迭爲賓主，是有德之使然也。故曰「觀國之光，利用賓于王」。象曰「觀國之光，尚賓也」者，言六四既上附九五，能觀國之光，故主者尊尚其德，體貌其位，而以之爲賓也。

九五，觀我生，君子无咎。象曰：觀我生，觀民也。

義曰：九五居至尊之位，爲天下之所觀仰也，風教號令一出于己也。是以下觀于民，若民善則知己風教之善也，民惡則知己風教之惡也。然而九五履正居中而又處至尊之位，以天下之大，或風教有未至，姦邪有未去，習俗未盡善，禮樂未盡興，則皆其咎也。然九五能觀察于民而脩飾于己，使向之未至者皆趨于道，是君子居之，則得其无咎也。象曰「觀我生，觀民也」者，夫觀流則可以知源，視影則可以知表，聖賢觀民則可以知己政之得失也。故常切切思省，下觀于民，是以至于无咎也。

上九，觀其生，君子无咎。象曰：觀其生，志未平也。

義曰：上九有剛陽之德，居一卦之上，非至尊之位，故不觀于民而爲民之所觀也。然非至尊之位而爲天下之所觀仰者，則中庸所謂「動而世爲天下法，言而世爲天下則」者，此爻是也。是知爲天下之所觀，則天下之責歸之而萬民之法由之也。若其言之一玷，動之一跌，則天下莫不知之，是有所咎也。故上九即當切切思省以觀己之所出，使動息語默皆合于道，以副天下之所觀法，則是于君子而得无咎也。象曰「觀其生，志未平也」者，言上九有盛大之德，爲天下之觀仰，然處于无位之地而權不在己，又其責望既重，故夕思晝行，常欲興天下利，除天下害，知其心志之未平也。

噬嗑

䷔震下離上噬嗑，亨，利用獄。

義曰：按序卦云：「可觀而後有所合，故受之以噬嗑。」蓋人以大才大德爲天下之觀法，使天下合心而歸之也。然則此卦自頤而得。頤者，上艮下震，二陽居外，四陰在其內，是其所養之道也。今噬嗑即是九四矣。一陽居三陰之中，如剛梗之物在于頤中，必待噬而齧之，然後可得其合。故若朝廷之上、朋友之中、閨門之內，有一小人間厠其間，則爲君子良民之害，故必須刑罰竄殛之，則君子之道得以行，良民之志得以伸，心氣和同，上下協合，所以大通也，故曰「噬嗑，亨」也。「利用獄」者，上體離爲明，下體震爲動爲威。夫刑獄之事巧詐百端，情僞萬狀，至幽至隱而難察者也，必得威明之人施剛斷之才以制之，則姦僞可以刑服，强梗可以放逐，而君子之道得行，上下之志和合也。

彖曰：頤中有物，曰噬嗑，噬嗑而亨。剛柔分，動而明，雷電合而章。柔得中而上行，雖不當位，利用獄也。

義曰：「頤中有物，曰噬嗑」者，夫剛梗之物在于頤中，是爲口頰之患，噬齧之，然後得合也。「噬嗑而亨」者，小人爲君子良民之害，必須刑戮之，則上下之志合而大通也。「剛柔分」者，離，陰也，爲柔爲明；震，陽也，爲剛爲威。以威剛至明而用刑，則君子小人分而无間厠也。「動而明，雷電合而章」者，夫有剛威之才而不能明察，則暴而傷于物；有明察之才而不能剛威，則柔懦而不能立事。是必威明兼濟，則事无不立也。今噬嗑之卦動而且明，雷電相合而和同，故其道光顯而章著也。「柔得中〔一〕而上行，雖不當位，利用獄也」者，此指六五而言也。六五以柔順之道履得其中，而居至尊之位。夫以柔而居至尊，所行不得其正，所處不當其位，然猶以居離明之中，其性至明，故利用于刑獄之事也。何則？夫獄之情至深至隱，其間姦僞利害出于萬狀，故非至明之君子，則不能斷制其事。今六五所處雖不得正，然以其居離卦之中，是其性至明，故利用于獄也。

象曰：雷電，噬嗑，先王以明罰勑法。

義曰：震爲雷，故有威；離爲火，故有明。有威有明，能辨小人之情，用刑以去之，此噬嗑之象也。「先王以明罰勑法」者，言先王當有威明之德，有善必賞，有惡必刑，所以明示其罰而正勑其法也。

〔一〕底本原作「位」，據彖辭改。

初九，屨校滅趾，无咎。象曰：屨校滅趾，不行也。

義曰：屨校者，以木械桎其足之謂也；滅，没也；趾，足趾也。初九居噬嗑之初，是被刑之輕者也，其罪惡未至于大，故但校滅其趾而已。夫聖人之視民也，如父母之于赤子，雖有罪，豈忍加之刑戮哉？蓋慮罪小之時，不爲之懲戒，則必至于大惡。故當此罪小之時加以木械，桎其足趾，使其惡之不能行也，故繫辭曰：「小人不耻不仁，不畏不義，不見利不勸，不威不懲。小懲而大誡，此小人之福也。」言小人不仁不義，見利則勸，恃威則懲，此所以爲小人之福也。象曰「屨校滅趾，不行也」者，言其當罪小之時，用校以滅其趾，使知其罪雖小，不可爲而不行也。

六二，噬膚滅鼻，无咎。象曰：噬膚滅鼻，乘剛也。

義曰：膚者，柔脆易嚙之物；滅鼻者，用刑之深也。六二以陰居陰，又處下卦之中，是得正且中也。以此中正之道，用刑至當，如嚙其柔脆之膚，言其易而民服也。然下乘初九之剛，故用刑大過，至于滅鼻之深。然以居中履正，用刑至當，雖滅鼻而過于深察，是亦无咎也。象曰「噬膚滅鼻，乘剛也」者，夫初九者，過惡之小人，己乘于上，當用刑以懲之，所以至于滅鼻之深。然非專尚深刻，蓋以乘初九之剛故也。

六三，噬腊肉，遇毒，小吝，无咎。象曰：遇毒，位不當也。

義曰：腊肉者，全乾之謂也。六三居下卦之極，是爲不中；以陰居陽，是爲不正。凡用刑之道，有諸己然後可以求諸人，无諸己則不可責于人也。今六三以不中不正之行而刑人之過，則人无有服從之者，故若噬腊肉之難也。民心既不從，怨懟既已結，故非但不能刑人，將反招其害也，故曰「噬腊肉，遇毒也」。「小吝，无咎」者，言六三以不正不中而爲人之見害，故小有所吝。然而居震動之上，以柔順之質而應于上九剛明之人，則能辨民之邪正，察獄之情僞，是雖始有小吝，終亦自然无咎。

九四，噬乾胏，得金矢，利艱貞，吉。象曰：利艱貞吉，未光也。

義曰：乾胏者，肉之帶骨者也。因有骨而乾，愈于噬腊肉之難也。夫君子處得高位而進輔于君，以幹天下之事者，必有中正之德。德既中正，則刑一人而天下服其罪，賞一人而天下勸其善。今九四處上卦之初，是不中也；以陽居陰，是不正也。以不中不正之道而刑于人，則甚于噬腊肉之難也。金，剛也；矢，直也。九四履文明之始，其體剛，剛則果于行事，明則辨于邪正，雖非中正，猶有剛明，故所刑无不得其直。然四本以不中不正，故當憂民之所不服，慮惡之所不懲，艱難其心，退有所懼而守之以正，則可以責于人而人服之，故獲其吉也。象曰「利艱貞吉，未光也」者，蓋由艱難守正而後得吉，是道未光大也。

六五，噬乾肉，得黄金，貞厲，无咎。象曰：貞厲无咎，得當也。

義曰：「噬乾肉」者，易于乾胏而難于噬膚也。六五以文柔處其至尊，所行所爲皆合于道，无過无不及，以此主刑賞之柄，握生殺之權，宜矣。「得黄金」者，黄，中之色也；金者，剛之物也。夫斷天下之獄，必有中正剛明之德可也。六五雖少失于正，然以有離明之質，行得中道，而能用刑者也。「貞厲，无咎」者，言六五處至尊之位，有文明之德，然用刑雖少失于正，而人有不服，今若堅守其正，而常若危厲，則无咎矣。象曰「貞厲无咎，得當也」者，言六五能守其正，常若危厲，則所行所爲无不當也。

上九，何校滅耳，凶。象曰：何校滅耳，聰不明也。

義曰：上九居卦之極，罪之大者也。「何校滅耳」，刑之深者也。夫君子之人有善必勸，勸之不已，則小善至于大善，以至愚者必賢，賢者必聖也。小人則有惡不悛，以至積小惡至于大惡，由小罪至于大罪也。今上九過惡之小人，罪之至深者也。夫小人之爲惡，雖日有聖人之教化聞于耳而不知遷善，雖有聖人之刑罪將及于身而不知改過，以至積罪至大，長惡不悛，君子雖欲愛之，不可得也。故此所以被刑之深，校加于首而滅没其耳，凶禍所以及之也。故繫辭云：「善不積不足以成名，惡不積不足以滅身。小人以小善爲无益而弗爲也，以小惡爲无傷而弗去也，故惡積而不可揜，罪大而不可解。」夫人之耳聽必聰也，人之目視必明也。小人之耳非聵也，目非瞽也，日聞聖賢之教化而不能飭身歸善，以至陷于刑戮，蓋積惡之久而不知罪之深，是聰不能自明也。

賁

☶☲ 離下艮上 賁，亨，小利有攸往。

義曰：按序卦曰：「物不可以苟合而已，故受之以賁。賁者，飾也。」言物之既相合，必有文章賁飾之也。「賁，亨」者，夫噬嗑之時，則是聖人削鋤强梗。强梗既鋤，則可以制作禮樂，申明仁義，施爲教化，設爲文章以文飾之，則治道大通于天下矣。「小利有攸往」者，夫治天下必有賢明之才，處中正之位，乃能興治立事。今賁之上九以陽居一卦之上，在无位之地，是不能大有所爲，故小利有攸往而已。

象曰：賁亨，柔來而文剛，故亨。分剛上而文柔，故小利有攸往。天文也；文明以止，人文也。觀乎天文以察時變，觀乎人文以化成天下。

義曰：賁卦自泰而得，坤之上六來居乾之九二，此以柔道文飾剛健之德也。夫治國之道不可專于剛，剛則暴；不可專于柔，柔則懦。剛柔相濟，然後治道可成。何則？兵革所以禦侮而不可久玩，刑罰所以止姦而不可獨用，必有仁義禮樂、文章教化以文飾之，則天下大通矣，故曰「柔來而文剛，故亨」。「分剛上而文柔，故小利有攸往」者，此言以泰卦乾之二分居坤之上，是分剛陽之道而文飾于柔德也。夫聖賢有剛健文明之德，則必履至尊之位，總大任，持大權，乃可大有爲于天下。今以剛居无位之地，是但小有所往而已。「天文也」者，此以下廣釋文飾之義也。按經但云「天文也」，上下相應，不成義理，當上有「剛柔交錯」四字，蓋遺脱故也。言剛柔交相錯雜以成天文，是天之文也。若寒暑相推而成四時，日月相代而成晝夜，陰陽相蕩而成風雨雷霆，此皆剛柔交錯，天之文也。「文明以止，人文也」者，此以二體而言。離下爲文明，艮上爲止。既有文章之光明，又能止静，是人之文也。若夫君聖臣賢，上行下化，仁義禮樂著于天下，是國之文也；父義母慈，兄友弟恭，男正位乎外，女正位乎内，閨門之内和諧肅穆，是家之文也。聖人舉此文明之道，發于天下國家以文成其治，使刑罰措而不用，兵革寢而不作也。「觀乎天文以察時變，觀乎人文以化成天下」者，天文即前所謂也。聖人上觀乎天文以察時之變，若東作西成，南訛朔易，雨暘風燠，灾祥之類也。聖人觀乎人文，使君明臣忠，父慈子孝，兄弟有禮，長幼有序，各得其正，故制作禮樂、施爲政教，以化成天下，而成天下之治也。

象曰：山下有火，賁，君子以明庶政，无敢折獄。

義曰：夫山有草木之茂，而火明其下，光明照于上，有賁飾之象也。君子觀此之象，以明舉其庶政。庶政者，謂國家禮樂教化之道，申明興舉之以文飾天下之治，以其繁而不以儉，曰「庶政」。「无敢折獄」者，夫獄訟之情，至幽至隱者也。其間姦詐萬狀，情僞萬端，必有剛明之德，則能别于寃枉，决其是非，而其情可得而見。今賁之象，其明不遠到，故聖人戒之，言但可以明其庶政而不可果敢而折獄也。何則？蓋獄事至重，决而行之，則死者不復生，刑者不復續。是必有剛明之德乃可决斷其事，曲直是非之情无所不當矣。

初九，賁其趾，舍車而徒。象曰：舍車而徒，義弗乘也。

義曰：趾，足也。初九處賁之初，有至明之性；體于陽，有至剛之德。是君子之人能以道義賁飾其身，可行則行，可止則止，不爲苟且，是能賁飾其行趾也。「舍車而徒」者，以卦體言之，則初九之正應在于六四，而與六二相比。六二上无正應，欲求于初，而初有剛明之德，確然守正，惟義所在，不顧六二而棄之，但待其時而往從六四之正應也。猶君子之人能以道義飾于身，故車雖至貴，若義不當乘，則舍之；徒雖至賤，若義當行，則從而行之。是所行所止皆惟義之所在也。象曰「舍車而徒，義弗乘也」者，六四遠也，徒步勞也，初九不以遠且勞而必往之；六二近也，乘車安也，初九不以安而苟乘之，是皆去就以義也。

六二，賁其須。象曰：賁其須，與上興也。

義曰：須者，待也。夫君子之進不可以躁，必待其時，有其君，往而可以行己之道，則决然而進，无累矣。今六二之爻上无正應，是未可以往，必退而待其時，候可進而進之，故但以道義賁飾其身，由中而行之，以須待而已。象曰「賁其須，與上興也」者，夫六二所以賁飾其身而待者，蓋上无正應，未可以往也。己既无應而切近于九三，九三亦无其應，近而相得，故己能上與九三合志同心以興起也。猶居朝廷之間，親其賢而共成其治，朋友之間亦能比其賢而能成其事業者也。

九三，賁如濡如，永貞吉。象曰：永貞之吉，終莫之陵也。

義曰：夫六二以无正應，未可以進，故賁飾其身以須其時。而九三亦上无正應，亦未可進，故與六二同志，交相文飾，交相濡潤，候其時則進于朝，輔其君，以贊成天下之治也，故曰「賁如濡如」。「永貞吉」者，言九三既與六二交相賁飾濡潤，然非正應，則當永長而守之以正，則得其吉也。象曰「永貞之吉，終莫之陵」

者，言能永守正道，則外人不能間而侵陵之也。

六四，賁如皤如，白馬翰如，匪寇婚媾。象曰：六四當位，疑也。匪寇婚媾，終无尤也。

義曰：皤者，潔白之貌。六四以陰居陰，履得正位而行得正道，能以五常之道飾其身，修其行，潔白其志，使君子之德成而无有玷缺也，故曰「賁如皤如」。「白馬翰如」者，言六四應在于初，初有剛明之德，而已有正一之行，能賁飾其身而又潔白其馬，往而從之也。「匪寇婚媾」者，婚媾，謂會合也。六四雖正應于初九，若往而就之，必得會合。然猶疑懼六三間于其間，爲己之害，故言若非六三爲寇，則與初九會合也。象曰「六四當位，疑也」者，六四之往應初九，固无有不得，然猶恐初九爲六三之所間，故云疑也。「匪寇婚媾，終无尤也」者，言六四履正位，行正道，又且賁飾其身，潔白其志，雖六三爲寇于其間，亦不能爲害，故終无尤過也。

六五，賁于丘園，束帛戔戔，吝，終吉。象曰：六五之吉，有喜也。

義曰：丘園，謂敦實之地，若務農重本之類也。六五秉柔中之德，居至尊之位而爲賁之主。在初九則賁飾其趾，二又能待時而飾身，至此則是賁飾已至，即不可更務文華，而反賁飾于敦實之地，使天下知其本而務于農桑之事，故國用豐阜，民財充實，而貨帛衆多，戔戔然而至盛也。「吝，終吉」者，吝，謂吝嗇也。凡王者治天下，國用既阜，民財既實，則不可更務奢侈，必當吝嗇其財，節儉其用，然後終于富盛而獲吉也。象曰

「六五之吉，有喜也」者，六五能施飾于敦實之地，至于財用繁盛，復能儉嗇節用，使上不匱于用度，下不乏于財力，上下之情交相喜悦，所以不惟獲吉，而又有喜慶之事也。

上九，白賁，无咎。象曰：白賁无咎，上得志也。

義曰：夫此卦自賁趾至此上九，賁道已成，如白之受采，无入而不自得。以人君之尊，是始則勞于求賢，而急天下之治。既得其賢，又且逸于任使，以至臻極治之道，自有爲而至无爲，但守其質素，无施而不可也。又君子之人始能治其心，明其性，飾其身，至此可以爲仁，可以爲義、爲禮、爲智，處于富貴，富貴得其宜；居于貧賤，貧賤得其道，以至爲將、爲相、爲公卿，无所施而不可，无有疑懼而動心者。今上九處此之地，其所賁飾之道既備，故用之天下則天下治，用之一國則一國安，施之一家則一家肅，進退出處皆得其宜而无有過咎。象曰「白賁无咎，上得志也」者，上九能以五常之道修其身，道義已成，事業已備，但至此則廣而充之，天下无不得其所，是在上而其志得行也。

周易口義卷五

剥

䷖ 坤下艮上 剥，不利有攸往。

義曰：按序卦云：「飾然後亨則盡矣，故受之以剥。」剥者，言五陰盛長，一陽居其上，勢微力弱。始由一陰之生，漸至于盛，以削剥羣陽，幾至于盡，而萬物衰破之時也。其在人事，則小人盛長而君子消剥之時也。「不利有攸往」者，夫君子之所務，上思忠于君，下思利于民，其一謀一慮，必以天下之利存于心。小人則不然，其意日以殘賊良民、侵削君子爲務。今剥之時，君子消剥、小人盛長之際也。君子若復有所往，必見害于小人也。

彖曰：剥，剥也，柔變剛也。不利有攸往，小人長也。順而止之，觀象也。君子尚消息盈虚，天行也。

義曰：剥者，剥落之義；柔，陰也；剛，陽也。夫天地之所以成歲功者，在于陽也。今陰氣盛長，陽氣消剥，則萬物衰落而歲功无成也。人君所以共天位、治天下者，君子也。今小人盛長，以至專權得勢而侵削君子也。「不利有攸往，小人長也」者，夫聖賢之爲心，以仁義爲心，故三月无君則皇皇如也，以天下之民失其所而安在己也。小人之意，日在于殘賊，故其氣不相合，道不相同。今君子之所以不可進者，以小人長也。「順而止之，觀象也」者，此以二體而言。艮爲止，坤爲順。言小人道盛，君子言必見危，動必見害，故當觀其象，量其勢，先時知幾，素位而行，居易俟命，而外順小人，内則止而不行，故可以全身遠害也。中庸云：「天下有道，其言足以興；天下无道，其默足以容。」言君子儉德避難之道也。又若小人道盛，君子之人欲屏去之，必當外順其行，以漸而止之，則可以去也。何則？夫小人既盛，而君子若遽欲絶之，則其勢必爲小人之所害，故當遜順其所爲，觀其勢，使之不能窺見其迹，然後止之，則无有不可也。「君子尚消息盈虚，天行也」者，天之道至神也，有陰陽之舒慘、寒暑之往來、四時之運行、晝夜之明晦，消久則息，盈久則虚。以天道之大猶不免于此，君子之人，道有通塞，時有否泰，理固然也。是以可進則進，可退則退，當消而消，當息而息，出處語默皆以時而動，是如天之所行也。

象曰：山附于地，剥，上以厚下安宅。

義曰：宅，居也。山本至高，地本至下，今山反附著于地，是剥落之象也。猶君子之道消，而天下生靈失所，不得其安。故凡居上者當此之時，必先厚于其下。所謂厚下者，蓋以仁義之道，務農重本，輕徭薄賦，天下之人衣食充足，財用豐實而又安其所居，使各得其所，如此是可謂治剥之道也。何哉？蓋國以民爲本，本既不立，則國何由而治哉？

初六，剥牀以足，蔑貞，凶。象曰：剥牀以足，以滅下也。

義曰：牀者，人之所藉以安身也；足居牀之下。初六最處一卦之下，民之象也。言小人得位，乘時藉勢，恣其姦惡以剥削于天下。然爲剥亦有漸，故自微而至于著，自下以至于上。剥之始，先剥于民。夫民者，君所賴爲本也，在書曰：「民惟邦本，本固邦寧。」今小人在上，肆其姦惡，奪民之財，困民之力，使之舍安而就危，去存而即亡，父母不能保而離散，兄弟妻子不相守而逃亡，怨氣交而上下不通，是其本已弱矣。其本既弱，則君子之正道微蔑而不行，是凶之極也。

六二，剥牀以辨，蔑貞，凶。象曰：剥牀以辨，未有與也。

義曰：按初六居一卦之下，是民之象，故曰「剥牀以足」。六四處上卦之下，切近于君，故曰「剥牀以膚」。六二居膚足之間，是上下分辨之際，以人事言之，則是居君民之間，臣之位也。始既剥于民，至此則剥于臣也。夫臣者，國家之倚毘，君所賴以安者也，在詩曰：「濟濟多士，文王以寧。」今小人得勢，侵迫于其君子，使君子言不得通，道不得行，國家斯无倚毘而君不得其所安，故至正之道消蔑而其凶愈大也。象曰「剥牀以辨，未有與也」者，夫君子之人在位而行道，則天下之民物得其生而受其賜，故詩曰：「愷悌君子，民之父母。」是民必得君子而後生也。今小人始既剥于民，民被剥而已困，故不能爲助于君子，至此君子又爲小人之所剥也。夫臣民既皆被其剥而受其害，則此小人者，天下之所共惡，衆人之所不與，故象曰「未有與也」。

六三，剥之无咎。象曰：剥之无咎，失上下也。

義曰：剥之卦五陰盛長，小人衆多，同心協力，以殘賊良民、侵剥君子爲意。上九有剛明之才，獨居一卦之外而无有助之者。今六三居下卦之上，爲上九之正應，而能出乎其類，獨異于羣衆，不爲侵剥而有好賢樂善之心，應于上九之君子，是于小人之中獨不爲小人之行，故雖在剥之時而得无咎也。象曰「剥之无咎，失上下也」者，言上下羣陰皆以侵剥爲志，而獨六三能上應于君子，舍去小人之行而不與上下羣陰同志。

六四，剥牀以膚，凶。象曰：剥牀以膚，切近災也。

義曰：膚，謂及其身也。小人之爲剥，自小以至大，由外而及内，始則剥天下之民，使皆墜于塗炭而不得其安；次又剥天下之賢，使皆困躓而不得進；臣民既已剥盡，遂及君子之身，此凶之極也。象曰「剥牀以膚，切近災也」者，剥道愈深而災害愈切。蓋天下之臣民既已盡剥，至此以及其身，是災之切也。故凡居上位者必在知人，賢者進之，不肖者黜之，使君子在上而小人削迹，自然侵剥之道无自入而不能行也，故聖人戒之。

六五，貫魚，以宫人寵，无不利。象曰：以宫人寵，終无尤也。

義曰：貫魚，謂駢頭相次，衆多之貌。以人事言之，則是小人之衆，若貫魚然也。夫小人之行，姦惡凶暴，居一郡則一郡被其害，處一邑則一邑罹其殃，况當天下之權，握天下之勢哉？然王者不能无嬖幸之人，但不可恣己之情、私天之禄以加厚之，使其縱欲肆情以殘天下，故當御之以道，使不能釁其毒也。今六五當至尊之位，雖小人衆多如貫魚然，但厚之田宅，加之金帛，而不使竊天下之權，如寵宫人而寵之，則无所不利也。象曰「以宫人寵，終无尤也」者，言寵小人以宫人之寵，使不能有其權，則于己身終无過尤也。

上九，碩果不食，君子得輿，小人剥廬。象曰：君子得輿，民所載也。小人剥廬，終不可用也。

義曰：此一卦以陰剥陽，而陽氣幾至剥盡，而上九獨居其上，不爲羣陰之所剥。既不爲陰之見剥，至于建子之月，復于地中而再生萬物，如碩大之果最居其上而不見食于人，則必有再生之象也。以人事言之，猶君子守正執節，明哲以保其身，不爲小人之所害，至此將復其位而得行其道也。「君子得輿，小人剥廬」者，輿，所以乘載于物；廬，所以安庇其身也。此上九剥極之時，若以君子居之，則削去小人之害，施仁義于天下，使天下之民出于塗炭，由之而得其乘載也。如復以小人居之，則爲害愈深，故不唯剥于一身，以至廬舍亦皆見剥，而天下之民无所庇身而不能保存也。

復

䷗震下坤上復，亨，出入无疾，朋來无咎。反復其道，七日來復，利有攸往。

義曰：按序卦云：「物不可以終盡剥，窮上反下，故受之以復。」言陰陽二氣有消長升降，陽氣既剥盡，則必來復也。然所謂復者，是四月純陽用事，其卦爲乾；至于五月則一陰剥一陽，故其卦爲姤；六月則二陰剥二陽，故其卦爲遯；以至于七月爲否，八月爲觀，九月爲剥，十月爲坤，是陰氣之極盛也；至十一月，則一陽之氣潛復于黄鍾之宫以再生萬物，而萬物得其亨通也。亦猶君子，時有否泰，道有消長，始爲小人之所剥，及其乘時得位，發其事業于天下，其道大通，故曰「復，亨」。「出入无疾」者，言陽氣有生物之心，入于地中，出于地上，物无違之疾之者。猶君子有五常之質、剛明之德，量時復位，天下之人无有違之而疾害者。「朋來无咎」者，朋，類也。言一陽雖復于地中，有生物之心，然其氣微弱，未能獨成其功，必得羣陽並進，乃可以共濟其事也。亦猶君子求進其身，欲行其道，而或勢孤援寡，必不能獨成其事，是必得其氣類才德相合者推引而進，則可以致君澤民而成治于天下，乃可獲吉而得其无咎。「反復其道」者，言陽氣自上而反復于地以生萬物，皆得其道，猶君子之人復于其位，進退皆合其道。「七日來復」者，言陽氣消剥至于此凡歷七爻，以一爻爲一日，故謂之七日。然不謂月而言日者，蓋日爲陽，聖人欲見其陽道來復之速，故以七日言之，其實即七月之間後復也。「利有攸往」者，言一陽之生，君子浸長，小人浸衰，則君子當此之時，居其位、行其道，所往无不利也。

彖曰：復亨，剛反，動而以順行，是以出入无疾，朋來无咎。反復其道，七日來復，天行也。利有攸往，剛長也。復，其見天地之心乎！

義曰：下震爲動，上坤爲順。言復之所以得亨者，由剛陽之氣反復于地，又動而不失其柔順，由是所以萬物以生以成也。言君子動而不妄，行而不暴，能觀其時，可進則進，是以出入之間无有疾害之者，皆由順而動之之故也，故曰「剛反，動而以順行，是以出入无疾，朋來无咎」。「反復其道，七日來復，天行也」者，夫天之行有消有長，有升有降，謙者益之，盈者流之，故陽極必剥，陰極則復，皆天道自然之理也，故曰「天行也」。「利有攸往，剛長也」者，言剛陽漸長，小人道消，則是君子之道長，故所往而无不利也。「復，其見天地之心乎」者，夫天地所以肅殺萬物者，陰也；生成萬物者，陽也。天地以生成爲心，故常任陽以生成萬物。今復卦一陽之生潛于地中，雖未發見，然生物之心于此可得而見也。故董仲舒曰：「陽常居大夏，以生育長養爲事。」以此見天地之心在于生成而已。猶聖賢之心以生成天下爲心，雖始復其位，其事業未大被于天下，而行道之初已有生育之心也。在太玄中首曰：「昆侖旁薄，幽。」夫昆侖，天氣也；旁薄，地氣也；幽，晦也。

言天地之氣始雖幽晦而不可見，然生物之心可得而推矣。故知聖賢雖在幽晦之間，而其心亦天地之心也。而揚子又爲之辭曰：「昆侖旁薄，幽，何爲也？曰賢人天地思而包羣類也。」是則天地聖賢之心可見也。然天地以生成爲心，未嘗有憂之之心，但任其自然而已，故老子曰：「天地不仁，以萬物爲芻狗。」是雖有凶荒水旱饑饉，而未嘗憂而治之也。若聖賢有天地生成之心，又有憂萬物之意，是以其功或過于天地，故繫辭曰：「鼓萬物而不與聖人同憂。」但聖人无天地之權耳，使其有天地之權，則凶荒水旱之類无得而致也。故復卦之初，其生成之心可見也。

象曰：雷在地中，復，先王以至日閉關，商旅不行，后不省方。

義曰：雷者，陽之精也。雷本行于天之上，今復于地下，是復之象也。先王觀此象，于冬至微陽始生之時，閉其門關而禁止其商旅。后者，天子、諸侯之通稱；方，事也。天子、諸侯于此微陽始生之時，而又不省視其事也。

初九，不遠復，无祇悔，元吉。象曰：不遠之復，以脩身也。

義曰：羣陽剥盡而純陰用事，獨此一陽反于地下以萌生萬物，是其復之初而來復之速者也。猶賢人君子凡思慮之間一有不善則能早辨之，使過惡不形于外，而復其性于善道。惟聖人得天性之全，故凡思慮之間，未有一不善，故發而皆中于道。賢人而下則其性偏，于五常之道有厚有薄，情欲之發有邪有正，故于心術之間、思慮之際不能无所汩。惟大賢君子爲能治心明性，知其有不善而速改之，不使形于外，故可以无大悔吝而獲元大之吉也。祇即大也。象曰「不遠之復，以脩身也」者，言聖人君子于思慮有所不善而能速改之，以至由小賢至于大賢，由大賢至于聖人，自古及今有能行之者，惟顔子一人而已。故先聖繫辭釋此爻，獨以顔子配之曰：「顔氏之子，其殆庶幾乎！有不善未嘗不知，知之未嘗復行也。」是君子凡于思慮之間，必精審其可否，邪則改之，正則從之，勿謂人所不見、衆所不聞而輒自寛假，以有諸内必彰于外也。蓋有諸中必形于外，發于心必施于四支，在中庸曰：「君子戒慎乎其所不覩，恐懼乎其所不聞。莫見乎隱，莫顯乎微，故君子慎其獨也。」是則人之有過，患不知之，知而改之，則无有不至于善者也。故聖人于此言「不遠之復」，是君子脩身之法也。

六二，休復，吉。象曰：休復之吉，以下仁也。

義曰：六二以陰居陰，得正者也；在下卦之中，得中者也；下近于初，附近于仁賢者也。既中且正而又附于初九之賢，故得休美而復其善道，以獲其吉也。

六三，頻復，厲无咎。象曰：頻復之厲，義无咎也。

義曰：頻，蹙也。六三處不得其正，行不得其中，又違于仁，則是過惡之人也。以過惡之人居下卦之上，猶愈于上六昏迷不復之人。故此六三必待頻蹙强勉而後能復也，則中庸所謂有「勉强而行之」者，此是也。然猶頻蹙勉强而復，則當常自思省憂懼，以爲危厲在前而不敢爲于邪惡，以改過遷善，則可以獲其无咎也。

六四，中行獨復。象曰：中行獨復，以從道也。

義曰：四居位得正，雖非其中，然于五陰之間而獨得其中，雖遠于初，而與之爲正應，傑然而復于善以從聖賢之道也。象曰「中行獨復，以從道也」者，言初有聖賢之資，而六四爲之正應，是能從于聖賢之道也。故揚子曰：「希驥之馬，亦驥之乘；希顔之人，亦顔之徒。」正此謂也。

六五，敦復，无悔。象曰：敦復无悔，中以自考也。

義曰：六五處坤之體，有敦厚之德；居上卦之中，有大中之道。夫有敦厚之德，則思慮不及于邪而動无躁妄；有大中之道，則所行无過與不及。如是故能治心明性，以復于善道而悔吝亡矣。象曰：「敦復无悔，中以自考也」者，五有敦厚大中之道以自考，察己之思慮有不善，未嘗不復于善也。

上六，迷復，凶，有災眚。用行師，終有大敗，以其國君，凶，至于十年不克征。象曰：迷復之凶，反君道也。

義曰：復道貴于速。上六處卦之極而居復之終，是其心昏迷而終不能復者。不能復則邪惡著見，凶之道也。夫自外而來曰災，自己所招曰眚。言其心昏迷而恣私邪，私邪既積，過惡顯著，則天地所不與，鬼神所共怒，而外來之災、自招之眚所以皆至也。「用行師，終有大敗，以其國君，凶」者，夫以迷復之道而用兵行師以伐于人，必不能克勝而終至于大凶敗，以血肉生靈，虚竭帑藏，以累其君，凶之極也。「至于十年弗克征」

者，十，數之極也。言用事而行師以致大敗，雖十年之間，終不能興起征伐之事。象曰「迷復之凶，反君道也」者，夫君所以主宰天下，司牧生民。今用此迷復之道，行師以征伐于人，以致有大敗，是反君所行之道者也。然特以行師言者，蓋舉其重者言之，即它可知矣。

无妄

䷘震下乾上 无妄，元亨利貞，其匪正有眚，不利有攸往。

義曰：按序卦云：「復則不妄矣。」言君子之人既能先復其性，邪惡不萌于心，而善道充積于內以發于外，无有非妄之事矣。然而具天地生成之四德者，蓋以四海至廣，生靈至衆，情僞萬狀，聖人在上，必有天地四德之備，然後可使天下之人服而化之，无有非妄之行。故有仁以濟之，使皆遂其性而樂其生，以至有禮以節之，有刑以齊之，有政以正之，餘則乾卦言之備矣。以其具是四德而有天下，則天下信无非妄者也。「其匪正有眚，不利有攸往」者，言聖人在上，既有四德以及于天下，則天下莫不一歸于正而无敢有非妄之行者。然而上下之間或有一不正之人，欲以非妄之行而有所往，則必无所利，故有自招之眚所以致也。

象曰：无妄，剛自外來而爲主于內，動而健，剛中而應，大亨以正，天之命也。其匪正有眚，不利有攸往。无妄之往，何之矣？天命不祐，行矣哉？

義曰：剛即陽也。无妄由否卦而來，是乾之一陽自外而來，居于内卦之初，是爲主于内卦也。「動而健，剛中而應，大亨以正，天之命也」者，上乾爲健，下震爲動，剛中謂九五也，應謂六二也。夫有其君而无臣，則无妄之道不能行；有臣而无君，固不可得而行。今九五有剛明之德而爲之君，六二有柔正之德而爲之臣，君倡于上，臣和于下，相成以道，然後以元亨利貞之四德以被天下，其威命之行莫不懾服，而天下之人悚然不能爲非妄，此天之威命也。「其匪正有眚，不利有攸往」者，言聖人有威德及于天下，雖父子昆弟之間、州閭鄉黨之内，莫敢有一于不正而非妄者。或有不正之人非妄而欲有所往，則无所利而災眚及之也。「无妄之往，何之矣？天命不祐，行矣哉」者，言无妄之世，以有妄而行，復何所往哉？之即往也；祐，福也。言君之威德被于下，所至无有敢犯之者。若其復有非妄不正之行，則是犯天之威命，而天必不福祐也，其可行之哉？

象曰：天下雷行，物與无妄，先王以茂對時，育萬物。

義曰：夫雷之行于天下，萬物无不聳動兢懼而不敢爲妄。如君之威德發于上而被于下，天下之人聳然聽從而无敢有妄也。是以先王茂對此无妄之時，則宜如何哉？固當盡仁愛之道以養育萬物，使天下各遂其所，各安其業，以至鰥寡孤獨皆得其所養，如此則可以使天下之人久于无妄之道也。何則？蓋天既以无妄，而在上者苟不養育之，則未見使天下終久而不爲非妄者也。

初九，无妄，往吉。象曰：无妄之往，得志也。

義曰：夫君子有剛明之才，足以致天下于无妄者，必得剛明之君，然後可以行己之道。今初九有剛明之才，而九五爲剛明之君，若往而輔之，則施己之威德于天下，而天下之人不敢爲非妄，自然成其治，以此而行，必其吉也。象曰「无妄之往，得志也」者，夫賢人君子有兼濟天下之心，則必遭時遇主，日行其道，致天下于无妄，此君子之志也。今初九能然，是其志得行矣。

六二，不耕穫，不菑畬，則利有攸往。象曰：不耕獲，未富也。

義曰：耕者，田事之始也；穫者，收成之終；田一歲曰菑，三歲曰畬。今六二以柔順之質居中履正，上有剛明之君倡威令于天下，是待君倡而後和，令而後行，如此謂不擅君之權，不竊君之美。是若農不耕而穫，不菑而畬，皆所以代事之終而成君之美，則所往而无有不利也。象曰「不耕穫，未富也」者，人臣之道，貴其成君之事而代君之終也。苟或居事之先，爲物之倡，則是竊君之美而自居其富盛也。今二乃能不耕而穫，不菑而畬，是能待君倡而後和，以代君之終，是不居于富盛者也。

六三，无妄之災，或繫之牛，行人之得，邑人之災。象曰：行人得牛，邑人災也。

義曰：夫居无妄之時，必有剛明之德，履中蹈正，然後可以致天下于无妄也。今六三以不中不正之身處无妄之時，是有妄之人也。以有妄之人欲治于无妄之世，則上下所不容，故災害及之也，故曰「无妄之災」。「或繫之牛，行人之得」者，牛即治田之具也。六三既以不中不正而又欲擅君之權，竊君之美，不待倡而和，不待令而行，乃如不穫而耕，不畬而菑，故爲或人之繫其牛，以至行道之人皆可以奪而得之也。「邑人之災」者，六三以不中不正爲非妄之人，雖父子昆弟之間所不容，故不唯己有其災，至于己之所屬之人，亦皆爲其所累而受其災也。

九四，可貞，无咎。象曰：可貞无咎，固有之也。

義曰：夫居无妄之時，必有至正之德，則可以免咎。今九四以陽居陰，以位言之，未居其正也。然而以剛健而履柔順之位，是尚謙也，如此則是可守其正道而得免其咎也。何則？蓋己本有剛明之才，今雖履不正，然以尚謙，故可以從正而免咎。象曰「固有之也」者，言九四以剛直免咎，蓋于己之德性素有之，故曰「固有之」也。

九五，无妄之疾，勿藥有喜。象曰：无妄之藥，不可試也。

義曰：藥，所以疏決壅滯、攻治其疾者也。今九五以剛明之德居至尊之位，下有六二柔順之臣爲己之輔，共致无妄之治，則君臣之間无不正，朝廷之上无不治，萬民无不安。若其間一有邪佞之干紀，及邊鄙有小小之寇，皆非己之所招，亦不足興兵撓衆以動中原，但在得其人，則自然可平矣。如有小小之疾，不須用藥以攻治之，但保安其身，則疾自愈矣。若復以毒藥攻之，則是自取傷敗耳，如秦、漢之君窮兵黷武，長征遠伐，以至反被其害也。故无妄之時，有其疾不試其藥，則自獲其安而有喜也。

上九，无妄，行有眚，无攸利。象曰：无妄之行，窮之災也。

義曰：无妄之世，无一民一物不以正相守而不敢爲非妄。今上九居卦之極，在无位之地，失中正之道，于无妄之時，爲衆之所不容，行則有災，復何所利？

大畜

䷙乾下艮上大畜，利貞，不家食，吉，利涉大川。

義曰：按序卦云：「有无妄然後可畜，故受之以大畜。」夫君子之人既能復其性、明其心，不爲非妄而從于正道，然後可以大有所畜止于邪曲之人也。然小畜則巽在上，乾在下，巽爲陰，其性柔順，故不能畜之于始而終止之，故爲小畜之象。大畜則艮在上，乾在下，艮爲陽，其性正静，故能止畜于始而終有天衢之亨，是爲大畜之卦也。「利貞」者，夫乾者剛健，君父之象。夫以君雖尊，不能无邪曲之欲，而臣下能止畜之者，必有大正之德，然後可以輔歸于正道也。「不家食，吉」者，夫人君之治天下，必有貴爵重禄養于賢者，使天下之賢皆進于朝廷，受禄于國而不食于家，故邪欲不行而正道日興，以樹成天下之治而獲其吉也。「利涉大川」者，人君既得天下大正之人進輔于己而止畜己之邪欲，如此則固可以成天下之治，雖有大險大難，亦得以共濟之也。

彖曰：大畜，剛健，篤實，輝光，日新其德。剛上而尚賢，能止健，大正也。不家食，吉，養賢也。利涉大川，應乎天也。

義曰：因二體以釋大畜之名。剛健謂乾，有剛健之德；篤實謂艮，有篤實之德。言所以能大畜者，由君有剛健之德以接于下，臣有篤實之德以輔于上，君臣之間皆有如此之德，故其心志相同，道又相協。既能相交，則上雖有邪僞之心，亦莫由而發。夫如是，故正道日以行，治道日以廣，輝耀光明而其德日以增新也。「剛上而尚賢」者，剛，艮也，蓋艮有剛陽之德。夫乾爲至剛，本居于上，今反居下，是猶人君有至尊之勢、至嚴之威，而能崇尚有德及禮下賢人，使之畜己之邪欲、成己之治道，所以師尚而貴寵之也。故孟子曰：「湯之于伊尹，學焉而後臣之，故不勞而王；桓公之于管仲，學焉而後臣之，故不勞而霸。」然觀孟子之意，言人君之于臣，臣有大正大賢之道，必當尊寵而禮下之，不以爲臣而師事之，然後可以輔于己而歸正道也。「能止健，大正」者，健謂乾。夫人君有威嚴之勢，而臣能止之，必有大正之道則可也。是故漢武不冠，不見汲黯。夫以汲黯之才，但一直臣耳，然尚畏憚之如此，則其大正至賢之臣，其君之畏敬可知矣。「不家食，吉，養賢也」者，人君既禮下于賢而禄養之，使賢者皆進而願立于其朝，以輔翼于君而止畜君之邪欲，以贊成其治道也。「利涉大川，應乎天也」者，應謂六四、六五之應于乾之初九、九二。猶君能接于臣，臣又應于君，君臣之間道義相同，一志而共濟天下之難也。

象曰：天在山中，大畜，君子以多識前言往行，以畜其德。

義曰：至高至大者，天也，而物不可畜。今山能包藴之，故假象得大畜之義也。君子觀此之象，而多識前聖之言之行，以自藴畜其己之德也。何則？君子之人雖有五常之性，苟不該博古道，亦不能成之，是必多聞博識，然後道業可以成也。夫以堯、舜、禹大聖人而稽古，孔子習于周公，是雖有聖人之資，未有不學而能至也。

初九，有厲，利已。象曰：有厲利已，不犯災也。

義曰：夫乾，君之象也。以君之至尊，有天下之勢，必不能无邪欲侈縱之心；有邪欲侈縱而不戒之，則必至危厲，故書曰：「欲敗度，縱敗禮，以速戾于厥躬。」是言縱欲之事不可不戒。今初有剛明之才，而邪欲之情欲縱，是有危厲也。「利已」者，已，止也。言初九之剛將欲行，而上有六四爲之正應，是大正之臣處君之左右以止畜君之邪欲，故雖有剛欲驕侈之心，不得以萌以騁，使其所行之事皆從于正道，如是則无所不利。象曰「有厲利已，不犯災也」者，言始雖有厲，而得大正之臣以止畜之，使己之邪欲不行而從于正，故不至犯于災害之事而反從于吉也。

九二，輿説輹。象曰：輿説輹，中无尤也。

義曰：輹，輪輹也。九二亦以剛明之質，又居卦之中，是人君有剛欲之心欲上行，而初已止畜之；又上應于大正之臣爲之輔佐，故二能恐懼戒慎，其剛欲之心已止而不敢行，如車輿之説其輪輹而不能進也。象曰「輿説輹，中无尤也」者，言二雖有剛欲之情，而已得大正之臣止畜之，且己本有剛明之才，能自思省于己，故由其中而无有尤過也。然則大凡人君不能无邪欲，但患其諂佞之臣逢迎其惡、導贊其非，則終不能反之于善。今初曰「有厲，利已」，二曰「輿説輹」，是得其良臣而能反于善者也。

九三，良馬逐，利艱貞，曰閑輿衛，利有攸往。象曰：利有攸往，上合志也。

義曰：夫初欲上進，以其得大正之臣居于左右以止畜之；至于九二，其邪惡已不行，故此九三則言進退皆合于正道，以至凡所行之事无所不可，如馴良之馬馳逐于大道之上也。「利艱貞」者，言九三所爲之事雖皆合于正道，然必常得大正之臣以居于左右而艱難守正，乃可以獲吉也。「曰閑輿衛，利有攸往」者，衛，侍從也，皆所以爲行道之具也。言既有賢正之臣以輔于君，而又能艱難守正，猶恐所爲之事或有過失，故曰閑習其行道之具，使无有過差而一歸于正，故所行无不利也。疏謂「雖曰有人閑閡車輿」之意，非也。象曰「利有攸往，上合志也」者，言此所以无往不利，由上九大賢之臣以至正之道贊輔于己，而能崇敬禮下之，其心志相合，道又相符契故也。

六四，童牛之牿，元吉。象曰：六四元吉，有喜也。

義曰：童牛者，犢牛而无角者也。六四居艮之始，以陰居陰，居得其正，而下有初九之剛爲己之應。而初居乾之體，是君有剛志而欲上行，己以大正之道居其左右以畜止之。然初九又有至剛之才、至明之性而能服其義，故六四得以正道而止畜之，猶无角之牛而又制之于牢牿，言其易也。「元吉」者，言四既以大正之道使其君邪欲不行，故正道日舉而得其元大之吉也。象曰「六四元吉，有喜也」者，言臣既能制君之邪欲，君又樂從之而不行，故上下相得，交相喜悅也。故齊景公從晏子之言而大悅，孟子稱「其詩曰：『畜君何尤？』畜君者，好君也」，言景公欲騁遊樂，而晏子以正道止之，是有愛君之心，故君臣相悅而无過也。

六五，豶豕之牙，吉。象曰：六五之吉，有慶也。

義曰：豶豕者，豭豕而見豶者也；牙，牙杙也，所以繫物也。六五居艮之體，有大中之德、柔順之質，而應于九二。九二居乾之體，有其剛欲，而又有六五爲大正之臣居輔左右。故二亦有大中之才、剛明之性，能服道知義，禮下于賢，其剛欲不行而從于正道，故六五畜止之易，如豶豕之牙也。夫豕者，蹢躅躁動之物，難于制畜者也。今見豶而又繫之牙杙之上，是其易制也。「吉」者，言君之邪欲既不能行，是吉之道也。然六四言「元吉」而此但言「吉」者，蓋初九邪欲萌而六四能制之，夫居事之始，至難者也，而四能畜之，是以獲元大之吉。至于九二，則是其邪欲已止而不行，六五但安然以正道而輔之，故但言其吉，蓋其止之又易也。象曰「六五之吉，有慶也」者，言四元吉而有喜，此但吉而言有慶者。蓋六四是事之始，其君之剛欲將萌而能畜之，故但有喜而已，蓋未知其久長之效也。至此六五，則是其邪欲已盡不行，故其正道日舉，而君至于无爲，大興天下之治，不惟有喜，而至于有福慶也。

上九，何天之衢，亨。象曰：何天之衢？道大行也。

義曰：按小畜以巽體居乾之上，故不能止畜于其始，而上九止極，有既雨之象。此大畜以艮體處乾上，故能止畜于始。初曰「有厲利已」，二曰「輿説輹」，三曰「良馬逐」，四曰「童牛之牿」，五曰「豶豕之牙」，至此上九，其正道已成而有天衢之亨，言其大正之道大行于天下，如天之有衢路，坦然可以通之。且經文有「何」字，推尋其義，殊无所適，蓋傳寫者因象辭有之，故遂加之也。象曰「何天之衢？道大行也」者，何者，設問之辭。言上九何以得天之衢亨？蓋以其正道之大行，通達于天下也。

頤

䷚震下艮上 頤，貞吉，觀頤，自求口實。

義曰：按序卦云：「頤，養也。」蓋既止畜于邪欲，必正道以養之也，故大畜然後受之以頤。然得謂之「頤」者，蓋二陽居其外，四陰居于内，陽爲實，陰爲虚，外實而内虚，口頷之象，頤養之義也。「貞吉」者，言所養得其正，則獲吉也。「觀頤」者，言觀它人之所養能得正道，則己法而效之；若不得其正道，則己革而去之。「自求口實」者，此觀己之所養也。口實是養身之具，故當常自求觀己之所養而從于正道也。

彖曰：頤，貞吉，養正則吉也。觀頤，觀其所養也。自求口實，觀其自養也。天地養萬物，聖人養賢以及萬民，頤之時大矣哉！

義曰：言人之所養惟在于正，故上以仁義之道養于下，使生靈遂性，予天下之人以安，在下者必勤身竭力以養其上。故君能以仁義養于民，則謂之聖君；臣能以忠信奉養其上，則謂之賢臣；民能厚衣食以養其家，則謂之良民；士能充五常以養其身，則謂之君子。是所養皆得其正，則獲吉也。「觀頤，觀其所養也」者，言觀人所養得其正，則君子取以爲法；不得其正則禍害生，故君子取以爲鑒也。「自求口實，觀其自養」者，言君子之人既能觀人之所養，又復觀己之所養，若皆得其正，則无不得其安也。「天地養萬物」者，此以下又廣明頤養之義。言天地以陰陽二氣流布于四時，發而爲日月風霆，散而爲雨露霜雪，使蠢動萬類皆遂其性而安其所，此天地所以能養于萬物者也。「聖人養賢以及萬民」者，言聖人法天地所養之道，而頤養天下之民。然四海之廣，一人不可以獨治，教化不可以遍及，擇天下之賢于衆人者，爲公、爲卿、爲守、爲宰，班禄以養之，使其宣君之教化，行君之仁政，代君司牧，所以養天下之民也。言聖人之有天下，必先養賢，然後及民也。「頤之時大矣哉」者，言頤之時大，將以使上下、内外、大小所養皆得其正，故先聖重嘆美之。

象曰：山下有雷，頤，君子以慎言語，節飲食。

義曰：上艮爲止，下震爲動，上止下動，是頤頷之象也。君子觀此之象，先慎其言語、節其飲食以安養其身也。夫言語由口而出，不慎則榮辱隨之；飲食從口而入，不節則患害隨之。故君子必當慎重其言語而不妄發，以養其德；節止其飲食，使皆得其宜，以養其身，如是身所以安，道德所以成也。

初九，舍爾靈龜，觀我朵頤，凶。象曰：觀我朵頤，亦不足貴也。

義曰：龜，所以知人之吉凶，猶人之明智也。凡賢人君子居于卑下或貧賤，而不得其所養者，必須韜藏仁義，卷懷道德，俟其時，需其命，不躁求妄進，然後可以自得其所養也。故禮曰：「儒有席上之珍以待聘。」又孟子曰：「有天爵，則人爵從之。」是君子有道藴于身而能俟時須命，自然得其所養也。今初九有剛明之才，足以自養其正。然以居震動之初，故不能守己之道而躁求妄進，舍己之明智而觀它人之所養。若它人之居崇高富貴，而己乃朵動其頤，是凶之道也。象曰「觀我朵頤，亦不足貴」者，言君子无禄而富，无爵而貴，以其道在己也。今初九有其道而不能自守以待其時，有明智而不能自保以俟其養，爲天下之人所賤，故曰「亦不足貴也」。

六二，顛頤，拂經，于丘頤，征凶。象曰：六二征凶，行失類也。

義曰：夫自上而反下謂之顛。夫爲下者勤身竭力以奉于上，此其常道也。今六二无正應而下近初九之剛，故因而反養于初，自上而養于下，故曰「顛頤」。且爲下不能以道養于上而反養于初，是拂違其常道，如履于丘墟不平之地而爲養也，故曰「拂經，于丘頤」。居下不養于上而養于下，則是拂違常道，以此而行，凶之至矣。象曰「六二征凶，行失類也」者，夫居上養下，在下養上，此常道也。今二反養于下，是所行失其類也。

六三，拂頤，貞凶，十年勿用，无攸利。象曰：十年勿用，道大悖也。

義曰：拂亦違也。夫所養之道，得其正則獲吉，故彖所謂「養正則吉」也。今六三以陰居陽，是履不得其位，行不得其正。正既失之，是拂違所養之道也，故以正道言之，是以凶也。「十年勿用，无攸利」者，十者，數之極也。夫以不正之道，居于上則不能以仁義之道愛養于人，居于下則不能以忠信之道奉養于君，如此而行，雖極十年之間亦不可用矣，是以所行所爲皆无所利也。象曰「十年勿用，道大悖也」者，言君子之人于所養之道皆得其正，則建諸天地而不悖，質諸鬼神而无疑，百世以俟聖人而不惑。今六三不能脩養己之德，而以不正爲養之道，是其大違悖于所養之道也。

六四，顛頤，吉。虎視眈眈，其欲逐逐，无咎。象曰：顛頤之吉，上施光也。

義曰：六二居下，不養于上而養于下，故進則凶也。今六四處于上體，是居人上也，以陰居陰，履得其正，下應于初九之陽，是養于下者也。既居上位而又能養下，是得其吉也。「虎視眈眈，其欲逐逐，无咎」者，言虎，暴猛之物也；其視眈眈然，言威嚴之至也。夫居上者以正而養于下，則下无不得所養。下既得所養，若无所節制，則必傷于寬裕而衆將放恣，故用威嚴以濟之。若恩威並立，使民懷德而畏威也。逐逐，相繼不絶之貌。言居上之人既養于下，則必隨其人之欲，使之逐逐然而不絶，此乃全其吉而无有咎害也。象曰「顛頤之吉，上施光也」者，言六四居于上位而能盡其道以養于下，是其施澤之光大也。

六五，拂經，居貞吉，不可涉大川。象曰：居貞之吉，順以從上也。

義曰：凡爲養之之道，當守以正則可也。今六五乃以陰柔之質居于陽之位，是拂亂其頤之義也。經，言經字之誤也[一]，豈有居至尊而乃拂亂其常道之甚哉？但以其少不得于正，故唯失其養之道耳。「居貞吉，不可涉大川」者，言六五失其正，故至于拂違其頤養之義。今若能居守之以正道，則可以得其吉也。雖以居守其正道而得吉，然本有失，是未可以濟于險難也。

上九，由頤，厲吉，利涉大川。象曰：由頤厲吉，大有慶也。

義曰：此一爻以剛明之質居一卦之最上，雖非至尊之位，然下四陰不能自養，故必皆由于己而後得其養也。「厲吉」者，上以剛明之才爲衆陰之主，衆皆由己而後得其養。若不濟之以威嚴，則必有所瀆也，故當臨之以威厲，則得其吉。「利涉大川」者，言上九既以仁義之道以養于下，下由之而後得所安，而已又能濟之威嚴，則是恩威並立，而天下之人皆樂歸之，故雖有大險大難，亦可以濟之也。象曰「由頤厲吉，大有慶也」者，言上九居其上而下皆由之得其養，爲衆之所服，是大有福慶之事也。

[一] 此或有傳寫之誤。按下文，胡瑗以此不當爲「經」而爲「頤」，言六五僅稍有拂亂頤養之道而已。

大過

䷛巽下兌上大過，棟橈[一]，利有攸往，亨。

義曰：按序卦云：「不養則不可動，故受之以大過。」蓋聖賢之人，仁義道德素有以積習之而藴畜其心，然後擴而充之天下，以救天下之衰弊，此所以次于頤。然謂之「大過」者，言聖賢之人有大才大德，而過越于常分以正天下之衰弊，故謂之大過也。「棟橈」者，言大過之時政教陵遲，紀綱衰壞，本末皆弱，若大厦之將顛而梁棟不能支持，故致傾橈。「利有攸往，亨」者，聖賢之人有大才大智，當此之時，則過越常分而拯天下之衰弊，以此而往，則天下皆獲其利，獲其利則得其亨通。

彖曰：大過，大者過也。棟橈，本末弱也。剛過而中，巽而説行，利有攸往，乃亨。大過之時大矣哉！

義曰：言聖賢之人有大才大德，故能過行其事而拯天下之衰弊。是大過之時，唯大者之人乃能過分以成天

[一] 各本皆誤作「撓」。阮元校勘記云「撓，各本皆作橈，是撓字誤也」。今據阮校改，下同。

下之大功也，若才德賢智之偏則不可，況无才德乎？「棟橈，本末弱」者，此言二陰居其上下，陰體柔弱，是猶內外皆小人而朝廷紀綱敗壞，若大厦將顛而梁棟已摧，本末皆傾橈也。「剛過而中」者，此指九二而言也。夫以陽居陽，守常之道也。今以陽而居陰，是過越于常分也。如聖賢之人有大剛明之才而超邁古今，過行其事而又不失其中，故能復正天下之弊，扶救天下之衰。若當此之時，有其才德而或不能過分行之，則不能除天下之弊而立天下之功也。「巽而說行，利有攸往，乃亨」者，下順上說，言聖賢君子拯大過之時，以順而說天下之心而行之，故湯始征葛，東征西夷怨，南征北狄怨，曰：「奚爲後我？」是皆應天順人而行，乃得天下之悦從，故所往皆利而无不亨通也。「大過之時大矣哉」者，言君子挺不世之才，駕非常之德，必欲拯天下之衰弱，出生民于水火者，必得其時，則可以行之也。若有其德而无其時，亦无能爲也，故先聖重嘆美之。

象曰：澤滅木，大過，君子以獨立不懼，遯世无悶。

義曰：夫澤本卑，木本高，今澤反居木之上，是卑者踰于高，下者踰于上，大過之象也。君子之人當是時而能越常分，推仁義不忍之心，獨立特行，挺然而无所懼憚，不顧險難，不畏小人，如此則可以救天下之衰弱，立天下之事業也。當是時，苟不得已而不可爲，當韜光遯跡，養晦仁義，以道自樂，不與世俗混于衰弊之中而无所憂悶也。然則聖賢之人所謂遯者，非謂入于深林幽谷，但不使名跡少露于人而反貽其害耳。

初六，藉用白茅，无咎。象曰：藉用白茅，柔在下也。

義曰：初六居卦之初，爲事之始也。夫爲事之始，不可輕易，必須恭慎，然後可以免咎。况居大過之時，政教陵遲，紀綱隳壞，而聖賢之人有大才德，欲往而拯之，是其事至重，功業至大，尤不易于有爲，必當過分而慎重，然後可也。若一失其措，則禍不旋踵而至矣。故繫辭曰：「『初六，藉用白茅，无咎』，子曰：『苟錯諸地而可矣。藉之用茅，何咎之有？慎之至也。』」蓋凡物置之于地，固得其安矣，而又以潔白之茅藉之，是慎重之至也。如聖賢拯天下之大過，苟于事始慎之，如此則可以立天下之大功，興天下之大利，又何咎之有耶？象曰「藉用白茅，柔在下也」者，初六以陰居卦之初，是以柔而在下。蓋君子過行其事而慎重之至此，以柔潔之茅藉之于下，斯免咎矣。

九二，枯楊生稊，老夫得其女妻，无不利。象曰：老夫女妻，過以相與也。

義曰：稊者，楊之秀也。此以陽居陰，是君子之人越其常分而過行其事者也。夫大過之時，聖賢君子能過行其事，以剛明之才、勤健之德立天下之功業，使陵遲者得以興起之，隳壞者得以振舉之，故如枯槁之楊復生秀美之稊，衰老之夫而得少懦之女，復有生息之象也。「无不利」者，言聖賢之人過其常分以行事，使衰者復興，亡者復存，是所行无不得其利也。象曰「老夫女妻，過以相與也」者，以老夫而得女妻，則有生息之漸；以女妻而得老夫，則有老成之漸，是皆過以相與者也。

九三，棟橈，凶。象曰：棟橈之凶，不可以有輔也。

義曰：大過之時，君子有爲之際，故若過其分而行，則可以立天下之功；若但守常之人，則未見其能成天下之事業也。九二能過分行之，故所行皆利。此九三有剛明之才德，而乃以陽居陽，則是守常之人，不能過行其事。如有才而不能施用，有德而不能操致，獨用匹夫之見而係上六之應，使其政教愈敗，綱紀愈頽，若大厦之梁傾橈而不能扶持，是凶之道也。象曰「棟橈之凶，不可以有輔也」者，夫天之生聖賢，將使拯天下之危難，濟天下之生靈，立其事業也。今九三乃爲守常之人，有才而不能用，是不可以有輔于大過之君也。

九四，棟隆，吉，有它吝。象曰：棟隆之吉，不橈乎下也。

義曰：夫大過之時，是本末衰弱之世，唯聖賢出乎其類，過行其事而拯濟之。今九四以陽居陰，是能過其位分，以拯天下之弊；亦如大厦將傾而得良匠扶持之，使其梁棟隆起而得全安也。蓋衰亂之世，既拯民出于塗炭，然後獲其亨通而得吉也。「有它吝」者，九四之應在初六，若聖賢之人欲興起天下之治，必須至公至平，用心不偏，獨力特行，挺然无所畏憚，使天下无一物不獲其賜，如此則可以興滯補弊，扶衰拯弱，而立功業于天下。若一有它志而係于私應，則亦鄙吝之道也。象曰「棟隆之吉，不橈乎下也」者，言九四雖下有初六之應，而已以剛明之才，終不私累于己，是不橈于下，故獲吉。

九五，枯楊生華，老婦得其士夫，无咎无譽。象曰：枯楊生華，何可久也？老婦士夫，亦可醜也。

義曰：聖賢之人居至尊之位，有大中之道，當衰弱之世，必須過越以行事，則可以拯救于時也。今九五以剛陽處于至尊，是居可致之位，操可致之資，是可以振綱紀于廢壞也。今反不能過越其分而但固守己任，是亦守常之人也。以守常之人而拯天下之衰弊，故如枯朽之楊生其葩華易落之物，不若九二生稊之茂實；老婦得其士夫，无所補助，不能滋息，不若老夫之得其女妻也。然以陽居陽，當至尊之位，但得其无咎而已；然不能過越以行事，是以无休美之譽。象曰「枯楊生華，何可久也」者，言五當大過之時，自守己分，若枯朽之楊生葩花易落之物，其榮茂不可得久也。「老婦士夫，亦可醜也」者，言衰老之婦得其士夫，无所補助，又不能生息，適足以鄙醜者也。

上六，過涉滅頂，凶，无咎。象曰：過涉之凶，不可咎也。

義曰：以陰柔之質居上卦之極，當本末衰弱之世，而己雖有仁義不忍之心，憫生靈之塗炭，悼紀綱之廢墜，然而其體本柔弱，則是才小德薄之人，終不能濟天下之難。猶如涉險之人，其志雖欲終濟，其力薄而微弱，以至滅没其首，是凶之道也。滅頂，猶言涉難之深也。「无咎」者，言上六有是心而欲濟天下之衰弱，然其才力寡薄，不能終濟，以至滅頂，是不可以咎責之也。象曰「過涉之凶，不可咎也」者，志在拯難，而雖至于滅頂，故聖人于此憫之，蓋此上六欲立天下之功業，何可咎責之也？

習坎[一]

䷜坎下坎上 習坎，有孚，維心亨，行有尚。

義曰：按序卦云：「物不可以終過，故受之以坎」。言君子之人，所行必貴得其中，不可大過，大過則必有坎陷，故坎次于大過也。然此卦是伏羲所畫之卦，在八純之數，其七卦皆一字而名，獨此加「習」字者，何也？蓋乾主于健，坤主于順，若是之類，率皆一字可以盡其義。而此卦上下皆險，以是爲險難重疊之際。君子之人當此重險之世，欲行事于天下，必當預積習之，然後可以濟其險阻。若不能預習之，則才小力薄，致滅其身，故聖人加習字者此也。「有孚」者，孚，由中之信也。夫水之性，決之則流，防之則止，此水之信也。如君子之人知幾達理，行于險難，有至誠无不通者。以至誠无不通，若水流而坎險皆可以平之也。「維心亨」者，坎卦上下之中皆有剛明之德，是水之性至明而无所不通。如君子中有剛明之德，曉察險阻之事而便習之，所行不違于中，思慮不逾其志，如此則事无不獲其濟。「行有尚」者，夫水之性，凡坎險之處无不流而至之，故能

[一] 各本作「坎」，然按胡瑗之意，當作「習坎」。

平其險難而潤澤萬物，爲時之所尚也。若君子之人當險難之時，力能扶持之，蓋由以仁義之道、才智之美，上而朝廷有其德，下而萬物被其澤，亦如水之无不潤，而爲時所尊尚也。

彖曰：習坎，重險也。水流而不盈，行險而不失其信。維心亨，乃以剛中也。行有尚，往有功也。天險不可升也，地險山川丘陵也，王公設險以守其國。險之時用大矣哉！

義曰：夫坎，險也，陷也。此卦上下皆坎，是重險之象也。亦言聖賢之人欲致天下之事業，惟坎險之事最難，則必素習之，然後可以拯濟其事也，故曰「習坎，重險也」。「水流而不盈，行險而不失其信」者，夫水之流者，盈于一坎而又之一坎，无有盈滿而不流者，若險峻之處則決然而往，无所凝滯，是其信也。猶君子之人當險難之世，奮然不顧其身，竭力盡誠，往而拯其難，无有凝滯，是猶水之流而不失其信也。「維心亨，乃以剛中」者，此卦以陽居中，是有剛明之德而行于險難之中，故无有不通也。「行有尚，往有功」者，言水之性流于下而潤澤萬物，是有生育之功，爲時之尚。君子之人素能習其坎難之事，是以往則有其成功也。「天險不可升」者，此以下廣明險之義。言天之崇高極遠，不可階梯而升，其神明之道不可測度，故能保其崇高。「地險山川丘陵」者，言地有高山大川、高丘峻陵，以包藏萬物而不可踰越，故物得其保全也。「王公設險以守其國」者，言王公法天地之險而扼衝要之地，據形勢之會以建其國，高城深池，外爲之固，堅甲利兵，内爲之戒，嚴刑法以除姦，飭教化以勵俗，如此所以保國家之大，而固其基業之久也。「險之時用大矣哉」者，言預能習坎險之事，及是時用其道以濟之也。

象曰：水洊至，習坎，君子以常德行，習教事。原本遺注。

初六，習坎，入于坎窞，凶。象曰：習坎入坎，失道凶也。

義曰：窞者，坎中之坎也。大凡居險難之世，必有剛明之德而素習其事，然後其道可行于天下。今初六以陰柔居坎險之始，而上又无其應援，是其卑而不能自奮，柔而不能自立，位卑身弱，又不能素習其坎險之事，以至復入于深險之處，涉其難，愈凶之道也。象曰「習坎入坎，失道凶也」者，言初六之柔弱，不能自立，以之治一身則一身不治，以之治一國則一國不治，以之治天下則失治天下之道。是其懦弱失道之甚，愈往則凶愈深也。

九二，坎有險，求小得。象曰：求小得，未出中也。

義曰：夫聖賢之人有剛明之才德，又加之以大中之道，乘時藉勢，其道足行于天下也。今九二雖有剛明之德，而居二陰之間，不遭其時，不得其位，其道不得行于天下，在于坎難之中，必有危險之事也。「求小得」者，夫君子有才懷德，得時居位，行其道于天下，无所求而不得。今九二雖有才德，然不得其時與位，而又未出于險中，是以所求止小得而已。

六三，來之坎坎，險且枕，入于坎窞，勿用。象曰：來之坎坎，終无功也。

義曰：夫有剛明之才德而履于中正，則庶可拯其險難也。今六三居不得中，履復失正，而又介重坎之間，若來居于位，則未出于坎；若往之于上，則復有其坎，是其往來之間，皆其坎險也。「險且枕」者，蓋身在于坎而下乘九二之剛，是既險而又且枕于險也。「入于坎窞，勿用」者，言六三以其不中不正，身在于險而又枕于險，以此而往，則愈入于難之深也。入于難深之人，是終不可以有用也。象曰「終无功也」者，言此六三欲用之以治險難，則无有其成功也。

六四，樽酒簋貳，用缶，納約自牖，終无咎。象曰：樽酒簋貳，剛柔際也。

義曰：言六四出于下卦而居上卦之始，以陰居陰，是履得其正。上又近九五之君，九五又无應，故盡心而委任之。上下相交，君臣相接，故上无猜忌之心，下无疑貳之志，故其相待之物不假外飾，雖以一樽之酒、貳簋之食，又以瓦缶質素之器，納其至約于户牖之間，以此相待，亦終无其悔咎也。蓋至誠相通，心志相交，故不假飾于外物。蓋牖者，所以通幽而達明也。象曰「剛柔際也」者，謂君臣之道相交際也。

九五，坎不盈，祇既平，无咎。象曰：坎不盈，中未大也。

義曰：九五當坎之時，居至尊之位，有剛明之德、大中之道。然而猶居上坎之中，未出險難，是坎險未盈者也。祇，辭也。若坎險既平，則是出于險難，故曰「无咎」。象曰「坎不盈，中未大也」者，言五在坎之中，流之未盈滿，喻君之道未盡得其勢，未能大亨通也。

上六，係用徽纆，寘于叢棘，三歲不得，凶。象曰：上六失道，凶三歲也。

義曰：上六處兩坎之上，險惡之極者也。是險惡而不悛，如何處之？宜係之以徽纆之索，置之于叢棘之下，使之思其過。至于三年天道小變之時，苟不改其惡，是終不能改，然後刑之。此凶之道也。象曰「上六失道，凶三歲也」者，夫君子之人在平夷之地，能思其過，如顔氏「不遠復，无祇悔」。小人之情則險惡，教化不能導之，乃置之牢獄三歲而使省其過，是其失道之人也。故周禮：「司圜掌收教罷民，凡害人者，弗使冠飾，而加明刑焉，任之以事而收教之。能改者，上罪三年而舍，中罪二年而舍，下罪一年而舍。其不能改而出圜土者，殺；雖出，三年不齒。」此之謂也。

離

䷝ 離下離上 離，利貞，亨，畜牝牛，吉。

義曰：按序卦云：「坎者陷也，陷必有所麗，故受之以離。」蓋言險難之後，必須附文明之人，然後得其安也。離者，麗也，日也，文明也，人君之象也。兩日相並，聖明相繼之義也。「利貞，亨」者，言聖賢之君繼世以有天下，必皆以正道而爲治，然後天下獲其利而得亨通矣。故古之堯老而舜繼，舜老而禹繼，禹老而啓繼，是其聖賢之君皆以正道相繼，而无不得其亨通。又若下之者麗于上，上之者麗于下，皆以正道，然後可盡得其亨通矣。「畜牝牛，吉」者，牛即柔順之物，所以任重而致遠也；牝者，又柔之謂也，則是牛而又牝，言至柔至順之故也。蓋聖賢之人繼世以治天下，其所畜之臣必須有遠大之才，堪任國家之事；有柔順之德，不奪君之權，使之上則盡忠于國，下則竭誠于民，如此故能成天下之治，相繼不絶也，若周之周公，湯之伊尹，漢之平、勃是也。

彖曰：離，麗也。日月麗乎天，百穀草木麗乎土，重明以麗乎正，乃化成天下。柔麗乎中正，故亨，是以畜牝牛，吉也。

義曰：此言離者，麗著之義也，故因而廣明離之義。日月所以常明，晝夜不息，幽隱之間无所不燭者，蓋其上麗著于天故也。百穀草木所以春生、夏長、秋成、冬收，小大高下无不遂其宜者，蓋其下麗著于土故也。「重明以麗乎正，乃化成天下」者，言上下重離，兩日之象，是聖賢以柔順之道相繼而明，而又附麗于正道而行，使其教化流行，德澤洋溢，如是故能化成天下之俗也。「柔麗乎中正，故亨」，謂二、五也。言上下皆以柔順之道而麗著于中正之位，是其君臣皆以柔順而居中正，以成天下之治而獲其亨也。然而聖賢之君，其所畜之人有遠大之才，有重厚之德，使之竭誠盡節，如此故能亨，繼世以有天下，爲萬世之福，故曰「是以畜牝牛，吉也」。

象曰：明兩作，離，大人以繼明照于四方。

義曰：上下二離，是兩明也。兩日重光，臨照不絶之象也。大人者，言大才大德之人，以其文明柔順之道相繼以有天下，而臨照于四方，幽隱无所不燭，其光明相繼，綿綿而不絶也。

初九，履錯然，敬之无咎。象曰：履錯之敬，以辟咎也。

義曰：錯然者，敬之之貌也。言此初九居離之初，如日之初生，未明照于天下。若繼嗣之君于事之初，則當常錯然警懼以進德脩業，上副祖宗之託，下慰生民之望，所以得免其咎。象曰「履錯之敬，以辟咎也」者，言居事之初，不能脩省恭謹，則未免其咎。

六二，黄離，元吉。象曰：黄離元吉，得中道也。

義曰：六二居下卦之中，以陰居陰，是既中且正，如日之中。朝廷明盛，行政施令，爲皇極之化，故有元大之吉。象曰「得中道也」者，蓋黄者，中也。以其有中正文明之德，此所以自然得其元吉。

九三，日昃之離，不鼓缶而歌，則大耋之嗟，凶。象曰：日昃之離，何可久也？

義曰：九三過離之中，如日之昃，其光有所虧也。若人之年已衰耄，必當求其代則可也，在家則致家事于其子，在朝則致朝事于其臣，以安神養志也，然後得其吉。今三不能鼓缶而歌以養衰老，則至于教化陵遲，萬事隳壞，是以有大耋之咨嗟，凶之道也。若堯之耄期倦于勤，以舜代之；舜之耄期倦于勤，以禹代之，故得教化大行，致太平之久，所以免大耋之嗟矣。象曰「何可久也」者，言日之既昃，不久而傾，若人之年已衰老，不能鼓缶自樂以安神養志，使教化陵遲，是何可以長久也？

九四，突如其來如，焚如，死如，棄如。象曰：突如其來如，无所容也。

義曰：九四已出于下卦而在上卦之初，如日之已没而再出，突然而明。是猶以其非道遽然而進。且切近至尊，大臣之位，其身不正，恃其權位，乃欲炎于上，故至「焚如」。然失其爲臣之道，逼君之位，如是則死之亦宜，故言「死如」。若然，人神所共棄，天下之所不容，故曰「棄如」。

六五，出涕沱若，戚嗟若，吉。象曰：六五之吉，離王公也。

義曰：六五爲離明之主，然以柔弱之質居于至尊，下爲九四强臣之所逼，至于出涕沱若而又憂戚嗟傷，言慎之至也。以其憂懼如是之至，然後得其吉也。象曰「六五之吉，離王公」者，雖爲强臣所逼，然居于至尊，麗著于王公之位，天下之所順，又能憂傷之至，故獲其吉。

上九，王用出征，有嘉，折首，獲匪其醜，无咎。象曰：王用出征，以正邦也。

義曰：醜，衆也。上九亦如三過其中，是政教已衰，故有四夷侵侮、諸侯背叛之事，王于是以兵征之。征者，正也。征于四夷，所以正華夷之體；征于諸侯，所以正君臣之義。誅其元惡，弔民伐罪而已，故折其首惡，匪及其衆，則有嘉美而无悔咎。象曰「王用出征，以正邦也」者，言王之用以出征，以正萬民之法，君則君，臣則臣，邦國從而正矣。

周易口義卷六

下經

咸

䷞艮下兌上咸，亨，利貞，取女吉。

義曰：夫有天地萬物、男女夫婦、君臣上下，莫不有感之道，然後得其理。故聖人作易，以通神明之德，以類萬物之情。分乾坤、坎離爲上經，取咸恒、既濟未濟爲下經，以盡天道人事之理。咸，感也，天地之大經，夫婦之大倫，故爲下經之首也。「亨，利貞」者，言天地不交則萬物无以化生，男女不感則人倫之道廢，是皆有感而後亨也。然既交感，不可邪諂，必利以正道，則盡感之義，故曰「亨，利貞」也。「取女吉」者，言感之爲道莫速于男女，男女相感，然後萬物化生，故此卦上兑而下艮。在説卦云：「艮三索而得男，故謂之少男；兑三索而得女，故謂之少女。」言以少男取于少女，則人倫正而天地之義畢，故咸之道利取女吉也。

彖曰：咸，感也，柔上而剛下。二氣感應以相與，止而說，男下女，是以亨，利貞，取女吉也。天地感而萬物化生，聖人感人心而天下和平。觀其所感，而天地萬物之情可見矣。

義曰：夫柔者，子也、臣也、婦也、女也，至賤也；剛者，父也、君也、夫也、男也，至貴也。貴上賤下，人之常道也，人之交感之義也。夫女守正静，男以禮下之，則夫婦道成而父子之親可見也。如賢者懷道義，君以禮下之，則君臣之義行而上下之禮興也。或賢者以道自處，君不能以禮下之，則君臣之分廢矣。是女守而男不以禮下之，則夫婦之道亦罔克成也。何則？天以高而自處其上，地以卑而自處其下，天不降氣于下，則地氣无由而升，如是則陰陽之道无以變，萬物四時无以成也。夫天地尚爾，况于人乎？故感道貴以尊先卑、男下女，故曰「咸，感也，柔上而剛下」。「二氣感應以相與」至「取女吉也」，悉如前義。「天地感而萬物化生」者，此言天氣降于下，地氣升于上，二氣升降而交通，則萬物以生以育而各遂性命，是知交感本自然之理，故无所不生、无所不成也。「聖人感人心而天下和平」者，言聖人享天下之貴勢，藉天下之重器，而天下之人均感悦而化之者，是必推誠信之道，使其仁義教化藏人之肌膚，淪人之骨髓，然後感悦于心而歸之也。是非由勞神役思，諄諄然取其心而求感之也。咸，感也，卦不名感而名咸者，聖人不以心求感于人而人自感之，亦如天地二氣自然交通而萬物化生也。「觀其所感，而天地萬物之情可見矣」者，天地交感然後萬物生，男女交感然後天下化，凡此類是天地萬物之情狀，因其所感而可見也。

象曰：山上有澤，咸，君子以虚受人。

義曰：按左傳云：「澤竭則山崩。」是澤之氣通于山，則萬物得其濡潤而遂其生成，此相感之義也。故君子法此山澤通氣之象，必虚其心，推其誠，以仁義之道行之于身而加之于人，則天下之人自然感悦而歸慕之也，是非假役役以求人之感也，故曰「君子以虚受人」。

初六，咸其拇。象曰：咸其拇，志在外也。

義曰：夫感之爲義貴于深，當以聖賢之道施爲仁義之教、禮樂之化，以漸以摩，使之入人之肌膚，藏民之骨髓，然後天下之人皆合心畢慮，感悦于上也。上下交相感悦，是由感之道深故也。今咸其拇，夫拇者足之趾，不能自動者也。蓋初六居艮之始，處卦之下，不能自有所動，是所感止及于趾，感之道不深而淺末者也，故曰「咸其拇」也。象曰「志在外也」者，言初六之應在于九四，是其所感之道不及于他，而志在于應四而已，志在外也。

六二，咸其腓，凶，居吉。象曰：雖凶居吉，順不害也。

義曰：腓者，拇之上，股之下，躁動之物也。夫感悦之道，根諸至誠可也。今六二居下卦之中，始能離初之拇，不以至誠感人而務在躁動，是不能使天下之人自然而感，如足之腓躁動不常，速凶之道也。「居吉」者，言六二居中得正，夫能以道自處，不務躁動以求感于人，但居其所，推至誠以及人，則天下之人自然感而歸之，故曰「居吉」也。象曰「雖凶居吉，順不害也」者，言六二所感之道，雖未能深感人心而有凶，然若以道自處，則得其吉，是能順于道而不至有害者也。

九三，咸其股，執其隨，往吝。象曰：咸其股，亦不處也。志在隨人，所執下也。

義曰：股者，上體之下，下體之上，隨足而動者也。九三以剛處下卦之上而應在上六，但志于隨人，故若股之爲物，不能自主，足動則動，足止則止，是其志淺末者也。「執其隨」者，言九三不能以道自處，徒欲觀人之顔色，察人之辭意，以爲感悦之道，是所執之志在于隨人而已。以此而往，鄙吝之道，故曰「執其隨，往吝」也。象曰「志在隨人，所執下也」者，言九三之志止務隨人以求感悦，不能高尚其爲，是所執卑下也。

九四，貞吉，悔亡。憧憧往來，朋從爾思。象曰：貞吉悔亡，未感害也。憧憧往來，未光大也。

義曰：九四居股之上，處脢之下，心之象也。夫感之道，所利者正。今九四以陽居陰，失其正道，本有悔也。然猶能履尚謙冲，若守之以正，則吉可獲而悔可亡也。憧憧者，往來不絶之貌也。以天下之大，生靈之衆，不可家至户曉，在聖人推至誠之道、仁義之化以廣洽之，則自然感悦而歸之，是聖人感人之心，必在虚己之心也。今九四憧憧然往來，勞苦其思慮而求人之悦，但顧己之私應，不能感于天下，惟己之朋黨則從爾之思慮而歸之，是不能盡感之道也，故曰「憧憧往來，朋從爾思」也。象曰「貞吉悔亡，未感害也」者，言能守正得吉，是所感未至于害也。「憧憧往來，未光大也」者，按繫辭曰：「天下何思何慮？天下同歸而殊塗，一致而百慮，天下何思何慮？日往則月來，月往則日來，日月相推而明生焉。寒往則暑來，暑往則寒來，寒暑相推而歲成焉。往者屈也，來者伸也，屈伸相感而利生焉。尺蠖之屈，以求信也；龍蛇之蟄，以存身也。精義入神，以致用也。利用安身，以崇德也。過此以往，未之或知也。窮神知化，德之盛也。」今九四不能虚心以感于人，乃憧憧以求之，是其道未光大也。

九五，咸其脢，无悔。象曰：咸其脢，志末也。

義曰：脢者，心之上，口之下。夫居至尊之位，必須謙冲禮下于臣民，擴仁義之道，使教化行于天下，德教深被于四海，則天下之人自然感悦于上。今九五以陽居陽，不能禮下于臣民，以尊而自恃，以貴而自驕，不能盡感悦于天下者也。夫以心感物，猶未爲得，况過于心之上乎？其不盡感之道明矣。「无悔」者，以其居中得正，處于尊位，猶可以无悔也。象曰「咸其脢，志末也」者，夫爲感之主而不能盡感之道，其存志淺末可知也。

上六，咸其輔頰舌。象曰：咸其輔頰舌，滕口説也。

義曰：輔者，口輔也。上六處一卦之終，以人體言之，輔頰之象也。言上六不能施仁義至誠之道，自然感悦于天下，徒戚施面柔，以甘言美辭求感于人，是所感在于口輔，故曰「咸其輔頬舌」也。象曰「滕口説也」者，言不能感人以至誠，但滕口頬，以語言求感而已。

恒

䷟巽下震上恒，亨，无咎，利貞，利有攸往。

義曰：序卦云：「夫婦之道，不可不久，故受之以恒。恒，常久也。」言男下于女，故能成夫婦之道，夫婦之道既成，則能成家；君下于臣，故能成君臣之道，君臣之道既成，則能成國。國家既成，不可不久，故受之以恒也。然謂之恒者，巽爲長女，震爲長男，二長相與，故恒久不息以成家也。然咸以二少，恒以二長者，蓋始則所感之道貴于速，故以二少言之；男女既别，夫婦既成，則不可不久，故以長言之，取長久之義，故曰「恒」也。「亨，无咎」者，言夫婦之道、君臣之義既皆久而不變，以至于亨，既獲其亨，何咎之有？「利貞」者，夫常久之道所利者貞，久而不貞，與不久同也。夫婦既久，欲成一家之事者，不可不貞；君臣既久，欲成天下之治，亦不可不貞。夫婦、君臣无所不正，則常久之道成矣。「利有攸往」者，言人之所守能至誠不息，執節不變，積日累月，積月成歲，以至終而復始，无有窮已，則无所往而不利。是故爲君子爲學能常久而不已，則可至于賢聖；爲君臣爲治能常久而不變，則可以施仁義禮樂以化成天下。故行之一身，行之一家，行之一國，以至行之天下，均能不變所守，則其道大成。道既大成，則所往何不利之有？

彖曰：恒，久也，剛上而柔下。雷風相與，巽而動，剛柔皆應，恒。恒，亨，无咎，利貞，久于其道也。天地之道，恒久而不已也。利有攸往，終則有始也。日月得天而能久照，四時變化而能久成，聖人久于其道而天下化成。觀其所恒，而天地萬物之情可見矣。

義曰：震上爲剛，至貴也；巽下爲柔，至賤也。貴賤有别，尊卑有序，而常道已成。言之一家，則男正位乎外，女正位乎内；言之一國，則君以尊而位乎上，臣以卑而處其下。内外、上下之分定，故國家之道成矣。「雷風相與」者，夫雷得風則益威，風得雷則愈盛，二者相資，故能助天地生成之功也。以人事言之，則猶夫婦相與而人倫正，君臣相與而教化成，蓋取其相資益而成長久之道也。「巽而動」者，此解二卦之體也。「剛上體震，震爲動；下體巽，巽爲順。以巽而動，是猶夫義而婦聽，君義而臣忠，常久不已，以成其道也。「剛柔皆應，恒」者，蓋此卦剛柔皆相應而不失其常，亦猶婦事夫、臣事君，皆常久不易之道也。「恒，亨，无咎，利貞，久于其道也」者，此言凡人之作爲皆能至誠不息，悠久其道，則得亨、无咎、利貞之三德也。「天地之道，恒久而不已也」者，夫天以高明運行升降，晝夜未嘗休息；地以博厚容載萬物，亦未嘗休息。天地之道，運行容載，久而不變，故且高且大也。「利有攸往，終則有始也」者，義見前。「日月得天而能久照，四時變化而能久成」者，夫日往則月來，月往則日來，日月往來而能臨照天下之物，无論巨細而皆燭之，蓋由所麗在天，故能久明而无有過差也。天地之大，陰陽之運在于四時，故春以生之，夏以長之，秋以成之，冬以終之，或代或謝，周而復始，故能生育萬物以成歲功，久而不易也，故曰「日月得天而能久照，四時變化而能久成」矣。「聖人久于其道而天下化成」者，夫天地至大，日月運焉，四時行焉，久而不變，故照臨四方，生育萬物，久而不易，无有窮已也。聖人有天下之大，居天下之尊，發政施仁，亦必久于其道，然後賞罰有常，號令有信，天下之人莫不仰而歸之，以成其風化，故曰「聖人久于其道而天下化成」也。「觀其所恒，而天地萬物之情可見矣」者，夫日月臨照，四時變化，萬物代謝，皆久于其道，无有窮已，則天地萬物之情常久而可見。

象曰：雷風，恒，君子以立不易方。

義曰：震陽爲雷，巽陰爲風。陰陽相合，雷風相資，生成萬物，久而不已，以成其道也。故君子觀雷風之象，所作所爲由中而不易其道，故能常久而成天下之治，行天下之道，无施而不可。方猶道也，言其所立不離于道也。

初六，浚恒，貞凶，无攸利。象曰：浚恒之凶，始求深也。

義曰：浚，深也。天下之事必皆有漸，在乎積日累久，而後能成其功。是故爲學既久，則道業可成，聖賢可到；爲治既久，則教化可行，堯舜可至；爲朋友既久，則契合愈深；爲君臣既久，則諫從言聽而膏澤下于民。若是之類，莫不由積日累久而後至，固非驟而及也。今此初六居下卦之初，爲事之始，責其長久之道、永遠之效，是猶爲學之始，欲亟至于周孔；爲治之始，欲化及于堯舜；爲朋友之始，欲契合之深；爲君臣之始，欲道之大行。是不能積久其事而求常道之深，故于貞正之道見其凶也。「无攸利」者，言居事之始，欲深于常道，以此而往，必无所利，孔子曰「欲速則不達」是也。

九二，悔亡。象曰：九二悔亡，能久中也。

義曰：夫天下之道，得其大中則萬世所不能變易。今九二以陽居陰，是失正而本有悔也。然以居下卦之中，其所行无過无不及，使賢者可俯就之，不肖者可企及之，如此是得天下之常道而萬世所矜式也，又何悔之不亡？象曰「九二悔亡，能久中也」者，言九二以陽剛之德而能居下卦之中，是久于中道而无所變易，故悔亡也。

九三，不恒其德，或承之羞，貞吝。象曰：不恒其德，无所容也。

義曰：夫尊卑貴賤、内外上下不失其本分，則可以爲常久之道。今九三居上六柔弱之下，是卑者先于尊，賤者先于貴，不常之人也。「或承之羞」者，言尊不尊，卑不卑，内外混淆，貴賤汩亂，此則羞辱之事隨之也。「貞吝」者，言德既无常，其于永久貞正之道誠足鄙吝也。象曰「不恒其德，无所容也」者，言九三既失其常久之道，則所往皆不容也。故孔子曰：「人而无恒，不可以作巫醫。」巫醫，鄙賤之徒也，其无常德者尚不可爲，况其他乎？是則于所處固无容也。

九四，田无禽。象曰：久非其位，安得禽也。

義曰：田，獵也。凡禽獸可擒者，通謂之禽。夫常久之道，必本于中正。今九四以陽居陰，是不正也；位不及中，是不中也，不中不正，不常之人也。以不常之人而居大臣之位，是无德忝位者也。至于爲治，則教化不能行；至于撫民，則膏澤不能下，是猶田獵而无禽可獲也。象曰「久非其位，安得禽也」者，言九四于常久之時處非其位，猶田獵而无禽，必无所得也。

六五，恒其德，貞，婦人吉，夫子凶。象曰：婦人貞吉，從一而終也。夫子制義，從婦凶也。

義曰：貞，貞固也，文言曰「貞固足以幹事」是也。夫爲天子之尊，有四海之廣、民物之繁，必使仁義教化流于天下，不可執一道、守一方，必也臨事制宜、隨時應變，則无施不可也。今六五居至尊之位，以柔弱不正之資，私一己之應，是固執常德，不使流通于天下也。「婦人吉，夫子凶」者，婦人處閨門之内，守一而已可也；夫子處閨門之外，則必臨事應變，大有所爲可也。今六五執守一德，不能大有所爲，但繫私應，是以此道施之婦人則吉，而施之夫子則凶也。象曰「夫子制義，從婦凶也」者，婦人之事固執其正，繫于一人則吉也；夫子則當制義，而不可泥于一也。若夫子從婦人之道，不能以義制事，則凶之道也。夫以夫子不能制義，尚以爲凶，况尊爲天子，有四海之大者乎？凶可知也。

上六，振恒，凶。象曰：振恒在上，大无功也。

義曰：振，動也。謂君子可動則動，可進則進，可靜則靜，可退則退，動靜進退皆不失正，則聖人之道畢矣。今上六處恒之上，居震之極，是深求妄動之人也。以深求妄動，必不明進退動靜之理，若以此而往，凶之道也。象曰「振恒在上，大无功也」者，言動靜既不適時而進退失常，于道既凶，又何功之有？

遯

䷠艮下乾上 遯，亨，小利貞。

義曰：按序卦云：「物不可以久居其所，故受之以遯。遯者，退也。」言天時人事，盛久必衰，進久必退，存久必亡，自然之理也。此卦所以名「遯」者，蓋二陰浸長，進得其位，以剥羣陽，是小人道長、君子道消之時也。故君子當此之時，則晦跡潛光，懷仁卷義，以道自容，不使小人得窺其所爲，所謂遯也。「遯，亨」者，由遯而後亨也。夫君子時有通塞，道无損益，故孟子曰：「雖大行不加焉，雖窮居不損焉，分定故也。」是君子所得在内，所志在道，道充乎内則无所不通，得其位則行道于天下，非其時則修身見乎世。故遯之時必晦跡潛光，以遠小人之害，則己之道自得其亨通也。「小利貞」者，夫否之卦三陽在上，三陰浸長于下，君臣隔絶之時，故卦辭言「否之匪人，不利君子貞」；剥之卦五陰盛長，一陽在上，故曰「勿用有攸往」，是否、剥之時全不可以有用。至此遯，二陰在下，四陽在上，君子之道猶小可行，故曰「小利貞」。

彖曰：遯亨，遯而亨也。剛當位而應，與時行也。小利貞，浸而長也。遯之時義大矣哉！

義曰：「遯而亨也」者，言因遯而得亨也。「剛當位而應，與時行也」者，剛謂九五也，應謂六二也。九五以陽居中，是剛明中正之君子。然而下應于六二之小人者，蓋君子之道无固无必，可遯則遯。此六二之爲小人，然能以中順之道附結于己，不須遯也，故與之應。是君子之心通變，能與天時俱行，故可止則止，可行則行，若仲尼皇皇于衰周，孟子歷游于戰國，是皆欲己道之行。故小人有能以道附結于己者，亦不拒也。「小利貞，浸而長也」者，言君子所以不得大有爲于世而惟小利于貞者，蓋以下之羣陰浸長而小人之黨漸盛也。「遯之時義大矣哉」者，遯之道，不可遯而遯，則道不可行；可遯而不遯，則必罹小人之害，是必隨時適變，可遯而遯，可也。惟明智之人爲能居之，其時義至大，故先聖重嘆美之。

象曰：天下有山，遯，君子以遠小人，不惡而嚴。

義曰：乾上，天也；艮下，山也。山雖高峻，亦不能陵于天，故假象得遯之義也。猶君子遠遯，小人不能加害也。夫君子之道得行，則小人必見誅逐放斥而不得行于朝廷之上。苟君子之道不得行，則必遠避小人而全身遠害也。然今居遯之時，若漠然无畏，而以嚴厲加于小人而欲亟斥之，則必反罹害于己。雖然，亦不可枉尺直尋、依違苟從以求自免，但不加害于小人，常使己自有威嚴，使小人不敢侵害于己可也。

初六，遯尾，厲，勿用有攸往。象曰：遯尾之厲，不往，何災也？

義曰：遯之時，貴于先也。尾者，處于後也。凡卦以上體爲外，以下體爲内。今此卦二陰在内，小人得位而君子在野之象也。初六處卦之内，最居卦下，是衆賢皆遯而己獨在後，是不能先時而遯，至此始欲亟遠小人，則必反爲小人之所制，是有危厲也。「勿用有攸往也」者，言當是時，惟宜依違自守，危行言孫，檢身修己，以遠小人之害可也，故聖人于此戒之。象曰「遯尾之厲，不往，何災也」者，言既居遯之後，有危厲之事，果能依違自守，不復更有所往，何災之及也？

六二，執之用黄牛之革，莫之勝説。象曰：執用黄牛，固志也。

義曰：黄者，中也；牛者，柔順之物也。六二雖居羣陽之中，在小人之黨，然居中履正，有中正柔順之德，達于事理。以上有剛明中正君子爲己之應，故己用此中正柔順之道往固執之，不使遠遯于己，故曰「執之用黄牛」也。「莫之勝説」者，夫賢人君子于道无所固必，但以仁義爲心而已。今己能以中順之道往固執之，則九五以何辭勝辯而可遯哉？然此句上「之革」二字，乃羨文也。革之初有「鞏用黄牛之革」，故此誤有之也，推求无義可通。注謂革者，固也[一]，此臆爲之説爾。象曰「執用黄牛，固志也」者，言用大中正順之道使賢者不遠于己，所以固賢者之志也。

九三，係遯，有疾厲，畜臣妾，吉。象曰：係遯之厲，有疾憊也。畜臣妾吉，不可大事也。

義曰：爲遯之道，在乎遠去小人則吉。今九三居内卦之上，切比六二之陰，不能超然遠遯，是有係于小人也。「有疾厲」者，夫小人之心常以疾君子爲心，而又畏君子之刑戮，故一得其志，則首欲害之。今九三既爲六二所係而不能遠去，是有疾病而危厲者也。「畜臣妾，吉」者，言九三既不能遠小人而不可遠遯，然後畜羣小以臣妾之道，即得其吉。蓋臣妾，至賤者也，可以遠則遠之，可以近則近之，如此則吉可獲也。象曰「畜臣妾吉，不可大事也」者，言九三雖以臣妾而畜羣小人而獲吉，然但施于此事則可也，如其立天下之大道，臨天下之大事，則不可以有與也。

九四，好遯，君子吉，小人否。象曰：君子好遯，小人否也。

義曰：好者，中心之所欲也。九四處外卦之初，離内卦之陰，當此之際，志欲遯而難制，奮然而好遯者也。蓋君子之人以君民爲心，得其位則可以致君澤民，躋天下于平治。若其小人道長，不可有爲之時，則必知

[一] 按王注及孔疏皆無此説，或胡瑗見注有「以固之」而有此誤解，實則注疏以革爲皮革之義。

幾達理，不爲世俗所誘，不爲貧賤所動，超然遠遯，以避其難而須其時也。是以乾之文言曰「遯世无悶」，中庸曰「君子之道費而隱」。若小人則不然，惟富貴是欲，惟貧賤是恥，不知廉隅，不顧禮義，苟一失位，則蹙然溢于面目而不能自勝。故太玄充之首曰：「君子得位則昌，失位則良；小人得位則横，失位則喪。」[一]當此之時，小人必不能遯，故曰「君子吉，小人否」也。

九五，嘉遯，貞吉。象曰：嘉遯貞吉，以正志也。

義曰：君子之道毋固毋必，彼能以善加于己，己志可通，己道可行，斯受之矣。今九五下應于二，二雖在小人之中，然能以中順之道來固于己，己則從之。若小人虧于中順，己可超然而遯也。如此者，蓋君子知時達變，可行則行，可止則止，以嘉美之道而遯者也。「貞吉」者，言五既應于二，二雖以中順之道固于己，然亦不可屈己之貞，戚施面柔以悦小人，當執至正之道，然後可以獲吉也。象曰「嘉遯貞吉，以正志也」者，言二以中順之道來固于五，五必以貞之道待于二者，所以正二之志也。

上九，肥遯，无不利。象曰：肥遯无不利，无所疑也。

義曰：肥遯者，優饒充裕之謂也。上九處一卦之上，是超然遠遯，不應係于小人，其憂患不能累于己，綽綽然有餘裕，凡往而无所不利，又何疑之有？

[一] 按此實玄文釋中之次八「黄不黄」之文，且太玄無充首。

大壯

䷡乾下震上大壯，利貞。

義曰：按序卦云：「物不可以終遯，故受之以大壯。」蓋言遯者，二陰浸長于内，四陽陵剥于外，是小人道長，君子道消也。然小人之道雖長，終不能久，而必爲君子之所剥，此大壯所以次于遯也。大壯者，二月仲春之時，四陽長于内，二陰消于外，君子道長，小人道消也。君子之道既長，則能興天下之治，除天下之害，生育天下之民物，以至其道大行而盛壯也，故曰「大壯」。然以天下之廣，生靈之衆，一賢不可獨治，故必羣賢進于朝廷，則可大行其道。是以聖人設爲學校，教育天下之材，然後登之朝廷之上，任之以天下之事，故事无不濟而至于盛大也。「利貞」者，君子之道既已盛大，則必以正而處之，乃利也。若壯而不正，則陽過于暴，故壯必正而後可也。

彖曰：大壯，大者壯也，剛以動，故壯。大壯利貞，大者正也。正大而天地之情可見矣。

義曰：夫陽爲大，陰爲小。今四陽盛長，二陰將消，是大者壯也。以人事言之，則是小人之道既以消，君子之道得以壯，是以大者壯也。「剛以動，故壯」者，言乾下剛也，震上動也。夫君子將興天下之利，除天下之害，則必動而有剛明之才可也。若有剛明之才，守正静而不動，何所施用哉？故剛以動，則其道盛大而强壯也。「大壯利貞，大者正也」者，言陽長而陰退，若君子之道盛大而强壯，則所利在于正也。故大壯之時，惟此大才大德之人，則能以正道而行也。「正大而天地之情可見矣」者，夫天地之運行，晝夜不息，此則剛健正大而然也。以人事言之，則聖賢之道，亦如天地之生成而无有偏私，是觀聖賢正大之道，則可以見天地之情矣。

象曰：雷在天上，大壯，君子以非禮弗履。

義曰：雷者，威動之物，而又行于天上，則其勢愈盛，是大壯之象也。君子之人有此大壯之德，則必恭慎和順，外執以謙而内秉其直，非禮之事不敢履，非禮之言不敢言，動作出處周旋之間皆合于禮，然後可見君子之壯也。若小人則不然，己有剛壯之德，必不能慎密于内，以至發之于外，而終爲驕恣縱肆、恃强作威，表裏皆見，故終不能保其全德也，是有壯而不能終其壯者也。惟君子則能外執以謙，内秉以直，故人莫得而窺測其道，久而愈光也。

初九，壯于趾，征凶，有孚。象曰：壯于趾，其孚窮也。

義曰：趾，足也。夫壯之道，必須以順爲履。今初九居一卦之下，最處事始，位之卑者也。爲壯之始，處位之卑，不能謙順而行，且躁妄而動，以至陵犯于物，不知其止，以此而往，凶之道也。「有孚」者，言以此强壯之道，不能謙順行之，是信有此凶咎，必然之理也。象曰「壯于趾，其孚窮也」者，言居事始而慕躁進，是往則必有其凶而信至于窮困者也。

九二，貞吉。象曰：九二貞吉，以中也。

義曰：凡卦爻有陰陽居失其位，未有不凶者也。大壯之時，是君子之道强大而盛壯。聖人以其既壯且大，不可怙其剛威；以陽居陰，則皆獲吉。故今九二以陽居陰，能履尚謙順而又行不失中，是君子得其爲正之道，不自滿盈、不自强恃，能全其美，如是，故獲正中之吉也。象曰「九二貞吉，以中也」者，言九二所以得正之吉者，以其履得其中，所以无過无不及，動静皆入于中道而得其禮也。故若人臣一命而傴，再命而僂，三命循墻而走，愈尊而愈謙，益盛而益戒，是能盡爲壯之道而得其中也。

九三，小人用壯，君子用罔，貞厲，羝羊觸藩，羸其角。象曰：小人用壯，君子罔也。

義曰：凡居壯之時，謙則得其道。今九三處下卦之上，當乾健之極，以陽居陽，是强壯不謙之人也。以小人乘此，則必恃剛强，陵犯于人，雖至壯極而不已，是用壯者也。君子則不然，但固守謙順，雖壯而不自矜，雖大而不自伐，惟欲道行而致之于君、加之于民而已。故君子當此，則罔而不用其壯也。「貞厲」者，言小人不能用謙于大壯，進而不知退，于正道是有危厲也。「羝羊觸藩，羸其角」者，羊者，剛狠之物；羝者，狠而又狠者也。小人居强壯之時，動則過中，進則不顧，是猶剛狠之羊，雖藩籬在前，亦觸突而進，以至反羸其角，進退不能，凶之道也。如小人欲掩害君子，終不能爲君子之累而反自及其身也。

九四，貞吉，悔亡，藩決不羸，壯于大輿之輹。象曰：藩決不羸，尚往也。

義曰：九四有剛陽之才德而居陰柔之位，是亦尚謙者也。然其位過中，本亦有悔，今若守之以正，又謙以濟之，則獲吉而悔亡也。「藩決不羸」者，夫處大壯之時，既能守剛明謙順之德，則衆歸之而物所不拒，以此而往，何不利之有？故雖有險阻在前，亦濟而通矣。若羊之進，雖有藩籬在前，亦開決而无羸繫之患也。「壯于大輿之輹」者，大輿者，任重致遠之象也。壯于輪輻，是以之致遠則可以行道，所往无不利也。象曰「藩決不羸，尚往也」者，此聖人立象垂訓，使人居大壯之時，必以謙退爲先。故君子之事父，雖剛明之才、正直之德，可以納父于无過而克其家，亦必以柔和之容、婉順之貌。父有一過，則必婉容以諫之；諫之不從，而又諫之；又不從，則號泣而隨之，如是則父反而思之，必遷于善也。臣之事君亦然，但内持剛德，外示謙容，則所往无有不利也。

六五，喪羊于易，无悔。象曰：喪羊于易，位不當也。

義曰：羊本剛狠之物。夫居大壯之時，以陽居陰，則得謙之道，故可獲吉。若以陽居陽，然雖得位，猶恐謙而有咎，况以陰居陽，則其傲狠而招禍可知也。今六五乃是以陰居陽，又處至尊之位，則是好剛之甚，以至反失之于容易之地。羊性羝，言其剛也。「无悔」者，以其居至尊之位，能喪其剛狠之道，故得无悔也。

上六，羝羊觸藩，不能退，不能遂，无攸利，艱則吉。象曰：不能退，不能遂，不詳也。

艱則吉，咎不長也。

義曰：上六處一卦之上，居震動之極，是躁動强壯之過甚者也。過而不知所止，猶羝羊之進，不顧藩籬之在前，以至羸礙其角而不能措也。「不能退，不能遂，无攸利」者，既壯動而不止，則是不知進退存亡之道，以至欲退而不能退，欲進而不能進，則進退皆无所利也。「艱則吉」者，言能艱難自守，則可以獲吉也。象曰「不能退，不能遂，不詳也」者，夫君子之進，必量時度勢，可以有爲而進之，則无累也。若小人之進，必不能量時度勢，不詳其事而驟行，以至進退不能也。「艱則吉，咎不長也」者，言雖不詳其事而躁進妄動，以至不能退不能遂，今若能艱難自守，則其咎禍不久而可解也。

晉

☷☲（坤下離上）晉，康侯用錫馬蕃庶，晝日三接。

義曰：按序卦云：「物不可以終壯，故受之以晉。晉者，進也。」蓋言物之壯而不已，則必至于見挫，必以柔順之道上進也。然此卦坤在離下，猶日出地上，以順而進，至于大明，故曰「晉」也。康，美也；錫馬，言賞賜之重也，曲禮所謂「三賜不及車馬」是也；蕃，盛也；庶，衆也。言此卦以三陰上進而至于明顯，如賢人君子以柔順之道上進于君，致之禄位而行道于天下，有康美之德著之于君。既有康美之德，君則厚加寵錫，故其馬蕃盛而衆多，以至晝日之間三接見之，以咨天下之事也。是凡人臣之進，必有道義之實、功業之美，然後登于朝廷之上，則道可行，身可顯。如不才不德，无功无業，妄求寵幸者，不有人禍，必有天殃，故君子不可以不慎也。

彖曰：晉，進也。明出地上，順而麗乎大明，柔進而上行，是以康侯用錫馬蕃庶，晝日三接也。

義曰：此卦名晉者，是大賢君子以功以德上進于君也。「明出地上」者，此以二體言之也。坤下，地也；離上，明也。若明出于地，則升進而臨照天下，萬民皆瞻仰。如賢人君子出于微賤，升進而立于朝廷之上，致君澤民，使天下皆仰觀之也。「順而麗乎大明」者，言日之出于地，順麗乎天，故其明所以久也。猶賢者以柔順之道而進輔于大明之君，故其道可以行也。「柔進而上行」者，夫君子之在上，必須有至明之德，以旌别賢不肖而黜陟之也。苟上不明，使賢不肖混淆，則賢者必退避，不樂于仕矣。是必君有至明之德，使賢者持人臣之節、柔順之道附于君，而其道上行也。既能以賢明之德出于下，柔之道行于上，故可以受寵優之厚，故曰「是以康侯用錫馬蕃庶」，賞之重也；晝日之間，凡三接之，待之厚也。

象曰：明出地上，晉，君子以自昭明德。

義曰：言賢人君子法此之象，是以進修其德，博學、審問、明辨、篤行，然後位朝廷之上，使仁義施于天下，功業垂于後世，以自昭顯其至明之德也。

初六，晉如摧如，貞吉，罔孚，裕无咎。象曰：晉如摧如，獨行正也。裕无咎，未受命也。

義曰：摧，抑也。初六處晉之始，有心乎晉者也。然居下卦之下，處衆陰之末，猶君子道未得行，志未得伸，于始進之時，必見摧抑者也，故曰「晉如摧如」也。「貞吉」者，言君子既進而有所摧抑，固不可躁求妄動以覬君上之信，固當守之以正，則可以獲吉也。孟子曰：「鄉爲身死而不受，今爲宫室之美而爲之；鄉爲身死而不受，今爲妻妾之奉而爲之；鄉爲身死而不受，今爲所識窮乏者得我而爲之，是亦不可以已乎？此之謂失其本心。」蓋戒其不可徇情而苟倖，言進退當以其道也。「罔孚，裕无咎」者，夫初六處于最下，位卑言輕，上未信于其君，下未澤于其民，事未施于當世，道未行于天下。苟如是，固不可隕穫己志，而當綽綽然寬裕樂道，不自咨嗟怨憤而不失其本心，如此則乃可免其悔咎也。象曰「晉如摧如，獨行正也」者，夫君子于求進之初，其位卑言輕而有所摧抑，然不自爲損，以道自處，蓋其所守獨在于正也。「裕无咎，未受命也」者，言處于卑下而自寬裕者，是未受君之命也。

六二，晉如愁如，貞吉。受兹介福，于其王母。象曰：受兹介福，以中正也。

義曰：夫晉之爲言，以之一身，是進用其道；以之一時，是進用其君。愁，憂也。六二以陰居陰，履得其正，然處内卦之中，未見君之所信，道未能行，是以進而有憂愁也。然君子之心不以一身一家爲累，動其心必以君民爲志。雖進焉未見信于君而有憂，然亦不可隕穫躁動，常以正道而行，則得其吉也。「受兹介福，于其王母」者，王母，内之貴者也。夫六二處中居内，以位言之，至卑之象；以時言之，至暗之象。處是時，則當懷道畜義，居仁守正，以自寬裕；居是位，則當隨事制宜，臨機應變，使无不通濟，則必受其遠大之福，通于王母至深至密之地。蓋由至誠而行，自暗而受其介福，若「鳴鶴在陰，其子和之」是也。象曰「受兹介福，以中正也」者，六二雖未見君之信任，蓋以中正之道而行，雖天地鬼神无不祐之，以至暗然而受其介福也。

六三，衆允，悔亡。象曰：衆允之志，上行也。

義曰：允，信也。夫六三以陰居陽，過于六二，不中不正之位，其本有悔也。然而居下卦之上，爲衆陰之長，三陰同心上進而爲其先，是道義可以行于時，事業可以致其用，故衆陰同心，見信而上行，其悔可以亡也。象曰「衆允之志，上行也」者，言居晉之時，衆陰皆欲上行而己處其先，是爲衆所信，同志而進也。

九四，晉如鼫鼠，貞厲。象曰：鼫鼠貞厲，位不當也。

義曰：鼫鼠者，田中食稻粱，貪殘剥刻之物也。當晉之時，衆君子以柔順之道上進于君。九四以陽居陰，不正而進者也。既以不正而進，上又切近于君，是當尊大之位，附上罔下，刻剥天下之民，蠹壞天下之事，如鼫鼠然。无益于民，但傷殘于物，故天下賤之如鼫鼠然也。以此而往，則必讒諂佞媚，苟取于君上，是于正道危厲也。

六五，悔亡，失得勿恤，往吉无不利。象曰：失得勿恤，往有慶也。

義曰：六五履不得正，有悔者也。然處至尊之位，居離明之中，能擴大明之道，旌别衆賢而信任之，衆賢者類進而輔己，故其悔所以亡也。「失得勿恤，往吉无不利」者，夫以天下之廣，萬幾之細，其間未必不无一失。今六五既能旌任賢者，賢者皆進而輔之，故其政教无有不舉。若萬物之中苟有失得，亦不必憂恤之也。夫既是失得皆不須憂恤，則是所往无有不吉不利者也。象曰「失得勿恤，往有慶也」者，言六五所以失得勿恤者，蓋由其能任賢者，使賢人進輔于己，故其教化舉行，仁義興作，以此而往，故不惟止獲其吉，而又且有美慶之事也。

上九，晉其角，維用伐邑，厲，吉无咎，貞吝。象曰：維用伐邑，道未光也。

義曰：角者，最極之象也。夫上九處晉之極，過明之中，已在角而猶進，故曰「晉其角」。「惟用伐邑」者，在角猶進，過亢不已，不能端拱无爲，物皆不服，必須攻伐其邑然後服之，故曰「惟用伐邑」也。「厲，吉无咎，貞吝」者，兵者凶器，伐而服其物，是由危乃得吉則无咎。以此雖正，亦已賤矣。象曰「惟用伐邑，道未光也」者，用伐乃服，雖得之，其道未光也。

明夷

䷣離下坤上　明夷，利艱貞。

義曰：按序卦云：「晉必有所傷，故受之以明夷。夷者，傷也。」晉卦是明出地上而升于天，明照于天下。然晉極必衰，故明反入于地中，是明有所傷也。以人事言之，則猶君子之始進于朝廷之上，佐君澤民，立功立事于天下。然至于荒耄之年，精力倦怠，是宜以功成事立而退，全身致政，求其安息，則其明終始无有所傷也。若功成年耄，復進而不已，則必有所傷也。惟聖人爲能終始一德，如周公佐周是也。凡下于聖人者，至于耄年，宜知退其身而不可終于求進也，此聖人所以著萬世君臣之戒也。「利艱貞」者，夫明夷之世，則是君子之明已有所傷，而小人在上，便巧得志。君子處此之時，固當艱難守正，不使小人之能窺測，則可以免其患害也。

彖曰：明入地中，明夷。内文明而外柔順，以蒙大難，文王以之。利艱貞，晦其明也，内難而能正其志，箕子以之。

義曰：「明入地中，明夷」者，此釋明夷之義也。「内文明而外柔順」者，此以二體言之。下卦是内，離爲文明；上卦是外，坤爲柔順。君子之人能内守文明之道，外修柔順之德，當明夷之世，蒙冒大難而不爲小人所賊害。若古之人有行之者，文王是也。文王當紂之亂世，衆小人在紂之左右前後讒諛佞倖，皆欲害于君子。而文王居爲西伯，三分天下有其二，終能外執柔順之德，内晦文明之道，雖小人衆多，終不能窺見其所爲，故免其禍患也。表記曰「文王有君民之大德，有事君之小心」，故雖蒙大難而終无所傷也。「利艱貞，晦其明也，内難而能正其志，箕子以之」，言内難者，親之至也。夫明夷之世，闇主在上，人臣有處夫至親之地而終不見害者，若箕子是也。箕子之于紂，以位言之，父師也；以親言之，庶兄也。以庶兄之親而居父師之位，是處至親之地，所謂内難者也。然左右前後讒佞諂媚，皆欲害之，而箕子獨能蒙冒之以正其志，蓋由内能全晦其明，不使有所暴之于外，而小人不能窺見也。

象曰：明入地中，明夷，君子以涖衆，用晦而明。

義曰：君子法此之象而臨涖于衆，則當内晦其明，外示以柔也。何則？蓋君子性无不明，事无不通，好善而嫉惡，苟不慎密而宣之于外，則小人見己之明，詐善而罔于己，己何由而知之？如是則爲小人之所窺測，而必罹小人之害也。是以君子務全其道，默運其明，則物不能蔽欺；外示柔，則不傷其苛察，如此始可涖衆也。

初九，明夷于飛，垂其翼，君子于行，三日不食，有攸往，主人有言。象曰：君子于行，義不食也。

義曰：「明夷于飛，垂其翼」者，言明夷之時，小人得志，皆欲殘害君子。初九處卦之下，猶患難之始也。然明夷之主在于上，初最遠之。君子有剛明之德，能韜光晦跡，不爲小人之窺見，若鳥之高飛而又垂斂其翼，是超然不可得而見之也。「君子于行，三日不食」者，言君子能先幾知變，以小人得志，慮其加害于己，欲超然遠遁，心急于行，故至三日之間不遑暇食也。「有攸往，主人有言」者，言當明夷之時，愚民盲俗不悉君子之心，見君子遯去之速，以至三日不食而有所往者，雖至親之人爲己之主，亦皆有猜貳之心、誹謗之言也。象曰「君子于行，義不食也」者，言君子不苟遯去，必見小人之害，故行而不食者，于義有所不可也。

六二，明夷，夷于左股，用拯馬壯，吉。象曰：六二之吉，順以則也。

義曰：夫人之股肱，右者爲便，左者爲輕。六二履得中道，至于有位，漸近明夷之主，故必小有所傷，但傷左股至輕之處也。「用拯馬壯，吉」者，言君子既于明夷之時小有所傷，若不速務遁去，則必見害愈深，故當決然拯其壯馬而行，外順小人而使不能見其所爲，然後可以獲吉也。象曰「六二之吉，順以則也」者，六二以陰處陰，至順者也；而又履中行正，是動有法則者也。既順而又有法則，故小人終不能害之，以至得吉。故文王見囚于羑里，終能脱禍解難以全其身也。

九三，明夷于南狩，得其大首，不可疾貞。象曰：南狩之志，乃大得也。

義曰：南者，至明之地；狩者，獵之名；大首者，元惡也。九三居離之極，有至明之性；以陽居陽，有至剛之德。夫以剛明大正之德居明夷之時，闇主在上，殘虐生靈，塗炭天下，不忍坐視，故不得已往而征之，以蘇民于水火，救民于溝壑，故如獮狩之事，但取其害于民者誅之耳。孟子曰：「誅其君而弔其民，若時雨降，民大悦。」又曰：「武王伐殷，謂其民曰：『无畏！寧爾也，非敵百姓也。』若崩厥角稽首。征之爲言正也。」是但誅其首惡而已。「不可疾貞」者，夫聖賢之所以往伐首惡者，將以正天下之民也。其惡既除，其民始蘇，固不可加之暴猛峻之嚴刑以益苦之也。何則？夫民之被害既已久矣，染惡亦已深矣，故非亟而可拯也，必須化之以漸，撫之以慈，與之解其倒懸，然後以漸而正之可也。故孟子曰：「簞食壺漿，以迎王師，此无他，避水火也。如水益深，如火益熱，亦運而已矣。」是正天下于虐暴之後，不可亟欲成俗也。象曰「南狩之志，乃大得也」者，言聖賢之人以至明之道往伐其元惡者，所以救民而正天下。今既獲之，則己之志大有所得也。

六四，入于左腹，獲明夷之心，于出門庭。象曰：入于左腹，獲心意也。

義曰：凡手足，以右爲便；心腹之間，以左爲順。六四以陰居陰，履得其位。上近明夷之主，是小人而得志者也。夫以小人得志，又附于昏闇之主，以甘言美色、柔邪佞媚從君之情、迎君之欲，納之于惡，依違曲順，入于左腹之間，復得明夷之主之心也。左腹，言能順于心也。「于出門庭」者，言小人之輔闇主，内既迎逢其惡，外又不能慎密固蔽之，君未有一過則揚之爲大過，君未有纖惡則宣之爲大惡，以至騰播天下，罪形萬世，皆小人之所致也，若崇侯、飛廉、惡來之類是也。門庭者，言宣露于外也。

六五，箕子之明夷，利貞。象曰：箕子之貞，明不可息也。

義曰：明夷之主在于上六，則左右前後皆小人矣。惟六五以柔順之道處得其中，非小人之謂也。推象意以求之，則箕子之道矣，故聖人特以箕子明此爻也。何則？箕子當紂之時，尊爲父師，親爲庶兄，是至近至親之位也。然紂之左右前後皆小人，而箕子之道不得行，是明有所傷也。然當是時，箕子能自晦其明，自蒙其德，雖在紂之近密而終无所害，以至佯狂爲奴以全其身。是所利者，惟能自晦而居正也。象曰「箕子之貞，明不可息也」者，以箕子切近于紂而終不爲其所害者，蓋由能以正道自守，故其明不可得息也。

上六，不明晦，初登于天，後入于地。象曰：初登于天，照四國也。後入于地，失則也。

義曰：「不明晦」者，言上六處羣陰之上，居一卦之極，明夷之主也。不能以明德臨照天下，而左右前後信任小人，自致陰闇柔弱，不有其明，故云「不明晦」也。「初登于天」者，夫天尊且高，人君之位也。此上六以繼世而立于人君之位，爲天下之主，故云「初登于天」也。「後入于地」者，夫既居人君之位，爲天下之所瞻仰，則當大明以臨照天下。今反昏闇瞑昧、放恣殘賊而不用其明，是入于地也。象曰「後入于地，失則也」者，言上六失爲君之法則，不能明照天下而終于昏闇，貽祖宗之羞也。

家人

䷤離下巽上家人，利女貞。

義曰：按序卦云：「傷于外者，必反于家，故受之以家人。」言人之有所傷于外，則必反于内以求其安，故家人所以次于明夷也。然此謂之家人者，蓋聖人以此爲治家之法也。「利女貞」者，夫家人之道，以女正爲始。何則？夫女子之性，柔弱无常而好惡隨人。故凡君子欲治其家，必正其身以正其女，以正其閨閫之内，父子之列、尊卑長幼之序各得其正。家既正，然後施之爲治天下，皆可得而正也。故大學曰：「欲治其國，先齊其家。」然則治家之道，在女正爲始也。

彖曰：家人，女正位乎内，男正位乎外，男女正，天地之大義也。家人有嚴君焉，父母之謂也。父父、子子、兄兄、弟弟、夫夫、婦婦而家道正，正家而天下定矣！

義曰：「女正位乎内」者，謂六二也。六二以柔順之質處内卦之中，若貞正之婦治閨門之内也。然婦人之道不可預聞外事，但以致整于内而已，故書曰：「牝雞无晨。牝雞之晨，惟家之索。」故女必正位乎内也。「男正位乎外」者，謂九五也。九五以剛明之德處外卦之中，是男子以義治外，其父子有禮，兄弟有序，尊卑上下各正其位也。然以義制事，則不可從于婦人，故恒卦曰：「夫子制義，從婦凶也。」所謂「男女正，天地之大義也」者，夫天以至剛之德、至尊之體處于上，地以至柔之德、至卑之質位乎下，此天地自然之常分也。以人言之，女正位乎内，男正位乎外，男女之位正，是得天地之大義也。「家人有嚴君焉，父母之謂也」者，夫君總生殺之權，操富貴之柄，四海之内莫不畏懼，羣而歸之，故謂之君。若父母之尊，則一家之事皆主焉，故不可專任其慈而无所斷制，必又加之以威嚴，董之以禮節，使一家之内有畏懼之心，如君之尊而又如君之嚴，則家道可以成也。「父父、子子、兄兄、弟弟、夫夫、婦婦而家道正，正家而天下定矣」者，夫爲父有父道，爲子有子道，以至兄弟、夫婦各有其道，是以父盡其嚴，子盡其孝，兄盡其友，弟盡其恭，夫盡其義，婦盡其順，如此則家道正矣。家道既正，天下斯定矣。故堯，聖人也，先親九族，然後平章百姓；文王亦聖人也，先刑于寡妻，至于兄弟，以御于家邦。是君子之治天下，必先正家，正家而天下定矣！

象曰：風自火出，家人，君子以言有物而行有恒。

義曰：「風自火出，家人」者，王通謂「明内而齊外」，有家人之象，是也。物，事也。君子觀此之象，治其家，使言有其事，行有其常，一言一行无有妄動。此治家之本在于正身也，故孟子曰「身不行道，不行于妻子」是也。

初九，閑有家，悔亡。象曰：閑有家，志未變也。

義曰：閑者，寬而防之之謂也。凡人之情，愛之極則无疑，親之至則无防。故君子之人治其家，必當思慮未及于邪，耳目未接于私之時，預爲之防，曲爲之備。不然，使醜惡已彰、姦邪已萌而始爲之防，是非家人之罪，乃已陷家人于有過之地也。今初九以陽居陽，處一卦之初，是治家之始，有剛明之德，而能于思慮未動、私邪未萌之前以爲之防，故悔亡也。象曰「閑有家，志未變也」者，夫君子防閑其家，待姦邪而後防之，惡彰而後治之，則无及矣。必于家人志慮未變之前豫防閑之，則所謂治家之道也。

六二，无攸遂，在中饋，貞吉。象曰：六二之吉，順以巽也。

義曰：遂者，專也。夫婦人之事雖治于閨門之内，皆稟命而行也。今六二以陰居陰，處内卦之中，履得其正，是婦人之得正者也。但處于内而无所自專，故云「无攸遂」也。「在中饋，貞吉」者，夫自古以來，上至天子之后妃，下逮庶人之妻妾，其所職之事不過于奉祭祀、饋飲食而已，故禮后有瑶爵之獻、奠盎之事，詩有關雎、采蘩，皆后夫人之職也。六二處内，任婦職而无所專，所主在于饋食而已，職此而又處其正，故得吉也。象曰「六二之吉，順以巽也」者，言六二所以得吉者，以居中履正，順而且巽，上能稟九五之命也。

九三，家人嗃嗃，悔厲，吉。婦子嘻嘻，終吝。象曰：家人嗃嗃，未失也。婦子嘻嘻，失家節也。

義曰：嗃嗃，過嚴之貌也；嘻嘻，和樂之貌也。夫治家之道不可專任其慈，雖至過嚴，終亦无所傷矣。

今九三以陽居陽，有剛明至正之德，居下卦之上，爲一家之主者也。故爲家之主若嗃嗃然嚴肅，使家人内外上下皆有畏懼之心，故雖有悔吝之事、危厲之道，亦得吉也。「婦子嘻嘻，終吝」者，夫婦子，人之所愛也。若爲一家之主而私于所愛，不能嚴正其治，使婦子嘻嘻然和樂，則姦惡由此而萌矣。夫如是至于終竟，必有鄙吝之道也。象曰「未失也」者，言雖嗃嗃嚴厲，未失治家之道也。「失家節也」者，若婦子嘻嘻而和樂，是失其治家之節也。

六四，富家，大吉。象曰：富家大吉，順在位也。

義曰：夫初九既以剛明之德居卦之初，能防微杜漸，使閨門之内不接于私邪，得正家之初也；六二又能以柔順之體居服勤之職，九三又能過嚴以畏懼其家人，是家道已成。至六四居大臣之位，是君子既正己之家，至此則佐君以正天下之家，故有君之爵禄之富，以富其家而得其大吉也。象曰「富家大吉，順在位也」者，六四家道已成之後，當大臣之位，上近于君，是順在其位，以治家之道移于國也，故孝經曰：「居家理，故治可移于國也。」

九五，王假有家，勿恤，吉。象曰：王假有家，交相愛也。

義曰：九五以剛明中正之德居于君位，是謂王者能假此治家之道以治于天下者也。故先正其家，使閨門之内莫不一于正，正家而天下定。是爲君者以此道而行，則不必憂恤而自得其吉也。象曰「王假有家，交相愛也」者，言聖人能推恩愛于天下之家，父父、子子、兄兄、弟弟、夫夫、婦婦，各以和順之道交相愛樂也。

上九，有孚，威如，終吉。象曰：威如之吉，反身之謂也。

義曰：孚者，由中之信；威，謂威嚴可畏。上九以剛明之才居家人之極，當家道之成，是能先正其身，發其信于中而外兼之以威嚴，終成家道，使閨門之内肅然有序而畏敬之，故獲其吉也。象曰「威如之吉，反身之謂也」者，言上九所以有威信而使人畏敬之者，蓋能先修其身而後加于人也。

周易口義卷七

睽

䷥兌下離上 睽，小事吉。

義曰：按序卦云：「家道窮必乖，故受之以睽。睽者，乖也。」言家人之道既窮極，則必至于睽異而離散也。「小事吉」者，夫睽乖之時上下之情既異，内外之志既乖，天下之人其心皆不同。于時雖有大才大德之人，亦不能大有所爲也。何則？夫君子之道必將大有爲，則須上下協心、衆賢同力、无有異志，故發之天下而功業被于世也。今既睽乖，故但小事則可以得吉也。

象曰：睽，火動而上，澤動而下，二女同居，其志不同行。説而麗乎明，柔進而上行，得中而應乎剛，是以小事吉。天地睽而其事同也，男女睽而其志通也，萬物睽而其事類也。

睽之時用大矣哉！

義曰：「睽，火動而上，澤動而下」者，此釋所以得睽之名也。火本炎上，澤本潤下，水火相資，然後能成功而利萬物也。今乃火動于上，水又動于下，水火不相資，是有睽乖之義也。「二女同居，其志不同行」者，離爲中女，兑爲少女，女子之生，長必從人，此天理之常也。今二女同居，必有從人之志，是其志不同行，亦睽異之義也。「説而麗乎明，柔進而上行，得中而應乎剛，是以小事吉」者，言睽之時所以得小事之吉者，下以兑説而上以離之大明。猶君子以説順之道而附于大明之人，而又以柔進居至尊之位，所行所爲正合于中道，无過无不及，又且下應于九二剛明之臣，夫如是，故小事所以得其吉也。「天地睽而其事同也」者，此以下廣明睽之義也。言睽之道，有自然而合者，若天以高而處上，地以卑而處下，是睽也。然而陰陽之氣交，則生成之事同也，故曰「天地睽而其事同也」。男位乎外，女位乎内，是睽也。然而相資而成一門之治，則是其志通也，故曰「男女睽而其志通也」。萬物衆多，品類不同，是睽也。然而好生惡死，樂安懼危，則是其事類也，故曰「萬物睽而其事類也」。「睽之時用大矣哉」者，睽乖之世，小人衆多，然順時而動者，惟大才大德之人能之，故先聖于此重嘆美之也。

象曰：上火下澤，睽，君子以同而異。

義曰：火在上，澤在下，二者不相資，故有睽乖之象。夫睽異之時小人衆多，皆欲加害于君子，故君子與之和同。然外雖和同，内之所存則異也。

初九，悔亡。喪馬，勿逐，自復。見惡人，无咎。象曰：見惡人，以辟咎也。

義曰：初九居一卦之下，當睽乖之時，上无其應，本有悔者也。然而九四亦无正應，故與初心志相合，遠而相得，其悔所以亡也。「喪馬，勿逐，自復」者，馬者，至彰顯之物。當睽之時，人心既已乖離，雖喪失彰顯之物，必无有私匿之者，故雖勿逐，當自復也。「見惡人，无咎」者，夫險惡之人，其用心皆欲陷害于君子。況睽乖之時小人熾盛，苟不和同而接見，必罹其所害，故見之乃无咎也。象曰「見惡人，以辟咎也」者，夫君子進用于朝，道行天下，則斥逐小人，无所畏忌。時既睽乖，雖其惡人，亦禮下而接見之，所以避一時之咎也。

九二，遇主于巷，无咎。象曰：遇主于巷，未失道也。

義曰：巷者，委曲不正之道也。君子當治平之世，斥逐小人，則可坦然由正道而行。若睽乖之時，人心不同，羣小黨盛，皆欲加害于君子。故此九二與五爲應，以五爲主，不敢顯然相遇于明坦之途；顯然遇之，則爲小人之所害，但遇之于委曲隘狹之道，乃得无咎。象曰「遇主于巷，未失道也」者，蓋睽之時不可顯然而行，雖由委曲隘狹之巷而得遇于主，亦未失君子之道也。

六三，見輿曳，其牛掣，其人天且劓，无初有終。象曰：見輿曳，位不當也。无初有終，遇剛也。

義曰：輿，所以載物而行也。六三以陰居陽，履失其正，上有上九之剛爲己之應，己得往而應之。然睽異之時履于不正，則上下皆欲害之，故若其輿爲人之牽曳，其牛爲人之拘掣也。「其人天且劓」者，天當作「而」字，古文相類，後人傳寫之誤也。然謂「而」者，在漢法有罪，髡其鬢髮曰「而」，又周禮「梓人爲筍簴」，作而，亦謂髡其鬢髮也。[一]其人，即謂九二、九四也。以六三履非其正，皆欲害之，故或來髡其鬢髮，或來劓割其鼻也。「无初有終」者，六三本以正應于上九，以其履不得正，故小人皆來害之。上九既見六三爲小人之所害，故亦疑之，不與六三之從己，是无初也。然六三本以至誠而應上九，初雖不與之應，然其有剛明果斷之才，故終則明知六三之誠而與之應，是有終也。象曰「无初有終，遇剛也」者，言初爲上之見疑，然終則知己之誠而與之應，是六三所遇得剛明之人也。

九四，睽孤，遇元夫，交孚，厲无咎。象曰：交孚无咎，志行也。

義曰：九四當睽乖之世而无應獨立，是睽之孤者也。元夫，謂初九也。初九以剛明之才處下卦之下而无正應，今九四亦无正應，是其心志相同、體類相契而爲配偶也。「交孚」者，九四、初九既不以正而合，是必傾至誠至信以交相待也。「厲无咎」者，九四雖與初以信相交，然彼此皆不正，故須必常若危厲，則可以免其咎

[一] 史記卷八十一注引江遂云「漢令稱完而不髡曰耐」，又漢書卷一下注引應劭云「輕罪不至于髡，完其耏鬢，故曰耏」，胡瑗所稱「漢法」當本此。胡瑗又引周禮「梓人爲筍簴」，然此文前後並無相關內容，僅「作其鱗之而」偶有關聯。或胡瑗臨堂講授，所記有不確者。

悔也。象曰「交孚无咎，志行也」者，夫當睽乖之時果无應，則所存之志不得行矣。今四乃與初以道相應，是其志得行也。

六五，悔亡。厥宗噬膚，往何咎？象曰：厥宗噬膚，往有慶也。

義曰：六五以陰居陽，履于不正，本有悔者也。然居至尊之位而下應九二之剛陽，故其悔所以亡也。「厥宗噬膚」者，宗謂九二也。九二既爲己之正應，則是己之宗黨也。膚者，柔脆之物，易于噬嚙者也。九二本以正而應己，然當睽乖之時，衆皆來肆害于己，故九二之宗排斥此陰邪不正之小人，使之不爲害，是易于噬柔脆之物也。「往何咎」者，言九二既以至誠來應于己，己往而應之，又何咎哉？象曰「厥宗噬膚，往有慶也」者，言六五之應既在九二，而爲小人之間厠，故九二終能噬嚙之，不妨己之路。若往而應之，則不惟相合，而又有喜慶之事也。

上九，睽孤，見豕負塗，載鬼一車，先張之弧，後說之弧。匪寇婚媾，往遇雨則吉。象曰：遇雨之吉，羣疑亡也。

義曰：四以无正應而曰「睽孤」。今上九處卦之終，是睽乖之極者也。睽乖之極，雖有其道，亦不能通，故亦曰「睽孤」。豕本不潔之物，而又負其泥塗，是穢之甚者也。言六三爲己之正應而在九二、九四之間，故己之視乎六三，必有猜貳之心、狐疑之惑，若視豕之負塗然，穢惡之甚也。「載鬼一車」者，鬼者，虚无而不可見也，車之所不可載者也。今上九見六三在九二、九四之間，故疑其穢惡，若見一車之鬼，是其造虛成實，以无爲有，妄僞之甚也。「先張之弧」者，言六三本爲己之應，今既厠于二陽之間，故上反疑之，張其弧矢，欲以攻之也。「後説之弧」者，上卦爲離，離爲火，火性至明。上九處離之極，明之至者也。下卦爲兑，兑爲水，水性至潔。六三處兑之極，至潔者也。六三本以至誠來應于己，爲小人之所厠，至于致疑。然上九以至明之性，故終能察六三之至清而審其至誠，遂説去其弧而與之會合也。「匪寇婚媾」者，六三本以正道應己，然以二陽所間，故不得會合。今既察明六三之情僞，是雖讒言不能間之而終得會合也。「往遇雨則吉」者，雨者，陰陽之和也。今上九之陽合于六三之陰，則是和而得吉也。象曰「遇雨之吉，羣疑亡也」者，言上九始以小人之讒間六三，故疑之而不與之應。然上九有剛明之德，知六三以至誠而來應，遂不疑而與之會遇和合，是羣疑亡也。

蹇

䷦ 艮下坎上 蹇，利西南，不利東北，利見大人，貞吉。

義曰：按序卦云：「乖必有難，故受之以蹇。蹇者，難也。」言睽乖之時上下離異，人心不同，必有蹇難，此蹇之所以次于睽也。「利西南」者，西南，坤位也。坤者致養之地，廣大寬平，生育之所也。夫當蹇難之世，生靈不得其安，民物不遂其所，人人思治之時也。若聖賢之人治天下之蹇，則置民于寬廣生育之域，然後得其安而至于太平也。「不利東北」者，東北，艮位也。艮爲山，山者，險阻不通之地也。若聖賢之人出民于險阻而置之安平，則是治蹇之道也。若復納諸險阻之地，則其民愈困而其道愈窮，故利西南而不利東北也。「利見大人」者，言蹇之時欲治天下之險，釋天下之難，必利見其大才大德之人也。「貞吉」者，蹇難之作，由上下人心乖異不正而然。今濟天下于无事，則必本諸大正之道，然後乃吉也。

彖曰：蹇，難也，險在前也。見險而能止，知矣哉！蹇利西南，往得中也。不利東北，其道窮也。利見大人，往有功也。當位貞吉，以正邦也。蹇之時用大矣哉！

義曰：此因二體以釋其義也。坎爲險在上，故曰「險在前也」。「見險而能止，知矣哉」者，坎爲險，艮爲止，見險在前，止而不進，是其知也。「蹇利西南，往得中」者，西南，寬廣生育之地。民在蹇難，置之此則得其安居而各遂其所，是往而得其中道者也。「不利東北，其道窮也」者，東北，險阻之地。民在蹇難，復置之此，則其民愈蹇，是其道之窮也。「利見大人，往有功也」者，夫大人與天地合德，日月並明，有仁義之心、經綸之志。民被塗炭，往而見之，共以解其蹇難、致其安平，則是往而有功也。「當位貞吉，以正邦也」者，謂五得其君之正，二得其臣之正，各當位而守正，故能正邦也。「蹇之時用大矣哉」者，蓋蹇之時必得大才大德之人，然後可以解天下之蹇，故先聖于此重嘆美之也。

象曰：山上有水，蹇，君子以反身修德。

義曰：山者，險阻之物。水流于險阻之上，其勢必不能通，是蹇之象也。「君子以反身修德」者，言君子罹此蹇難，不怨天，不尤人，但反己之身，修飭其德而已。孟子曰「愛人不親反其仁，治人不治反其智，禮人不答反其敬。」此之謂也。

初六，往蹇，來譽。象曰：往蹇來譽，宜待也。

義曰：夫蹇難之世，坎險在前，君子居之，必量時度勢而進，以自保其明。今初六居卦之始，在險難之初，若不顧其危，衝冒而進，則蹇難愈甚；若翻然知幾，觀時可否，可退則退，復其所處，不陷躁失，則保全其道，得其嘉美之譽，故「往蹇，來譽」。象曰「往蹇來譽，宜待也」者，言君子當蹇難之初，險阻在前，未可以進，宜退而自處以待其時也。

六二，王臣蹇蹇，匪躬之故。象曰：王臣蹇蹇，終无尤也。

義曰：蹇難之時，人人皆有所患而不可動，故初則「往蹇，來譽」，三則「往蹇，來反」，四則「往蹇，來連」。獨此六二云「王臣蹇蹇」者，蓋以其處人臣之位，履中居正，上應于九五之君。而君在蹇難之中，必盡忠竭力，奮死不顧，雖重險在前，亦衝冒而往也。「匪躬之故」者，六二所以冒犯險難而進者，非其一身之故，蓋上以爲君，下以爲民，救天下之蹇也。象曰「王臣蹇蹇，終无尤也」者，凡爲人臣苟不盡忠竭節，見危授命，則有不忠之罪。今六二既能盡忠竭節，不恤其身以救天下之蹇，故終无尤也。

九三，往蹇，來反。象曰：往蹇來反，内喜之也。

義曰：九三以陽剛之德居下卦之上，爲初六、六二之所恃也。然而險難在前，往則愈蹇。若君子之人能知時之不可行，度勢之不可用，反而自處以守其正，則得其所安，故曰「往蹇，來反」也。象曰「往蹇來反，内喜之也」者，既退而反居其本位，則不惟己獲其安，兼下之二爻皆得其所恃，安止而不犯于難，是内有喜悦之事也。

六四，往蹇，來連。象曰：往蹇來連，當位實也。

義曰：連者，牽連之謂也。六四以陰居陰，得正者也。然而蹇難之世，坎險在前，冒昧而進，愈必有難而入于深險。若能知時之不可行，退而牽連下之三爻，止而自守，則得其安也。注疏讀連字從上聲〔二〕，言四往來進退之間皆有蹇難而不利。夫蹇之時，其險在前，故君子止而不往，若退而守，不務其進，則復何蹇難之有？此注疏之失也。象曰「往蹇來連，當位實也」者，言四以陰居陰，得正當位者也。陽爲實，今四連下之陽，是當位而附得其實也。

〔二〕按疏引馬融曰「連亦難也」，集韻連作此義時音力展切，上聲。

九五，大蹇，朋來。象曰：大蹇朋來，以中節也。

義曰：五居蹇難之世而處坎險之中，是蹇之大者也，有若天下未安、人民未治之時也。而九五居中履正，能任六二之臣，二又得人臣之正，故盡心竭力以輔于己，是其朋來也，如湯之救夏而得伊尹，武王救商而得呂望之類也。象曰「大蹇朋來，以中節也」者，言五以剛中得人君之節，二以柔中得人臣之節，是君臣之間皆能以中節也。

上六，往蹇，來碩，吉，利見大人。象曰：往蹇來碩，志在内也。利見大人，以從貴也。

義曰：上六處蹇之極，居一卦之外，難將終者也。夫險極必平，難極必安，當此之時不可復有所往，若往則益蹇。反而退居其位，下應九三以守碩大之德，則得其吉道，故曰「往蹇，來碩，吉」也。「利見大人」者，言險難將終，但能附麗賢明大才大德之人，則可以遠出險難而持久于治，不須復有所往也。象曰「往蹇來碩，志在内也」者，言上所以來則有碩大之德者，蓋志應在内卦之九三也。「利見大人，以從貴也」者，陽爻，至尊貴者也。今上六能利見大才大德之人以終其難，是從者貴也。

解

☵☳ 坎下震上 解，利西南，无所往，其來復吉，有攸往，夙吉。

義曰：按序卦云：「物不可以終難，故受之以解。解者，緩也。」言天下之民不可使終受其難，必有聖賢之人往以濟之，故解之所以次于蹇也。「利西南」者，西南，寬廣生成之地也。夫聖賢之人解天下之患難，除生民之疢疾，必須發仁義之道，躋之寬平之所，使皆遂其生成，然後利也。不言「不利東北」者，東北，險阻之地。解之時，聖人止務散釋天下之難，不復更有險阻，故不言東北也。「无所往，其來復吉」者，夫聖賢所以有所往者，蓋以天下之民在于患難，故欲拯而濟之也。今天下之患難既解，若復有所往，則是煩擾其民而事愈潰亂，自取其弊敗之道，若屯之彖言「勿用有攸往」是也。但來而復其所有，獲其吉也。「有攸往，夙吉」者，言聖賢積心處慮，耻一物之失所。今難解之時，天下之民雖已權安，然其間有所未濟，亦當趨往而解之，以速爲尚，則可得而吉也。

彖曰：解，險以動，動而免乎險，解。解利西南，往得衆也。其來復吉，乃得中也。有攸往，夙吉，往有功也。天地解而雷雨作，雷雨作而百果草木皆甲柝[一]。解之時大矣哉！

義曰：坎爲險，震爲動，動于險之外，是聖賢之人動而能拯天下之險，使皆出于難也，故曰「解，險以動，動而免乎險，解」也。「解利西南，往得衆也」者，言聖賢既以仁義之道除釋民之患難，而置之于寬廣生育之地，使各得其所，以此而行，則必得天下之衆心也。「其來復吉，乃得中也」者，夫天下之難既解，若復

[一] 各本皆誤作「拆」，下同。阮元校勘記云「閩、監、毛本作拆，非也」。

有所往，則瀆亂已甚之道也。若不往而煩擾其民，守其止静，則得中也。「有攸往，夙吉，往有功也」者，言患難既解之後，或天下之民有未得其所者，聖賢之人不可遲緩，必汲汲而拯之，言速則有功也。「天地解而雷雨作，雷雨作而百果草木皆甲柝」者，夫天在上，地在下，氣不交則雷雨不作而萬物不生。故天以陽氣降于下，地以陰氣升于上，陰陽相蒸，剛柔始交，則必有屯難。屯難既解，故鼓之爲雷、蒸之爲雨，雷雨盈滿，則百果草木皆敷甲而柝，以至句者、萌者、動者、植者皆乘時而獲其亨通矣。「解之時大矣哉」者，按諸卦或言「時義」，或言「時用」，而此止言「時」者，蓋難解之時无不釋，故止言時耳。若蹇之時用，是天下在于蹇而始將治之，故必有所用，是以言用也。又遯卦言時義之類，是皆義有所存之時，故言義也。此卦于義、用並无所取，故不言也。

象曰：雷雨作，解，君子以赦過宥罪。

義曰：雷雨既作，則蟄蟲昭蘇、草木甲柝，解之義也。天下之民方此難解之時，始出于塗炭，其有過惡[一]，蓋舊染污俗，化上薄惡之政而然也。故君子之人當此之時，有過者赦之，有罪者宥之，使之改過自新，遷善遠罪，蓋難解之道也。

初六，无咎。象曰：剛柔之際，義无咎也。

[一] 各本有「遷善遠罪」四字，然於義無所取，或涉下文而衍，當刪去。

義曰：夫民在患難，非聖賢則不能濟。然濟民之難務在于速，不可使之久困也，故卦言「有攸往，夙吉」，象曰「往有功也」，是濟難在于速也。今初六居卦之下，當解之初，天下之難盡已解釋而无有所咎矣。象曰「剛柔之際，義无咎也」者，九四剛也，初六柔也，剛柔交際，同心以解天下之難，其義自然无咎矣。以時言之，則患難初解，亨通將至，其義必无咎悔也。

九二，田獲三狐，得黄矢，貞吉。象曰：九二貞吉，得中道也。

義曰：田，獵也；狐者，隱伏多疑之獸也；三者，言其象〔一〕也。蹇難初解，民心尚疑，猶恐未脱于難而又入于蹇。故君子當行其教化，革其殘暴之政，易服色、改正朔以新天下之耳目，使民心无所疑矣。如以田獵而獲三狐，猶言羣疑亡也。黄，中也；矢，直也。言九二又得大中之道、剛直之德，行天下之正道而得其吉也。

六三，負且乘，致寇至，貞吝。象曰：負且乘，亦可醜也。自我致戎，又誰咎也？

義曰：負者，小人之事；乘者，君子之器。陽至貴，君子也；陰至賤，小人也。今六三陰居陽，是小人而乘君子之器也。夫昏亂之朝，庸主在上，則賢不肖混淆，故君子之位而爲小人所乘。今蹇難既解，君臣上下各從其正，而六三乃以不正之質居至貴之地，是小人在君子之位也，則天下之所不容，斯人之所衆棄也，故致

〔一〕象，疑當爲「衆」字，因形近而訛。

寇盜之至，爲害于己而奪取之也。然而小人得在高位者，蓋在上之人慢其名器，不辨賢否而與之，以至爲衆人所奪，而致寇戎之所害也。象曰「負且乘，亦可醜也」者，言小人在位，是可醜惡之也，故孟子曰：「不仁而在高位，是播其惡于衆也。」「自我致戎，又誰咎也」者，言小人不度己德、不量己勢而竊居君子之位，所以致戎寇之來也。若以一郡一邑言之，則爲致寇；若以天下言之，則爲致戎。且寇戎皆自己招，又何咎于人哉？故繫辭曰：「負也者，小人之事也；乘也者，君子之器也。小人而乘君子之器，盜思奪之矣。上慢下暴，盜思伐之矣。慢藏誨盜，冶容誨淫。易曰『負且乘，致寇至』，盜之招也。」

九四，解而拇，朋至斯孚。象曰：解而拇，未當位也。

義曰：拇者，足指之大者也。謂六三居四之下，上无應而附于四，有足指之象也。九四正應在初，是其朋也；既係于六三，必忘于初，則初亦忘之矣。今既解去六三而專應于初六，則至而信矣，故「解而拇，朋至斯孚」。象曰「解而拇，未當位也」者，夫以至尊而爲天下之主，則可包含荒穢而容天下之民物也。今九四不當至尊之位，故不可係于他類而必解去之，則其朋黨至而信矣。

六五，君子維有解，吉，有孚于小人。象曰：君子有解，小人退也。

義曰：六五以大中之道位上卦之中，下應九二剛明之君子，以君子之道既行，是能解天下之難而得其吉也。「孚于小人」者，夫君子當解難之時，必能進用賢者、黜退小人以成其治。治道既行，則小人自然望風而信服，退藏竄伏以避君子之誅也。象曰「君子有解，小人退也」者，君子之道既行于上以解天下之難，則豈患小人哉？必自然信之使退也。

上六，公用射隼于高墉之上，獲之，无不利。象曰：公用射隼，以解悖也。

義曰：隼者，摯搏貪殘之禽也；高墉，非隼之所居也。六三以柔懦不正之體居下卦之上，是竊國家之名器，當君子之大位，猶貪殘之隼而居高墉之上也。今上六處解之時，居動之極，是君子之人藏器于身而不妄動者也，故能射去此不正之小人，使不得居高位而竊名器，如射隼于高墉之上也。「獲之，无不利」者，以小人而當君子之位，以此而獲之，何不利之有？故繫辭曰：「隼者，禽也；弓矢者，器也；射之者，人也。君子藏器于身，待時而動，何不利之有？動而不括，是以出而有獲，語成器而動者也。」

損

䷨兑下艮上損，有孚，元吉，无咎，可貞，利有攸往。曷之用？二簋可用享。

義曰：此損卦謂損下以益上，損民益君之象也。然上之損下，不可太過，必須合于中正，則民皆勤身竭力，樂輸于上。「有孚」者，言上之取于民，必當以信立之限極，取之有時，用之以制，取信于民，其民皆信奉于上，則獲元大之吉而无咎悔矣。苟或暴政横賦，臨之不以道，取之不以信，使其民仰不能以事父母，俯不能以畜妻子，凶年樂歲，殫財竭力，奉國不暇，如此則怨結于下，災見于上，而其咎悔可知矣。故古之什一爲萬世中正常行之法，所謂長久貞正而大吉无咎者也。既有其孚，又守以正，則所往无不利矣。「曷之用？二簋可用享」者，此言在上之人既能示民以信，取民有制，使上足其用，下不匱財，如此則復將何所爲？故雖二簋至約之物，亦可用之以享于鬼神也。左傳曰：「苟有明信，澗溪沼沚之毛，蘋蘩薀藻之菜，筐筥錡釜之器，潢汙行潦之水，可薦于鬼神，可羞于王公。」是也。言損道既以至誠至信而行，雖用二簋，可以享于鬼神，不待其豐備也。

彖曰：損，損下益上，其道上行。損而有孚，元吉，无咎，可貞，利有攸往。曷之用？二簋可用享，二簋應有時。損剛益柔有時。損益盈虛，與時偕行。

義曰：艮上而止，兑下而說。夫損民益君，必上有節止，絶无名之求，則下皆樂輸以説順之道而上行也，故曰「損下益上，其道上行」也。「損而有孚，元吉，无咎，可貞，利有攸往」者，言貢賦之入皆有常制，不失其信則可也。苟什一之外，不以孚信，動有妄求，是過損于下而取怨于民也。故必有孚信之道，獲元大之吉，免其悔吝，然後可以常行，利有所往也。「曷之用？二簋可用享，二簋應有時」者，言至約之物不可以常行，可儉則儉，可豐則豐，所應皆有時也。亦如損民應〔二〕上，雖不可過，然亦必視歲之豐凶而輕重之，則自然國用以羨而民力不困也。「損剛益柔有時」者，此謂損初九、九二之剛，益六四、六五之柔，亦有其時，不可以常行，可以損則損，可以益則益也。「損益盈虛，與時偕行」者，言不可長損于彼而益于此，盈于此而虛于彼，凡損益盈虛之道，皆與時而行也。故孟子曰：「治地莫善于助，莫不善于貢。貢者，校數歲之中以爲常。」此之謂也。

象曰：山下有澤，損，君子以懲忿窒欲。

義曰：按左傳曰：「川竭則山崩。」是言山澤之氣相通，故得以生于萬物也。今澤在山下，是損澤益山、損下益上之象也。君子觀此之象，可損之事在于忿欲，有忿則懲戒之，有欲則窒塞之，可損之善莫善于此。何則？自非聖人，不能无忿争之心、嗜欲之事，自君子而下則時有之，固宜損之也。

初九，已事遄往，无咎，酌損之。象曰：已事遄往，尚〔三〕合志也。

義曰：初九居一卦之下，處損之初，民之象也。夫民之爲職，固當給衣食以奉養其上者也。事，謂耕穫之事也。言耕穫之事既已，則速往以奉于上，乃得免其咎也。「酌損之」者，言上之損下，下之奉上，必皆斟酌

〔二〕疑「奉」字之誤。
〔三〕四庫薈要本、文淵閣本誤作「上」，當從白石山房本改正。下同。

其宜，使合中道。故民之于私，上有父母之養，下有妻子之畜，而又有州閭鄉黨、冠昏喪祭之用，不可盡竭其所有以輸于上，自取不足之患，必斟酌其宜，合于中道則可也。象曰「已事遄往，尚合志也」者，夫上之志所須在于民，民之志在奉其上。今初九能已自己之事，遄速斟酌而往奉之，則是合上之志矣。

九二，利貞，征凶，弗損，益之。象曰：九二利貞，中以爲志也。

義曰：夫損下益上，必須斟酌其宜，使合于中正者也。夫什一者，天下之中正也，過之則桀，殺之則貊，皆不得其中也。初已損之以益其上，至二復損，則損之太過，利在乎守正而已。「征凶」者，言若損之不已，復往而奉于上，則凶之道也。「弗損，益之」者，言不可更損己以奉于上，當反求上之所益則可也。象曰「九二利貞，中以爲志也」者，言損上益下、損下益上，皆不可過宜，必以大中之道而行。今初已損而奉于上，至二則不可更有所損，是以中道爲志也。

六三，三人行則損一人，一人行則得其友。象曰：一人行，三則疑也。

義曰：夫天地、君臣、夫婦之道，若專一相應，則其志純，其道固也。今六三之陰上應于上九之陽，若己與六四、六五二爻同往而應之，則反損上九之一人。若己獨往而應之，自得其友矣。故繫辭云：「天下百慮而一致，殊塗而同歸。」是言凡事在于一致，則其道純而无駁也。象曰「一人行，三則疑也」者，言六三獨往應上九，則其志和同而无所間矣。若三人往之，則上九必有疑惑之志，慮其有害于己也。

六四，損其疾，使遄有喜，无咎。象曰：損其疾，亦可喜也。

義曰：遄，速也。夫爲人上者，不可過取天下之財以困斯民。今六四一爻當大臣之位，切近于至尊，故當盡忠于國，不可復往損于民，但民有疾則去之，有患則損之，如此，所以爲天下之利而副人臣之職也。「使遄有喜」者，六四既爲大臣，其責甚重，若有一小人在位，爲國家之害、良民之蠹，則當損去之，而務在于速，不可使之滋蔓，如此則有喜悦之事而獲无咎矣。象曰「損其疾，亦可喜也」者，言爲人臣之職，若能秉忠直而損國家之疾，除民物之害而使之獲安，是可喜之事也。

六五，或益之十朋之龜，弗克違，元吉。象曰：六五元吉，自上祐也。

義曰：龜者，決疑之物，以喻人之才智也；朋，黨也；十朋，衆也。夫損下之道，不可過苦。惟在位聖賢之人不以爲常，但其用之有制耳。今六五以柔順居艮止之中而位至尊，下又應九二剛明之臣，己能虚心而接納之，又弗損于下，是故天下賢明才智之人皆盡其謀慮、竭其志策來益于己也。「弗克違，元吉」者，夫好賢而不能用，則與不好同；用之不能從，則亦與不用同。故好賢者，必用其才而又聽其言，此其任人之道也。今六五能虚己以接納賢者而信任之，又且不違其言，不逆其諫，使天下才智之人得盡其善、竭其能而奉于上，是以獲元大盡善盡美之吉也。象曰「六五元吉，自上祐也」者，六五以柔居尊，任用賢知之臣，聽其謀，從其諫，故得衆賢之歸而得元大之吉，自上而下无不祐之也。

上九，弗損，益之，无咎，貞吉，利有攸往，得臣无家。象曰：弗損益之，大得志也。

義曰：大凡居上者，不可常損下以益己。今上九居損之極，在艮之終，更无損下之道，是以施仁義之術生成天下，以益天下之民，如此則得其无咎，以貞獲吉。既獲其吉，則所往何不利哉？「得臣无家」者，夫蚩蚩之民，愚无所知，若在上者益之以道，則歡心而歸之。今上九既不損而反益之，則天下之民皆臣服而歸之，遠近无有踈間，天下爲一家，故曰「无家」。象曰「弗損益之，大得志也」者，言上九居上體之極而反益于下，則是天下之民无不臣服，而己之志大得行于天下也。

益

䷩震下巽上益，利有攸往，利涉大川。

義曰：按序卦云：「損而不已必益，故受之以益。」蓋言凡物之理，盛極必衰，損久必益。益者，損上以益下，損君以益民，明聖人之志在于民也。然損下益上則謂之損者，蓋既損民之財，又損君之德也。損上益下則謂之益者，蓋既益民之財，而又益君之德也。然上之益下，非謂耕而食之，蠶而衣之。以天下之廣、生靈之衆，苟家至户到，人人給之，則雖至愚，固知不可也，故「博施濟衆，堯舜其猶病諸」。蓋居人上者爲之求賢，或爲農官，或興水利，勸其力穡，使游手之民敦本而棄末；又爲之擇守令，宣行教化，興利除害，以益其民，是皆因其所利而利之，因其可益而益之，故非損于上，乃能益于下也。「利有攸往」者，夫上之益下，是損有餘而補不足，故得天下之心。既得天下之歡心，則何往而不利哉？然損則云「有孚，元吉，无咎，可貞」，然後曰「利有攸往」，此則直云「利有攸往」者，蓋損之時是損于民，必使天下信之，然後有元大之吉而无咎，以爲長久貞正之道，故始得利有攸往。此則損上益下，得天下之歡心，无所往而不利也。「利涉大川」者，夫君能以仁義之道益于下，下受其賜，則捐軀而報于上，效命以助其君，雖有大險大難，皆可以濟涉之也。

彖曰：益，損上益下，民説无疆。自上下下，其道大光。利有攸往，中正有慶。利涉大川，木道乃行。益，動而巽，日進无疆。天施地生，其益无方。凡益之道，與時偕行。

義曰：「損上益下」者，此謂損九五而益六二也。夫陽本實而有餘，陰爲虚而不足。今以九五之有餘益六二之不足，使民各安其業，皆被其澤，如此則得天下之歡心，民從之，无有疆畔也。「自上下下，其道大光」者，夫損下而益上，則損上之德。今上能自損以益其下，利益之事自上而流布于下，故其道廣大而光明也。「利有攸往，中正有慶」者，夫九五以陽位乎上，中正之君也；六二以陰居下，中正之臣也。君臣之間皆以中正之道下益于民，以此故獲福慶之事也。「利涉大川，木道乃行」者，上巽爲木，下震爲動，故以木爲舟楫，動則能涉大川也。猶人能盡仁義行于上，動而爲民之益。民既受其益，則莫不盡其心思輔于上，故雖大險大難，无不濟矣。「益，動而巽，日進无疆」者，此以二體言之。夫行益之道，居上者能動而上順天意，下順民心，則德之進而无有疆極也。「天施地生，其益无方」者，夫天損一元之氣以益于地，爲萬物之始，地承天之氣以生成萬物之形，其利益之道至公而不私，至正而不邪，至廣至大而无有方極。亦若聖賢以仁義利益天下之民而无有偏黨私邪，其道廣大而无有窮已也。「凡益之道，與時偕行」者，夫行益之道不可以常行，可損則損，可益則益。何則？天以一氣降于地以施生萬物，若常使益之，則萬物滿而過亢也，是必有事〔二〕而損之。君子以仁義寬愛而恤于下，若常益之，則在下者亦生驕亢而不知自損。是故先聖于此戒之，言凡爲益之道，必與時而偕行也。

象曰：風雷，益，君子以見善則遷，有過則改。

義曰：夫風得雷則威益彰，雷得風則聲益遠，是相益之象也。君子法此益象，見人有善則遷而從之，知己有過則改而正之。夫日遷一小善，積而不已，則大善著矣；日改一小過，改而不倦，則大過除矣。蓋益之大，莫過于遷善改過也，故孔子曰：「聞義不能徙，不善不能改，是吾憂也。」

初九，利用爲大作，元吉，无咎。象曰：元吉无咎，下不厚事也。

〔二〕按此言「與時偕行」，「事」或爲「時」之誤。

義曰：初九以剛陽之力[一]震動之始，是志于有爲而欲興益于天下者也。然興益之道，必須居位得勢，而後行之有餘。今初九雖有剛明興益之心，而位卑勢寡，非可致之地。又況當益道之初，有謀始之責，至難至重，故須所爲大吉，然後免咎，故曰「利用爲大作，元吉，无咎」也。象曰「元吉无咎，下不厚事也」者，夫大有所爲以益天下，必須履貴勢，操重權，乃能當之。至于位卑勢寡之人，則不可僭有所興。今初九實以剛陽之才利于大作，然初本卑下，不當厚事，故須萬舉萬全，至于大吉，然後无咎也。

六二，或益之十朋之龜，弗克違，永貞吉。王用享于帝，吉。象曰：或益之，自外來也。

義曰：六二以柔順之德履得中正，居受益之地，上應于九五剛明之君，而己能盡人臣之節以事之，无有偏黨姦邪之行，无蔽塞賢者之心，是以天下明智之人各欲獻其謀慮而來益于己，故曰「或益之十朋之龜」。「弗克違」者，夫以天下之人樂告以善道，而己又能以中庸和柔之德信聽之，弗有違戾也。「永貞吉」者，按損之六五言「十朋之龜，弗克違，元吉」者，蓋損之六五居得其正，爲損之主，是以天下賢智歸之而獲元大之吉。今六二在于下卦，居人臣之位，受天下賢智之歸，其勢至重，一失其正，必侵君之權，其爲禍不細矣。故當永守正道，盡人臣之節，率其衆賢，皆盡忠竭力以事其君，則得其吉也。「王用享于帝，吉」者，王者能任賢受益而弗違，又能永正，以此之道享于帝而得吉。況其爲臣能盡忠竭力以事其君，則其吉可知矣。象曰「或益之，

[一] 此處疑脱去「居」字。

自外來也」者，六二居中得正，又能盡人臣之忠義以事其君，故賢智之人皆自外來而益之也。

六三，益之，用凶事，无咎，有孚，中行，告公用圭。象曰：益用凶事，固有之也。

義曰：凡君子之人不在其位，不謀其政；若居其位、當其任，則可以有爲于時。今此六三以陰居陽，位非其正而過于中道，欲施益于下，非所當也。然所益之事，若民之凶荒、疾苦、札瘥、患難，則已不顧一身，奮然往而益之，則可以得其无咎也。「有孚，中行」者，言六三雖益以凶事，然亦當以由中之信，合于中道而行，然後可也。「告公用圭」者，圭，符瑞也，所以執而爲信。言六三既以由中之信而行，執其符瑞以告于公而明其所益之事。若漢武之時，河内失火，凡爇千餘家。帝遣汲黯往視之，黯曰：「此不足爲患。」時河内之民值歲凶，疾苦計萬數。黯遂矯命，發廪以救之，民由是活。及歸朝，乃請矯制之罪，帝遂賢而釋之。是乃非其位、越其職以濟凶荒之事。象曰「益用凶事，固有之也」者，言六三雖居非其位，然其救民安國之心，固有之也。

六四，中行，告公從，利用爲依遷國。象曰：告公從，以益志也。

義曰：六四以陰居陰，履得其正，上近于五，下應于初，在益之時，是能盡心竭力，上以益于君，下以益于民，告其所以爲益之道也。夫既能上益于君，下益于民，以此告于公，則无有不從也。「利用爲依遷國」者，夫天下之大，莫大于遷國。今以六四居得正位，行得大任，能致君澤民，故雖遷國之大，皆依從而利用之，則其小者從可知也。象曰「告公從，以益志也」者，言六四能恢有爲之道以益天下，使君尊民富，各得其所，是非以一身一家爲念，所志者惟益于上下而已。

九五，有孚，惠心，勿問元吉。有孚，惠我德。象曰：有孚惠心，勿問之矣。惠我德，大得志也。

義曰：九五以剛明果斷之德處至尊之位，下應六二賢明之臣，是能以由中之信興利于民也。「惠心」者，夫天下之廣，生靈之衆，聖人在上，非可以家撫而户養之也，蓋所惠者惠于心而已。天下民之温飽，非待王者耕而食之，織而衣之也，但勸之、教之、通商、惠工而已，如此則是王者惠心之謂也，論語所謂「因民所利而利之」「惠而不費」者是也。「勿問元吉」者，言九五既以仁義之心惠及于天下，則不待問而自獲元大之吉也。「有孚，惠我德」者，夫民无常懷，仁則懷之，故書曰：「撫我則后，虐我則讐。」今九五能以由中之信接于衆，故天下之民亦惠信九五之德也。象曰「惠我德，大得志也」者，言九五能興益之道以利于民，則其志大有所得也。

上九，莫益之，或擊之，立心勿恒，凶。象曰：莫益之，偏辭也。或擊之，自外來也。

義曰：上九居卦之上，處益之極，不通時變，不度人情，是其求益于人，无厭者也，故莫有益之者；求益于己，侵剥于下，故或有擊之者。「立心勿恒，凶」者，无厭之求以速禍患，是立心无常之人，凶之道也。

象曰「莫益之，偏辭也」者，言上九求益于己，非有以益于人，是偏辭以求益也。「或擊之，自外來也」者，六二、上九皆言自外來也。六二居中守正，其益在君民，故明智之人皆自外來而益之。上九居益之極，求益于己，不知其益人，立心勿恒，故人或自外來而擊之也。

夬

䷪乾下兌上夬，揚于王庭，孚號有厲。告自邑，不利即戎，利有攸往。

義曰：夬，決也。序卦云：「益而不已必決，故受之以夬。」以天道言之，則夏之三月五陽盛長，以剥削一陰之時也。以人事言之，則是聖人在上，羣賢並進，協心宣力，以衆君子決去一小人之象也。「揚于王庭」者，夫君子道長則小人道消，小人道長則君子道消，此必然之理也。凡羣小得志，君子之人若不能潛光晦迹，欲以直道顯然而行，則反爲小人之所害矣。今夬決之時，則是衆賢盛長、小人消剥，故可以顯然揚于王庭而決去之也。「孚號有厲」者，君子之道既盛，必須信賞必罰，決然示其號令，使天下之人皆信服而從之也。「有厲」者，厲，危也。夫以衆賢聚于朝廷，布宣號令，決去小人，然亦不可放心肆意而遂以爲安，故當肅肅祇懼而自爲危厲則可矣。「告自邑」者，夫發號施令，雖當夬決之時，君子道盛，亦不可驟然以威勢加于天下，故宜告自己之一邑，使一邑之人信服之，然後告及于天下，所謂自内及外，由邇及遠也。「不利即戎」者，然當此之時，更不可恃其剛壯，長征遠討，荼苦生靈，以速危敗。若昔唐之太宗，可謂英主矣，然而享治既久，則恃其剛威，以有高麗、百濟之征，至今稱之，終累聖明之德也。「利有攸往」者，夫夬決之時，一陰乘陵于衆陽之上而又勢微力弱，下之五陽共進而決去之，是君子之道坦然而行，无所往而不利也。

彖曰：夬，決也，剛決柔也。健而説，決而和。揚于王庭，柔乘五剛也。孚號有厲，其危乃光也。告自邑，不利即戎，所尚乃窮也。利有攸往，剛長乃終也。

義曰：「剛決柔」者，言以五陽而決一柔，猶衆君子去一小人也。「健而説，決而和」者，此以二體言之。下乾爲健，上兑爲説，以健而決，以説而和。蓋君子所行必得其中，剛不至暴，柔不至懦，故雖夬決之時用剛以決小人，則亦必以和而濟之。「揚于王庭，柔乘五剛也」者，言君子之命令所以顯然不憚宣揚于王庭者，蓋以一柔而乘陵五剛，一小人而乘陵五君子，是以公行決去而无有畏懼也。「孚號有厲，其危乃光也」者，言君子當此得時得位、號令必行之際，更能兢兢危厲，審克而舉，則其道益光也。「告自邑，不利即戎，所尚乃窮也」者，言發號施令，先告自己之一邑，使一邑之人信服之，然後告及天下，則天下无不信服也。苟若恃其剛壯，玩兵黷武，侵伐不戢，則自取窮凶之道也。「利有攸往，剛長乃終也」者，言君子之道所以坦然得行者，蓋由五剛盛長、一陰消剥之故也，是君子之道大成，終美于此也。

象曰：澤上于天，夬，君子以施祿及下，居德則忌。

義曰：夫至高者天也，潤物者澤也。今澤升于天，是必決然流霈于下也。故君子觀此之象，則施其祿惠以及于下。「居德則忌」者，此「則」字當作「明」字，輔嗣之說亦曰「居德以明禁」，蓋傳寫之誤耳。忌則禁忌之義也。夫己正則可以責人之邪，己是則可以責人之非。今夬決之世，君必先以仁義之德自居于身，而後可以明其禁忌以示天下，使天下皆知其禁。有不服從者，然後決然可以刑加之也。不然，不先示以禁忌，則孔子所謂「不教而誅」也。

初九，壯于前趾，往不勝，爲咎。象曰：不勝而往，咎也。

義曰：初九當一卦之下，故有足趾之象。夫夬之時，小人乘陵于上，而初九以剛明之才，欲往決去上六之小人，故曰「壯于前趾」。「往不勝，爲咎」者，夫夬之時，雖君子之道長，然而欲往決勝其小人，必須量敵而後進，慮勝而後會，可進則進，決然而發，萬舉萬全矣。若夫不度己力，不察彼勢，躁急而往，則反受其害，故曰「往不勝，爲咎」。象曰「不勝而往，咎也」者，夫力既不勝于小人，乃決然不顧而往，則必爲小人之所害而有咎也。

九二，惕號，莫夜有戎，勿恤。象曰：有戎勿恤，得中道也。

義曰：九二以剛健居一卦之中，則能決然而往，排去小人，不爲慉縮而不進也。故雖有驚惕號呼，莫夜之間而有兵戎之事，然亦不煩憂恤之也。象曰「有戎勿恤，得中道也」者，言九二以剛健之德决去柔邪之小人，而又所行所爲之道无過无不及，皆得大中之道，又何所恤也？

九三，壯于頄，有凶。君子夬夬，獨行遇雨，若濡，有愠，无咎。象曰：君子夬夬，終无咎也。

義曰：此一爻有錯倒之文，當曰：「壯于頄，有凶。獨行遇雨，若濡，有愠，君子夬夬，无咎。」何則？三應于上，上爲陰柔被决之小人。夫既應于小人，爲小人之所污辱，則何得无咎哉？又象曰「君子夬夬，終无咎也」，以此固知夬夬而後无咎也。頄者，面之骨，謂上六也。上六處一卦之上，故有面頄之象。夫剥之卦，五陰長而一陽在上，猶五小人而剥一君子。六三于小人之中，獨能上應君子而不爲剥削之道，故曰「剥之无咎」。此卦五陽進而决一陰，是五君子而决一小人也。獨九三不與衆君子同心决去小人，而反私應之，是壯于頄，凶之道也。「獨行遇雨，若濡，有愠，君子夬夬，无咎」者，夫雨者，陰陽和合之所致也。衆賢方共决上六之一小人，而三獨應之而其志和合，故曰「獨行遇雨」。夫小人之性，近之則不孫，遠之則怨。今夬决之時君子得志，而反爲小人之所污辱，是獨遇雨而濡潤其身，且有愠怒也。「夬夬」者，敢决之辭也。惟君子之人性明而志果，居九三之位，不爲應之所撓，奮然决之，乃得无咎也。象曰「君子夬夬，終无咎也」者，言九三終能抱公却私，與君子之衆同德合義以决去小人，則无過咎之累也。

九四，臀无膚，其行次且。牽羊悔亡，聞言不信。象曰：其行次且，位不當也。聞言不信，聰不明也。

義曰：次且者，其行不安之貌也。衆君子皆欲上進以决去小人，九四以不正之質獨當其路，爲衆賢之所傷而不得安行也。「牽羊悔亡」也者，羊者剛性之物，謂九三也。言九四若能牽連九三之剛，與衆賢協心盡力，上決于小人，則其悔可亡也。「聞言不信」者，九四雖牽連于九三而其悔得亡，然九四之性本以剛强而自任，故雖聞其言，亦不信之也。象曰「聞言不信，聰不明也」者，言九四所以聞言不信者，以視聽之間有所不明也。

九五，莧陸夬夬，中行无咎。象曰：中行无咎，中未光也。

義曰：莧陸，草之柔脆者也。九五居至尊之位，以天下之威而躬親決上六之一小人，則決之甚易，若去莧陸之草也。「中行无咎」者，九五既能決去小人，而以中行得无咎者，何也？夫爲君之道，必得天下之賢而任使之，賢人衆多，則自能決去小人，故不勞己力，可以安而无爲。今九五以萬乘之威而躬決小人，是由不能任天下之賢而用之也。若能以大中之道而行，則方得无咎也。象曰「中行无咎，中未光也」者，言居至尊而親決小人，雖得中正，未足謂之光大也。

上六，无號，終有凶。象曰：无號之凶，終不可長也。

義曰：上六以陰柔小人之質，當夬决之時，居衆賢之上而貪其榮寵，戀其禄位，不能退避君子而又乘陵于上，卒爲君子之所誅，故雖號呼于天，亦終不免其凶咎。故先聖戒之，言无用號呼，亦不能逃其誅而免凶也。象曰「无號之凶，終不可長也」者，上六當夬決之世而居衆賢之上，是其勢微力弱，必爲衆賢之所誅，是不可以長久也。

姤

䷫ 巽下乾上 姤。女壯，勿用取女。

義曰：按序卦云：「夬者，決也。決必有所遇，故受之以姤。姤者，遇也。」夫羣陽並進以決小人，小人既去，則聖賢之人得其相遇也。然謂之「姤」者，蓋以陰而遇于陽，以柔而遇于剛也。以人事言之，則是臣遇于君，君遇于臣也，以至貴賤、尊卑、少長、師友之間皆得其遇也。「女壯」者，此指初六而言也，以其以一陰而遇五剛，是女之壯者也。「勿用取女」者，女之爲道，固當婉娩柔順，從一而終；臣之爲道，必盡心竭力以事其上。今初六乃以一陰而遇五陽，是剛壯不正不順之女，故聖人于此戒之，言不可取，猶不忠不一之臣不可用也。

象曰：姤，遇也，柔遇剛也。勿用取女，不可與長也。天地相遇，品物咸章也。剛遇中正，天下大行也。姤之時義大矣哉！

義曰：「柔遇剛也」者，言初六以一陰而遇五剛也。以人事言之，則是以卑而遇于尊，以賤而遇于貴，君臣、上下、朋友、夫婦之間皆得其姤遇者也。「勿用取女，不可與長也」者，夫以不正不順之女用于閨門，則不能成其室；不正不順之臣用于朝廷，則不能盡忠而害天下。今初六之陰不能專一其行，以剛壯而遇于衆陽，是不可與之永長以相處，終始以相保也，故曰「不可與長也」。「天地相遇，品物咸章也」者，此以下廣明姤之義也。天以一陽之氣降于地，地以一陰之氣承于天，天地之氣相遇，故萬物發生而章明也。故君臣相遇則能成天下之治，夫婦相遇則能成閨門之事，師友相遇則能成其道業也。「剛遇中正，天下大行也」者，凡人有剛明之德而不遇中正之位，則不能行其道；有中正之位而无剛明之德，則不能稱其任。今九五既有剛明之德，又居中正之位，故能大行教化于天下而盡姤遇之道者也。「姤之時義大矣哉」者，夫姤遇之道，患不得其時；得其時，患不得其義；既得其時，又得其義，然又患不能久之也。故君臣相遇，不久則不能治天下；夫婦相遇，不久則不能治閨門；朋友相遇，不久則不能成道業。是姤之時與義至大至難，故先聖于此重嘆美之也。

象曰：天下有風，姤，后以施命誥四方。

義曰：風之行于天下以發生萬物，則物无不相遇而得其生成，此姤之象也。后者，天子、諸侯之通稱。夫天子之治天下，諸侯之治一國，皆當法姤之象，發施仁義之教命，以詔告于四方之民，則四方之民莫不順從而悦服也。

初六，繫于金柅，貞吉。有攸往，見凶，羸豕孚蹢躅。象曰：繫于金柅，柔道牽也。

義曰：金者，堅剛之物；柅者，車輪之下，制車之行，是制動之器，謂九二也。初六居姤之始，以一陰而上承于五陽，是剛壯不正之女也。然上有九二最近于己，九二有堅剛之德，能制物之動。今初六若能繫之而不躁求妄動，正一而不遷，則得其吉也。然初繫于二，本非其正，然姤遇之時人无常親，有賢者則可以附合，不顧正應而繫之也。故初六若能專一守正以繫于二，則可以獲吉矣。「有攸往，見凶」者，初六既不能順從于九四之正應而繫于九二，則當專一守正，可以獲安。若苟有所往而妄動，則是凶之道也。「羸豕孚蹢躅」者，羸豕，牝豕也，淫壯之甚者也；蹢躅，躁動之貌。言初六既以一陰而上承于五陽，又不能專一守正，躁動而欲有所往，是若羸豕淫躁之甚者也。象曰「繫于金柅，柔道牽也」者，夫陰柔之體不能自立，必牽繫于剛明之人乃可也。今初六以陰而繫于九二之陽，是陰道之牽也。

九二，包有魚，无咎，不利賓。象曰：包有魚，義不及賓也。

義曰：魚，陰物也，謂初六也。夫姤遇之時，君臣上下、貴賤尊卑各以正道交相際接，然後事克濟矣。今初六之陰來附于己，非己所召，己得初六之陰，如庖廚之有魚。然无咎者，初之應本在四，而已擅之，是有咎也。以初之來非己所召，近而相得，可以无咎也。「不利賓」者，夫饗賓，當以其正。今九二所得之魚非其正也，初本九四之民，今附于己，是擅有他人之民。擅有他人之民而與人，是義之所不可也，故象曰「義不及賓也」。

九三，臀无膚，其行次且。厲，无大咎。象曰：其行次且，行未牽也。

義曰：夫姤遇之時，君臣上下、尊卑貴賤皆得其遇，然後有所濟矣。今九三上无所應，下无所繫，是不得相遇之道也。然姤之時，下之君子欲上進，而己當其路，又乘九二之剛，必見所傷而不得其安行，故曰「其行次且」。「厲，无大咎」者，言九三雖爲下之所傷，而以陽居陽，所履得正，處非有妄，若能常自危厲而周防警戒，則咎亦无大矣。象曰「其行次且，行未牽也」者，言九三不能牽連衆陽而獨當上進之路，所以次且而不安也。

九四，包无魚，起凶。象曰：无魚之凶，遠民也。

義曰：魚，亦謂初也。夫姤之卦，以一陰而遇五陽，則淫壯甚矣。然初六既以躁妄之情，與二相得而失四之應，是猶二庖有魚而四反无之也。「起凶」者，夫姤遇之時，必得天下臣民，然後有所輔助而動作不失其正也。今九四以不中不正之身居上卦之下，雖有初六之正應，而反爲九二之所繫，則是君无其臣，國无其民，動而有凶也。故孟子曰：「得道者多助，失道者寡助。多助之至，天下順之；寡助之至，親戚畔之。」今九四居不得正，履失其中，是寡助之人也。象曰「无魚之凶，遠民也」者，夫民惟邦本，本固邦寧。初爲九四之民而繫于二，九四不得有之，是遠于民也。

九五，以杞包瓜，含章，有隕自天。象曰：九五含章，中正也。有隕自天，志不舍命也。

義曰：杞者，杞梓之材，木之秀者也。言此一爻有剛明之才、中正之德，居至尊之位，爲姤之主，而不遇其應，雖有衆陽在下來助于己，然在下者各固其位，但如延蔓相纏，終无所益。是猶杞秀之材雖甚盛茂，而爲瓜之延蔓纏繞之，適足爲美材之累。「含章，有隕自天」者，以己有剛明之才，居至尊之位，而下无賢明之輔，是以終日之間焦心勞思以求天下之賢。蓋自念有倡而无和，有令而无從，有仁義不能施于天下，有禮樂不能宣布于四方，于是但含蓄章美之德以待天下之賢。是以盡其至誠，不舍其命以求天下之賢，言天若隕墜我之命則已，若天未隕墜其命，則我求之不已，天必生賢明之臣以爲己之輔佐，爲己之應援，故曰「有隕自天」，明九五求臣之切也。象曰「九五含章，中正也」者，按坤之六三曰「含章可貞，或從王事」，彼以其爲臣之道，言其在下而含蓄章美之德，待其君而後發。此云含章，君之道也。九五居中正之位，亦含蓄章美之德，而无中正之臣以輔己而宣發之，故守其中正之位，待其得賢而後已。「有隕自天，志不舍命也」者，言此九五之君求賢之切，若天不隕墜我之命，則我之志不舍其求賢之命矣。故古之高宗諒闇三年，其惟不言，恭默思道，至于夢寐之間孜孜求賢，以得傅說，置之爲相。又周之世宗，以朝廷左右雖有百官而无中正之臣，故孜孜求賢，以得王朴，任之爲臣，以建太平之策。以此見自古聖人治天下，求賢之心乾乾不已也。

上九，姤其角，吝，无咎。象曰：姤其角，上窮吝也。

義曰：角者，物之最上，窮極之處也。按此上九居一卦之極，在无位之地，當姤之時上无所遇，下无所應，如至于角，窮盡而无所容也。「吝，无咎」者，以其居窮極无位之地，上无所容，是自取鄙吝，又何咎于人哉？故曰「无咎」。象曰「姤其角，上窮吝也」者，言上九不能自量其時而進至于角，是窮吝之道也。

周易口義卷八

萃

䷬坤下兑上萃，亨。王假有廟。利見大人，亨，利貞。用大牲，吉，利有攸往。

義曰：按序卦云：「物相遇而後聚，故受之以萃。萃者，聚也。」蓋言聖賢既相姤遇，則天下之人得以會聚，故以萃次于姤也。然萃所以得亨者，蓋君臣相遇，民物和會，當此之時，其道得以大通，其志得以上行，故「萃，亨」者，此也。「王假有廟」者，廟，貌也，言聚先祖之神，故謂之廟。何則？夫人之生，則精神萃之于身；及其死也，魂氣歸于天，形魄歸于地。于此時也，孝子慈孫雖有求見之志而不能見其容貌，雖有虔奉之心而不得爲之奉養。是故聖人觀萃之卦，假其萃聚之道，設爲廟祧，以萃祖宗之精神于其間，以奉四時之祭，以盡孝子之心，而施教于天下，使天下之人當此萃聚之時，皆知尊事其祖先也，故萃聚之道莫大于此。「利見大人，亨」者，夫小民蚩蚩，不能自立，是必得大有才德之人以仁義之道生成之，然後得其所亨。今萃聚之世，民物和會，故當利見大有才德之人，然後民得以亨通矣。「利貞」者，君之所以得民，民之所以從君，必須利在于正道。苟居上者不以正道而治之，則民始雖衆多，而聚終亦離叛矣，是萃之道，所利者惟在于正。「用大牲，吉」者，夫君之所有天下者，蓋由功業被于民，而爲天之所眷祐者也，故孟子曰：「天與賢，則與賢；天與子，則與子。」是則爲人上者撫有萃聚之世，皆由天所付與之也。故王者當此萬物萃聚之世，必用其碩大之牲爲之享祀，以答天所貺之命，故得其吉也。「利有攸往」者，萃聚之世，君臣會聚，天下和同，故聖賢君子必當往而康濟之，使天下大得其亨通矣。

彖曰：萃，聚也，順以説，剛中而應，故聚也。王假有廟，致孝享也。利見大人，亨，聚以正也。用大牲，吉，利有攸往，順天命也。觀其所聚，而天地萬物之情可見矣。

義曰：萃訓即聚也，言天下君臣民物會聚之時也。「順以説」者，此就二體以言之。下坤爲順，上兑爲説，是聖人在上，能以仁義之道順民之欲，説民之心，使羣民亦以順説而相合也。「剛中而應，故聚也」者，此指九五、六二而言。蓋五以剛德居中，爲萃之主，下應六二柔正之臣，是君臣之間倡而和，令而行，同德而治者也。夫既順而説，又剛而中，有此四德之備，然後天下之民因得而聚矣。「王假有廟，致孝享也」者，言王者假立廟貌以聚先祖之精神，以修四時之祭，以盡孝子之心，而示教于天下，使皆能明享親之禮也。「利見大人，聚以正也」者，言當此萃聚之時，必須得大有才德之人以正道治之，則天下可得而久大矣。「用大牲，吉，利有攸往，順天命也」者，夫君者，天之所以命也，故代天理物，以仁義之道生成天下之民，使天下之民皆受其賜而會聚于時，則王者用大牲之禮答天之意，以順承天之所命也。然「利有攸往」而言「順天命」者，夫王者既代天理物，則必往而康濟之，所以順上天付與之命也。「觀其所聚，而天地萬物之情可見矣」者，此廣明萃聚之義也。夫天本居上，地本在下，及其陰陽相交，萬物發生而萃聚，此天地聚會之情也，至于昆蟲草木亦各從其類，故繫辭曰「方以類聚，物以羣分」是也。今此君臣民物各相萃聚之世，聖人觀此萃聚之道，則可以見天地萬物之情狀矣。

象曰：澤上于地，萃，君子以除戎器，戒不虞。

義曰：上兑爲澤，下坤爲地。澤者，水之所聚。今澤處地之上，是萃聚之義也。除，去也。言君子之人當此萃聚之世，民既和説，海内晏然，于是之時不可復用其兵，是必韜藏其弓矢，偃息其戈矛，以示天下不復用兵也。故昔者武王翦商之後，載櫜弓矢，倒載干戈，歸馬于華山之陽，放牛于桃林之野，是所謂除去戎器者也。然天下雖安，忘戰必危，故雖萃聚之世，民已和會，然不可不有所備。蓋事久則弊，隆極必替，故聖人于是時亦常因民之隙，訓習師旅，以爲國備而戒不虞。至如堯、舜、商、周之時，可謂極治矣，然猶立司馬、司徒、司空、司寇之職以訓習兵戎。以是觀之，雖在萃聚之世、至平之時，亦當戒于不虞。此乃聖人安不忘危、存不忘亡之道也。

初六，有孚不終，乃亂乃萃。若號，一握爲笑。勿恤，往无咎。象曰：乃亂乃萃，其志亂也。

義曰：孚，信也。按此初六居萃聚之世，上應于九四，是以始初則以至信相待，欲相萃聚。然而六三以不正之身居其間，上无其應，又最比于四，遂招誣謗之言以間于己。是以初雖始有誠信以待于四，今既爲小人之所間，則初六誠信之心不得其終也。「乃亂乃萃」者，謂六三既爲間于初六，不得與四相從，是以初六心志必爲惑亂也，故曰「乃亂」。然且當萃聚之世，是上下皆相求萃聚之際，初雖心志惑亂，終得其萃，故曰「乃萃」。「若號，一握爲笑」者，號，謂號咷也；一握，謂掌握之間，至淺末者也。萃聚之世，必上下相求和會，然後必有所濟。然此初雖與四爲正應，然爲六三小人之所間厠于其間以疎隔于初，使不得與四萃聚，故始則有號咷之怨。然四雖爲三之所間隔于己，而本與初爲應，故亦不至于深久。雖初始則號咷，然終得與四爲之萃聚而有懽笑也。「勿恤，往无咎」者，夫君子爲小人之所疾害，小人爲君子之所决去，此理之常也。今初爲六三小人之疎間于己，爲之讒謗，然君子之心何必憂恤？但執其正道，以至誠公直而行，往求于四之應，則必无咎矣。

六二，引吉，无咎。孚乃利用禴。象曰：引吉无咎，中未變也。

義曰：君子之進，不可自媒以苟媚其君，而幸其時之寵榮也。是故君子懷忠信以待舉，力行以待取。是君子凡所進用，必須有道，待上之聘求然後往，則得盡進身之道也。今六二以陰居陰，履得其中，又上應九五中正之君，然亦必待其君援引于己，然後往之，此所以得吉而无咎也。「孚乃利用禴」者，孚，信也；禴，薄祭也。夫君子之進必在乎誠信相交，心志相接，然後其道可以大行也。今當萃聚之時，君臣之間誠信既著，心志既通，則可以不煩外飾，其道得行矣。若夫君臣之間誠信未著、心志未通而欲其道之大行，則孔子所謂「未信而諫，則以爲謗己者」〔一〕也。蓋君臣相應，則道可大行；孚信中立，則雖禴之薄祭，亦可通于神明也。象曰「引吉无咎，中未變也」者，言六二之所以待君之見引而後進者，蓋守中正之道而不變，不爲富貴貧賤之所移，待求而進，是志未有變也。

六三，萃如嗟如，无攸利。往无咎，小吝。象曰：往无咎，上巽也。

義曰：如，語辭也。六三以陰居陽，位不正也；居下卦之上，不中也。以不中不正之身居于萃聚之世，上无其應而欲親比于四，然四本與初爲正應，是以不納于己。既不見納，是以嗟咨怨望，復何所利哉？「往无咎，小吝」者，萃聚之世，上下相求以成萃聚，然後事有所成。今此六三雖无正應而四又不見納，然當是萃聚之時，捨其四之陽，以類求類，則往而應于上六，亦免其咎。然小有鄙吝者，蓋上六亦陰，以陰求陰，所以小吝而已。象曰「往无咎，上巽也」者，言六三捨九四而往應于上，必无咎也。何則？蓋上六以陰爻在上，陰爲

〔一〕按論語子張子夏曰：「君子信而後勞其民；未信，則以爲厲己也。信而後諫；未信，則以爲謗己也。」此語爲子夏所言。

巽順，必下接于己也。

九四，大吉，无咎。象曰：大吉无咎，位不當也。

義曰：萃聚之世，衆陰皆欲萃于君。而四以陽居陰，在上卦之下，不中不正而當衆陰之路，是必有擅民之疑、奪權之嫌。故須内抱剛明之德，外盡忠順之道，使其事爲大吉，然後可以免咎，故曰「大吉，无咎」。

九五，萃有位，无咎。匪孚，元永貞，悔亡。象曰：萃有位，志未光也。

義曰：萃聚之世，天下之民皆遇聚歸于上。今五有剛明之才，居至尊之位。當是時，下有九四不正之臣據羣陰歸己之路而固塞之，是使衆民皆歸于四而不歸于五，故五所存者位與號耳。「无咎」者，以五雖有權臣在下，侵權奪勢，然本有剛明之才、中正之德，但其道不得以大行，亦可以自得无咎也。「匪孚，元永貞，悔亡」者，言五雖有侵權之臣，而使己之威賞號令不行于天下而不爲天下之所信，苟能自守永長貞正之德，无私无陂，久而不變，則可以悔亡。象曰「萃有位，志未光也」者，言五雖有其位而其道不得以大行，而教化號令不能以及于天下，不爲天下之所信，是其志未甚光大也。

上六，齎咨涕洟，无咎。象曰：齎咨涕洟，未安上也。

義曰：齎咨者，嗟嘆之貌；出自目曰涕，出自鼻曰洟。上六居卦之極，上進无所往，引退无所適，當萃之時而又下无其應，是以嗟嘆而涕洟，以求其萃聚也。然則得无咎者，蓋六三以不正之身在下卦之上，亦无其應，是以與上以類求類，此所以无咎也。象曰「齎咨涕洟，未安上也」者，言上六所以齎咨涕洟者，以不得其所而不安其居也。

升

巽下坤上 升，元亨。用見大人，勿恤。南征，吉。

義曰：按序卦云：「聚而上者謂之升，故受之以升。」言物之衆萃，自少而聚之于多，自下而至于高，以升于上，故以此升次于萃也。然曰「元亨」者，言聖賢之人升于上位，必須有元大始生之德以生成天下之民物，又有大亨之德以通濟天下之事，然後得盡所以升上之道也。「用見大人，勿恤」者，夫君子之升進，雖有是大生大通之德，然不可孑然而獨往，必須用見大有才德之人以依附之，然後升其高位而不至于危，可以永保其禄位，復何有所憂恤哉？「南征，吉」者，按此一卦上坤，坤爲西南之卦；下巽，巽爲東南之卦。上下皆是南方之位，故曰「南征」。夫聖賢之人居升進之時，必附麗南方離明之主，又取其往就南方長養寬平之地以生成天下，則所行之道无不通濟，故可以獲其吉也。

象曰：柔以時升。巽而順，剛中而應，是以大亨。用見大人，勿恤，有慶也。南征，吉，志行也。

義曰：「柔以時升」者，此釋卦名之義也。巽在下，坤在上，二卦之體皆主柔順，而又三陰在上，得時而進。亦猶賢人君子執柔順之道，以其時之可進而進，是得其升進之義也。「巽而順，剛中而應，是以大亨」者，此又以二體兼九二、六五以釋元亨之義。下體巽也，上體順也，剛中九二也，應謂六五也。夫君子必不可全任巽順之德，若全任之則失于懦。是必内有剛明之才，外有柔順之行，使剛不過亢，柔不至懦，而所爲所行之事皆得其中正。然而外既有柔順之德，内有剛明之才，苟或上无其應，則亦不可得而升進，故今又應于六五中正之君。是當此之時，君子皆得其升進之道，以元大始生之德通濟于天下，是以大亨也。「南征，吉，志行也」者，言君子之進既附麗其大人，又即其南方生養寬平之地以生成于天下，是所立之志、所行之道皆得以大行矣。

象曰：地中生木，升，君子以順德，積小以高大。

義曰：坤爲地，巽爲木。夫木之生資于地，始自芽蘖至把握，積久以至合抱，是升進之象也。君子觀此象，執柔順之德，常積善道，不矜細行，以日繼月，以月繼時，以時繼歲，至終身久而不變。積小善以至大善，由小賢以至大賢，由大賢以至于聖，皆從微而至著，由小以至大，故曰「積小以高大」也。

初六，允升，大吉。象曰：允升大吉，上合志也。

義曰：允，信也，率從之稱也。夫升進之時，君子所志，在于乘時以升進于其位而行其道也。今初居巽之體，處升進之始，雖无其應，然于九二同心合志以進于位，爲衆賢之先倡，故賢人君子皆信而率從之以進于上。君子之人既得升進，則其道得以行，其志得以伸，其澤可以福于生靈，其功業可以被于天下，故吉之大者此也。象曰「允升大吉，上合志也」者，初六當升進之時，爲升進之始，雖上无應，然與九二中正之賢合志而進，使衆人亦率從于己而升進，故得大吉也。

九二，孚乃利用禴，无咎。象曰：九二之孚，有喜也。

義曰：孚，由中之信也；禴，春之薄祭也。九二以剛陽之德處下卦之中，而體居其巽，是其剛不過亢，以柔不至弱，執大中、巽順而升者也。而又上應六五之君，以柔順而接納于己，是升而得其時、得其道者也，以至于所行之道、所爲之事无不合于中。夫君既以柔順而接納于下，則下得盡其由中之信、至誠之道以事其君。若然以至信至誠而事其君，則不假外物、不須外貌而君自然信任矣。亦若誠信立于中，雖薄禴之祭，亦可以通于鬼神也。左傳所謂「苟有明信，雖澗溪沼沚之毛，蘋蘩薀藻之菜，筐筥錡釜之器，潢汙行潦之水，可以薦于鬼神，可以羞于王公」是也。「无咎」者，九二以至誠之道奉于君，而君任信之，則是諫行言聽，膏澤下于民，以此爲臣，何咎之有？象曰「九二之孚，有喜也」者，夫君臣相信以成天下之事，以立太平之功，是有喜慶之美也。

九三，升虛邑。象曰：升虛邑，无所疑也。

義曰：九三以陽居陽，履正者也，而又有上六以爲之應。進不爲小人之所阻礙，退不爲時之所凝滯，而上六又爲之引道，上下相順，无有疑間，以是而升于君子之位若升虛邑，然復何所疑哉？

六四，王用亨于岐山，吉，无咎。象曰：王用亨于岐山，順事也。

義曰：王，即文王也；岐山，文王所治之地也。夫升進之道，貴于柔順。今此六四以陰居陰，履得其正，上比于六五，是進得其位者也。然比于六五柔弱之君，又下乘衆陽剛强之臣，六四執柔順之道，率其剛强之臣以事其君，故有文王之象。昔商紂在上，文王爲西伯，治于岐山之邑。當此之時，文王有聖人之才，无聖人之位，而以仁義之道生成其一國。至如耕者九一，罪人不孥，仕者世禄，關譏而不征，市廛而不税，發政施仁必先于窮民，是以岐山之民皆得亨通，故歸者如歸父母。當是之際，文王升進之道愈盛，故曰「王用亨于岐山也」。「吉，无咎」者，文王以仁義居人臣之位，升進之道固已盛矣，天下之心固已歸矣，如是則幾于侵君之權，擅君之民。苟不以柔順之節奉于上，則臣子之分虧而凶咎必至矣。故文王能盡臣子之道，執柔順之節，率天下之民以服事于紂，故得吉而无咎矣。象曰「王用亨于岐山，順事也」者，言文王治岐山之地，三分天下有其二，且盡率其民以服事于紂，不失臣子柔順之道，是至順之事也。

六五，貞吉，升階。象曰：貞吉升階，大得志也。

義曰：階是尊者所居之地。六五以陰居陽，本失其正者也。然升進之道，貴于柔順。今六五有柔順之道，居得其中，是有大中之德者也，而又下有九二剛明中正之臣爲之輔佐。然所爲之事患在于不正，若能守之以正，則可以獲吉而當至尊之位也。象曰「大得志也」者，若能守至正以居其位而治天下之民，使皆受其賜，則己之志大有所得也。

上六，冥升，利于不息之貞。象曰：冥升在上，消不富也。

義曰：冥者，冥昧也。夫升進之道至于五，位大中之極也。惟聖賢之人則不爲情所遷，不爲情所誘，進退存亡皆得其正，可以進則進，可以退則退，可以止則止。今此上六，其性冥冥然无所知，但知進而不知退，知存而不知亡，升而不已，過于至尊之位，失其大中之道而至于亢極，故曰「冥升」也。「利于不息之貞」者，息，長息也。言雖冥昧，不知其已，以至于上，若能知升而可以已，知進而可以退，謙虚消損，不務長息，以正自守，則猶可獲其吉也。象曰「冥升在上，消不富也」者，言上六既不達存亡之幾以至于上位，固當消虚自損，不爲尊大以自至于富盛也。

困

䷮坎下兑上 困，亨。貞大人吉，无咎。有言不信。

義曰：按序卦云：「升而不已必困，故受之以困。」言升進之道不可過極，過極則窮困從而至矣。至如天之道升而不已，必至過亢之悔；地之道升而不已，必至龍戰之災。以天地之道至大，尚有困極，况于人乎？以人事言之，是君子之人不得其位，不逢其時，其道不能行于天下而身至于窮困，故曰「困」。然得亨者，言君子之道，身雖困窮而道自亨。何則？夫君子之人以仁義道德充積于中，不爲窮達、富貴、患難以動其心，是身雖處困而其道自得以亨通。故孟子曰「君子所性，雖大行不加焉，雖窮居不損焉」，此之謂也。「貞大人吉，无咎」者，貞，正也。言小人居窮困之時，憂愁、迫蹙、姦邪、竊亂，无所不至，則其爲禍也不可勝道矣。惟君子處于窮困，則能以聖賢之道自爲之樂，又能取正于大有德之人以爲法則，故所行无不得其道，所以獲吉而无咎矣。「有言不信」者，夫聖賢之人居得其位，行得其道，不令而民自信，不言而民自從，其勢固然也。至于窮困之時，不得其位，不能行其道，雖有言可以爲天下法，而終不見信于人，亦勢然也。何則？夫惟聖知聖，惟賢知賢，是君子當窮困之時，豈能以言語見信于小人哉？故孔子聖人也，孟子賢人也，困于衰周之時，雖歷聘于諸國，人皆謂之迂濶，是有言而人終不見信之也。

彖曰：困，剛揜也。險以說，困而不失其所亨，其惟君子乎！貞大人吉，以剛中也。有言不信，尚口乃窮也。

義曰：「剛揜也」者，此釋困卦之義也。坎爲陽，兑爲陰。陽爲剛，君子之象；陰爲柔，小人之象。夫剛體本居于上，柔體本居于下，猶君子居上位以治于下，小人居下位以奉于上。今困之卦，陽居下，陰居上，是剛爲柔所揜，君子爲小人所蔽，困之象也。「險以説，困而不失其所亨，其惟君子乎」者，此以二體言之。下坎爲險，上兑爲説，言君子雖居窮困險難之時，而能以聖人之道自説樂之，則處險而不改其説，是于困而不失其所以亨通之道，非君子，孰能與于此？「貞大人吉，以剛中也」者，即九二、九五也。言二、五皆有剛明之德而又得其中，是大有賢德之人也。故君子居此困窮之時，必當持正此大有德之人也。「有言不信，尚口乃窮也」者，君子當是窮困之際，道不得行，言不見信，苟尚口頰，徒益至于窮困也。

象曰：澤无水，困，君子以致命遂志。

義曰：兑爲澤，坎爲水。夫水本聚于澤上而浸潤萬物，今水反在澤下，是萬物不被其潤澤。猶君子之人所以居大位而澤天下之民，今反在困窮之地，是其道不及于天下，此困之象也。「君子以致命遂志」者，命謂天之所命也，致謂極盡之義。言君子有仁義之道藴諸其身，固當居大位，處重權，施其事業于天下，以澤萬民則宜矣。今居于窮困之間，使其道不得以行，是事非己招，咎非己致，匪人力所爲，蓋天命之使然也。然而君子之心自達于性命之理，不以困躓易其操，不以貧賤變其節，恬然自樂，以遂其志也。

初六，臀困于株木，入于幽谷，三歲不覿。象曰：入于幽谷，幽不明也。

義曰：臀者，最處卑下之物也；株木者，枯老朽槁之木。初六居困之始，在陂險之下，其體陰柔不能自濟。雖上有九四爲之應，然爲二所間隔，又有六三上无其應，下[一]比于四。初以三專侵己之正應，是以己欲上進而不得。又最在于下，是猶困于枯槁之木，更无生長繁盛之意也。「入于幽谷」者，初既居窮困之下，不能自濟，進不得己之應，如入于幽暗深谷之中而无所明顯也。「三歲不覿」者，此爻窮困已甚，雖有四之正應，而爲二三之所間，使不得進，而又在于下體，難于上進，至于三歲之間亦未得與四相見。象曰「入于幽谷，幽不明也」者，初最居下，如困于幽暗深谷之中，无所明顯也。

九二，困于酒食，朱紱方來，利用亨祀。征凶，无咎。象曰：困于酒食，中有慶也。

義曰：凡居窮困之時，必有剛明之才，然後能濟于世。今九二以剛陽之質處下卦之中，有剛明之德，是能自濟者也。既有剛明之德而能自濟，則衆皆歸之。歸之者衆則所奉者厚，故困于酒食，饜飫之象也。「朱紱方來」者，朱紱，天子之服，天子純朱紱；方，將也。言九二既有剛明之才、大中之德，爲衆人所歸，則天子必委任之。既委任之，則降體貌以禮之，厚恩命以尊寵之，是天子寵命將至，故曰「朱紱方來」。「利用亨祀」者，凡易中言亨祀之類，皆謂以至誠上通于神明。九二既爲衆人所歸，又爲天子所任，則必能進其至誠，率天下之人以奉于上，如亨祀之時竭誠以通于神明也。「征凶，无咎」者，以此九二其勢已尊，其權已重，其寵已

〔一〕按「下」字有誤，疑「而」字之訛。

隆，人臣之分盡于此矣。若不知止而復求其進，凶禍必至矣。夫凶禍之來皆己所招，非他人所致，復何咎于人哉？此亦戒之之意也。象曰「困于酒食，中有慶也」者，言九二有剛明之德，居得其位而爲天子所任，得行其道于天下，而有喜慶之事也。

六三，困于石，據于蒺藜，入于其宮，不見其妻，凶。象曰：據于蒺藜，乘剛也。入于其宮，不見其妻，不祥也。

義曰：石者，堅頑之物也；蒺藜者，草之有刺者也。大凡居困之際，必有剛明中正之德，乃能自濟。今此六三以陰柔之質處于陽位，是履不得其正；過于六二，是行不得其中。以不中不正之身妄據崇高之位，上无其應，當困之時，上進則有九四之剛陽以隔塞其路，故曰「困于石」；下而欲守其位，則乘于九二之剛，夫九二以中正之才爲己所乘陵，則反害于己，故曰「據于蒺藜」，是進退皆不得其安也。「入于其宮，不見其妻，凶」者，言三以柔順不正之質，進既不得行道，退又不獲所安，上又无正應以爲己輔，是其窮困至極，則雖至親之人尚不可得而見之，是猶入其宮而不見其妻，此凶之道也。故先聖亦繫此爻曰：「非所困而困焉，名必辱；非所據而據焉，身必危。既辱且危，死期將至，妻其可得見耶？」象曰「據于蒺藜，乘剛也」者，言六三所以據于蒺藜者，蓋乘九二之剛也。「不祥」者，祥，善也。以不見其妻而罹其凶，是豈爲祥善者哉？

九四，來徐徐，困于金車，吝，有終。象曰：來徐徐，志在下也。雖不當位，有與也。

義曰：徐徐者，舒緩不敢決進也；金者，堅剛之物；車者至剛，載物而行者也，謂九二也。按此九四爻以陽居陰，居非其位。當困之時，與初爲正應。然九二在下，上无其應，欲其比之，固塞己路使不得以相會遇，是以九四不可決然而行，但徐徐然舒緩而圖之也。吝，鄙吝也。以己有正應而爲二所固塞，是鄙吝之道也。「有終」者，九四既履非其正，爲二之所間隔，然當困之時，上下相求，雖爲二所隔，而初六本與己爲應，但緩而圖之，則初六終與己爲之應也。象曰「來徐徐，志在下」者，徐徐而來，蓋本與初爲正應，是志在于下也。「雖不當位，有與也」者，以陽居陰，不當位者也。然初六之陰本己之正應，既爲正應，雖見隔于九二，亦終有相與之道也。

九五，劓刖，困于赤紱，乃徐有説，利用祭祀。象曰：劓刖，志未得也。乃徐有説，以中直也。利用祭祀，受福也。

義曰：劓者，割鼻之刑也；刖者，斷足之刑也；赤紱者，諸侯之服也。按毛詩車攻篇云「赤紱金舄，會同有繹」，是言諸侯來朝用此赤紱也。此五所以言「劓刖，困于赤紱」者，言五居困之時，衆所不附，爲困之主，困之極者也。夫居困之時，衆所不附，當寬其慈惠，以仁義之道居己以下于人，則人皆樂而歸之。今不能寬其慈惠，反以剛壯之道、刑罰之威以服其人，使民畏而從之。欲天下諸侯皆從于己，然後以威力服之，非心服也，故人必不從，反爲諸侯之所困也。「乃徐有説」者，言九五本居得其中，又履得其正，雖始失于威暴而爲人所不從，若能徐徐緩而圖之，施德布惠，則人必感悦而從矣。然亦「利用祭祀」者，言九五緩而圖之，以有感悦之道，必須盡其至誠以接天下，猶祭祀之時盡其至誠以通于鬼神也。然二云「利用亨祀」，五云「利用祭祀」者，蓋至誠至信，其禮則一。但九二人臣之位，九五人君之位，居君臣之分、尊卑之差，豈可无别？故二曰「亨祀」，五曰「祭祀」也。象曰「劓刖，志未得也」者，言五專尚劓刖，威服于人，而人心將不樂從，故其志未有所得也。「乃徐有説，以中直也」者，言五所以緩而圖之，有感悦之道者，由己居得其中，行得其直故也。「利用祭祀，受福也」者，九五若能盡其至誠以接于下，猶祭祀以受福也。

上六，困于葛藟，于臲卼，曰動悔有悔，征吉。象曰：困于葛藟，未當也。動悔有悔，吉行也。

義曰：葛藟者，蔓生之藤；臲卼者，不安之地也。言上以柔弱之質，下无其應，居于卦外極困之地，不能自濟，是以困于纏繞，不得所安，困之甚者也。「曰」者，思謀之辭。凡吉凶悔吝，生乎動者也。上六既處極困，則思謀其身，處度其事，動必有悔吝。既動而有悔，必當冒難而往，以求其變通，不顧險難，決然而往，則可獲其吉矣。象曰「困于葛藟，未當也」者，上六居困極之地，非所當居而己居之，所以有纏繞之困也。「動悔有悔，吉行也」者，上六既居難中，不可不動，必冒難而行，則獲其吉也。

井

䷯巽下坎上井，改邑不改井，无喪无得，往來井井。汔至亦未繘井，羸其瓶，凶。

義曰：按序卦云：「困乎上者必反下，故受之以井。」蓋言君子之人升進不已，則必至于窮困。既困于上，則必反而歸于下，此井所以次于困也。「改邑不改井」者，邑者，都邑，人民之所聚居也；井者，是居其地而不可遷改也。夫都邑，民所居也，則可以遷；井之爲德，則不可遷。夫邑之名猶君子之身，井之義猶君子之德。君子之身可貴可賤，可富可貧，可生可殺；君子之道，則不可爲富貴、貧賤、生死所加損。「无喪无得」者，夫井之淵源，終日汲之而不爲之喪失；雖終歲不汲，亦不至于盈滿。猶君子積其德于身，至于用與不用，乃君民之幸與不幸耳，于君子之身何所損益哉？「往來井井」者，井，所以汲水濟于時也。往者取其井，來者亦取其井，往來之人莫不資其養、蒙其利也。猶君子之德，所居之處，遠邇之人皆受其賜，以至鰥寡孤獨、昆蟲草木无不被其澤也。「汔至亦未繘井，羸其瓶，凶」者，汔猶幾也，將至之謂也；繘者，汲水之綆也；羸者，縮絆之謂；瓶者，汲水之器。凡井之有濟人之功，今水將至而綆未出于井，則羸其瓶而傾覆之，其澤不能及于人，凶之道也。猶君子以道德仁義正身履行，本欲以濟衆也，必須致于有位，使其澤及于民物，則功必有成也。而反有至中道而自傾覆其德，則澤反不能施天下，亦凶之道也。

象曰：巽乎水而上水，井。井養而不窮也，改邑不改井，乃以剛中也。汔至亦未繘井，未有功也。羸其瓶，是以凶也。

義曰：此先以二體明井之義也。坎爲水，巽爲木，又爲入。木能入水而舉上其水，井之象也。「井養而不窮」者，夫井，泉源之所聚，往者來者皆取以爲養而无有窮盡也。「改邑不改井，乃以剛中也」者，言都邑之人，居可以遷；井者掘地爲之，不可以遷。猶君子身可以窮達，德不可以移易。若是惟二、五能之。二、五以剛中之德，則不爲富貴、貧賤、生死之所移其德，至造次顛沛之間未始變其道，如井之不遷也。「汔至亦未繘井，未有功也」者，言水汔至而綆未出于井，其功未濟于人也。「羸其瓶，是以凶也」者，所汲之綆既未出于井，而又羸綰其瓶以傾覆其水。如君子不能濟人，而又傾敗其仁義中道而止，是凶道也。

象曰：木上有水，井，君子以勞民勸相。

義曰：巽爲木，坎爲水。木能入水而舉上其水以濟于人，有井之象。君子法此井象，以勞來安恤其民而勸相之。勸者，舉天下之賢才，黜天下之不肖，興庠序之教化，施禮樂之道以勸天下之人，使皆知遷善而遠罪也。相，助也，謂勸農輕徭薄斂，節儉國用，所以助其生也。既勞以安之，又勸相以助其生，是以仁義之道被于民，得井之義也。

初六，井泥不食，舊井无禽。象曰：井泥不食，下也。舊井无禽，時舍也。

義曰：泥者，水之滓穢也。初六以陰柔之質，滓穢沈滯，居一卦之下，上无其應，其功不能及于上，是井之滓穢沈滯，至于爲人之所不食也。舊井者，久廢之井也；禽者，至賤之物也。久廢滓穢沈滯，雖至賤之禽猶不向之，則人不食可知矣。以人事言之，猶人不能脩潔其己，不能日新其德，不務升進而自處于卑下之位，爲人所不與也。象曰「井泥不食，下也」者，下謂處于卑下，功不及于物也。「時舍」者，蓋利不被于人，故爲時人之所共棄舍也。

九二，井谷射鮒，甕敝漏。象曰：井谷射鮒，无與也。

義曰：谷者，谿谷也；鮒，即鮒魚也，積穢之所生；甕者，停水之器。凡井之道，所以汲取以濟于物。今九二處下卦之中，上无其應而下比于初，猶谿之水下注射于積穢之物，又如甕之敝敗，其水下漏，是皆言其功不能上濟于物也。以人事言之，君子之人有仁義之術，可以濟于天下，爲生民之福。而潛身晦迹以自卑下，不務升進以行其道，其澤不能及于物，以是天下之所共不與者也。

九三，井渫不食，爲我心惻，可用汲。王明，並受其福。象曰：井渫不食，行惻也。求王明，受福也。

義曰：渫者，清潔之貌。言九三以陽爻居陽，履得其正，有剛明之才而在下體，如井之清潔而不爲人之所食，亦若君子有仁義之術不爲時君之所用。惻者，憂惻也。言君子所憂者，非憂其一身貧賤，憂其君不堯舜，憂其民不仁壽，故其中心惻然。蓋以其道德仁義不見用于上，其澤不能及于天下也。且井之清潔，可用取汲而濟于物；君子有道德，可以升進而濟天下之民。然所患者，上无明君以察己之道德。若王者有至聖聰明之資，能察己之道德以升進于位而任用之，使其道行于天下，致君于堯舜，躋民于仁壽，則君臣上下罔不賴其德而受其福慶也。象曰「井渫不食，行惻也」者，行者，所行之道也。蓋君子有致君經世之才，今反不用，則智謀不補于君，膏澤不下于民，故所以憂惻其道不行于時也。「受福」者，是君子必求明王以務升進于上，使其道大行于天下，則天下之人皆受其福慶也。

六四，井甃，无咎。象曰：井甃无咎，脩井也。

義曰：甃者，以砌累而脩補者也。按此一爻以陰居陰，處得其正，能自脩飾，使其泉源清潔爲人所食。亦猶君子脩潔其行，有仁義之道，可以濟于天下。然位不得中，尚未汲以濟于人，是君子雖未見用，亦可自守其正而獲无咎也。

九五，井洌寒泉食。象曰：寒泉之食，中正也。

義曰：洌者，清潔之貌。按此一爻以陽居陽，處得其正，以剛居中，清潔其行，是猶井之有寒泉，清潔不撓，爲時人所汲而食之。以人事言之，是聖賢之人居至尊之位，有剛明中正之德，有仁義之道，可以爲天下之法則，可以生成天下之民，以至往者來者皆得而濟之也。故若井洌寒泉，爲時人之所共食也。

上六，井收，勿幕。有孚，元吉。象曰：元吉在上，大成也。

義曰：收者，物之收成也；幕者，蓋幕也。夫井之道，以汲上濟人爲功。今上六以陰居陰而處一卦之上，井道之大成者也。猶賢人君子脩仁蘊義，沛然發施天下而福蒼生，是君子之道大成也。「勿幕」者，上六井道既成，則當使天下之人往者來者汲之以得濟養，故不可獨擅其利而蓋幕之也。亦猶君子德行既成，則當發施于天下，使天下之人皆受其賜，故不可遁于山林而獨善其身，亦不可吝嗇所爲而不施發也。「有孚，元吉」者，夫井道大成，則天下得汲其惠；君子道成，則天下得受其賜，故爲天下之人所信。既能取信于天下，所以獲元大之吉也。

革

䷰ 離下兑上 革，已日乃孚，元亨利貞，悔亡。

義曰：按序卦云：「井道不可不革，故受之以革。」凡井之經久，必有壞敗，故當淘治穢滓以革易其故，使之鼎新，此革所以次于井。革者，變革之義也。夫天下暴亂，人民塗炭，是必有大聖之興起拯治天下，革天下之命令，使天下皆得其寧也。「已日乃孚」者，已日，則事已成之日；孚，信也。夫愚民知久陷于塗炭，雖聖人興起，亦未知聖人之所爲，猶恐未免于難。故須聖人丁寧誥戒，使民審知，然後改正朔，易服色，殊徽號，制作禮樂，一新民之耳目，使天下之人皆出乎信于上，故即日不孚，至于已日乃孚。「元亨利貞，悔亡」者，元亨利貞，天地生成之四德，在聖人爲仁義禮智。言聖人爲革之道至難，必有是仁義禮智之四德以生成天下之民物，然後合德于天地，而可以无悔吝之道。苟于四德有所不備，則將自取悔吝者也。

彖曰：革，水火相息，二女同居，其志不相得，曰革。已日乃孚，革而信之。文明以説，大亨以正，革而當，其悔乃亡。天地革而四時成，湯、武革命，順乎天而應乎人。革之時大矣哉！

義曰：「水火相息」者，息，滅也。下離爲火，上兑爲澤。夫水本積于澤中，火本炎上，水火之性本不相得，水遇火而消，火遇水而滅，是水火之性自然相息滅也。「二女同居，其志不相得，曰革」者，此因二體以言之。離爲中女，兑爲少女。言女子之生雖同其居，其志各有適人之道，是其志自然不相得，革之義也。「已日乃孚，革而信之」者，夫民性之愚，久處暴虐，雖聖人興起以仁義之道生成之，始皆出于塗炭，然民尚未信。聖人故當已事之日，乃新更制作，改變號令，使決然无疑，皆相信而從也。「文明以説，大亨以正，革而當，其悔乃亡」者，文明，離象也；説，兑象也；大亨以正，四德畧舉之也。言聖人既變暴亂之事于天下，遂以文章光明之道感悦于民，又有元亨利貞之四德以爲革之道，拯天下之難，興天下之治，皆順于道而當其理，故其悔乃亡也。「天地革而四時成」者，此以下廣明革之義也。夫天地之道，寒暑相易，陰陽相蕩，故四時順其序而成其歲功也。「湯、武革命，順乎天而應乎人」者，夫桀、紂之時，天下暴亂，民墜塗炭。湯、武憫生靈不獲其所，于是興師振旅，放桀伐紂以革其弊，上以順于天，下以應于民。此湯、武興治補弊，救民于水火，爲王者能濟事之大者也。「革之時大矣哉」者，夫革變之時，是則革故從新，除苛解擾，一新民之耳目，以變時之號令，拯天下塗炭之民而納之安泰之域。其道至大，其事至深，非大有聖德之人則不可爲，故先聖所以重嘆之也。

象曰：澤中有火，革，君子以治歷明時。

義曰：水火之性不相得，故有革之象也。君子觀此革易之象，以治其歷而明其時。蓋天地之大，不可以形究。是故君子因爲之歷數，以推測其妙用，究極其躔次，考步其陰陽寒暑、日月星辰、風雨晦明，以察天時之早晚，以觀四時之代謝，所以明示于天下，使天下之四民因其時而興功業，皆不失其早晚。此王者治國之大法也。

初九，鞏用黄牛之革。象曰：鞏用黄牛，不可以有爲也。

義曰：鞏者，固也；黄者，中也；牛者，至順之物也。夫革之道不可驟有所爲，必須以仁義之道漸被于民，以大中之道固結于下，使民心信確，順從于己，然後可以大有爲而行變革之事也。今此初九居卦之始，在革之初，故不可驟然有所爲。是必先以大中之道、至順之德以固于民，使民固信于己，順而從之，然後可以爲其改革更變之事也。象曰「鞏用黄牛，不可以有爲也」者，凡革之道，必須德澤被于民，已日然後可以革之也。民固即日而未孚，可遽革之乎？故但可固守中順而結之，未可大有所爲。

六二，巳日乃革之，征吉，无咎。象曰：巳日革之，行有嘉也。

義曰：初九在革之始，不可驟然有所爲，是必先以大中之道固信于民，使民信之，然後爲變革之事。今此六二以陰居陰，處得其中，又得其正，而又處離明之中，能以大中之道變革于民。民既信之，所以得爲革之事，故曰「巳日乃革之」。「征吉，无咎」者，征，行也。言二既居離明之中，能以大中之道革變于民，夫以是而行，則得其吉，又何咎之有？象曰「巳日革之，行有嘉也」者，夫以離明之中行大中之道，以變革于天下，而民悉信之，是所行皆嘉美之事而得其吉也。

九三，征凶，貞厲。革言三就，有孚。象曰：革言三就，又何之矣？

義曰：今觀此爻，經文有所倒錯，止依此文以解之，則義无所當。蓋當先云「革言三就，有孚」，後則曰「征凶，貞厲」。何以明之？按此九三以陽居陽，處得其正，又在下卦之上，處離明之極。蓋離爲火，火性炎上；上是兑，兑爲澤爲水。水火之性本不相得，所以得變革之象也。今九三既處離明之極，體性炎上。時爲革道，故上之三爻必須從而成就之，其順從皆有誠實也。猶聖人以離明之道變革所爲，除去天下之暴，爲衆人之所信從。「征凶，貞厲」者，言九三既能革變其民，天下之民既信而順，不可更有所征行，但守至正之道，則可以盡變革之義也。若復有所往，必罹其凶，而于正道言之，是有危厲者也。象曰「革言三就，又何之矣」者，之即往也。天下之民既已革而順從，當是時也，復何所往哉？

九四，悔亡，有孚改命，吉。象曰：改命之吉，信志也。

義曰：九四居非其正，本有悔者也。然以陽居陰，非居剛亢，而又在上卦之下，當悦順之體，下承于火。火性炎上而九四能承其炎，而變革前政之非，故得悔亡也。夫九四既非其正，然則〔一〕水火之際，居變革之間，能承此命以仁改暴，以治易亂，盡其至誠之心以改革其前非，是以獲吉也。象曰「改命之吉，信志也」者，言九四在澤之初，居于水火之際，而居非其正。若能盡其至誠，承此改革之命令，變其已往之非，信志而行，无疑忌之心，則獲其吉也可知矣。

九五，大人虎變，未占有孚。象曰：大人虎變，其文炳也。

義曰：大人者，即大有才德之人也；虎者，攫搏之物，而威稜可畏，又有文采顯明著于外者也。九五以陽居陽，處得其位，在上卦之中，履其至尊，爲變革之主。又有剛明之才，以革去天下之暴亂，以鼎新天下之

〔一〕此處疑脱去「當」字。

號令，新民視聽，威德兼行，爲天下之所信，遠近皆畏而革其非僻之心，能使朝廷之間、君臣上下，皆有肅雍文章光明之美以發于外。猶虎之有文采炳然著于外，又有威稜使皆威信之。是若非大德大才之人，則曷致于此？「未占有孚」者，言九五以大中之道威信于天下，以革去當時之弊亂，使民信而從之，不待占筮而自信矣。象曰「大人虎變，其文炳也」者，言聖人革去天下之弊，使朝廷君臣上下皆有文采，又使遠者近者望而畏之，如虎之文炳然而盛也。

上六，君子豹變，小人革面。征凶，居貞吉。象曰：君子豹變，其文蔚也。小人革面，順以從君也。

義曰：夫爲革之道，必須以孚信固結于民。故九五之爻爲革之先倡，以革變其天下之暴亂，有才有位，文章顯著而又可畏也。今上六體是陰爻，過于九五，而革道已成，且在上卦之極，履非首倡，又承水火變革之終，是臣民之位也。既在臣民之位，則當盡其至正之道以輔從于九五，則得爲革之義。使君子居之于此位，則能輔于五，亦能同爲變革于天下，雖使文章光顯，亦不及于五，不可謂之虎變，但謂豹變而已。言其變革之文蔚然，其文采威稜次于虎者也。「小人革面」者，以君子居之則能豹變，以小人居之則必包藏狠戾之心，但飾其外文柔順其道以從于上，故曰「小人革面」。「征凶，居貞吉」者，征，行也。言上六在卦之極，過于九五，蓋在臣民之位，當輔從于君，不可更有所往。若以臣民而行，則必有猜疑之禍，是有凶之道也。苟能居是位而守其正，則得其吉。象曰「君子豹變，其文蔚也」者，言君子居此位，輔從于五，共爲變革，雖有文采，但不及于虎，止可如豹文之蔚然，亦著見于外也。「順以從君」者，言小人但變革其外貌，以順從于上而已。

鼎

䷱巽下離上鼎，元吉，亨。

義曰：按序卦云：「革物莫若鼎，故受之以鼎。」鼎者，變生爲熟，革故取新之謂也。言聖賢之人凡欲革天下之弊亂，必須改正朔，易服色，殊徽號，變禮樂，以新天下之視聽。故必法制齊明，得其盡善盡美，然後獲元大之吉，其道是以亨通也。

象曰：鼎，象也。以木巽火，亨飪也。聖人亨以享上帝，而大亨以養聖賢，巽而耳目聰明。柔進而上行，得中而應乎剛，是以元亨。

義曰：鼎者，鑄金所爲，而有法象者也。「以木巽火，亨飪」者，此因二體以解鼎卦之象。下巽，巽爲風；上離，離爲火。以木以風而入于火，故有亨飪之象，此鼎之用也。「聖人亨以享上帝」者，此以下廣明鼎卦之義。言鼎之所以用者，由木入火而成也，故聖人亨之，可以享祀于上帝也。「而大亨以養聖賢」者，言聖人大亨以養天下之賢，使賢聖盡得其養。然此所以言「大亨」者，以天下之大、四海之廣，非一聖一賢之所能致，又非一耳一目之所能察。故聖人分其爵禄，大其優寵，以廣求天下之聖賢，使皆得己之養，爲養之大莫大于此，故曰「大亨」。「巽而耳目聰明」者，言聖人既盡養天下之賢，又當以巽順之道下接之，是以天下之賢者皆樂其所養，盡其謀慮、竭其忠信以輔于君，以共成其政，故得其天下之耳爲己耳，天下之目爲己目，以成己之聰明。「柔進而上行，得中而應乎剛，是以元亨」者，此指六五而言也。夫五以柔順之道進而居至尊之位，又在上體之中，是所爲之事得其中；而又下應九二剛明之臣，是聖賢相得，君臣相會。故能鼎新制作，革去弊亂，天下之事无不得其大通，故曰「是以元亨」。

象曰：木上有火，鼎，君子以正位凝命。

義曰：凝，成也。言君子之人觀此木火亨飪之象，凡欲鼎新法令，革民弊亂，以新天下耳目者，必先正其至尊之位，定其尊卑之分，以凝成其命令而新其法制。

初六，鼎顛趾，利出否，得妾以其子，无咎。象曰：鼎顛趾，未悖也。利出否，以從貴也。

義曰：夫陽以生物爲實，陰以剥物爲虛。鼎之爲器，上虛而下實者也。初六以陰柔之質而處一卦之下，是鼎器反上實而下虛也。既上實而下虛，遂至鼎顛趾也。「利出否」者，夫否者，否惡不善之物也。鼎雖顛趾，然利于出否，去穢以納新也。「得妾以其子，无咎」者，夫妾者，至賤者也。以至賤而爲尊者之配，升于貴位而爲正室，所以反得无咎者，以其有子故也。有子何也？以其子能荷先祖之業，承宗廟之重，故得无咎。則公羊所謂「子以母貴，母以子貴」者，此其義也。其意若君子承弊亂之後，思欲鼎新天下之事，其所爲雖有小害，然利于覆去否穢，建立新法，以新天下之耳目，終立天下之大功，所以得其无咎。象曰「鼎顛趾，未悖」者，夫鼎雖顛覆，然能覆去否穢以納其新，是其道未至于悖逆也。「利出否，以從貴」者，夫既以顛出否穢以納其新，又以妾爲室而无咎，以子之貴故也。

九二，鼎有實，我仇有疾，不我能即，吉。象曰：鼎有實，慎所之也。我仇有疾，終无尤也。

義曰：九二以剛陽之質處鼎之中，是鼎有實物之象也。夫鼎之實必有齊量，不可以盈溢。若遇其盈溢，則有覆餗之凶。君子之人雖有才德，亦有分量，若職事過其才分，則有曠官之謗矣。仇即謂五也，疾謂三與四也。言二雖應于五，然以三、四間隔其路，使其君不得以他職事即加于己，故己既得盡其才以事于上而无曠官之咎，所以獲吉。蓋有實之鼎，不可復有所增；才任已極，不可復有所加故也。象曰「鼎有實，慎所之也」者，言人才有大小，若才不甚大而加其煩任重職，則必有凶敗之至，故宜慎其所之，不可妄其所行也。「我仇有疾，終无尤也」者，言我之仇雖爲二陽所間而不能復加事于己，則我終免曠官之尤悔矣。

九三，鼎耳革，其行塞，雉膏不食。方雨，虧悔，終吉。象曰：鼎耳革，失其義也。

義曰：九三以陽居陽，自實也；居下卦之上，有耳之象也。夫鼎之耳，虚之所以容鉉也。今革易其常道以實其耳，不能受鉉者也。鉉而不受，鼎斯不舉矣，是其行之所以窒塞也。夫鼎而不舉，行而窒塞，雖有雉膏甘美之食，焉得而食哉？若君子之人以剛亢自處，不能容受天下之賢，故其行所以窒塞也。夫既不能容受天下之賢，雖天下有善謨善慮，亦不可得而用矣。「方雨，虧悔，終吉」者，夫雨者，陰陽相和而然也。若能改革前非，去其剛亢，上以交于君，下以來于賢，則得虧損其悔而終獲其吉矣。象曰「鼎耳革，失其義」者，言鼎必虚耳以待鉉而舉之，今以陽居陽而自實，是失其爲鼎耳之義也。

九四，鼎折足，覆公餗，其形渥，凶。象曰：覆公餗，信如何也？

義曰：九四居上卦之下，鼎足之象也。餗者，鼎之美實；渥者，沾濡之貌。夫鼎足，所以上承于鼎，以受其美實。今九四以陽居陰，居非其位，不正者也。以不正之質，是不能上承于鼎，斷折其足，傾覆公家之美實。不惟傾覆美實，而又有沾濡其形體之凶。若人臣智小德薄而切近于君，當人主大任，荷國家重責，則必曠敗其職而傾覆公家之事。不獨傾覆公家之事，而又有刑戮及身，受污辱之禍，凶之道也。象曰「覆公餗，信如何」者，言禍及身，信无可奈何也。故先聖特繫此爻曰「德薄而位尊，智小而謀大，力小而任重，鮮不及矣」，言不勝其任也。

六五，鼎黄耳金鉉，利貞。象曰：鼎黄耳，中以爲實也。

義曰：黄者，中之象；金者，至剛之物；鉉，所以貫鼎耳而舉之，謂九二也。言六五以陰柔之質〔一〕居大中之位，能謙虚以下接于九二之剛，猶鼎虚其耳以待其鉉而舉，故今得金鉉貫其中而舉之，以成鼎之道也。以人事言之，則是君虚謙而不自高亢，下接于天下賢明之臣，使下之賢相率而歸以輔于己。「利貞」者，以六五雖有大中之道以下接于臣，然以陰居陽，履非其正，而九二以陽居陰，亦非其正也。以不正之道相親比，則不能无悔。故聖人于此深戒之，言利在其至正之道，然後可以獲其吉也。象曰「鼎黄耳，中以爲實」者，言五以陰柔之質，本非其實，而能虚中以納物，行大中之道，以爲其實也。

上九，鼎玉鉉。大吉，无不利。象曰：玉鉉在上，剛柔節也。

義曰：玉者，有堅剛之質而其色温潤。上九以陽居一卦之上，處鼎道之成，衆爻皆履剛，而此一爻獨履六五之柔，是剛柔相濟而有玉鉉舉鼎之象。以人事言之，是爲人臣者有剛柔之德，致君于堯舜三代之治，成太平之化，故能獲其大吉而无所不利也。象曰「玉鉉在上，剛柔節」者，上九以剛陽之爻履六五柔順之質，剛而不至于暴，柔而不至于懦，故所以致君于无爲，皆剛柔得其中節者也。然六五言「金鉉」而上九言「玉鉉」者，夫玉之性剛柔全也，上九體陽而履柔，剛柔全也，故曰「玉鉉」。六五以陰而乘陽，差失其正，其德未備，故曰「金鉉」。

〔一〕白石山房本誤作「職」。

周易口義卷九

震

䷲震下震上震，亨。震來虩虩，笑言啞啞。震驚百里，不喪匕鬯。

義曰：按序卦云：「主器者莫言長子，故受之以震。震，動也。」蓋言鼎者，國家之重器；震者，長子之象。按説卦又云：「震一索而得男，故謂之長男。」此震者，坤一索之卦也，故有長男之象。言正嫡之子可繼先祖之業，奉宗廟之祭，能主國家之器也。此震所以次于鼎也。亨者，震爲雷，雷者盛陽之氣，居于地下而出于地上，故動則有威。既動而有威，則勾者出，萌者達，蟄者伸，枯者榮，天下萬物昆蟲草木之類，无不震動而亨通。以人事言之，則是聖賢君子一動，而天下之民无遠近小大，无鰥寡孤獨，皆被其德澤而各遂其所。若君子之人一動而不能法震雷，使萬物得其亨通，則不能成動之道，是動之妄者爲也。故聖人特于此言「震，亨」者，所以爲動者之法也。「震來虩虩」者，虩者，蠅虎之蟲也，藏隐壁中，蠕然而動。言威震之來，則人爲之戰兢悚懼，不能自安，如蠅虎蠕然而動。然則重言虩虩者，恐懼之至也。「笑言啞啞」者，啞啞則和樂之貌。言始以威剛，既能戰慄，不敢爲妄，故動有法則而不陷于刑戮，雖有威剛之嚴而不加于己，故始雖有恐懼之憂，終有笑言之樂。「震驚百里，不喪匕鬯」者，百里，即雷聲之所及也；匕者宗廟之器，以棘木爲之，似畢而无兩岐，所以舉鼎之實而升于俎也；鬯者以鬱金草和酒，而有芬芳調鬯之氣。言震有長子之象，大而繼天子以臨天下，小而繼諸侯以臨一國。是必有威德以及遠，使民心知有所歸，則威震之道全，而可以主宗廟之祭而不喪匕鬯也。

彖曰：震亨。震來虩虩，恐致福也。笑言啞啞，後有則也。震驚百里，驚遠而懼邇也。出可以守宗廟社稷，以爲祭主也。

義曰：「震亨」者，言震雷不動則萬物不通，聖人不動則天下不亨。「恐致福」者，言震雷之來，能戰慄恐懼以自脩省，則不陷于禍害而終致福慶之事。「後有則」者，言既恐懼而致其福，則是不爲非妄之行而動有所法，則致有笑言啞啞之樂也。「震驚百里，驚遠而懼邇也。出可以守宗廟社稷，以爲祭主」者，言長子既有威德以及于人，則遠者无不驚恐，近者无不戒懼，是以民心莫不趨向而樂從之，故出可以繼祖考之業，奉宗廟社稷之祭而爲之主，无喪失其匕鬯者矣。

象曰：洊雷，震，君子以恐懼修省。

義曰：雷者，天之威也；洊者，因仍之謂也。以上體是雷，下體亦是雷，則是天威重仍而至也，則萬物莫不震悚而獲其亨。君子觀此震雷之象，以驚恐戒懼，修飾其身，省察其行，以全身遠害，則身不陷于過惡，刑戮所不及也。

初九，震來虩虩，後笑言啞啞，吉。象曰：震來虩虩，恐致福也。笑言啞啞，後有則也。

義曰：來者，自外之辭。夫剛威之行，所以驚懼姦僞，懲戒邪惡。初九有剛明之德而居震動之始，是不敢爲非而内无所慊。故剛威自外而來，本非己所招致，然己不能无恐懼之心。既能虩虩然恐懼，則其身益修而其行益明，不敢爲妄，則禍患必不能及于己而終獲笑言之吉矣。

六二，震來厲，億喪貝，躋于九陵，勿逐，七日得。象曰：震來厲，乘剛也。

義曰：來者，亦自外之辭。六二以陰柔之質居下卦之中，是履得其正，行得其中。既有中正柔順之德，是不爲非妄也。故雖剛威之來，亦非己所招致，故曰「震來」也。然而「厲」者，蓋初九爲震之主，而己以陰柔之質下乘陵之，故其身必有危厲也。十萬曰億；貝者，寶之謂也。言當威震之時而乘震動之主，則其身危厲而所喪失者多，故曰「億喪貝」也。「躋于九陵」者，躋，升也；陵，險阻之地也；九陵，言至高也。不惟多有所喪失，而又超履高險，升于九陵之上。然則雖有喪貝躋陵之事，然以本有中正柔順之德，不須馳逐追取，七日之間自然得之。言始雖有失而終有所得也。

六三，震蘇蘇，震行无眚。象曰：震蘇蘇，位不當也。

義曰：「震蘇蘇」者，震恐之貌。凡剛威之行，所以警其邪僞而戒其姦惡。故初九有剛明之德，六二有中正之道，雖則威震之來，非己所招，故曰「震來」。今此六三以陰居陽，履非其正，而爲高亢者也。既履非正而又高亢，則是邪惡之人也。其威震之來，乃己所招，故不曰「來」。夫以不正之行，當威震之時，故蘇蘇然恐懼之也。「行无眚」者，言六三雖以不中不正之行，而下巽于六二之柔，上奉于九四之剛，于理爲順。故雖威震之行，可以免其禍患而灾眚不及于己矣。

九四，震遂泥。象曰：震遂泥，未光也。

義曰：泥者，泥滯不通之辭也。居人上者必當有剛威之德，又有至正之道以安于下，則下之人相率而從之。今九四以剛陽之質爲衆陰之主，居非其位，履失其正，雖有剛威，不能亨通于羣下。以是而言，于己道未甚光大也。

六五，震往來厲，億无喪，有事。象曰：震往來厲，危行也。其事在中，大无喪也。

義曰：六五以陰柔之質爲一卦之主，進則上无所應，退則下乘九四剛威之臣，往來之間皆有危厲。十萬曰億。言六二處下卦之中，亦乘于初九之剛，故居不得安而大有所喪，是以稱「億喪貝」。今六五爲一卦之主，雖下乘九四之剛，然履得大中之位，行得大中之道，雖往來之間時有危厲，亦不能大有所喪也。「有事」者，夫當威震之世，下有剛權不正之臣，若專无爲而治，則不足拯天下之難，救天下之弊，固當有爲獨任，以權天下可也。象曰「震往來厲，危行也」者，言六五居至尊而乘剛，故往來之間皆危厲而行也。「其事在中，大无喪」者，言處得其位，合于中道，雖興起大事，亦无所喪失也。

上六，震索索，視矍矍，征凶。震不于其躬，于其鄰，无咎。婚媾有言。象曰：震索索，中未得也。雖凶无咎，畏鄰戒也。

義曰：索索者，中恐懼之謂也；矍矍者，視驚聳之貌也。上六以陰柔之質居威震之極，履不得大中之位，故當威剛之來，索索然恐懼，矍矍然驚聳也。「征凶」者，言居威震之極而又无大中之德，則當固守常分，庶免凶咎。苟復有所往，是凶之道也。「震不于其躬，于其鄰，无咎」者，夫九四爲剛威之主而處上卦之下，上六居一卦之極而在无位之地，遠于九四，故九四之剛威不能及己之身。雖不及其身而及其鄰，謂五犯九四之剛，有往來之厲，則己能觀此鄰戒以自修省其身，整治其行，故得无咎也。「婚媾有言」者，上六處不得位，履不得中，雖婚媾至親之人，亦不能免讒間之言。象曰「震索索，中未得」者，言上六所以索索然恐懼，以履不得中故也。「雖凶无咎，畏鄰戒」者，言雖有凶而能免其咎，以其能觀戒于五而畏慎其所行，故咎可以免也。

艮

䷳ 艮下艮上 艮其背不獲其身，行其庭不見其人，无咎。

義曰：按序卦云：「物不可以終動，止之，故受之以艮。艮者，止也。」蓋言人之動静，各有其時。若動而不已，必有悔吝生，故以艮次于震，所以爲世動静之戒也。夫艮者山之象，山爲地之鎮，安止而不動，故爲止之象。背者，目所不見之所也。言艮止之道，必止于未萌之前。若夫聖人之治天下，將禁民之邪，制民之欲，節民之情，止民之事，必于其利害未作，嗜欲未形，未爲外物之所遷而其心未動之前，先正其心而不陷于邪惡。若止之于背之後，目所不覩而不見其身也。「行其庭不見其人」，夫庭者，指淺近之處而言之也。行于淺近而猶不見其人者，蓋止得其道，各守其所而有定分，不相揉雜故也。古之聖人之治天下也，其在建官分職，各有所責。若習禮者專掌于禮，習樂者專掌于樂，習兵者專掌于兵，習刑者專掌于刑，各守其職而不相干也。又如天下之民，爲士者止于爲士，爲農者止于爲農，爲工者止于爲工，爲商者止于爲商，是亦各有定分而不相揉雜，處不易業而守其常故。如行于淺近一庭之間而不見其人，是其各有所止而不相雜亂也。「无咎」者，言能止其事于未萌之前，使官民各得其止静，不相揉亂，故无咎也。

彖曰：艮，止也，時止則止，時行則行，動靜不失其時，其道光明。艮其止，止其所也。上下敵應，不相與也，是以不獲其身，行其庭不見其人，无咎也。

義曰：艮者，山之象也。山爲止靜，故曰「艮，止也」。「時止則止，時行則行，動靜不失其時，其道光明」者，大凡動靜必有其時，若其時可以止，則當止而不可動；若其時可以行，則當行而不可止。可行者，若上有其君，下有其民。若退止而不進，則君民无以自濟。故聖人特于此言聖賢之道，當觀其時之可否而進退之。若行而不失其動之時，止而不失其靜之時，行止動靜皆得其時，則其道光大而明顯，故孟子曰：「孔子，聖之時者。」言孔子之道，可以行則行，可以止則止，可以速則速，可以久則久，惟觀其時而察其道之可否而已。然則時行時止，所以爲萬世動靜之戒，不于震卦言而于艮始言之者，蓋震爲雷，雷有時而靜；艮爲山，山一定而不動。恐後之人法此止靜之道，不復求于進用，使天下之人无所濟，故特于此言之，以爲動靜之戒也。「艮其止，止其所也」，不言背而言止者，蓋背者目所不見，所止之處也。言艮其止者，能止于未萌，得止之所也。「上下敵應，不相與」者，言上下六爻各相亢敵而情不相與，是各止其所之象也。既能止于未萌之時，而又能使上下各相守其分而不雜揉，故總舉彖辭而結之也。

象曰：兼山，艮，君子以思不出其位。

義曰：言君子觀此兼山止靜之象，凡所思謀，當專于所職，不可越出其位而妄有所思也。

初六，艮其趾，无咎，利永貞。象曰：艮其趾，未失正也。

義曰：趾者，足趾之謂也。初六居卦之始，在事之初，最處于下，是猶足趾也。夫足之趾本亦能動有其時，時止則止，時行則行，動静不失其正，所以得其无咎。然止物于其始，必須永長守其志，正而行之，故曰「利[一]貞」。象曰「艮其趾，未失正」者，言初六居卦之下而能止事于未萌，所以未失其正也。

六二，艮其腓，不拯其隨，其心不快。象曰：不拯其隨，未退聽也。

義曰：腓者，足之腨腸也。按此一卦不以爻之陰陽、位之貴賤尊卑而言，但取人之一身之象以明其義。故初六居一卦之最下，其象爲趾；六二處初之上，故爲腓之象。夫腓之爲物，不能自動，隨足而已，是足動則動，足止則止。今足既已動而欲止其腓，必不可得而止也。是不能自拯救其失，但隨物而動也。亦如凡人不能制事于初，及事已動，利害已作，嗜欲已萌，欲强制之，終不得而止也。然雖强止之，則不能稱己之欲，是欲止之心不獲其快也。象曰「不拯其隨，未退聽」者，言不能制之于初始，及事已作，雖欲止之，必未能于其所處而聽其止静之事也。

九三，艮其限，列其夤，厲薰心。象曰：艮其限，危薰心也。

義曰：限者，人之身上下分隔之際也；夤者，脊膂之肉也。九三居上卦之下、下卦之上，于人之身體，

[一] 此處疑脱去「永」字。

是猶分限之際也。夫身之中亦不能自動，惟下之有所動則從而動之，上之有所動亦從而動之。如上下已動，而欲艮止其身之中，則必分列其脊之肉矣。此言人不能制其事于始，又不能成其事于終，措置之間不得其道而欲止于中道，則進退不可而致蠱敗其事，故有危厲之苦而薰灼其心也。

六四，艮其身，无咎。象曰：艮其身，止諸躬也。

義曰：身者，是人之一身也。夫人之體，統而言之則謂之一身，手足謂之四肢；分而言之，則腰足而上亦謂之身。今此六四出下體之上，在上體之下，處夤限之間，是身之象也。夫人患不能自止其身，今六四能止之，得其道，使四肢不妄動。故如人之静止得其道，制禦得其術，防過得其要，不爲外物之所遷，不爲貧賤之所移，不爲富貴之所易，故无咎也。

六五，艮其輔，言有序，悔亡。象曰：艮其輔，以中正也。

義曰：輔者，車〔一〕頰也。六五居上卦之中，以人身言之，有口輔之象。夫口頰者，所以主言語之所出，若其妄動，則有過失，其爲咎也不細。故先聖繫辭曰：「君子居其室，出其言，善則千里之外應之；出其言，不善則千里之外違之，况其邇者乎？言行，君子之樞機。樞機之發，榮辱之主也。是言語不可不慎也。」今六五能正其口輔，使不妄發其言，皆有倫類次序，故禍不召而悔可亡矣，則所謂「言滿天下，无口過」者也。象曰

〔一〕「車」疑爲「口」之誤。咸之上六口義云「輔者，口輔也」。

「艮其輔，以中正」者，此爻居非其正，然位得其中，是有大中之德而能正其口輔，使口不妄發，孔子曰「有德者必有言」是也。

上九，敦艮，吉。象曰：敦艮之吉，以厚終也。

義曰：艮者山之象，爲地之鎮，有博厚之德。上九處艮之極，有敦厚之道而自止，使邪欲不能汩，利害不能侵，死生富貴不能易，如此可以獲其吉。象曰「敦艮之吉，以厚終」者，以敦厚之德爲艮止之事，得其艮道之終也。

漸

䷴艮下巽上漸，女歸吉，利貞。

義曰：按序卦云：「物不可以終止，故受之以漸。漸，進也。」夫艮卦之上下二體，皆艮止之象。夫專務艮止而不求進，則失其動靜之中道，非仁義之人所存心也。此卦上體是巽，下體是艮，是内有艮靜之心，外有巽順之德，故能務于漸進，此君子之所爲也，故漸所以次于艮。然謂之「漸」者，謂自下以升于高，自小積于大，自近及于遠，安然而行，不務速進，故曰漸。「女歸吉，利貞」者，天下萬事莫不有漸，然于女子猶須有漸，何則？夫女子處于閨門之內，以待媒妁之言、聘問之禮，然後往之。若非媒妁之言、聘問之禮〔二〕而往者，則是婬醜之女也，故父母惡之，鄉人賤之，天下醜之。是其爲女者，必須男子之家問名、納采、請期，以至于親迎，其禮畢備，然後乃成其禮而正夫婦之道，所以獲吉也。然女者，臣之象也，事君之道也。夫君子之人處窮賤，不可以干時邀君，急于求進；處于下位者不可諂諛佞媚以希高位。在于窮賤者必力行强學，待君之聘召，然後可進于朝；居于下位者必潔身正志，爲下所尊，爲上所信任，然後升進入大位，皆由漸而致之，乃獲其吉也。「利貞」者，若女子之歸于其夫，能守至正之道，則可以正一家。君子之事于其君，能守至正之道，則可以正天下。至于天下皆能守正，則可不失其道而獲吉也。

彖曰：漸之進也，女歸吉也。進得位，往有功也。進以正，可以正邦也。其位，剛得中也。止而巽，動不窮也。

義曰：「漸之進也，女歸吉也」者，此釋所以爲漸之名也。之，往也；漸者，謂積漸而之往于所進之地也。故君子之人亦必潔身修德，積漸而升進之也。「女歸吉」者，言女子能以禮爲漸而歸于男，臣能以道爲漸進于其君，斯獲吉也。「進得位，往有功」者，此指六二、九三、六四、九五四爻而言也。言四爻皆進得其位，則所往无不有功，若進于一邑則功被于一邑，進于一郡則功被于一郡，進以輔佐于天子則功被于天下。是君子

〔二〕白石山房本作「聘問媒妁之言之禮」。

所進得其正道，則往有功也。「進以正，可以正邦也」，此亦指四爻而言。六四、六二以陰居陰，九三、九五以陽居陽，是皆進得其正。君子之人進得其正，則立于朝廷，處于列位，其道德惠澤可以福天下之民而正天下之邦國也。「其位，剛得中」者，此因九五而言之。九五以剛明之德，又處大中之位。夫有剛明中正之德，處于至尊之位，亦由漸而進也。「止而巽，動不窮」者，此因二體而言之。外體是巽，内體是艮。夫内无止静之心而務于躁進，外无柔順之德而尚于剛暴，以是求進，動必窮困。内既有止静之道，外又有巽順之德，以是漸進，則動獲其利而无困窮矣。

象曰：山上有木，漸，君子以居賢德善俗。

義曰：巽爲木，艮爲山。木生山上，日久歲深，自萌芽至于把握，漸至高大，而又依于山，是漸得其道，此漸之象也。君子之人法此漸進之象，必居賢德善俗之間以務進其道。必居賢善之間者，夫有賢善之人動不離道，如居其間，日漸月磨，出入動作皆由正道，不入于邪。雖甚愚闇者，亦可以造于君子之域，使其子子孫孫積漸陶染而進歸于善也。孟子之母爲子三徙其鄰，卒使其子爲萬世亞聖之賢，蓋其擇賢善之力也。故君子之人，其所積習，其所居處，必得其賢善之人，然後漸而習，積而久之，皆至賢至善之人也。

初六，鴻漸于干，小子厲，有言无咎。象曰：小子之厲，義无咎也。

義曰：干者，水之際也。伐檀之詩曰：「坎坎伐檀兮，寘之河之干兮。」是干者，水際也。鴻者，水禽也。

按此漸之一卦皆以鴻爲象者，蓋鴻之禽一舉可至千里，然始舉必有漸，故聖人特取鴻爲漸之象也。今初六居一卦之下，居漸之初，是猶鴻之始舉，漸至于水之際。以人事言之，是士之進始于細微，君子之進始于卑下之位也。「小子厲，有言无咎」者，厲，危也。夫君子之進，小人之所忌也。今初六之進尚爲卑下，其道未見信于時，其德澤未及于人，故小人之心皆欲起而害之。然終不能爲君子之害，但有誹謗之言而已，終獲其无咎。象曰「小子之厲，義无咎」者，言君子之進本以其漸，雖爲小人之所危厲，然于義自可无咎。

六二，鴻漸于磐，飲食衎衎，吉。象曰：飲食衎衎，不素飽也。

義曰：磐者，山石之安也。言六二以陰居陰，以柔順之德漸得其位而又處得其中，上應于五，爲五之所信任，爲衆人之所歸，是漸而得信，居得其所安，若鴻之漸漸至于磐也。「飲食衎衎，吉」者，衎衎，和樂之貌。言六二既得衆心所歸，又爲九五所任，故得飲食豐備，其和樂衎衎然，是以獲其吉。象曰「飲食衎衎，不素飽」者，素，空也。言六二爲下所歸，爲上所任，是上有忠義以輔其君，下有德澤以被其民，故其所獲飲食之樂，皆得其道，非徒空受其飽樂而已。伐檀之詩曰「彼君子兮，不素飧兮」，此之謂也。

九三，鴻漸于陸，夫征不復，婦孕不育，凶。利禦寇。象曰：夫征不復，離羣醜也。婦孕不育，失其道也。利用禦寇，順相保也。

義曰：地之高平者謂之陸。言九三居下卦之上漸至于高位，猶鴻之漸至于高平之地也。「夫征不復」者，夫謂三也，上无其應，下又无輔，而切近于四。四亦无應，近而相得，故三樂從于邪配，是其夫征往而不復反。夫既不反，則其婦亦不能守正，故有孕而不育之事，以至于凶也。「利用禦寇」者，言三既往不復，樂于邪配，其情意相得而莫能間，故可以禦衛其外來之寇。然于君臣之道、夫婦之禮，已爲乖戾，故但可禦寇而得爲利矣。象曰「夫征不能復，離羣醜」者，言九三居下體之上，而樂于邪配，離去羣類，不復反其家矣。「婦孕不育，失其道」者，夫既征而不復，則其婦亦有邪欲之事，以至孕而不育，是大失夫婦之道也。「利用禦寇，順相保」者，三與四樂爲邪配，其情相得，和順以相保，故可以禦其寇難也。

六四，鴻漸于木，或得其桷，无咎。象曰：或得其桷，順以巽也。

義曰：木又高于陸也。言此一爻漸進至于上卦，其位漸高。然則鴻者，水禽也，今漸于木，非其所也。言四進无正應而下比于三，三亦无正應，樂于邪配，亦非其所也。桷者，榱椽之屬也。言六四以陰居陰，本得其正。雖比于三，有邪配之事。然三亦无正應，近而相得，情意相合，可以相輔佐而樂得其所。猶得修長勁直之木可以安棲，不至于失所而可以无咎也。象曰「或得其桷，順以巽也」者，所以得桷而安棲者，蓋其不尚剛暴而能盡和順柔巽之德故也。

九五，鴻漸于陵，婦三歲不孕，終莫之勝，吉。象曰：終莫之勝，吉，得所願也。

義曰：大阜曰陵，是岡阜最高者，又高于木。九五漸得位，至于上體，是猶鴻之漸于高阜之上也。婦謂六二也。言五與二爲應，而三、四爲邪配之事，間隔于其間，塞己之路，使不得往而相從以成生育之功也。然五與二本爲正應，皆有中正之德，誠以相待，其心志不怠，雖三、四邪僻之人欲間其路，然而終不能勝之也。象曰「終莫之勝，吉，得所願」者，言九三、六四終不能爲之間隔，則五與二心志相從而得所願也。

上九，鴻漸于陸，其羽可用爲儀，吉。象曰：其羽可用爲儀，吉，不可亂也。

義曰：按此漸卦始于微而至于大，由于下而升于高，故此一卦皆以鴻漸爲象。初則漸于干，二則漸于磐，三則漸于陸，四則漸于木，五則漸于陵。至此上九復言陸者，按諸家之説，以謂上九、九三皆處一卦之上，故皆言陸。陸者，高之頂也。徧觀經文，又无高頂曰陸之文。且陸者，地之高平者也；陵者，大阜也，又安有地而反高于山阜者哉？子夏之説亦然，其義未通。陸氏之説，言高過即反下，故上九處至極之地反爲陸也。按漸卦自下而漸于上，自微而至于高大，且陵者未爲極高之地，豈有反下之義哉？今考于經文，「陸」字當爲「逵」字。蓋典籍傳文，字體相類而録之誤也。逵者，雲路也。言鴻之飛，高至于雲路，其羽翮毛質可以爲表儀。亦猶賢人君子自下位而登公輔之列，功業隆盛崇高遠大，可以爲天下之儀表，故獲吉也。按輔嗣之意，亦解爲雲路之義。言雖進處高潔，不累于職，峩峩清遠。若止在高平之陸，安得有高潔峩峩清遠之象哉？以此推之，是傳録之際誤書此「逵」爲「陸」字也明矣。象曰「其羽可用爲儀，吉，不可亂」者，言聖賢君子之心不爲外物所動，不爲情欲所遷，故能積累其善，以至德業高大而不可亂也。

歸妹

䷵ 兑下震上 歸妹，征凶，无攸利。

義曰：按序卦云：「進必有所歸，故受之以歸妹。」大凡人事，其進必有所歸，若進而无所歸，則是于進之義失其道矣。然則所謂歸妹者，謂姪娣從女兄而適于人，故謂之歸妹。夫人之不孝，无後爲大。其諸侯守宗廟社稷之大，其事尤重。故聖人制禮，使一娶九女，廣其繼嗣，生生不絶，永可以守宗廟社稷之祀而不廢也。故娶一而二往從之，爲左右媵，各有姪娣同姓者。九人必須同姓，所以親親相睦，絶争妬之心。是以聖人重之，因震兑之象以明其義。震爲長男，兑爲少女。以少女從于長男，非其所配也。非其配而從之者，則是姪娣而從于女兄適人之義也。「征凶，无攸利」者，此言姪娣雖從于人，然上有女兄爲之正配，當退守其分。苟非其位而有征進，則是侵女兄之權，奪女兄之寵，欲以下而陵于上，以卑而侵于尊，以庶而亂于嫡，是凶之道，必无所利也。

彖曰：歸妹，天地之大義也，天地不交而萬物不興。歸妹，人之終始也。説以動，所歸妹也。征凶，位不當也。无攸利，柔乘剛也。

義曰：此廣言天地之道，以明歸妹之義也。夫天地之道，陽氣下降，陰氣上升，陰陽交通，二氣相感，然後萬物生。若其二氣不相交感，則萬物孰由興發而生成也？故古者諸侯一娶九女，所以廣繼嗣而承守宗廟社稷之祀。若其婚姻之禮廢，不廣其繼嗣，則其社稷之祀、宗廟之奉絶而无守，是猶天地不交則萬物不能興也。「歸妹，人之終始」者，言人凡有生則有死，有盛則有衰。諸侯一娶九女，正室死則右媵繼之，以至左媵及姪娣，繼之不絶，所以廣其嗣息而承其祖先之業，是「歸妹者，人之終始」者也。「説以動，所歸妹」者，此因二體以釋歸妹之義。上體震，震爲動；下體兑，兑爲説。兑爲少女而從于震之長男，非其所説者。今動而得説者，蓋其所歸嫁，姪娣以從于女兄之故也。「征凶，位不當」者，謂九四、九二皆以陽居陰，六三、六五以陰居陽，是位不當也。夫以姪娣而從于女兄，是不當其正位。既不當其正位而妄有征進，則奪寵侵權，凶之道也。「无攸利，柔乘剛」者，蓋六三之柔乘九二之剛，六五之柔乘九四之剛。言「柔乘剛」者，是卑陵于尊，庶亂于嫡，必不利矣。

象曰：澤上有雷，歸妹，君子以永終知敝。

義曰：澤上有雷，所以鼓動萬物以廣生成之功，有歸妹之象。故聖人名爲歸妹，一娶九女之道，使其永久繼嗣而无絶。君子之人觀此歸妹之象，必當察其事之永久、法之終末必有敝壞，當預防之可也。

初九，歸妹以娣，跛能履，征吉。象曰：歸妹以娣，以恒也。跛能履吉，相承也。

義曰：女子少者曰娣。初九處一卦之始，最近卑下之地，是姪娣從于女兄以適于人。而能自處卑下，盡其卑順之道以承其上，而得姪娣之道，故曰「歸妹以娣」也。跛者，足之偏也，猶姪娣者非其正配。然而從女兄以適于人，能盡其道以配君子而廣其孕嗣，以成其家，猶足之雖偏而能履地，而行不至于廢也。既能盡其姪娣之道，守卑順之質，以是而往事于君子，則獲其吉也。象曰「歸妹以娣，以恒」者，言女弟以從于女兄而適人者，人倫之常也。「跛能履吉，相承也」者，言能盡其柔順，承事于上以承其家，吉之道也。

九二，眇能視，利幽人之貞。象曰：利幽人之貞，未變常也。

義曰：眇者，目之偏也。九二以陽居陰，履非其正，亦猶姪娣從于女兄，非正室之象也。然而能盡卑下之節以承于上而配君子，廣其繼嗣，猶目之偏，亦不廢于視也。「利幽人之貞」者，言九二雖履非其正，然上有六五之應。雖上有其應，而爲姪娣者不可越其位分而上進。如其妄求上進，則奪女兄之權，故當退處其位分，守其幽静之道而不變，故獲其利。象曰「利幽人之貞，未變常」者，言姪娣所以從女兄而適人，必居幽静守正以事君子，此道之常也。九二雖有其應，不妄求進，盡至正之道，是未變其常也。

六三，歸妹以須，反歸以娣。象曰：歸妹以須，未當也。

義曰：須，待也。六三以陰柔之質居陽剛之位，是履非其正也。猶姪娣之從于女兄，其年尚幼，未可以適人，必待年于父母之國，待其長大，然後復歸君子之家以爲姪娣。故春秋隱二年書「伯姬歸于紀」，至七年書

「叔姬歸于紀」。伯、叔者，長幼之稱，則叔姬者，伯姬之姪娣也。當二年伯姬歸紀之時，其年尚幼少，故待年于魯國，至七年乃始歸于紀，是姪娣有待年之義也。象曰「歸妹以須，未當」者，是言姪娣有幼少，未當歸人，必待年于父母之國也。

九四，歸妹愆期，遲歸有時。象曰：愆期之志，有待而行也。

義曰：愆，過也。九四以陽居陰，處非正位，猶女子雖備姪娣之數以適于人，過期而未往。雖過期未往，然而以剛陽之質居陰柔之位，不爲躁進，有柔順之德。以其年尚幼，未可以往，故待其禮之全備，俟其年之長大，然後歸于君子，斯得其時也。遲亦待也。象曰「愆期之志，有待而行」者，言九四居其陰位，有柔順之德，不務剛躁，是志有所待而行也。

六五，帝乙歸妹。其君之袂，不如其娣之袂良，月幾望，吉。象曰：帝乙歸妹，不如其娣之袂良也，其位在中，以貴行也。

義曰：帝乙者，商之賢王也。言六五以陰柔之質居上卦之中，是猶帝乙之王所歸之妹也。然按泰之六五言帝乙歸妹，此亦言之者，蓋帝乙是商之賢王，于時最能盡婚姻之禮。周之去商尤近，知其最詳，故聖人特取帝乙爲言，以明其義也。「其君之袂，不如其娣之袂良」者，蓋君者，正室之小君也。故衛詩鶉之奔奔之篇曰：「鶉之彊彊，鵲之奔奔。人之无良，我以爲君。」君者，指宣姜而言之，是正室得稱爲君也；袂謂衣袖，所以爲禮容也；良，善也。言姪娣本卑賤之位，今六五居極貴之地，是正室已死而姪娣繼爲正室，有柔順之德，能盡婦道以配于君子。雖其正室之德，亦不如姪娣之容禮最備而善良也。「月幾望」者，望爲月十五盈滿之時也。月者陰道，婦妾之象也。言六五雖得繼爲正室，處至貴之地，然不可時有驕盈之志，當常執柔順之道。但如月之幾近于望，不至盈滿，則獲其吉。象曰「其位在中，以貴行」者，六五以其處上卦之中，履至尊之位，是姪娣至此得繼其嫡而爲正室以配于上，是以賤從貴而行也。

上六，女承筐无實，士刲羊无血，无攸利。象曰：上六无實，承虛筐也。

義曰：筐，竹器也。大凡女子承其筐篚，必有物以實之；士之刲羊，必有其血，此事之常也。亦猶姪娣之適于人，進必有所遇，退必有所係，此亦女子之常也。今上六處一卦之上，居窮極之地，進則无所往，退則无所應，進退之間皆无所得，如女子之承筐而无其實，士之刲羊而无其血，進退失所。若以此而行，何有所利哉？象曰「上六无實，承虛筐」者，上六位至窮極，進退无所適，猶女徒承虛筐而无其實也。

豐

䷶ 離下震上 豐，亨。王假之。勿憂，宜日中。

義曰：按序卦云：「得所歸者必大，故受之以豐。」言凡得其所歸者，其道必至盛大，故以豐次于歸妹。然則豐者，王者富有天下，生聚繁夥，民物衆多，是天下衆大之時也，故謂之豐。既富有天下以至豐盛之極，是其道大通矣。「王假之」者，凡有聖人之德，有仁義之道，苟不得其時，不得其位，則无興天下之勢，无居天下之資，是則雖有仁義之道，安能有所爲哉？故聖人必假此豐盛之時，發號施令則民易以從，行賞用罰則民易以服，以至制禮作樂，施發教化，可以大行于天下也。「勿憂，宜日中」者，夫天下至廣，有教化之所不能及者，有一物不得其所者，是王者之所憂也。今戒之勿憂者，日中則宜也。蓋言日未中之時，則其明未盛；日之過中，則其明將衰。惟是日中正之時，則偏照天下，无纖悉幽隱不被其光輝。聖人雖富有天下，必須仁義道德偏及于天下，使无一民一物不被其澤，不被其燭，如此可以勿憂恤也。

彖曰：豐，大也。明以動，故豐。王假之，尚大也。勿憂，宜日中，宜照天下也。日中則昃，月盈則食，天地盈虚，與時消息，而况于人乎？况于鬼神乎？

義曰：言聖人廣有四海萬類，是豐盈盛大之時也。「明以動，故豐」者，此因二體以明豐卦之義。上體震，震爲雷；下體離，離爲火。雷主動，火主明。聖人當豐盛之時，以至明之德而動，則其德教仁義大被于天下，故此所以致豐大之極也。「王假之，尚大」者，夫有聖人之德，雖居豐盛則不能加益，雖貧賤則不能虧損。此言「尚大」者，蓋其得天下之勢，則仁義道德可以大行于天下，而成光大明盛之業，固非假以自大其己而已。

「勿憂宜日中，宜照天下」者，言日之中正，則天下萬物无所不照。王者之道能徧通天下，使遠近幽隱无所不燭，如日之中，乃可以勿用憂恤也。「日中則昃，月盈則食，天地盈虚，與時消息，而况于人乎？况于鬼神乎」者，言凡當盛大之時，過必有衰，是故聖人于此豐大之時以切戒之。言日之過中則必傾昃，月三五而盈，過盈則必虧。天地之道，以陰陽二氣互相推盪于其間，則有時而消虚，有時而長息，盈虚消息皆于時而行。以天地日月之大，尚且如是，况人之小者、鬼神之邇者乎？故于此特戒之，使君子之人安不忘危，存不忘亡，豐盈之時不忘其衰微之際，增修其德，謹慎其行，然後可以免喪亡傾覆之事也。

象曰：雷電皆至，豐，君子以折獄致刑。

義曰：雷電者，皆陰陽二氣相擊而成也。夫雷電皆至于天下，使天下萬物莫不興起而成豐大，是豐之象也。君子之人觀此象，而折斷其獄訟，致用其刑罰。然必法此雷電者，蓋獄訟之情巧僞萬狀，若有威无明則傷于暴，有明无威則傷于懦，故必明與威兼用之，則獄可折而刑可致矣。

初九，遇其配主。雖旬无咎，往有尚。象曰：雖旬无咎，過旬災也。

義曰：配主，謂九四也。夫豐盛之時，必須上下之間皆有光明盛大之德以相敷暢，然後可得豐盛之道。今初以剛陽之德上應于四，四亦有剛陽之德，是上下之間皆有剛陽之德、光明盛大之道，其德相合配，故致其豐盛，是初遇其四之配主也。「雖旬无咎」者，旬者，十日也，謂數之盈滿也。言初與四皆有剛陽之德而上下相信，是由君聖臣賢，其德相符。今以其發揚光明之德徧于天下，是雖居其盈滿盛大之時，可以享豐盛而无咎也。「往有尚」者，言既上下之間皆有光明之德，以此而往，則行有所尚也。象曰「雖旬无咎，過旬災」者，言上下俱有明盛光大之德，故雖居豐盈之時，可以无咎。若不能守光明之道而過于盈滿，則必有傾覆之灾也。

六二，豐其蔀，日中見斗，往得疑疾。有孚發若，吉。象曰：有孚發若，信以發志也。

義曰：蔀者，掩蔽暗昧之物。凡豐大之時，必上下之間皆有明德，不可少有暗昧，然後可以發暢于天下也。今六二以陰柔之質而上應于六五，五又是陰昧之人，是于豐大之時，所豐者不能光大，而乃豐于暗昧之物也。「日中見斗」者，斗，星之名也，日昏方見，暗昧之極也。夫日之正中，其光輝徧及天下，无所不燭；豐盛之時，上下之間皆有光明之德，則可以徧及于天下，无有不被其澤。今二居豐之時，所應皆暗昧之道，則是猶日之正中，反見其斗星也。六二既是暗昧之道，則必不能相取信。若有所往，則相疑而致疾害也。「有孚發若，吉」者，言六二雖以陰柔之質，无光明之德，然位下卦之中，是有中正之道。苟能盡其至誠之心、由中之言以發天下之心志，以接天下之人，使之皆達其聰明，莫不發其志意以親信之，如是上下相交而取信，則蒙者反而爲明，疑者得以相信，則可以獲吉矣。

九三，豐其沛，日中見沬，折其右肱，无咎。象曰：豐其沛，不可大事也。折其右肱，終不可用也。

義曰：沛者，繫于旗竿旌旗之垂也，所以掩蔽光明之物；沬者，星之微小也。九三雖以陽居陽，處得其正，有剛陽之質，然居離卦之極，處文明之衰，所應在于上六，上六又无光明之德。居豐之時不能光明盛大其道，是所豐者惟掩蔽光明之物也。「日中見沬」者，夫斗者星之大，沬者星之微。六二雖亦暗昧，然猶有中正之德，未甚至于全暗，故曰「日中見斗」。今九三居文明之極，其明已衰，而又所應者亦陰昧之人，是暗昧之極，猶日中反見其微星也。「折其右肱」者，夫手之便者在右而已，若右肱折，則左雖存，亦不足適用也。言三居離明之衰，又所應皆无光明之道，雖以陽居陽，亦不能用成其事也。「无咎」者，九三本有光明之德可以顯用，今處于衰暗之地，皆己自爲之，不可以咎責于人也。象曰「豐其沛，不可大事」者，凡欲立天下之治，成大事大功，必上下有光明之德可也。今三已暗昧之甚，是不可大有爲于事也。

九四，豐其蔀，日中見斗，遇其夷主，吉。象曰：豐其蔀，位不當也。日中見斗，幽不明也。遇其夷主，吉行也。

義曰：蔀者，蔽障之物。言九四有剛陽之德，居陰柔之位，是當豐盛之時而反居于暗昧之地，故亦曰「豐其蔀」也。「日中見斗」者，夫居豐之時，當有光明盛大之德，如日之中正，无不照臨。今九四反以剛明之質處暗昧之地，是猶日中之見斗星，暗昧之至也。夷主，謂初九也。言四雖居陰暗之位，然本有剛明之質而又應在初九。初亦有剛明之質，德與己同，故謂之夷主也。是上下之際交相發明，申暢其光明之德以被天下，而獲其吉也。象曰「日中見斗，幽不明也」者，言本有剛明之質，而自處幽暗之地，不能發其光明之道。「遇其夷主，吉行也」者，雖居陰暗，而遇得初九剛明之夷主，以相輔佐而發明盛大之道，是得吉而行者也。

六五，來章，有慶譽，吉。象曰：六五之吉，有慶也。

義曰：章，明也。六是陰柔之質，五是剛陽之位。以陰柔之質而來居陽剛，是自能爲章美光大之道以發揚明德于天下，故有慶善之事、嘉美之譽而獲吉也。

上六，豐其屋，蔀其家，闚其户，閴其无人，三歲不覿，凶。象曰：豐其屋，天際翔也。闚其户，閴其无人，自藏也。

義曰：屋者，人之所蔽蓋其身也。今豐盛之終，是暗昧之極也。家者，人所深密而自藏也，又蔀掩之，亦謂暗昧之甚也。上六以陰柔之質居一卦之極，不得其中而過于豐盛之道，其暗至甚，猶屋本蓋而復豐盛之，家本深藏而又掩蔽之，是暗昧之極者也。閴者，寂然而无所覩也。言上六陰暗之極，猶屋之豐、家之蔀，雖闚視其户，寂然无所覩而不見其人。雖三歲之間，亦无所覿，此凶之道也。象曰「豐其屋，天際翔也」者，言上六之爻過于中道而暗昧之極，始飛于天際，上而无所歸。自藏者，言以至闚視其户，寂然而无所覩，是自藏其光明而不能發揚之也。

旅

䷷艮下離上旅，小亨，旅貞吉。

義曰：按序卦云：「窮大者必失其居，故受之以旅。」言凡人居于豐大之時，恃其盛大，多過于中道而不知守常，以盈滿自取傾覆喪亡之事，致其身窮困，反居于外，故旅所以次于豐。旅者，羈旅之義。言人寄身于他國，託居于外，故謂之旅。「小亨」者，按雜卦云：「親寡，旅也。」言人自居于家居于國，則親黨助己者衆，故其道得以大行，其志得以大通。今居旅，寄身託跡于他國，親戚輔己者少，其道不得以大行，其志不得以大通，故曰「小亨」。「旅貞吉」者，夫人居旅之時，親己者寡，不可恃其大正之道居于人上，但居旅不失爲旅正，則吉矣。

彖曰：旅小亨，柔得中乎外而順乎剛，止而麗乎明，是以小亨，旅貞吉也。旅之時義大矣哉！

義曰：「柔得中乎外」者，指六五也。「順乎剛」者，指上九也。言六五以柔順之質居于外，又有大中之道而居旅之時，託身于外，是能執柔順大中之德以順從于上九之剛。是以卑而事尊，以下而事上，故能安其所而不失正也。「止而麗乎明，是以小亨，旅貞吉」者，此因二體以言之。下體艮，艮爲止；上體離，離爲明。言居旅之時，託身于他國，親己者寡，必須求賢明之人以附麗之。既順于剛，不紊其道，不悖于理，又附得賢明之人，是以小有亨通而得旅之正吉也。至如仲尼，大聖也。有聖人之德，有大中之道，不得其時，不得其位，皇皇歷聘于諸國，能盡其順以事其君，又盡順以輔其人。有顔讎由、蘧伯玉爲之主，是皆當時之賢者，能附麗之。至于游、夏、顔、閔七十子之徒、三千之衆，是時皆託跡于外而隨大聖人，爲之依歸。是大聖大賢之人不得其位，不逢其時，託寄于他國，皆必盡其柔順以奉其在上，而又得大賢大聖之人以爲其主，乃可以獲吉也。「旅之時義大矣哉」者，寄旅于他國，託跡于外，處之最難，于道尤重。故聖人于此嘆美之，惟大聖大賢之人可以爲之也。

象曰：山上有火，旅，君子以明慎用刑而不留獄。

義曰：火性炎上，而火在山上燎于物，其勢不能久留，是旅之象。君子觀此象，當明慎用其刑罰而无留滯其獄。何則？夫刑者，斷人肌膚，傷人骨髓，死者不可復生，斷者不可復續。故君子當明顯審慎而用刑罰，辨其情僞，正其枉直，使无至于失法，又不可重傷其民，使繫獄者无至于留滯也。

初六，旅瑣瑣，斯其所取災。象曰：旅瑣瑣，志窮災也。

義曰：瑣瑣者，細碎煩屑之謂也。夫羈旅之道雖尚柔順，然亦不可過。今此初六以柔順之質居一卦之下，是自處卑賤之地而爲貧賤所動其心，故爲[一]猥細瑣屑之事，苟容于人，苟合于世。斯此也，言既失其居，託跡于他國而爲瑣屑之行，如此則人皆賤之，衆皆棄之，是自取災咎之道。象曰「旅瑣瑣，志窮災」者，言初六居旅之時而爲卑賤動其心，其道不通，其志窮困，是以取災也。

六二，旅即次，懷其資，得童僕貞。象曰：得童僕貞，終无尤也。

義曰：即，就也；次，舍也；資，貨也。言羇旅之道既尚其柔順，而六二以陰居陰，履得其正，而處下卦之中。是羇旅之時，託身寄跡于他國，而能盡柔順之質，得中正之道，柔而不失其中，順而不失其正，在上位而不至驕，在下位而不至慢，爲衆所與。如此，是于羇旅之時，能即就其次舍以安身，懷蓄資貨以厚備，不失其所之謂也。童僕者，盡其至順以事其主也，是得此至順之正道也。象曰「得童僕貞，終无尤」者，夫聖賢君子之人必有剛正之德，然後可以免其尤患。今二所以能免者，蓋古之人可以屈身而伸道，不可以屈道以伸身。今旅之時失其所居，是其道不得以通，而二能盡柔順中正之道，故尤患所以无也。

九三，旅焚其次，喪其童僕貞，厲。象曰：旅焚其次，亦以傷矣。以旅與下，其義喪也。

義曰：居旅之時，必尚柔順之道。今九三以陽居陽，處下卦之上，是務剛亢者也。夫託身寄跡于外，是失其居而志不通矣。而三反爲剛亢之行，則衆所不與，故其次舍必見焚毁而不得安居也。九三既爲剛亢之行，爲

〔一〕白石山房本誤作「謂」。

衆所不與，而上又无應，進退皆失其所；以下近于六二，欲親比之。是始務剛亢而後失其所，欲求于上又失其童僕事主柔順之正道，是爲旅而焚其次舍，喪失柔順之道，則衆人所共疾之，危厲之道也。象曰「旅焚其次，亦以傷矣」者，言居旅之道，已失其所而復焚其次舍，是亦可傷悼矣。「其義喪」者，以旅之道而反與于下，自取喪亡也。

九四，旅于處，得其資斧，我心不快。象曰：旅于處，未得位也。得其資斧，心未快也。

義曰：處者，止息之地也；資，貨也；斧，斷也。言四以剛陽之質居于陰位，是有柔順之節，居剛而不爲亢者也。處上卦之下，盡謙順之道，故旅之時可以得其止處者而不失其所也。然猶不及六二有大中之德，故安然就其居之次，故此但得止息之地也。「得其資斧」者，四雖未得其位，然能盡其柔順之道，不爲高亢之行，故可以安處而得其資貨。又有剛明之德，可以自斷也。「其心不快」者，言雖得其止息資貨，然所居不得其中，未得其位，則進退動止不遂其心志。象曰「旅于處，未得位也」者，言四雖得止息之處，亦未得其位也。「心未快」者，雖得其資貨而能斷，然未得其位，未遂其志，故心所以未快也。

六五，射雉，一矢亡，終以譽命。象曰：終以譽命，上逮也。

義曰：此一爻以陰柔之質居上卦之中，有大中之道、巽順之德而居于羈旅，所謂「柔得中乎外而順乎剛」者也。且雖有柔順中正之德，然寄身託跡于外，方知其所親比者寡，而未嘗固必其所求，不必志其所得。猶人之射雉，但以一矢而射之，其得失未可知也。然其執節守道，不爲困窮貧賤之所動，而秉其柔順中正之德，雖一時至于亡矢而不得，亦終有可嘉美之譽、尊顯之命而隨之。故孔子羈旅于周末，歷聘于諸國，亦未嘗必有所求，故有行可之仕，有際可之仕，有公養之仕。行可之仕者，言但于時可以庶幾行道，則從之；際可之仕者，言但以其君交際之得其道，則從之；公養之仕者，言于其國養待之得其禮，則從之，是其歷聘天下而未嘗固必其所求。然而所居之國，必與聞其政，故子禽問于子貢曰：「夫子至于是邦也，必聞其政，求之與？抑與之與？」子貢曰：「夫子温、良、恭、儉、讓以得之。夫子之求也，其諸異諸人之求之與？」是言孔子有此盛德而于羈旅動止得其中，不固必其所求，而自以爲嘉美之譽、尊顯之命也。象曰「終以譽命，上逮也」者，上言上九也。六五爲羈旅之人而能盡柔順之節以奉于上，故爲上所信而有尊顯之命及之也。逮即及也。

上九，鳥焚其巢，旅人先笑後號咷，喪牛于易，凶。象曰：以旅在上，其義焚也。喪牛于易，終莫之聞也。

義曰：巢者，鳥之所居，最在于上也。夫羈旅之道，貴在謙下柔順。而上九以剛陽之質處上卦之極，无巽順之道而爲高亢之行。行于羈旅，所親比者寡少，而反爲高亢，居衆人之上，則衆人之所共疾而欲害之。既衆人欲害之，則必失其所居而不得其安，如鳥之巢而見焚也。「旅人先笑後號咷」者，言旅之時託跡于外，而得處衆人之上、高顯之位，則自爲尊貴之極，故其心自喜而先笑。至于爲衆人之所疾，以及焚巢喪位而不得安居，故後號咷也。「喪牛于易，凶」者，牛者，至順之物。言上九以剛陽而居卦之極，自爲高亢之行，而喪失其柔順之道于平易之間，故有凶也。象曰「以旅在上，其義焚也」，以旅居人之上，于義自當焚也，又況恃剛亢之質以處之者哉？「喪牛于易，終莫之聞也」者，言處高亢之地而身无巽順之道，雖有過惡之事，而人无敢言之者，故曰「莫之聞」，而至于焚巢後號咷之凶也。

巽

䷸巽下巽上巽，小亨，利有攸往，利見大人。

義曰：按序卦云：「旅而无所容，故受之以巽。巽者，入也。」蓋言凡人之爲羈旅，託身于外，比己者寡，若不巽順，則无所入。是必有巽順之德，然後有所入。然謂巽者，以其巽體是風。夫風者冥然无狀，不知所至之地无所不入，故曰巽。「小亨」者，夫立大事立大功，欲成天下之業者，必須有剛健之德、果斷之心，勇于所行，然後有所立，其志得以大通，其道得以大行。今此巽卦全用巽順，有傷于柔懦，其道不得以大行也，故但小亨而已。「利有攸往」者，夫人剛健果决之性，或傷于暴而過于中道，則所往之地必无所措置，必无所詳審，是以必无所利矣。今此巽卦能用巽順，則是所往當獲所利也。「利見大人」者，夫人以柔順之道，雖爲能順于人而有利攸往，然其全用柔順，則失于太弱而不能自斷，故必利見大有德之人以斷決之，使一歸于中正也。

象曰：重巽以申命。剛巽乎中正而志行，柔皆順乎剛，是以小亨，利有攸往，利見大人。

義曰：「重巽以申命」者，此明巽之義也。言上下二體皆爲巽體，故曰「重巽」。聖人法此重巽之道以申行命令，不可止利于一身，便于一方，必順天下之心，合天下之欲。若風之所行，天下萬物至纖至悉，莫不被之也。「剛巽乎中正而志行」者，此指九五而言也。夫九五以剛陽之質處巽之體，又居上卦之中，以陽居陽，履得其中正之位。居于至尊而又巽順，所行得其中，所履得其正，則其志大行；其發號施令，則天下之人无不順者也。「柔皆順乎剛」者，柔謂初六、六四也，皆以柔順之質處巽體之下，而皆上順于剛陽之爻，是以下而奉乎上，以卑而奉乎尊也。「是以小亨，利有攸往，利見大人」者，言上有柔順之德而順于衆，復引此彖辭而結之也。言九五以剛而居于巽體之中，初六、六四能執柔順之道，以下而奉于上，全任柔順，不能大有所爲，是以得其小亨，而所往之地、所入之處皆有所合。然其性巽順而傷于過柔，所申之命令、所行之事不能大有所成，是必利見大有德之人以果斷而決白之，然後所申之命令、所行之事施之于人，莫有不順之者，若風之及于物，罔有不入者也。

象曰：隨風，巽，君子以申命行事。

義曰：隨，順也。夫巽之體，上下皆巽，如風之入物，无所不至，无所不順，故曰「隨風，巽」。君子法此巽風之象，以申其命、行其事于天下，无有不至而无有不順者也。

初六，進退，利武人之貞。象曰：進退，志疑也。利武人之貞，志治也。

義曰：此一爻以陰柔之質居巽之體，在一卦之下，是至卑者也。既處于卑，而又上承于衆剛，則是柔弱怯懦，遲疑猶豫，不能自決，而或進或退，无所定也。武人者，剛武之士也。言凡人有剛則必濟之以柔，有柔則必濟之以剛，使剛柔之道皆得其中，然後事可以成，道可以行。今初六以陰柔之質復在一卦之下，又居巽體，是全用柔巽者也。既全用柔巽，是以有退進之疑。故利在武人之正，用其剛健之德、果敢之志，勇于行事，使所行之事、所施之道剛柔相濟，皆得其中，然後可獲其吉也。象曰「利武人之貞，志治也」者，夫既柔弱怯懦而不能自決，則于身亦不能自治。既不能自治，安能治于人哉？故必用其剛武之德相濟而行，則可以治正其志而及于人也。

九二，巽在牀下，用史巫紛若，吉，无咎。象曰：紛若之吉，得中也。

義曰：牀者，卑猥之地。蓋此一爻本有剛陽之質，而居于巽體，又處陰柔之位，是其謙巽過甚，而所行于卑猥之地，不得其中道者也。「用史巫紛若，吉」者，言此爻巽順過甚，以甚巽而施之于身，接之于人，則事必不立；而施于事神，則可以无咎。史巫者，史即祝史也，巫即巫覡之人，皆所以道人之言以告于鬼神，而復道鬼神之意以達于人者也。言九二既巽順過極，失于中道，惟是用以事鬼神則可也。夫事鬼神者，必盡其至誠，巽其言辭，以使精誠上通，則神靈降監，福祉來應，紛然衆多，以獲其吉而无咎也。象曰「紛若之吉，得中也」者，言本以剛健之德而反居陰柔之位，是失其中道。然施之以事鬼神，則得其中矣。

九三，頻巽，吝。象曰：頻巽之吝，志窮也。

義曰：頻者，頻蹙憂愁之貌。九三以剛陽之質又處剛陽之位，復在一卦之上，是其全剛亢而不能巽者也。居巽之時，失其謙巽之道矣。然而上爲六四之所憑陵，下乘九二之剛。然九二雖是剛德，蓋居于陰位，亦得巽順之道。今九三則是上承六四，下乘九二，勢不自得，是以捨其剛亢之道，不得已而爲柔巽屈，其心志憂愁。然不得已而爲之，非出于至誠，如是亦可鄙吝者也。

六四，悔亡，田獲三品。象曰：田獲三品，有功也。

義曰：六四以陰居陰，而又居巽之體，亦謙巽過甚，而又行不得其中，是以有悔也。然以陰居陰，本得其正，而上承九五之君，竭其志誠，盡其巽順以奉其上，故得悔亡。且孔子曰：「事君盡禮，人以爲諂也。」言人之事君，其柔巽過甚而見疑。然不可以見疑而變其志，當盡其巽順之節，不失其爲臣之道以奉于上，承流宣化，奉君之威權，行君之事，所行必有成功。是猶田獵之時而獲其禽獸，以充三品之用。三品，即一爲乾豆，二爲賓客，三爲充君之庖是也。象曰「田獵三品，有功也」者，言六四雖始有悔，然能竭其巽順以承事于君，則所行之事必有成功，如田獲三品之禽也。蓋大臣之事君，若不以恭巽至正之道，而尚于諂詖佞媚之行，則不可免其誅戮之禍，况于悔乎？于此盡其巽順而不失其正，則可以悔亡而有其功也。

九五，貞吉，悔亡，无不利，无初有終。先庚三日，後庚三日，吉。象曰：九五之吉，位正中也。

義曰：言九五處人君之位，爲巽之主，當以謙順之德下接于臣。今五以剛陽之質復處剛陽之位，失于太剛，无柔順之道，所以有悔也。然以居中正之位，有剛明之才，而不失其治天下之道，故獲吉而悔亡。既獲吉而悔亡，則所往无不利矣。「无初有終」者，言五始以剛强之道，无巽順之德以接于下，不能感悦于人心，所以无初也。然而有剛明中正之德，得所以治天下之道，故有終也。「先庚三日，後庚三日，吉」者，凡易中言庚、甲者，皆十日之名，取申令之義也。甲于五行爲木，于四時爲春，仁恩之道也。蓋蠱者承衰亂之後，聖人當以仁恩之令拯濟之，故曰先甲後甲。庚者于五行爲金，于四時爲秋。金主斷割，秋主嚴厲。此巽爲風之象，无所不入，主人君之號令。言五處人君之位，其發號施令，在于當其賞罰，在乎信使善者知勸，惡者知懼。然賞罰號令之出，將使天下之人皆服從之，固不可驟然而行。故先三日以申諭之，後三日以丁寧之，使民知其號令之必行，賞罰之必信，有所戒懼，則天下大治而吉矣。象曰「九五之吉，位正中也」者，五所以獲吉者，蓋行得其中，履得其正，而不失治天下之道也。

上九，巽在牀下，喪其資斧，貞凶。象曰：巽在牀下，上窮也。喪其資斧，正乎凶也。

義曰：牀下者，卑猥之地也。言上九本有剛明之質，而居重巽之極，處无位之地，是所行謙巽亦過甚而至于卑猥者也。「喪其資斧，貞凶」者，資，貨也，人之才也；斧，斤也，善于斷割。言上九所以至于卑猥者，蓋處无位之地，无剛明之才，又不能斷割以自決其事，故于貞道凶者也。象曰「巽在牀下，上窮也」者，處巽之極，其道窮困，以至卑猥也。「正乎凶」者，上九本有剛明之德，可以自斷，而反處一卦之極、无位之地，是失斷割之才，于正道而凶也。

周易口義卷十

兑

䷹ 兑下兑上 兑，亨，利貞。

義曰：按序卦云：「入而後説之，故受之以兑。」言人能以柔順之道入于人，則人皆説之，故次于巽。然謂之兑者，其象爲澤，其性爲説，所以爲天下説之之法也。然澤者，水之所聚而滋息萬物，以爲生成之功，使之皆得滋養而説懌也。然不謂説而謂之兑者，蓋聖賢之人將欲感天下之心，必當以仁義之道、恩惠之事，固不可以言語口舌而爲説，故去其言而爲兑也。亨者，言聖賢發仁施惠布德澤以説天下之人，使天下之人皆感説之，故得其亨通也。「利貞」者，夫感説之道，多失于邪。若小人之人止以淫聲媚色、雕墻峻宇、流連荒亡以説于心，巧言令色、柔佞邪諂以苟容于人，如此皆所以喪身敗德以至亡家失天下，是説非正然也。故聖賢之人施其感説之道，皆本于至正，則无所不利也。

彖曰：兑，説也。剛中而柔外，説以利貞，是以順乎天而應乎人。説以先民，民忘其勞；説以犯難，民忘其死；説之大，民勸矣哉！

義曰：「剛中而柔外，説以利貞」者，言此卦内二爻爲剛，外爻爲柔，言所以感説人者，當内有其剛，外示以柔。然而止有剛，則至暴而无以感説天下之心，故當外示之以柔。内既剛，外復柔，以此説人，則人皆説而歸之，是得其正而无所不利也。「是以順乎天而應乎人」者，夫天之體之德，運動而不已，是至剛者也。及其降氣以生成萬物，則至柔〔一〕而不失其柔也。人之情莫不好安逸而惡危亡，説仁義而懼鄙吝。今聖賢之人内有剛明之德，而外示柔順之道，施其仁義，發其恩惠以説于天下，是上能順乎天之心而下能應乎人之情也。「説以先民，民忘其勞」者，民之情皆欲安而惡勞。若聖賢之人將欲役使之，必當發其仁義恩惠感説之，則民從其役使而忘勞苦之心也。夫就死者，人之所難也。聖賢先能發仁義德澤，然後使之冒犯大難，至于死地，則民亦説樂而從之，无有怨也。「説之大，民勸矣哉」者，夫施説之道，固非小小之事可以感懷天下之心，必須有仁義德澤以遍施天下，使民雖從其勞役，犯其死難，皆无怨心。况乎納之以善教，民固勸而説從之矣。

象曰：麗澤，兑，君子以朋友講習。

〔一〕此「柔」當爲「剛」之誤。

義曰：上下二體皆兑，是二澤相麗也。夫水之聚于一澤之中，則能滋息萬物而使之皆得其説懌。而况二澤相麗，是其説之大者也。君子觀是象，凡施説之道，必當施之于大而至于久遠。若小人惟以淺近爲説以快己之欲，然至于久遠，則不能无厭倦之心。厭倦既生，至喪身、亡家、敗國、失天下，皆由于此。故君子之人當説其大者，惟朋友講習。蓋朋友之道同心同德，其志氣相契，所講者聖人之道德，所習者聖賢之事業。日聞其所不聞，日見其所不見，使道德事業愈久而愈新，皆无其厭倦之心。是爲説之道，莫重于此也。

初九，和兑，吉。象曰：和兑之吉，行未疑也。

義曰：和，謂中和也。夫兑者，西方之卦也，以四時言之則爲秋，秋所以成萬物，萬物皆説而成也。君子之人在上，以義制天下之民，使之感説而歸之。故當廣發其中和之教，所應不係于一，无心于物，而使之自然感説而從之，則不失其兑之義也。今初九居兑之始，是能剛中而柔外以施其説也。何則？蓋以其有剛明之才，故曰剛中；體夫兑説，故曰柔外。夫内既剛，外又柔，是能以中和之道説天下之人，心无所係，故得天下之懽心而獲其吉者也。象曰「和兑之吉，行未疑也」者，初九能以中和之道，上不係應而行不在私，故以此而施説于人，則人皆説而從之，復何所疑哉？

九二，孚兑，吉，悔亡。象曰：孚兑之吉，信志也。

義曰：此爻以陽居陰，履非其正，本有悔者也。然以剛居中，是其有至信發之于中而施説于人，不爲邪僻，不爲非妄，使天下之人皆必信之，以至歡心而歸一，獲其吉，是得其所以爲説之道，悔遂亡矣。象曰「孚兑之吉，信志也」者，能以由中之信發于己之志而施説于天下，天下之人莫不説而歸之。

六三，來兑，凶。象曰：來兑之凶，位不當也。

義曰：夫感説之道，必須至公正，无所偏係，使天下之人自然而説之，則可也，固不可以言語、口舌、柔邪以苟取于人而求其説。今六三當施説之世，以陰居陽，又在一卦之上，是履不得中，行不得正。以不中不正之道，是欲以柔邪、諂佞、姑息、苟且以來天下之説。雖天下之民一時懽心而説從之，終无其道以久説斯民。以是施説，非凶而何？

九四，商兑未寧，介疾有喜。象曰：九四之喜，有慶也。

義曰：商，謂商議裁制也；寧，安也；介，隔也；疾，謂六三也。九四以剛明之資居上卦之下，切近九五之君，是居得大位，與持重權者也。既爲權位之臣，則邪媚之人皆欲以甘言巧語、柔佞之道以苟説于己，將以希進用之地。然小人之徒止欲榮進一身而已，若使進而有位，則上必爲害于君，下必爲害于民，君民之間皆被其疾害。是則九四既有權位，人求説己及己之説人，皆當商議裁制其所説之義，則不失其正。然既商議裁制，則旦夕憂慮，常恐小人之進，故未能斯須遑安也。「介疾有喜」者，六三既以柔邪欲説于己，欲圖進其身。苟進之，則爲君民之害矣。故九四則當施剛明之德，以裁製而介隔杜絶之。既能介隔六三之小人，則天下之賢者得以進，天下之民皆得其安，上以致國于太平，下以納民于富壽之域，是有其喜慶者也。象曰「九四之喜，有慶也」者，九四所以有喜者，蓋由能介隔六三諂佞之小人，使不得進，所以杜君民之害，使賢者得路以施仁義于天下，獲其福慶之事也。

九五，孚于剥，有厲。象曰：孚于剥，位正當也。

義曰：孚，信也；剥，刻也。夫聖賢之人皆以仁義爲先，若使之進于有位，則上可以致君于无過之地，下可以躋民于富壽之域，使天下罔有一民一物不得其所，而不被其福慶也。此聖賢之所用心也。小人則不然，外以柔邪諂佞，内以貪殘狠毒爲心，若使之見用，于上必爲亂于君，于下必爲害于民，以至天下皆被其剥刻。然則爲天下者欲治于民，莫若以至誠委任天下之賢，使推其仁義之心以布澤流惠，則天下不勞而治矣。今九五以剛明中正之德居至尊之位，爲兑之主，是有可致之資。既有其資，則當信任其賢明有德之人以輔助于己，故天下皆被其賜矣。且五雖本應于九二，九二有剛正之德，而己不能盡柔巽以任用之，反比于上六邪佞不正之臣，是所信者剥刻之小人也。既信剥刻之小人，則賢者退而朝廷昏亂，紀綱廢弛，以至害于國而及乎天下，是其危厲之甚也。象曰「孚于剥，位正當也」者，此聖人戒之之辭也。言九五居可致之位，操可致之資，反委任上六柔邪之小人以剥刻君子，自取危厲。故于此切戒之，責于五也。

上六，引兑。象曰：上六引兑，未光也。

義曰：引者，牽引之辭也。言上六以陰柔居一卦之極，當无位之地，故欲以柔邪不正之道，苟且以牽引天下之民，欲使盡歸説于己。象曰「上六引兑，未光也」者，夫施説之道一失其正，則皆爲私邪而不可行，況其以柔佞欲苟説于人乎？今上六既然，故雖得人之説，其道亦未足爲光大也。

渙

䷺坎下巽上　渙，亨。王假有廟，利涉大川，利貞。

義曰：按序卦云：「説而後散之，故受之以渙。」渙，散也，離也，釋也。言人樂極則憂，歡極則悲，歡樂之極，久而不已，以至離散，故渙次于兑。然渙者，是人心睽離、上下違散之謂也。亨者，言上下所以渙散，故民所以睽離，蓋由道有所壅塞，志有所不通，是以渙散。故君子當此之時，必以權變之術、剛明之德釋去民之險難，以和衆情，以導衆志，使皆得萃聚而至于亨通，故曰「渙，亨」也。「王假有廟」者，言人精氣體魄萃則生，散則死。精氣散之于天則爲神，體魄歸之于地則爲鬼，冥冥然，倀倀然，幽邈而不知所之。爲人子者思欲追念其容貌，竭心以奉養，雖有悽愴之懷，不可得而見之。故先王因此渙散之義，思欲萃聚其親之神靈，故假立其廟以狀先祖之容貌，于是四時追感，設爲祭祀之禮以薦享之，所以表追念悽愴之心。而又燔燎羶薌以達諸陽，酌鬱鬯芬香之酒沃之于地以達諸陰，所以盡孝子思親之志，教天下追思奉先之道也。「利涉大川」者，大川，險阻之謂也。夫渙散之時，民心違離，上下相戾，必不能涉其大川。是故聖賢君子必起而濟之，雖甚大險，必往救其生靈，不可懼其患難。是利在涉此大川以拯天下渙散，使皆萃聚不至離散而各得其濟也。所以能然者，蓋巽體屬木，涉于川而无沉溺之患。故古之聖人刳木爲舟，剡木爲楫，舟楫之利，以濟不通，是巽朩能涉于水也。猶聖人有才智而又有剛健之德，能拯民之患難，无有不濟者也。利貞者，言離散之時，不以正道而拯濟之，則人心愈肆，而邪僻之事從而至矣。故聖賢之人當此之際利守正道，則可萃天下之民也。

彖曰：渙亨，剛來而不窮，柔得位乎外而上同。王假有廟，王乃在中也。利涉大川，乘木有功也。

義曰：「剛來而不窮」者，此言九二有剛陽之德，來居坎險之中，而上无所應。然已有剛明之才，終不陷身于窮困也。「柔得位乎外而上同」者，此言六四以陰居陰，居得其正，而在上卦之下，是位乎外也。既居外卦之下，下无其應，然上比九五之君，九五亦无應，故與之志合而相得，同心戮力，上與五同渙散天下之難，萃聚天下之民而濟之也。「王假有廟，王乃在中也」者，言人體魄既散，幽陰而難見，是故王者假立此廟以萃其容貌，四時祭祀以表悽愴之心。然而立其廟宇，設其祭祀，追思念舊，不可以瀆，不可以疏。是王者教人之孝，亦在中道者也。「利涉大川，乘木有功也」者，言川者水之聚，濟之以舟楫。今下體坎，坎爲水，故爲川；上體巽，巽爲木，故爲舟。繫辭曰：「刳木爲舟，剡木爲楫。」是唯舟楫爲能利涉大川。猶聖賢當此渙散之時，必須冒涉險難，使渙散者皆萃聚之，故往則有功也。

象曰：風行水上，渙，先王以享于帝，立廟。

義曰：夫風行水上，渙然而散，是得渙之象也。帝即天帝也，以形言之謂之天，以氣言之謂之陰陽，以主宰言之謂之帝。言先王當此渙散之時，設其郊祀，備其物儀，薦享于天地，以報成功也。立廟者，言萃聚先祖之精神，立爲廟貌，四時祭之，以表淒愴之心，奉先之道也。

初六，用拯馬壯，吉。象曰：初六之吉，順也。

義曰：夫渙散之時，人民既違散，上下既乖離，救之緩則情僞交作，姦邪並起，无所不至，事難濟矣。今此初六以陰柔之質居一卦之下，又在渙散之始，是往而拯之，不可後時。固當用剛壯之馬，急于解民之難，使得萃而不散，吉之道也。象曰「初六之吉，順也」者，言當此渙散之時，固不可以剛暴拯濟之。苟尚剛暴，則民愈怨而心愈離。今初六既以陰柔居于卦下而復在事初，能執柔順之道以拯濟之，故得其吉也。

九二，渙奔其机，悔亡。象曰：渙奔其机，得願也。

義曰：机者，人所倚憑，謂初六也。此九二當渙散之時，以陽居陰，失正者也。上又无應，是无同心同德合契之人也。既无合契之人，居又失正，是有悔者也。然而初亦无應，能知事始，用拯濟之馬以救天下之渙。

今二若能奔從于初，則是得其所憑倚之地也。既得其所憑倚，則可以同謀合慮以拯當時之難，使天下得其萃聚。天下既以萃聚，則其悔得以亡矣。象曰「涣奔其机，得願也」者，言二當涣散之時，上无其應，道不得行，志不得伸，其身不能有所濟。既能奔從于初，與之共謀爲慮，同心協志而有所憑倚，則是得中心之所願也。

六三，涣其躬，无悔。象曰：涣其躬，志在外也。

義曰：夫有才者或无位，有位者或无才，或位崇而德薄，或志大而位小，皆不足以有爲也。今六三以陰居陽，履非其正。當涣散之時，其德不能安天下之衆，其才不能釋天下之難，在險之終，有悔者也。然而上有上九居一卦之極，有剛明之才以已爲正應。既以已爲正應，是以不能固其所守，往從于上。然雖不能大濟天下之事，亦可以釋一身之患而无悔吝也。象曰「涣其躬，志在外也」者，言三雖居非其位，而得上九爲之正應，往以從之，思展其志于天下國家也。

六四，涣其羣，元吉。涣有丘，匪夷所思。象曰：涣其羣，元吉，光大也。

義曰：羣，衆也。天下之涣，起于衆心乖離，人自爲羣。六四上承九五，當濟涣之任，而居陰得正，下无私應，是大臣秉大公之道以濟天下之涣。且又得君以行其志，内掌國之機務，外宣君之德意，使天下之黨盡散，則天下之危以濟，天下之難以解，天下之心不至于乖散而皆得以萃聚，上下悉有所歸。有此之功，故得盡善元大之吉也。「涣有丘，匪夷所思」者，夫爲人臣者當尊其君，爲人子者當尊其父，然後君父臣子之道正矣。丘者，臲卼不平之地。今六四上奉九五之君，下爲百官之長，當天下涣散乖離之際，其承君之命令，宣君之德澤，以釋天下之難，一責于己。是其權既重，其職匪易，故六四常終日乾乾，終夜惕惕，竭其臣節，能自臲卼，不敢少安，而亦未嘗敢平其思慮也。象曰「涣其羣，元吉，光大也」者，言涣散之時，上下乖離。六四獨能執柔順之道以事其君，使天下之衆不至離散。如是于臣子之道，得其光明盛大者也。

九五，涣汗其大號，涣王居，无咎。象曰：王居无咎，正位也。

義曰：汗者，膚腠之所出，出則宣人之壅滯，愈人之疾。然且一出而不可反，猶上有教令，釋天下之難，使天下各得其所者。今此九五居至尊之位，爲涣散之主，居得其正，履得其中，能出其號令，布其德澤，宣天下壅滯，發天下湮鬱，使一令之出而不復反，一號之施而不復更，善者賞之，惡者罰之，使天下之人皆信于上，咸有所歸，是如汗之不反者也。「涣王居，无咎」者，言九五既居尊位，爲涣散之主。當是時，上能自正其位，下能任六四之臣，宣號令，布德澤，釋天下之大難，正天下之廣居，輔王者之尊位，使天下之人皆知上有明君，下有賢臣，无涣散之難。民得安堵，天下合洽，則九五之君所以居位而无悔咎矣。象曰「王居无咎，正位也」者，言九五居至尊之位，任賢明之臣，能萃天下之民而免悔者，由所居之得正故也。

上九，涣其血去，逖出，无咎。象曰：涣其血，遠害也。

義曰：逖者，遠也。夫天下涣散之時，上下乖違，情僞叢生，利害紛起，必有所傷也。今此上九居上卦之極，處无位之地，能全其身，獨遠其難，不與衆競，故涣其血去也。「逖出，无咎」者，言既居卦極而无位，是能獨遠于難，所以无咎也。象曰「涣其血，遠害也」者，既獨居上卦之上，是最遠于患害也。

節

䷻兑下坎上節，亨，苦節不可貞。

義曰：按序卦云：「物不可以終離，故受之以節。」言凡物不可使之終有離散，故必節制之。然謂之節者，蓋節之道在于人之一身，則言語、飲食、心意、思慮、出處、進退，以至嗜欲皆有所節，使父子有禮，上下有等，男女有别，尊卑有序，長幼有倫，夫婦有制，内外有分，皆有所節。至于一國以及天下用度、禮樂刑政、賞罰號令、宫室旌旗、車輿服器，以至税賦徭役以其時，賢不肖各有所處，士農工商各守其業，富貴貧賤各當其分。如此之類，舉而言之，是修身、齊家、治國、正天下皆有所節，故謂之節。然其得亨者何？蓋人之修身以至治天下皆有所節，則所往之地、所爲之事无不獲通亨也。「苦節不可貞」，苦者，人之所難嗜者也，猶味之苦也。夫節之道不可過，過則人不樂從。以其一身一家節過，則猶无大害。若于治天下人民之衆而節之太甚，則必不樂從。是故聖人預爲之備，曲爲之防，酌中立法，使其車輿器用、宫室旌旗、衣服制度皆有其節，一合于中正。苟苦之，則天下未易治也。且如賦税之設，非欲聚斂其財貨，厚取于民以自足已，蓋有郊廟之祀、賓客之供、兵儲之備，此爲國者不可廢也。是以不得已而取之，取之必有中道，故中者，天下之通制。取之過甚，則在下者財匱而不能給；取之薄，則在上者用度不足。是以量時之豐約，酌民之厚薄，使天下之人樂從而易于輸納，可謂得節之道也。故夏后世五十而貢，商人七十而助，周人百畝而徹，皆什一法而得天下之中。

彖曰：節亨，剛柔分而剛得中。苦節不可貞，其道窮也。説以行險，當位以節，中正以通。天地節而四時成，節以制度，不傷財，不害民。

義曰：此因二體以明節亨之義。上坎爲陽，陽爲剛；下兑爲陰，陰爲柔。「剛得中」者，九二、九五之爻也。夫節所以得亨者，陽本在上，今處于上；陰本在下，今居于下，是君臣上下各有分也，故曰「剛柔分」也。「剛得中」者，言九二、九五以剛陽之質居剛陽之位，又居得其中，履得其正，當節之時能爲節制之道，使天下皆得中制，是以亨通也。「苦節不可貞，其道窮也」者，夫節之道不可過，過則不能緣人之情而衆不樂從，是不可久行于世而爲萬代通行之法，窮困之道也。「説以行險」者，上坎爲險，下兑爲説，是説而能行于險也。蓋言聖人緣人之情，酌中以爲通制，當節之時，雖有險阻，能以説順行，則人亦樂從之也。「當位以節」者，言九五有剛明之德，居至尊之位，爲節之主，是所居當其位而能酌民情，爲之節制也。「中正以通」者，此又言九五居中履正，所爲節制得其中，又得其正。得其中則无過與不及之事，得其正則不入于私邪。是中正所爲之道可以通行萬世，使天下得盡所以爲節制之義也。「天地節而四時成，節以制度，不傷財，不害民」者，此己下廣明節之道也。夫天地之道、陰陽之序，以生以成皆有所節。至如生成之終，則有風雨霜雪以殺之。殺之既終，復以春陽爲發生之始。是天地之道，始始終終，陰陽相盪，寒暑往來，不失其序，所以能生成萬物，此天地盡其爲節之道也。聖人法天地之道，爲之節制，設其禮法，各有常分，以至取予无不得其中。如是而行，自然財不傷而民不害也。

象曰：澤上有水，節，君子以制數度，議德行。

義曰：夫水之性，决之于江河，其性沛然順于下，莫之與禦。今水在澤中，則不能順往而流，故有節制之象。數者，名數也；度者，制度也。言君子之人法此節之象，定其名數，立其制度，使禮樂之道、度量之分无得過差，盡合于中也。「議德行」者，夫人本五常而生，其性有全有偏。唯聖人受性之全，賢人則才智有所偏。是以當節之時，必量其才之大小，隨其德之優劣以任用之。大才者置之大位，小才者置之小位，若其无德无行，則没身而不用。

初九，不出户庭，无咎。象曰：不出户庭，知通塞也。

義曰：户者，門之內、牖之間也。夫人之情，莫不欲安逸而惡節制之爲禁。此節者，節人之邪情，約人之私欲，遏人之非，絶人之僞。然而節情約欲、遏非絶僞，人莫不惡之。然當節制之始，典章未備，法度未詳，必當慎密之，不可洩機于人。苟所行不密，則必爲人所窺而敗壞成事。如是則法未出而姦生，令未下而詐起，必不可以節制之也。今初九履下卦之下，居節制之初，是謀事之始，故當慎其幾密，不使宣露于人，使天下之人由之而不知之，而情僞不作，巧詐不生，則是能慎其幾密，不出户庭之間，所以成節制之道而无咎矣。象曰「不出户庭，知通塞也」者，言初九居事之始，所以不出户庭者，非是藏其幾密，慎其法制，不宣布于天下。蓋當節制之初，典章法度未甚大備，不可以宣露于人，是能知其時，可以通則通之，可以塞則塞之，通塞不失其宜也。故繫辭曰：「亂之所生，則言語以爲階。君不密則失臣，臣不密則失身，幾事不密則害成。」言大凡幾密之事必當慎之，苟宣露于人，則君失臣，臣失身，以至天下皆失其節，如是則不能免于咎也。

九二，不出門庭，凶。象曰：不出門庭，凶，失時極也。

義曰：在外謂之門。大凡居事之始，節人之情僞，必當慎重而幾密之。故初九在卦之始，處節之初，典章未備，法度未完，故幾密而不宣露于人，是以不出户庭也。今此九二居卦之中，是典章已備，法度已立，必當宣布于天下以制節于人情，使其姦僞不敢萌，巧詐不得作，天下之人皆合于中制可也。今有可致之資而反不出門庭之間，使制度不立，上下无別，以至天下之人皆亂其常，則是恣人之情，縱人之欲，速凶之道也。象曰「不出門庭，失時極也」者，言九二居得其中，而法制已成，當行而不行，當施而不施，使天下之人情僞交作而上下无等。節制之道不出門庭之間，失時而不宣布，以至窮極亦不能行，凶其宜矣。

六三，不節若，則嗟若，无咎。象曰：不節之嗟，又誰咎也？

義曰：若者，語辭也。夫爲節之道，必須先正其身，然後可以正人。身既正，則天下孰不從之？今六三以陰居陽，是爲不正；在下卦之上，是爲不中。既失其中，又非其正，且在卦之上，是居衆人之上者也。夫居衆人之上，必也賞必信，罰必當，正身立法度，平典章，宣政教，以節天下之人，則姦僞不作，巧詐不生，而人自信從之矣。今反不能自正其身，又不能節制其人，是雖有嚴刑峻法，人亦不從，故反自生嗟怨之聲，如是必不可爲節制之主也。「无咎」，蓋三以不正之身居衆人之上，不能節制，以至嗟若之凶，皆己自爲之，又何咎于人哉？故象曰：「又誰咎也？」

六四，安節，亨。象曰：安節之亨，承上道也。

義曰：按此爻居上卦之下，近九五之尊，而又以陰居陰，履得其正，上承其君，下率其民。以柔正之道上以節君之情，制君之欲，防君之邪僻，致君于正；又能宣君之令，布君之德，以去天下人之邪僞，禁天下人之非僻，使天下之人一歸于正，而得節制之道。是由以柔正自正其身，以至正君率民，安然而行其節制，故所往无不得其亨通也。象曰「安節之亨，承上道」者，言六四以柔正之道自正其身，上承于君，以行節制，所以率天下之人得以亨通，是承君上之道也。

九五，甘節，吉，往有尚。象曰：甘節之吉，居位中也。

義曰：甘者，味之甘，人所嗜也。夫節之道，是節人之情，防人之欲，人之所惡也。今九五以陽居陽，處得其正；又居上卦之中，履至尊之位，爲節制之主。當節之時，能以中正爲之節制，无過无不及。施于當世，則天下之人无尊卑長幼上下，以至于遠近幽隱，皆悦然樂而從之。是九五爲節之道，使人樂從，如嗜甘味也，所以得其吉矣。「往有尚」者，五以中正之道爲節制之法，可以爲世世之通行，而天下之民皆樂從之。是五有所往，則爲人尊尚者也。象曰「甘節之吉，居位中也」者，言聖人通其情，故能達節；常人違其情，故多苟節。夫能通天下之情，不違其理；守大中之節，不失其時，以此而行，則合聖人中正之道。今五居至尊之位，在上卦之中，是能正其身而爲節制之主，使天下之人皆尊尚而從之，是居位中正之故也。

上六，苦節，貞凶，悔亡。象曰：苦節貞凶，其道窮也。

義曰：夫節制之道貴乎中正，則人樂從之。今上六過于九五，是居不得中者也。所爲節制之道，皆過于中，是人所厭苦之也。以正道言之，則已凶矣，故曰「貞凶」。然悔亡者，夫節制有苦于天下，則害其事。今上六居无位之地，但行于一己而自節苦于一身，則可以悔亡。故孔子曰：「禮，與其奢也，寧儉；喪，與其易也，寧戚。」是言凡過節于一身，則可以无悔也。象曰「苦節貞凶，其道窮也」者，以陰柔之質居節制之極，所爲失中正之道，而天下之人厭苦之，是過爲節制之道以至窮極也。

中孚

䷼兑下巽上 中孚，豚魚吉，利涉大川，利貞。

義曰：按序卦云：「節而信之，故受之以中孚。」言聖賢之人爲節之道，必當以信而行之，使久而不變，可以爲萬世之法，故以中孚次于節。謂之中孚者，孚，信也，信由中出，故曰「中孚」。蓋二陰居中，是虚中而發誠信于内，出之于性。孚信既發于中，施之于外，則天下必信之矣。「豚魚吉」者，豚是獸之至微者也，魚是蟲之至隱者也。夫聖賢之人所立正教，必須信于天下，使天下之人皆順從之，以至至微至隱之物皆亦被其信。是故聖王作爲節制，斧斤不時不入山林，數罟不入污池，昆蟲未蟄不以火田。如是之類，是皆取之以時，用之有節，使至微至隱之物皆遂其生而涵濡其性。豚魚无識之物猶且被澤而不妄有所傷，則有識之類，其蒙信也可知矣，故曰吉。「利涉大川」者，川者險難之地，大則有兵革之事，小則有寇盗之虞，于天則水旱蟲蝗，于人則死亡疾疫，險難之事也。夫節制之道行于世，必以至信及于天下，不遺微小，則天下相信，戚疎相睦。聖人以此拯濟天下之難，何所不利哉！若不以至信及于上下，苟涉大難，必有阻溺。此中孚之德猶已及于豚魚，則天下之人无不信服，上下和同，物情不違，故涉于大難，无不利矣。「利貞」者，夫信而不正，不若不信。故聖賢所節制，必須不偏不黨，至誠不息，不爲邪欲所勝，則天下皆信其上，是所利在于正也。

彖曰：中孚，柔在内而剛得中，説而巽，孚乃化邦也。豚魚吉，信及豚魚也。利涉大川，乘木舟虚也。中孚以利貞，乃應乎天也。

義曰：「柔在内」者，謂六三、六四也。言三、四以柔順處中而四陽居外。二陰既處其中，則是虚其中也。言誠信之道發于中，行于外，使天下之人皆信之，故曰「柔在内」也。「剛得中」者，謂九二、九五也，二爻皆以剛居中而得正。夫剛而不中不正，則爲私爲暴，不可信于天下，故剛以得中爲貴也。「説而巽，孚乃化邦」者，言此卦下體爲兑，兑爲説；上體巽，巽爲風。是九五能以風教權變孚信于天下，則天下之人説順而信矣。左氏曰：「小信未孚，神弗福也。」夫聖賢之人不可爲小小之信，必當立其大信，使天下之人皆孚信之。上既以由中之信發之于中，施之于外，无偏黨私曲，皆合于中，則天下之人皆化上之信，姦僞不作，巧詐不興，亦以至誠至信奉于上，故曰「乃化邦也」。「豚魚吉，信及豚魚」者，言豚魚所以得吉者，蓋由孚信之所及，至廣至遠。取之有時，用之有節，不傷其性，以至至微至隱皆被其德，故小雅魚麗之詩，蓋言萬物衆多也。「利涉大川，乘木舟虚」者，下兑爲澤，澤者水也；上巽爲木，木在水上，舟之象也。夫大川之深，至險至浚，若以舟楫濟之而居于其中，所涉无不濟矣。是猶在上者能以節制之道、由中之信，施爲號令，風教于天下，使天下之人上下以信相接，何所不從哉？若國有大患，人有大難，則可以使同心戮力，以順從于君而共拯之，无危險而不獲其濟。「中孚以利貞，乃應乎天」者，夫天之道无所不正，无所不信，故冬至則陽氣應之，夏至則陰氣應之，寒暑代謝，日月往來，皆无毫釐之差。是天地、陰陽、寒暑、晝夜、日月皆有其信而不失其正，是天之不言而能信萬物也。今聖賢之人能推由中之信，无偏黨之邪，以取信于天下，使天下皆信之，是應乎天也。

象曰：澤上有風，中孚，君子以議獄緩死。

義曰：澤與風皆生成之道也。夫風行澤上，物无不從，猶君子之人以由中之信施乎外，无所不及，无所不順也。「議獄緩死」者，君子觀是之象以謂獄者，繫獄之人就苦而告之。以[一]所死者不可復生，必推由中之誠，原議冤枉，察其真僞，求其曲直，以緩恕其死，則可以盡其至信之道也。

初九，虞吉，有它不燕。象曰：初九虞吉，志未變也。

義曰：虞，度也；燕，樂也。此居兑之始，上有六四爲之正應，然中有九二、六三間隔己之應。是以初九能度四之正應，裁量其情以孚信于己，不爲二、三間隔而變其志，自能虞度，終以至誠待之，故得吉也。「有它不燕」者，初既以四爲正應，雖有二、三間之，而能虞度之，以謂縱有它來從己者，己亦執心不變，不與之爲燕樂也。象曰「虞吉，志未變」者，此一爻居事之始，在兑之初，其志專一與四爲應，其志終不變易矣。

九二，鳴鶴在陰，其子和之。我有好爵，吾與爾靡之。象曰：其子和之，中心願也。

[一] 四庫薈要本誤作「死」，白石山房本誤作「之」，當從文淵閣本作「以」。

義曰：夫信出于中，雖天地亦可以充塞。苟无信實，雖无識之物，亦不已從。今九二以剛陽之德居兑之體，在中孚之中，而有由中之信以及于下，上无其應，无所私係。在三、四重陰之下，處幽暗之中而不失其信，是以聲聞于外，至于天下同類之人以孚信應之，若鳴鶴之在陰而其子自然應和。「我有好爵，吾與爾靡之」者，言聖賢之人既以誠信達于天下，上下自然以誠信相交，故與之共天爵共天禄而无所離間靡散也。言我有美好之爵，與爾共散之也。蓋至誠所感，上下和悦之至也。象曰「其子和之，中心願」者，言誠信之人願與同類相應，今得誠信而應之，是中心之所願也。

六三，得敵，或鼓或罷，或泣或歌。象曰：或鼓或罷，位不當也。

義曰：六三以陰居陽，履非其正，小人者也；切近于四，四以陰居陰，君子者也。夫小人而近君子，則必陷于君子，是以六三得其所敵，故曰「得敵」。既敵必戰，則或鼓而進，故曰「或鼓」。然小人雖欲害君子，君子執正道而无所變易，非小人之所能勝，則反自罷敝，故曰「或罷」。且小人既不克勝而得罪于君子，則懼其侵奪，故曰「或泣」。然君子守己薄責，不爲區區之行，不屑屑與小人校計，則小人獲存而得出于憂懼之地，反有所喜，故曰「或歌」。以是見六三不中不正，所爲失道而强弱憂喜之无常也，故象曰「位不當也」。

六四，月幾望，馬匹亡，无咎。象曰：馬匹亡，絶類上也。

義曰：月者，陰之體；望者，光魄盈滿，與日相望之時也。此一卦惟六三、六四以陰柔居于内，而六三以其不正，故爲小人也。六四以陰柔之質居巽順之體，居得其正，奉九五之君，能布德教以孚萬邦，得臣道之正也。如月之近望，光輝明盛，徧照天下。然懼招君父之疑，常自戒慎，不自滿假，故曰「幾望」也。「馬匹亡，无咎」者，匹，謂匹耦羣類也。夫君子守其道德，以務遠者大者，不與小人校分毫之利害。若以君子而與小人校其區區屑屑，則賢不肖混淆而君子小人无間，以至患害所及。今六四雖爲六三所侵，來與己爭，然己得其正，犯而不校，是以絶其羣類，上承于五，固守其分，養成至德，故獲无咎也。象曰「馬匹亡，絶類上也」者，言匹馬而亡，是獨行也。能下絶六三之類，上順九五之尊，是自能以正道上應于五也。

九五，有孚攣如，无咎。象曰：有孚攣如，位正當也。

義曰：攣者，牽攣之謂也。此九五居至尊之位，履正處中也。夫居尊而有中正之德，是有至誠至信之心，發之于內而交于下，以攣天下之心，使天下之人皆以誠信奉于上。上下內外皆以誠信相通，是得爲君之道而獲吉，復何咎之有？

上九，翰音登于天，貞凶。象曰：翰音登于天，何可長也？

義曰：翰者，鳥羽之高飛也。此上九在一卦之上，居窮極之地，是其誠不能自內而出，无純誠之心、篤實之道，徒務其虛聲外飾，以矯僞爲尚。如鳥之飛登于天，邈然不見其形，杳然莫覩其迹，徒聞其虛聲而已。「貞凶」者，君子之人所爲所作，必皆本其純誠，篤實光大以感于人，而人亦以誠實奉之，此君子之謂也。今乃居无實之地，任无誠之聲，以正道觀之，可謂凶矣，故曰「貞凶」。象曰「何可長」者，言上九徒以虛聲外飾驕于人，殊无純誠篤實之行，以此而往，愈久愈凶，故聖人戒之曰「何可長」。如此，蓋欲人改過反誠，以信實爲本也。

小過

䷽艮下震上小過，亨，利貞。可小事，不可大事。飛鳥遺之音，不宜上，宜下，大吉。

義曰：按序卦云：「有其信者必行之，故受之以小過。」言聖賢君子有由中之信、至誠之道，則不以小人之所疑謗而不行，固當發之于外，以拯天下之失，矯天下之弊，使至平治而後已，故以此次于中孚。然謂之小過者，蓋大過以四陽居内，二陰在外，本末皆弱，上下皆微，故聖賢之人以大才大德，過越常分以救天下之大難。今此小過以四陰在外，二陽居内，是綱紀未甚隳壞，天下之事少有差忒，故聖賢之人小小過行其事以矯正之。故若喪過乎哀，用過乎儉，是皆小有所過也。亨者，夫聖賢之君既推至誠之道過行小事，以矯一時之失，則天下之人一歸于大中之道而得亨通也。天下皆奢矣，嗇儉一已以矯之者，晏子一狐裘而三十年是也。天下皆薄于喪也，哀毁一身以矯之者，曾子水漿不入于口者七日是也。蓋人情已弊，矯而行之，所以勸進于中道也。

「利貞」者，夫小過之時，非常行之時也。苟不以至正之道，推至誠之心，則入于詭譎誕妄，天下不能信服之矣。故當率己以正，然後利也。「可小事，不可大事」者，夫當小過之時，本末未至甚弱，政教未至甚頹，天下之事小有所差，君子固當過越而行其小小之事以矯世勵俗，使復趨大中之道可也。如當是時，不能附順人情而反大過其事，不近于民，則所爲迂遠，民无所濟矣。「飛鳥遺之音」者，夫鳥之飛騰于空虛，但聞其音而不見其跡。謂如君子過越中道，矯正天下之弊，但使民由之而不使知之也。「不宜上，宜下，大吉」者，夫鳥之飛翔，雖不見其跡，然又不可大過而愈上。若愈上而不已，則愈窮而不得其所歸。故當下而附于物，則得其所棲止也。猶君子當小過之世，乘時藉位，矯過常分以正當時，不可大越其事，遠于人情，必當附近民心，約附所爲，然後獲吉也。

彖曰：小過，小者過而亨也。過以利貞，與時行也。柔得中，是以小事吉也。剛失位而不中，是以不可大事也。有飛鳥之象焉。飛鳥遺之音，不宜上，宜下，大吉，上逆而下順也。

義曰：夫小過之時，天下之時[一]小有過失。君子思欲拯濟之，不可大過其分，但以小者之事過而行之，以矯一時之弊，然後得亨也。「過以利貞，與時行也」者，夫君子所爲，觀時而動，時之大弊則大過其分而行，時之小弊則小過其分而行，約民中道，驅而納之，隨事制宜，適權應變，一皆必出于正，故曰「過以利貞，與

〔一〕此「時」疑爲「事」之誤。

時行也」。「柔得中，是以小事吉」者，夫大過二、五皆以陽居中，故曰「可行大事」。今小過二、五皆以柔居中，故不可大有所爲，但小有過爲之事則吉也。「剛失位而不中，是以不可大事」者，夫成大事立大功，必有剛明之才居于内，柔順之道行于外可也。今三、四雖有剛明之才德，而居失其位，行不得中，故不可以行其大事，惟小事過可也。「有飛鳥之象焉」者，按小過之卦，自中孚而來。有飛鳥之象者，蓋中孚之卦四陽在外，二陰在内，内虚而外實，故上有飛鳥翰音之言。今小過四陰在外，二陽在内，是内實外虚，故有飛鳥之象也。「飛鳥遺之音，不宜上，宜下，大吉，上逆而下順」者，言飛鳥翔空，无所依著，愈上則愈窮，是上則逆也；下附物則身可安，是下則順也。猶君子之人過行其事以矯世勵俗，欲民易從，必下附人情，亦宜下而不宜上也。

象曰：山上有雷，小過，君子以行過乎恭，喪過乎哀，用過乎儉。

義曰：夫雷者出于地，今反在山之上，是小過之象也。君子當天下小有差弊之時，將以矯世勵俗，驅合于大中之道，是以過行小事于身，使天下之人觀而化之。故若天下之人有所行過差而失于傲慢，君子則過恭以矯之；若天下之人居喪過差而失于率易，君子則過哀以矯之；若天下之人用度過差而失于奢侈，君子則過儉以矯之。是皆君子之人過爲小事，以矯天下之大中也。

初六，飛鳥以凶。象曰：飛鳥以凶，不可如何也。

義曰：小過之時，是君子過行小事以矯一時之失，止當時之弊。衆所不爲而己獨爲之，皆在于身，故取飛鳥之象以明之。今初六一爻雖以柔而居下卦之下，然所應在四，故如飛鳥之愈上而无所附著，是以凶也。何則？蓋小過之時不宜上，君子必須應機適變，隨事制宜，附近于人情而後可也。若其所行大過，所爲已甚，雖位在下而志愈上，故獲凶也。象曰「飛鳥以凶，不可如何」者，初六雖在下，而已升至窮極而无所容，以罹其凶，將可奈何哉？故曰「不可如何也」。

六二，過其祖，遇其妣。不及其君，遇其臣，无咎。象曰：不及其君，臣不可過也。

義曰：祖，始也；妣，在内也；君，六五也；臣，六二也。夫小過之君子不可大有所爲，但小過而合其宜，欲矯正天下，使一歸于中耳。今六二已過于初，以柔順處于内，故曰「過其祖，遇其妣」也。「不及其君，遇其臣，无咎」者，小過之世，不可爲已甚之事。事爲已甚，則有僭逼之嫌而罹其上逆之凶。蓋二在其下，比于初則爲過，比于五則爲不及。今不敢過越其君以行事，正得爲臣之體，是所遇得其分，故无咎也。象曰「不及其君，臣不可過」者，爲臣之分，則必奉君之職而行臣之事，不敢及于君。蓋爲臣之道，不可過越也。

九三，弗過防之，從或戕之，凶。象曰：從或戕之，凶如何也？

義曰：小過之時，蓋君子行大[二]事以矯正天下，不使小人得過也。今九三雖處剛陽之位，有明斷之質，然反不能過防上六之小人而使之得過。夫既使小人得過，理已乖矣，而况復從而應之乎？應之，則爲小人之戕害

[二] 此「大」當爲「小」之誤。

必矣。且小人之心，常欲陷害君子。惟君子預自防閑，不使近于己，則得禦小人之術。今三爲小人所戕，蓋不能預防以至優柔不斷，是凶禍之來皆自取之也。象曰「從或戕之，凶如何」者，言既爲小人所戕而致凶，將如之何哉？是不能過防之使然也。

九四，无咎，弗過遇之，往厲必戒，勿用永貞。象曰：弗過遇之，位不當也。往厲必戒，終不可長也。

義曰：小過之時，不宜上宜下，則得其道也。今九四雖位上卦之下，而應于初六，是能下附人情，故得无咎也。「弗過遇之」者，言小過之時事小有差，君子宜過行而矯正之，乃權時之宜也。今四以陽居陰，雖不得正，是能過行其事而不至已甚，而下附人情，使天下之愚不肖皆可企而及之，是弗爲過甚而遇得其道也。「往厲必戒，勿用永貞」者，言小過之事切近人情，但矯正風俗而已，是不可往而過也。若往而不已，將致危厲之災。必須戒慎之，不可用此爲永長貞正之道。此蓋聖人戒慎丁寧之辭也。

六五，密雲不雨，自我西郊，公弋取彼在穴。象曰：密雲不雨，已上也。

義曰：小過之時，小者過也。六五以陰居陽，履于至尊，是小者過而得中，小過之主也。然以柔居剛，又履至尊之位，是陰雖極而德未盛，其惠未行，故不能爲雨澤施于下，但爲西郊密雲而已。何則？夫雨者，陽氣上騰，陰能固止之，則相蒸薄而爲雨。今陽艮止于下，不升而交于陰，則陰氣雖强盛于上而无陽以通，是以不能爲雨，而雲徒密結于西郊也。西郊，謂陰之正位也。「公弋取彼在穴」，言六五之陰極盛，故稱公也；弋者，所以射高也；穴者，所以隱伏而在下也。公以弋繳而取穴中之物，猶聖賢雖過行其事，意在矯下也。然五以柔而處至尊之位，无剛陽之德，故止可爲公之事也。象曰「密雲不雨，已上」者，上當爲止，傳寫之誤。言陽氣已止于下，故不雨也。豈有陰盛于上，陽止而不雨哉？蓋陽艮止于下，所以不雨也。

上六，弗遇過之，飛鳥離之，凶，是謂災眚。象曰：弗遇過之，已亢也。

義曰：上六一爻過而不已，不知所止，是亢極之甚而无所遇也。若鳥之高翔，不知所止，上而愈无所適，以至窮極而離于凶禍，不能反于下以圖其所安。猶人之過而不已，不近人情，亢已而行，故外來之災、自招之眚皆有之也。

既濟

䷾離下坎上既濟，亨小，利貞。初吉終亂。

義曰：按序卦云：「有過物者必濟，故受之以既濟。」既，盡也。言聖賢君子能過行其事以矯天下之失，使天下生靈皆濟于治，无所不通，此既濟所以次小過也。然既濟者，是聖賢功業已成，教化已行，德澤已著，人情已安，倉廩衣食皆已實足，君臣上下皆已和正，軍旅皆已修練，四夷皆已賓服，无一民一物不得其所，以至至纖至悉，皆得通濟，故曰「既濟」也。「亨小」者，傳寫之誤。按象曰「小者亨也」，此當曰「小亨」。蓋言既濟之時朝廷已盡正，教化已盡行，故上下遠近、纖悉微隱至小之物，皆得其所濟而亨通，況其大者乎？「利貞」者，言天下既濟之後，或不守之以正道，則逸豫怠惰之心生而放恣邪惡之事形，以至罹于凶禍矣。故必長守正道，則无所不利也。「初吉終亂」者，初謂天下之始治。夫天下既治，惟君子爲能兢兢慎持，惟恐有失，故其始則吉也。及其傳之子孫，流之後裔，則事或久而多弊，治或永而多闕，以至逸豫怠惰，居安而不思危，居存而不思亡，不念祖宗之重器，以至顛敗覆隕，皆由此漸，是其終則亂也。至如周治于文、武、成、康之初，而亂于昭、穆之後；漢治于高祖、文、景之初，而亂于武、元之後。以是知創業之主蓋得于憂勤，故多吉；守成之君蓋生于康樂，故多忽。聖人特于此言之者，將以爲萬世守成之戒，使之居安慮危、在治思亂而豫爲之備，不使至于傾危也。

象曰：既濟亨，小者亨也。利貞，剛柔正而位當也。初吉，柔得中也。終止則亂，其道窮也。

義曰：既濟者，天下之物无不濟也。雖物之至微至細者，亦皆遂其所，則大者可知矣，如行葦之詩，仁及草木。夫草木无知之物，仁尚及之，他則不言而喻矣。以此知聖賢功業已成，德澤已流，人情皆得其安，而教化大行矣。「利貞，剛柔正而位當」者，言六二、六四以陰居陰，九三、九五以陽居陽，皆得其正。施之人事，則是君子小人各得其分，貴賤長幼各得其序，君君、臣臣、父父、子子、夫夫、婦婦、兄兄、弟弟各得其所，則中國爲中國，夷狄爲夷狄，不相揉亂，而天下萬事无所不濟，无所不利也。「初吉，柔得中也」者，謂六二也。言既濟之時，天下之民物、國家之教化无所不濟。蓋在上者有中正之道、文明之德，然後能致也。六二以陰居陰，不失其正，在下卦之中，居離明之體，是得寬柔中正文明之道以濟天下，故曰吉也。「終止則亂，其道窮也」者，夫民生于憂勤而死于安樂，天下久治則人苟其安，萬務易墮，禍患不警。故持盈守成之道，當須至兢至慎，然後可以久濟。苟止于逸樂，不自省懼，以爲終安，亂斯至矣，故曰「終止則亂，其道窮也」。此聖人深戒之辭。

象曰：水在火上，既濟，君子以思患而豫防之。

義曰：坎上爲水，離下爲火。水火之性不相入，然相資而成功，有烹飪之利以濟于用，故得既濟之象也。「君子以思患而豫防之」者，既濟之時，天下既以治安，君子宜深思遠慮，豫爲之防，曲爲之備，居安思危，居存思亡，動作語默皆常戒慎，則可以久于既濟矣。

初九，曳其輪，濡其尾，无咎。象曰：曳其輪，義无咎也。

義曰：夫既濟由未濟而來。初九居一卦之始，是天下之未濟而險難之未平也。聖賢處此之時，當此之責，則焦勞思慮，經營心志，欲濟天下之患難，使至于安平。是以不顧險難之在前，衝冒而往，欲行之速，故至于搖曳其輪，濡潤其尾。雖然曳輪濡尾，其心无他，蓋能憂天下之憂，欲濟天下之患難而已。故雖深冒于難，終得无咎也。象曰「曳其輪，義无咎」者，言初九以剛健之德居既濟之初，盡心竭力，不顧險難，但以既濟爲心，故至于搖曳其輪，濡潤其尾，如是則于義自然无咎矣。

六二，婦喪其茀，勿逐，七日得。象曰：七日得，以中道也。

義曰：六二當既濟之時，處下卦之內，婦之象也。茀者，首飾也。婦之有茀，所以爲容也。按初爻則天下未甚濟，至二則險阻已平，治道已成，萬事莫不盡濟。然此爻介于初九、九三之間，而又以柔弱之質，故必爲他人之所侵。然六二能執中道，持正不變，所應專在九五而志不可奪，故所喪者但喪其首飾也。「勿逐，七日得」者，夫既濟之時，天下之民大和，雖有邪佞之人處于其間，終亦不容之也。故六二始雖喪茀，然己能執正不回，則不待捕逐，凡七日之間自得之矣。是猶天下新治，民已見太平，紀綱未墮，上下方盛。當此之時，雖有小人敢行侵侮，亦不能貽害。但如婦喪其茀，雖小有所失，不久之間亦當自復，故曰「勿逐，七日得」。象曰「七日得，以中道」者，言六二喪茀，所以勿逐，七日得之者，由其有文明陰柔之德，得中正之道故也。

九三，高宗伐鬼方，三年克之，小人勿用。象曰：三年克之，憊也。

義曰：高宗，商之賢王也；鬼方，遠方也。九三處下卦之上，當離明之極。離爲日，日之過中，明則衰矣。施之人事，猶人君不能持盈，以傾覆祖先之業而至于衰亂也。然當是時，必有聖賢之君，恢復先王之業而起中興之治，故聖人取高宗以明之。言昔商運之衰，禮樂廢絶，王道衰微，綱紀將頽。逮乎高宗，能興復商家之衰，運纘成基業，以致太平之治。然必伐鬼方者，蓋衰亂之後，必有幽遠不賓之人，故當用師伐罪以安定其民。然威服之道不可速成，故須三年然後克勝之也。「小人勿用」者，夫復太平之功，必用賢明之士，然後功業有所濟矣。況中興之際，其勢衰弱，君子居之，其力猶憊，況用小人乎？是愈益于亂也，故戒之勿用此小人也。

六四，繻有衣袽，終日戒。象曰：終日戒，有所疑也。

義曰：繻者，盛美之服也；袽者，衣之破敝也。今六四以陰柔之質居得其正，當既濟之時，居坎險之地，是猶繻有袽也。夫九三當衰亂之後，而復能以剛明之道起中興之治。此六四當已治之時，是其教化之流行，仁義之洽浹，无所不濟之時也。若人君不得持盈守成而逸豫惰怠，則傾覆之患復至矣。如盛美之繻服，久而必有弊敗。故居上者處至盛之時，知其必有傾覆在後，故當終日之間兢兢戒慎，常以弊敗爲慮，則可以永安泰〔一〕而有磐石之固也，故聖人于此深戒之也。象曰「終日戒，有所疑」者，言六四雖居坎險之下，而能終日戒慎。如此者，蓋能通天下之志，欲成天下之務，必有先見之幾，察事于未兆，故當自疑，恐其事久必壞，治久必亂，

〔一〕白石山房本作「太」。

安久必危故也。

九五，東鄰殺牛，不如西鄰之禴祭，實受其福。象曰：東鄰殺牛，不如西鄰之時也。實受其福，吉大來也。

義曰：此一爻聖人深切戒慎之辭。東鄰、西鄰者，取文王與紂之事也。紂居東都，故言東鄰；文王居岐山，故言西鄰。紂，君也；文王，臣也，何以東西言之？蓋紂繼世有天下，而暴虐无道，邦國凌遲，所存者位號也。文王身雖爲臣，而功德已被天下，故三分天下有其二以歸之，是有君民之德，故以鄰國稱之也。夫牛者，祭之豐也；禴者，祭之薄也。言紂雖在上以豐盛之祭，殺大牢以享于鬼神，然无至誠馨德充塞于前，故神亦不享。文王雖以薄約之祭薦于鬼神，然有至誠馨香之德，神則享之，蓋以誠實受福也。以是觀之，人君在德不在物，鬼神享德不享味也。象曰「東鄰殺牛，不如西鄰之時」者，祭不以時而瀆其神，雖豐不享。祭得其時，雖甚薄約，福斯受矣。是以商紂雖盡物，不如文王之得時也。「實受其福，吉大來也」者，言以至誠而享其福禄，則不惟慶及一時之身，且將延及其來系，故吉大來也。

上六，濡其首，厲。象曰：濡其首厲，何可久也？

義曰：物盛則衰，治極必亂，理之常也。上六處既濟之終，位在一卦之外，以柔乘剛，居物之上，其道窮極，至于衰亂也。故天下之事傾敗而不能支，如涉險而濡溺其首，是危厲之極也。皆由治不思亂，安不慮危，以至窮極而反于未濟也。象曰「濡其首厲，何可久」者，言上六當既濟之終，反于未濟，至于濡没其首，危亡不遠，故當翻然而警，惕然而改，何可久如此乎？故曰：「何可久也？」

未濟

䷿坎下離上未濟，亨。小狐汔濟，濡其尾，无攸利。

義曰：按序卦云：「物不可窮也，故受之以未濟終焉。」蓋言既濟之後，在上者不能持盈守成，以至窮極而无所通濟，故以此次于既濟也。此卦自既濟上六而來，明天下之事既濟之後，治平已久，人心怠忽，恃安而不思其危，恃治而不思其亂，逸樂不已，亂所由生，是以濡其首，反既濟而爲未濟也。謂之未濟者，是天下法度敗壞，教化不興，故曰未濟。「亨」者，聖賢君子當是時欲復有所濟，使民心之安，教化之興，宜以仁義之道拯救之。是必先正其身，然後正朝廷，朝廷正然後正天下，必使天下人民事物各得其濟而獲亨通也。「小狐汔濟，濡其尾，无攸利」者，汔者，幾也；狐之性，善涉水者也。然以小者渡之，雖幾至于濟，然勢力微小，必至濡溺其尾也。以人事言之，猶天下未濟，欲興太平之功，欲拯天下之難，必藉大才大德聖賢之人，與之戮力同心，一志畢慮，不顧險阻之在前，奮然往而濟之，則可以立大勲，圖大業，拔天下于困厄，出天下于水火也。

苟以小才小德位卑勢寡之人當之，欲濟天下之險阻，是猶小狐之涉淵水，雖僅至于濟，不免濡溺，无所利于拯難也。

象曰：未濟，亨，柔得中也。小狐汔濟，未出中也。濡其尾，无攸利，不續終也。雖不當位，剛柔應也。

義曰：柔，謂六五也。言未濟之所由來者，以居上者所爲有過，不得中道，所以然也。今六五能以柔順之質履大中之位，委任九二剛明之臣，與之同心竭力，共濟天下之事，所以獲其亨通也。「小狐汔濟，未出中也」者，下坎爲險。以狐之小者往涉于水，其力微弱，未必能濟。猶以小才凉德之人欲濟險涉難，必不能出險難之中矣。「濡其尾，无攸利，不續終」者，小狐之涉水，雖幾及其濟，然以力弱，不能自奮，故致濡尾，不能終濟也。亦如人之濟難，其勢弱，其才薄，終无餘力以拯民于塗炭，不能卒有所成，故曰「不續終也」。「雖不當位，剛柔應」者，言九二、九四以陽居陰，六三、六五以陰居陽，所處皆不當位。位雖不當，然上下二體剛柔相應。施之人事，猶君臣同心戮力而相應，則可以共濟天下也。

象曰：火在水上，未濟，君子以慎辨物居方。

義曰：夫水火相資，然後能濟于物，故曰「既濟」。今此二體，火上水下。火自炎上，水自就下，水火相戾而不能相資，是以有未濟之象。君子因此之象，則當精審其事，明辯于物，使各居其方，皆遂其所，則賢爲賢，愚爲愚，貴貴賤賤，法度昭明，各安其分，不相踰越，蓋取諸水下火上之義也。

初六，濡其尾，吝。象曰：濡其尾，亦不知極也。

義曰：欲濟天下之險難，拔生靈于水火者，非大才大德之君子，有可致之資、可致之勢，固不能也。今初六以柔弱之質居一卦之下，處坎險之底，且欲拯天下之難，除天下之害，謂不量力，不度德，反自取禍于躬，以至濡溺其尾也。夫以薄才當未濟之時，求安其身，猶未知其可也，況欲濟天下乎？故彖曰「小狐汔濟，濡其尾」。言力不能濟，反自罹其害，誠可鄙吝也。象曰「濡其尾，亦不知極」者，言初所以濡溺其尾，蓋不量己才分而不知道之極也。

九二，曳其輪，貞吉。象曰：九二貞吉，中以行正也。

義曰：夫欲泰天下之否，解天下之蹇，非剛明才德之君子，未知其可也。今九二以剛明之才德居大中之位，雖未出于坎險，然所應在五。五又以柔順之道信任于己，與己同心勠力，往拯天下之危，經綸當世之治，以勞來安定天下之民。雖摇曳其輪，盡力而退，固无咎也。貞吉者，爲其以陽居陰，所處非正。然己有濟難之力，苟能用大中之道，由大正而行，則吉可知矣。象曰「九二貞吉，中以行正」者，言二本非正，以其有正中之德，可以行正道而獲吉也。

六三，未濟，征凶，利涉大川。象曰：未濟征凶，位不當也。

義曰：六三以陰居陽，又在坎險之極，是不正懦弱之人也。以不正懦弱之人，身在坎險，欲拯天下之患難，濟天下之未濟，如之何其可乎？身且不正，反欲進救天下，是窮凶之道也。然云「利涉大川」者，蓋六三下近九二剛明中正之人，上比九四興衰撥亂之臣，處二四之間而能依附之，則可以獲安而不至溺身于險難，故曰「利涉大川」也。

九四，貞吉，悔亡。震用伐鬼方，三年有賞于大國。象曰：貞吉悔亡，志行也。

義曰：九四出坎險之中，居離之位，是有剛陽之才。然以陽居陰，所履不正，是以有悔。苟能守正而上承六五之君，竭力盡心以附順于上，以興天下之衰，則悔可亡，故曰「貞吉，悔亡」。「震用伐鬼方，三年有賞于大國」者，震謂威震也。當未濟之世，風俗久漓，典章久墜，紀綱久闕。而九四有剛明之才，又居離明之位，是能用其威震，興師動衆，亦須三年然後有功，使復于既濟。故聖人重其酬功報勞，以大國而賞之，所以寵其成績也。然按既濟之卦，在九三亦言伐鬼方，而曰高宗。此但言「震用」者，蓋既濟九三有中興之象，此九四則興衰之臣也。象曰「貞吉悔亡，志行也」者，言九四已出險難，志欲安濟于天下，故能以剛明之才德、大正之道，施行其救難之志也。

六五，貞吉，无悔。君子之光，有孚，吉。象曰：君子之光，其暉吉也。

義曰：六五以柔順位于至尊，未濟之主也。然以陰居陽，本亦有悔，故必守正，然後得吉而无悔也。「君子之光也」者，以柔順文明之道，所行得中。且下應九二剛明之臣，與之同心戮力，一志畢慮，與天下興利除害，致天下于既濟，是君子光顯之德也。「有孚，吉」者，言六五以柔順之質委任九二剛明之臣，與之共治天下，當絶疑忌之心，以信相待，則興治之功畢而終獲其吉也。象曰「君子之光，其暉吉」者，六五之君能以柔接物，以信遇臣，興天下之治，是君子光暉之用无所不至而獲其吉也。

上九，有孚于飲酒，无咎。濡其首，有孚，失是。象曰：飲酒濡首，亦不知節也。

義曰：夫六五柔順之主，能下接九二剛明之臣，使既濟之道已成。至于上九，則綱紀已振，教化已洽，法令已備，故己可以无爲而治，不勞聰明，委信于臣，而飲食宴樂以相和悦，所以无咎也。「濡其首，有孚，失是」者，夫安不可恃，樂不可極，任臣不可以不察。如是則有苟簡敗壞浸潤之禍，至于濡溺其首。蓋失其所信之道，取不節之嗟，故曰「有孚，失是」。此聖人深戒之辭也。

周易口義繫辭上

周易言「繫辭」者〔一〕，按周易始于伏羲畫爲八卦。至于文王定爲六爻，演爲六十四卦，又作卦下之彖辭以解釋一卦之義，曲盡天地之道，總包萬事之宜。而又周公作其爻辭，以釋逐爻之義。然而聖人作卦，其道至大，以至纖至悉之事无不備載。雖有爻、彖之辭以解釋之，然其辭義深遠，其理精微，至淵至奥，不可以易曉，則于常常之人固難知矣。是故孔子復作十翼以釋之，欲使後世之人可以達聖人之淵奥，知聖人之行事也。所謂十翼之名者，曰上彖、下彖、大象、小象、文言、上繫、下繫、説卦、序卦、雜卦，凡此十翼，以釋六十四卦之義。上、下彖以解文王卦下之辭，大象以釋一卦之名義，小象分于六爻之下以解周公之爻辭，文言以文釋乾、坤二卦之理，此繫辭以統言天地之淵奥、人事之終始，説卦以陳説八卦之德業，序卦以序六十四之次叙，雜卦以辨衆卦之錯雜。此上繫是夫子十翼之中第六翼，自「天尊地卑」而下至篇末分十一章，各列于後，今隨文而

〔一〕段前當有「義曰」二字。

解之。然按先儒周氏云：上繫辭凡十二章。自「天尊地卑」爲一章，「聖人設卦觀象」爲二章，「象者言乎[一]象」爲第三章，「精氣爲物」爲第四章，「顯諸仁，藏諸用」爲第五章，「聖人有以見天下之賾」爲第六章，「初六，藉用白茅」爲第七章，「大衍之數」爲第八章，「子曰：知變化之道」爲第九章，「天一地二」爲第十章，「是故，易有聖人」爲第十一章，「子曰：書不盡言」爲第十二章。虞翻分一[二]章，以「大衍之數」并「知變化之道」共爲一章，取之。然分義之段數未盡意[三]，隨文而別解之。然繫辭有二説，是聖人繫屬其辭于爻卦之下，故此篇第六章云「繫繫辭焉，以斷其吉凶」，第十二章云「繫辭焉，以盡其言」。是繫者取其繫屬其辭于卦下，故謂之繫辭也。

天尊地卑，乾坤定矣。

義曰：此言天地之道者也。自此「乾坤定矣」而下至「天下之理得，而成位乎其中矣」爲一章，以釋聖人法天地之義也。夫易之所始，始于天地。天地之判，混元廓開，而萬物之情皆生于其間。既萬物之情皆生于其間，是故聖人仰以觀于天文，俯以察于地理，于是畫爲八卦，以類萬物之情，以盡天地之道、人事之理，以盡乾、坤、水、火、風、雷、山、澤之象。是易之卦，始于天地者也。然則「天尊地卑」者，何也？夫天是純

[一] 白石山房本、文淵閣本有「其」字。
[二] 「一」，疑爲「十一」之脱誤。
[三] 此句義晦不明，疑有錯訛。

陽之氣積于上而爲尊，地以積陰之氣居于下而爲卑。剛陽居上而有尊高之象，柔陰居下而有卑下之分。二氣始交，分爲剛柔，是以交錯以至生成萬物，覆載萬物，大无不包，細无不有其形狀。故天地爲乾坤之象，乾坤爲天地之用。天地尊卑既分，則乾坤之位因而可以制定也。然則首言「天地尊卑」者，蓋萬事之理、萬品之類皆自乾坤爲始，故先言「天地尊卑」也。

卑高以陳，貴賤位矣。

義曰：卑者謂地體卑下，高者謂天體高上。夫天地卑高既定，則人事萬物之情皆在其中。故六十四卦三百八十四爻各有貴賤高卑之位，是以君臣、父子、夫婦、長幼皆有其分位矣。若卑不處卑，高不處高，上下錯亂，則貴賤、尊卑、君臣、父子、夫婦、長幼不得其序。夫如是，无高卑之分位矣。故此貴賤之分，皆自高卑之位既陳，然後從而定矣。

動静有常，剛柔斷矣。

義曰：夫天以剛陽居于上則爲動，地以柔陰居于下則爲静。天地之道，生成萬物，各有常度，動而有常則爲剛，静而有常則爲柔。動静既有常分，生成各有常理，則剛柔可以斷矣。以人事言之，夫君以剛德居于上爲動，臣以柔道居于下爲静；君出其令而臣行之，臣納其善而君聽之，君臣動静既有常理，則剛柔之分可以斷矣。若動而不常，則剛道不成；静而不常，則柔道不立。夫如是，則剛柔不可以斷定也。然則此經雖論天地之性，然亦兼總萬物之動静也。

方以類聚，物以羣分，吉凶生矣。

義曰：此已下言聖人法天地之象也。方者，道也。夫君子之人，同道而齊術。道同于己者，則相推而類聚之。君子則以君子爲朋偶，小人則以小人爲類黨，爲士者則以士爲同道，爲農者則以農爲族黨，爲工者則以工爲同道，爲商者則以商爲類聚。是皆以同道爲之共處，各隨其類族矣。「物以羣分」者，上既言君子、小人各從其類，此又言萬品之物亦各以其羣類而爲黨也。至如飛者則以飛者爲羣，走者則以走者爲羣，以至昆蟲、草木、巖穴之物各從其羣，各從其分也。「吉凶生矣」者，夫上言「方以類聚，物以羣分」，此言「吉凶生矣」者，何哉？夫吉凶生于異類，善惡由夫影響。同道齊術者則爲吉，非其類者則爲凶。若君子同于君子之人則吉，小人入于君子之黨則凶。是吉凶之道生于非類，无所分别。若乖其所趣，則凶是以生焉；若順其所同，則吉是以生焉。是吉凶之道生于非類者也。

在天成象，在地成形，變化見矣。

義曰：象謂日月星辰也，形謂山川草木也。夫天以剛陽之氣居于上而生物，地以柔陰之氣在于下而承天。在于天者則爲日月星辰之象，在于地者則爲草木山川之形。是天地之道、生成之理，自然而然也。「變化見矣」者，上既言「在天成象，在地成形」，此復言「變化見矣」者，何哉？蓋天地之道、生成之理，有全體而化者，有久大而化者，有驟然而化者，千變萬化，皆有形象，而人莫能究其實，但知其自然而然也。

是故剛柔相摩，八卦相盪，

義曰：此已下明天地陰陽相推盪之事也。夫天本在上，地本在下。及夫天氣下降，地氣上騰，陽極則變而爲陰，陰極則反而爲陽。陽剛而陰柔，陰消而陽伏，剛柔互相切摩，更相變化，然後萬物之理得矣。夫八卦之始本于天地，剛柔二體法于陰陽。剛則爲陽爻，柔則爲陰位，爻位相錯雜，然後以成八卦，推盪于天地之間。若十一月一陽生而推去一陰，五月一陰生而推去一陽，是八卦相推盪于天地之間，所以成于六十四卦也。

鼓之以雷霆，潤之以風雨。

義曰：鼓者，動也；雷者，陰陽二氣相激搏，則其聲爲雷；霆者，怒雷則謂之霆。風所以生萬物，雨所以潤動植也。此至「一寒一暑」，重明上文「變化見矣」及「剛柔相摩，八卦相盪」之事也。夫天地二氣相盪而成八卦之象，相推而成萬事之理。又鼓之以震雷離電，滋潤以巽風坎雨，使天下之物无不遂其性者，天地之道也。然而風亦言其潤者，蓋風者是生成之氣，能滋生于萬物，故亦言其潤也。

日月運行，一寒一暑。

義曰：日者，太陽之精；月者，太陰之精；寒者，是純陰之氣；暑者，是純陽之氣也。夫天地之道，生成萬物，既鼓動以雷霆，又滋潤以風雨，以日而煦育之，以月而照臨之。及夫日月運行以成晝夜，以成寒暑之候，以盡生成之功者，天地之道也。然而直云震、巽、離、坎，不云乾、坤、艮、兑者，蓋乾坤之道上下備言，艮、兑非鼓動運行之體，故不言之。其實亦雷電風雨出于山澤，故亦兼包其義焉。

乾道成男，坤道成女。

義曰：道者，自然而生也，此言乾、坤之道也。夫天以純陽在上，故爲乾；地以純陰在下，故爲坤。乾主乎剛健，坤主夫柔順。乾自然而爲男，則爲君、爲父、爲長、爲上；坤自然而爲女，則爲臣、爲子、爲婦、爲少。乾居于上則爲尊，坤居于下則爲卑。二氣交感以生萬物，故有男女之象。然則坤〔二〕必言成者，蓋乾因陰而得爲男，坤因陽而得爲女，故言成也。

乾知大始，

義曰：大始者，是陰陽始判、萬物未生之時也。乾者，天之用也。夫乾以天陽之氣在于上，故萬物莫不始其氣而生，莫不假其氣而成。得其生者，春英、夏華、秋實、冬藏；承其氣而成者，則胎生、卵化、蠕飛、動躍。是乾知大始，起于无形而入于有形也。

坤作成物。

〔二〕疑脱去「乾」字。

義曰：坤者，是地之形〔一〕也；物者，萬品之物也。夫地以純陰之氣在于下，上承于天陽之氣以生萬物，无所不載，无所不育。是乾始于无形而坤能載之，以作成萬物之形狀也。然乾言知，坤言作者，蓋乾之生物起于无形，未有營作；坤能承于天氣已成之物，事可營爲，故乾言知而坤言作也。

乾以易知，坤以簡能；

義曰：夫乾之生物本于一氣，其道簡略，不言而四時自行，不勞而萬物自遂，是自然而然者也。「坤以簡能」者，夫坤之生物，假天之氣，其道亦簡略，其用省默而已，不假煩勞而物自生，不假施爲而物自遂，是自然而然者也。然則乾言易知，坤言簡能者，何也？蓋乾體在上，坤道在下，萬物始于无形，而乾能知其時，下降而生之；坤道在于下而能承陽之氣，以作成萬物之形狀，其道凝静，不須煩勞，故乾言易知，坤言簡能也。若夫生成之道于物艱難，則不爲易知；若于事繁〔二〕勞，則不爲簡能也。

易則易知，簡則易從。

義曰：此復説上「乾以易知」也。夫天之道，寂然不見其用，杳然而不知其爲。及夫四時之代謝、萬物之生殺，不待煩勞而自然者也。夫人君居兆民之上，爲生靈之主，天下之事固不可以一言而盡也，然而必當法此

〔一〕「形」，疑「用」字之誤。
〔二〕文淵閣本作「煩」。

乾道簡易之德，以總萬事之要目，則天下之道亦自然簡易而知也。「簡則易從」者，復解上「坤以簡能」也。夫地以純陰之氣上承于天以生萬物，不在煩勞而自然簡易，天下之物各遂其性者也。夫爲臣之道，爲國家之梁棟，作士民之冠冕，必當法此地道之簡易，承君之命，宣君之化，敷布于天下，簡其萬事之要，則天下可易從矣。

易知則有親，易從則有功；

義曰：此二句論聖賢法此乾坤簡易之理也。親者，親比也。言聖人法此天道，簡其萬事之要，不假繁冗屑屑于治體，惟在廣其仁義生成之道以及于天下，昭蘇萬有，養育萬民。夫如是，則天下之人皆悦而親比之也。「易從則有功」者，言人臣之道法此地道，奉君之命，行君之事，不在繁冗，使天下之人于事易從，不在冗屑，而其功易成也。

有親則可久，

義曰：此二句論人法乾坤，久而益大也。物既和親，无相殘害，故可久也。言聖人既能法天之生物，順其萬物之情，成其至道之要，施之无窮，傳之萬世。天下之人既親比之，久而不朽，此聖人之道至大者也。

有功則可大；

義曰：事業有功，則積漸可大。此言爲臣之道，既能法地之道，承事其君以成其功業，至大至廣，使人易從。

可久則賢人之德，

義曰：夫天之所以覆而不知所以覆之義，地之所以載而不知所以載之理，浩浩然其神之所爲者，天地之功也。聖人顯諸仁，藏諸用，若日月之照臨而不知照臨之迹者，聖人之功也。然聖人之操心積慮，法天地簡易之德以生養天下，使天下之人不可名狀，以成其德也。

可大則賢人之業。

義曰：此言賢人之分，則見所爲之迹也。夫爲臣之道，既能法地之簡易以成久大之功業，垂之萬世而不朽，此賢人之業也。然則此聖人言德，爲臣者言業，何也？蓋聖人代天理物，法天行事，施其德澤以滋生于天下，順其物情，以至昆蟲、草木皆蒙其澤，无所不燭，故其功不可以形狀，如天之无不覆，如地之无不載，故稱曰德。爲臣之道法地之理，以承君之命，行君之事，執其柔順之道，順從于人以成其功。然出一令行一事，皆稟君上之命，而可以形狀，故謂之業也。然此不言聖人而言賢人者，何也？此聖人垂教之法也，言賢人亦可以法天之簡易而行事，以生成于天下。恐後世之人止謂聖人可以法天之行事，故不言聖人而言賢人也。且賢人尚可法之，則聖人固可知也。

易簡而天下之理得矣。

義曰：言聖人既能從其簡易，不在煩勞，發號施令、廣布德澤以成天下之功，使天下之人、天下之物，長幼、上下、尊卑、貴賤各得其分，如此則天下无爲而治，聖人之理得矣。

天下之理得，而成位乎其中矣。

義曰：言聖人既能順其簡易之道，順其萬事之理，使君臣、父子、夫婦、長幼各得其序，則天地之位皆由此矣。

聖人設卦觀象。

義曰：此已下至「自天祐之」爲一章。上既言易之所起，始于乾坤，故首言天地之道。然天地始判，而萬物之情已在其間。故易之所始，因萬物之情而作，故曰易始于天地。此又言聖人設六十四卦之事。夫天地既判而萬物之情已見于其間，是故聖人仰則觀象于天，俯則觀法于地，揆人事之理，盡萬物之情，乾、坤、水、火、風、雷、山、澤之象，設爲六十四卦，以通天地鬼神之情狀，以爲萬世之法也。

繫辭焉而明吉凶，

義曰：六十四卦既設，其道至大，其理至深，聖人若不繫之以辭，散于諸爻之下，則後世之人不能曉聖人設卦之意也。然則卦爻之中有剛有柔，分陰分陽。陰陽相推盪于其間，則有凶有吉，有失有得。故六爻之下皆繫屬其辭，得其正者則其辭吉，失其處者則其辭凶。

剛柔相推而生變化。

義曰：此已下言天地人事之理也。夫天地既判，剛柔二氣互相推盪以生成萬物，有全體而化者，有漸而化者，有胎而生者，有卵而化者，千變萬化，自然而然，皆由剛柔之氣互相推盪以成變化也。如乾之初九交于坤之初六，其卦爲震。

是故吉凶者，失得之象也；

義曰：此總明諸卦象不同之事也。夫吉凶生于非類，悔吝生于動静，故六十四卦三百八十四爻有剛有柔，有正有不正。若辭之吉者，是得之象也；辭之凶者，是失之象也。合于道而不失其正者爲吉，不合于道悖于其理者爲凶，是「吉凶者，失得之象也」。然觀六十四卦之中言吉凶者，義有數等。或吉凶之事據文可知，或不須明言吉凶而吉凶自見。若乾之九五「飛龍在天」，尋文考義，是吉可知也，故不須云吉也。若剥之「不利攸往」、離之九四「突如其來如，焚如，死如」之屬，據其文辭，其凶可見，故不言凶也。亦有爻處吉凶之際，吉凶未定，行善則吉，行惡則凶，若乾之九三「君子終日乾乾，夕惕若，厲无咎」，若屯之六二「屯如邅如，乘馬班如，匪寇婚媾。女子貞不字，十年乃字」，是吉凶未定，故不言吉凶也。有直言吉者，若坤之六五「黄裳，元吉」，以陰居尊，嫌其不吉，故直言其吉。有直言其凶者，若剥之初六「剥牀以足，蔑貞，凶」。若有一卦之内或有一爻之中得失相形，須言吉凶，若大過九三「棟橈，凶」、九四「棟隆，吉」，是一卦相形也；屯之九五「屯其膏，小貞吉，大貞凶」，是一爻相形也。亦有一事相形，終始有異，若訟卦「有孚窒，惕，中吉，終凶」。有有咎而能改之者，若豫之上六曰「冥豫成，有渝，无咎」。

悔吝者，憂虞之象也；

義曰：事之小小已過其意，有可追悔者曰悔；事之微小，可爲鄙吝者曰吝。夫人始于得失微小之事，雖不至于大咎，然亦當憂虞思慮之，不可謂之微小不思之故，事之小者必至于大，惡之漸者必至于著。惡積而不可掩，罪大而不可解者，皆自細微以成之也。故易中所言吉凶者，是得失之象；言悔吝者，是憂虞之象也。

變化者，進退之象也；

義曰：夫物之生，有全體而化者，有漸而變者，此皆是進退之象也。夫進退之象，有盛衰之理。生死之道、吉凶之驗，皆自于盛衰，故來則爲盛，往則爲衰。故六爻之中有剛有柔，或從始而上進，或居終而倒退，往來不窮，互相推盪，以成進退之象也。若乾之上九言「亢龍有悔」，復之初九言「不遠復，无祇悔，元吉」。

剛柔者，晝夜之象也。

義曰：夫聖人設卦，分其剛柔，以明人事之要，以盡萬物之宜。剛則爲陽、爲明、爲晝，柔則爲陰、爲幽、爲夜。剛柔相推，以成晝夜幽明之理、變通之道，以成吉凶、悔吝、憂虞之象也，故總言之也。然推觀其上文始總言「繫辭焉而明吉凶，剛柔相推而生變化」，此又別言「吉凶者，失得之象；悔吝者，憂虞之象；

變化者，進退之象；剛柔者，晝夜之象」者，何也？蓋吉凶、悔吝、失得、晝夜之象，皆由剛柔相推盪而致者，故得失有重輕，變化有小大，合之則同，分之則異，故始云「剛柔相推而生變化」，不云晝夜者，是總變化而言也。上文云「吉凶者，失得之象」，下文又云「悔吝者，憂虞之象」者，盖吉凶之事皆由得失而成，得失之本皆由悔吝而成，悔吝之本皆由憂虞而有也。

六爻之動，三極之道也。

此復明變化進退之義也。夫易卦之中則有六爻，故下二爻以象地，中二爻以象人，上二爻以象天，是六爻之中三才之道畢矣。然六爻之道有變有動，有凶有吉，有得有失。若動而合于道則爲吉，動而悖于事則爲凶。是六爻之動，互相推盪，則是天地人三才窮極之事，故有吉凶、悔吝、得失、變化之道也。

是故君子所居而安者，易之序也；

自此已下言君子觀聖人設卦作易之意，以爲修身之法也。夫易卦之中有凶有吉，有否有泰，有悔有吝，有變有化，有得有失，有剛有柔。夫君子之人觀此剛柔、變化、吉凶、得失、悔吝、憂虞之象，知其易之以序，以修其身，以行其事，以之居處進退，不惟尊卑、貴賤、貧困之間皆得以安止也。至如乾之初九言「潛龍勿用」，是言君子之人可隱則當隱也；九二則言「見龍在田」，是言君子之人可進則當進之〔二〕。又如居泰之時，

〔二〕白石山房本作「也」。

則君子可引類而進于朝；居否之世，則有否塞不通之象；居于家人，則行治家之法；居旅之時，則爲行旅之事。如此之類，皆時用得其時，不失其道，不惟尊卑、貴賤、貧困、窮極，安處進退之間，皆可行之，是易之序也。

所樂而玩者，爻之辭也。

義曰：夫君子之人既能知易之以序，以爲居處之術，又當樂玩其六爻之辭。夫六爻之辭有凶有吉，有否有泰，有得有失，皆隨時而變通。是故君子之人必當愛樂而躭玩之，見其善則思齊其事，見其惡則思懼而改，趣其治而去其亂，向其安而舍其危。以至吉凶之事、悔吝之道，至纖至悉无不備于爻辭之間。故君子所樂而玩者，爻之辭也。

是故君子居則觀其象而玩其辭，

義曰：夫爻卦之間有凶有吉，有失有得。君子之人故當居處之間，觀其設卦之象，明其萬事之理，以躭樂六爻之辭，以知事之吉凶，明其事之得失，以至死生之道、變通之理，則无咎過之事。

動則觀其變而玩其占，

義曰：夫易以變而爲占，自六爻之中皆變而爲占。故古者取其蓍草之數，隨其變而占之，以明休咎之事，以究鬼神之奥。故君子若觀此六爻之變，凡于動静興作之間，必知其休咎之驗矣。

是以自天祐之，吉无不利。

義曰：言君子之人既能居則觀其辭，動則玩其占，以奉順易象，則身无有凶害。如此則自上天之所祐助，鬼神之所協吉，何所不利也？

彖者，言乎象者也。

義曰：疏以爲自此至「死生之説」爲一章，則非也。今觀其文辭，當從「辭也者，各指其所之」爲一段，自「易與天地準」而下至「盛德大業」爲一章是也。「彖者，言乎象者也」，自此以下至「辭也者，各指其所之」爲一章。上章既言吉凶、悔吝，聖人設卦、繫辭之義，細意未盡，此復言文王作彖，分于諸卦之下，以釋一卦之義。雖然有周公爻辭散于諸爻之下，然文王之彖其義淵深，孔子復作彖辭以解之。彖者，總論一卦之象，如乾之彖「元亨利貞」曰「大哉乾元」，坤「元亨」曰「至哉坤元」，屯「元亨」曰「屯，剛柔始交而難生」，蒙「亨」曰「蒙，山下有險」。是皆解一卦之辭也，故曰：「彖者，言乎其象也。」

爻者，言乎變者也。

義曰：夫六爻之設，内外二體，有變有動，有凶有吉，各隨時而變改之。然文王之作彖辭，以釋一卦之象。然其義亦有未盡，周公復作爻辭，散于諸爻之下，總人事之要道，明萬事之吉凶，隨其爻而通變之，各順其用。

吉凶者，言乎其失得也。

義曰：夫爻象之設，有凶有吉，有剛有柔。若陽居陰位，則不得其正；或陰居陽位，則或失其常。或近而不相得，或遠而有所比。合于道者則吉，乖于道者則凶。故吉凶之端、失得之義，盡在于爻辭之間矣，上文「吉凶者，失得之象也」。

悔吝者，言乎其小疵也。

義曰：疵者，病也。夫人，禍發于細微，姦生于隱暗。事有至小而可以追悔者，行有至微而可以鄙吝者，故當憂慮而戒慎之。夫小惡不改以至于大惡，小善不積以至于大凶，至乎鄙吝之道，皆由微小而生也。故君子之人觀此爻象之辭，則知動静之理，積其小善以成于大善，積其小惡以至于大惡，捨其失而處其得，避其凶而從其吉。故悔吝之來，皆由微小而至矣。

无咎者，善補過也。

義曰：夫人所以有咎者，蓋由操心積慮，過爲其事，小惡不改以成乎大惡，小過不防以至乎大過，所以有咎，如噬嗑初九〔一〕「屨校滅趾」之類是也。此言无咎者，盖言人之有失者，善能自改之。故六爻之中有能改過而无咎者，若豫之上六曰「冥豫成，有渝，无咎」，隨之初九曰「官有渝，貞吉」，從正則吉也。

〔一〕各本皆誤作「上九」。

是故列貴賤者存乎位，

義曰：位者即六爻之位。夫易卦之中凡有六爻，分其上下，有尊有卑，有小有大，若九五則言君位，九三則言臣位。是尊卑、大小各有其分，則貴賤之位從而定矣。

齊小大者存乎卦，

義曰：夫陽主剛明而有生成之德，故其德大；陰主柔順而有消剥之行，故其德小。故六十四卦皆本陰陽剛柔之理，以定其位也。故有大有小，君子必當明辨之。至如乾之與坤，泰之與否，損之與益，小過與大過，既濟與未濟，是皆所用不同，有小有大，各隨時而用之也。

辨吉凶者存乎辭，

義曰：辭者，卦爻之下所繫之言辭也。夫六十四卦有陽居陽位、陰居陰位，有以陽居陰位者，有以陰居陽位者，有以臣居君位者，有以君居臣位者，如此之爻位多矣。聖人若不繫之辭，則凶吉无由見矣。至如比之六二居得其正，則其辭曰「比之自内，貞吉」；小畜〔二〕之初九以陽居陽，則其辭曰「復自道，何其咎？吉」；隨之九四以陽居陰，則其辭曰「隨有獲，貞凶」；觀之初六以陰居陽，則其辭曰「童觀，小人无咎，君子吝」；噬嗑之上九以陽居陰，曰「何校滅耳，凶」，是吉凶之文皆在于所繫之辭也。君子之人若明辨吉凶之事，

〔二〕各本皆誤作「復」。

觀其辭則可知矣。

憂悔吝者存乎介，

義曰：介者，纖介也；悔吝者，小疵病也。夫人，小惡不改以成于大惡，小疵不補以成于大疵。勿謂小善无益而不爲，勿謂小惡无傷而弗去。及夫惡積而不可揜，罪大而不可解，以至何校滅耳，喪身夷族，然後悔之，亦其晚矣。故聖人凡小疵病鄙吝之事，必先憂虞之，所以獲其无咎也。然則萬事之理皆始自纖芥，故聖人豫防之。故坤卦曰履霜、堅冰者，則聖人教人防微杜漸之深戒也。

震无咎者存乎悔。

義曰：震者，動也；悔者，過也。夫人所以舉動而无咎者，蓋有剛明之才，有至正之德，知其吉凶之道，明其得失之迹，事之小疵者預憂虞之，事之將失者必改悔之。所以舉動而无咎者，蓋存乎悔也。

是故卦有小大，辭有險易。

義曰：其道光明則謂之大，其道消散謂之小。夫六十四卦之設，有大有小，有通有塞，故六爻之中有變有動，有險有易。若履得其正，居得其中，行事无過，則卦爻之下亦有和易之辭；若履非其正，居非其位，行事失其中，則卦爻之下亦有險難之文。至如居泰之時則言君子道長，居否之時則言君子道消，明夷之時則言明有所傷，大壯之時則言大者壯也，以至吉凶、悔吝、善與不善、惡與不惡，卦爻之下各繫其辭以明之，故上文所謂「齊小大者存乎卦」者是也。

辭也者，各指其所之。

義曰：言六十四卦所繫之辭，各指事而言也。至如適于泰卦則其辭和易，適于蹇卦則其辭艱險，適于謙卦則其辭巽順，適于離卦則其辭文明，是各指其事之所變而言也。

易與天地準，

義曰：自此已下，至「鼓萬物而不與聖人同憂，盛德大業至矣哉」爲一章。上既言卦爻辭理之義，此又廣明易道深遠，可以與天地相參準也。夫天地之道，福善禍淫，善者則祐助之，惡者則傾覆之，以至生成萬品之物，皆以簡易之道，自然而然也。夫易之道本始于天地，故六十四卦三百八十四爻，所以統三才而妙萬物也。故爻之善者則其辭善，爻之惡者則其辭惡，得其正者則其辭吉，失其正者則其辭凶，以至總包萬事之理，皆以簡易之道，自然而然也。是大易之道之可以準擬于天地也，至乾以健而法天，坤以順而法地之類是也。

故能彌綸天地之道。

義曰：彌者，縫也；綸者，經也。言易道微妙，包含萬象，知鬼神之情狀，明人事之終始，上可以彌縫補合于天道，下可以經綸牽合于地理，无所不載，无所不備者也。

仰以觀于天文，俯以察于地理，

義曰：天文者，則是日月星辰，布設懸象成文章，故稱文也。地理者，則謂山川原隰，高卑上下各有條理，繁盛于地，故稱理也。夫易之本始，始于天地，聖人仰以觀于天文，俯以察于地理，揆萬物之情，盡人事之理，以至纖至悉无所不包，无所不備，是易之道也。

是故知幽明之故，原始反終，故知死生之説。

義曰：幽者，无形之謂也；明者，有形之義也。明則爲晝爲陽，幽則爲夜爲陰。夫聖人之作易，本準擬于天地，下總括于事物，鬼神之情狀、吉凶之萌兆、陰陽之運動、幽明之義理，莫不統包于其間矣。「原始反終，故知死生之説」者，夫易道深遠，知幽明之故，以原究事物之終始反復，天人之本末、萬物之榮枯、四時之變化、吉凶之兆、動静之理，以至死生之説，莫不知之。

精氣爲物，遊魂爲變，

義曰：精氣者，則爲陰陽精靈之氣也，絪緼積聚而爲萬物也；遊魂者，伸爲物之積聚，歸爲分散之時，則謂遊魂。夫天地之道，陰陽之精氣萃聚而生萬物。于萬物之間，受陰陽之精氣而靈者，則爲人。人受陰陽之精氣萃之于身，則有耳目口鼻心知髮膚而爲之體魄也。合于人身，則謂之魂。故口能言，目能視，耳能聽，心能思慮，則謂之神。故用思慮、心知、才能，則謂之變。得精氣之多者則爲神，得精氣之少者則爲魄。及夫思慮既久，精神已倦，心知已勞，髮膚漸衰。用之太過，及其死也，體魄降于地，骨肉斃于下，精神散之于天則爲神，體魄散之于下則爲鬼。是天地之精氣萃聚于人身，則爲精神體魄矣。故左氏載子産之言曰：「心之精爽，是謂魂魄。魂魄去之，何以能久？」是言凡人得精氣之多者爲神，受精氣之少者爲魄。神魄萃之于身，久而必去，則精氣歸于天則爲神，骨肉斃于下，散而无所之則爲鬼。又禮記祭義曰：「氣也者，神之盛也。魄也者，鬼之盛也。合鬼與神，教之至也。衆生必死，死必歸土，此之謂鬼。骨肉斃于下，陰爲野土。其氣發揚于上，爲昭明，焄蒿悽愴，此百物之精也，神之著也。」是言人之生則精氣聚而爲神，死則骨肉散而爲鬼，而精魂改變，去形離體，則爲變化之道也。

是故知鬼神之情狀。

義曰：鬼神者，不疾而行，不言而信，視之弗見，聽之弗聞者，鬼神之道也。夫鬼神之道，本諸精氣體魄聚之而生，亦由骨肉體魄散之而有，冥冥然不知其所在。聖人以其爲无則曰不仁，以其爲有則曰不知，其有形狀可覩哉？然此言知其形狀者，蓋言易道至大，通于天地，達于幽明，不惟幽隱章顯之間，而易道可以見矣。

與天地相似，故不違；

義曰：此已下言易道廣大，盡生死之理、幽明之故也。夫天地之道，春生、夏長、秋殺、冬藏，包含萬彙，无小无大，高者下者、飛者走者莫不生育之，故不可以一言而盡也。夫大易之道、陽剛陰柔，窮幽極遠，總括萬事，從无入有，至纖至悉莫不總明之，故不可一言而盡也。推其本原，大易之道，皆聖人窮神盡性而作也，上則準擬于天地，下則包言于人物，前乎天地則其道不過，後乎天地則其道不異，中于天地之間，則其道若合符契而无違越，是易之道與天地相似者也。

知周乎萬物而道濟天下，故不過；

義曰：聖人无物不知，是知周也；天下皆養，是道濟天下也；萬事皆得其宜，是不過也。夫聖人以仁知之德才，能思慮周及萬物，至于纖介之類皆蒙被之；又以仁義施及天下，使萬品之物、天下之人皆得其所，皆獲其濟；而又所行之事合于大中，无過无不及之事也。

旁行而不流；

義曰：夫聖人中天下而立，正南面而居，拂其己之私邪，去其己之阿黨，所行之事中立而不倚，正行而不邪，以天下爲一家，以萬民爲一情，凡所動作莫不會合大中之道而行之。此言「旁行而不流」者，蓋言聖人非善于一身，以至正之德上符于天，下合于地，中合于人，无私无枉，无所不契，雖旁行于天下之間，亦无私邪淫過流蕩之事。所以然者，蓋至公至正而致然也。

樂天知命，故不憂；

義曰：順天施化是樂天，識物始終是知命。夫聖人順天施化，識物始終。以其不可改者，天命也。由是推測天道以知己命，至于富貴壽考、貧賤夭折皆繫于天。是以心无憂恤，雖在貧賤，亦不爲險詖之行；雖在富貴，不爲奢侈之心。故孟子曰：「莫之爲而爲者，天也；莫之致而至者，命也。」是言人之性命之理、死生之道皆本于天，固無可奈何。然則富貴稟于天，死生繫乎命，既无可奈，何則？宜順從于天道，樂天而知命，原始而思終，安静而居，則无憂恤也。

安土敦乎仁，故能愛。

義曰：安者，静也；愛者，養也。夫聖人稟天地之全性，五常之道皆出于中，天下有一物不被其賜者，若己内于溝壑。由是推己之性以觀天下之性，推己之仁以安天下之物，使天下之人、萬品之物皆安土而定居矣。人既安土，物既遂性，則父母、兄弟、親疎、上下遞相親睦而敦仁愛之心矣。

範圍天地之化而不過，

義曰：範謂模也，圍謂周也，過者違也。夫聖人粹天地之靈，中天地而立，觀天地之性然後正己之性，觀天地之情然後正己之情，凡所行事皆模範于天地、陰陽之端。至如樹木以時伐，禽獸以時殺，春夏則生育之，秋冬則肅殺之，使物遂其性，民安其所，是範圍天地之化而无過越也。

曲成萬物而不遺，

義曰：曲者，曲屈委細而成就萬物也；遺者，棄也。夫聖人宅天下之廣居，司萬物之性命，模範天地以施化，輔相天地以保民，雖事物之微、昆蟲之細，亦皆以仁信屈曲而成就之。至如綱罟以時，不麛不卵，是皆物之微細而不遺棄也。

通乎晝夜之道而知，

義曰：通者，无所不通之謂也。晝則爲明爲陽也，夜則爲幽爲陰也。夫聖人得天之正性，秀出于人上，與天地合其德，與日月合其明，通曉陰陽之宜，默運鬼神之奥，雖晝夜之道、幽明之理，无所不知，无所不曉。至如寒暑之代謝、星晷之相旋、陰陽之晦明、風雨之凄暴，未有不先知之矣。自此已上皆言神之所爲，「精氣爲物，遊魂爲變」之事，聖人能極神盡慮，推幽測隱，无所不知也。

故神无方而易无體。

義曰：神者陰陽不測，幽微不可以測度，故曰神；无方者，不見所處，運動不息，是无方也；易者，即周易也；无體者，唯變所適，往來不窮，是无體也。夫天地之道，妙用无門；鬼神之道，寂然无迹，春生夏長，藏往知來，故不可以方隅而論之。夫大易之道，總括天地，包含萬象，惟變所適，道无常用，既不可以象類索，又不可以形器求，是亦不可以定體而論之也。是大易之道與天地之道相準，亦如鬼神之妙用也。

一陰一陽之謂道，

義曰：道者，自然之謂也，以數言之則謂之一，以體言之則謂之无，以開物通務言之則謂之通，以微妙不測言之則謂之神，以應機變化言之則謂之易，總五常言之則謂之道也。上既言天地之神、大易之道窮變盡神，妙用无方，不可以方隅形體而求之，此又言天地生成之道也。夫獨陽不能自生，獨陰不能自成，是必陰陽相須，然後可以生成萬物。故于冬至之日陽氣下施，散而爲春夏以生成萬物，以至洪者纖者、高者下者皆遂其生，以盈滿于天地之間。然萬物既生，不可不成之，故于夏至之日陰氣下施，散而爲秋冬以成就萬物，以至洪者纖者、高者下者皆遂其性，以成就于天地之間。是一陰一陽互相推盪，天覆而地載，日照而月臨，所以謂之道也。

繼之者善也，

義曰：夫天地之道、陰陽之功生成萬物，千變萬化，以盈滿于天地之間，使高者得其高之分，卑者得其卑之理。聖人得天地之全性，繼天地生成之功，以仁愛天下之物，以義宜天下之衆，使居上者不陵于下，在下者不過其分。是聖人繼天養物之功以爲善行也，故乾卦曰：「元者善之長。」是言天以一元之氣爲衆善之長，聖人繼其元善之功以理于物也。

成之者性也。

義曰：性者，天所禀之性也。天地之性，寂然不動，不知所以然而然者，天地之性也。然而元善之氣受之于人，皆有善性，至明而不昏，至正而不邪，至公而不私。聖人得天地之全性，純而不雜，剛而不暴，喜則與天下共喜，怒則與天下共怒，以仁愛天下之人，以義宜天下之物，繼天下之善性以成就己之性；既成就己之性，又成就萬物之性；既成就萬物之性，則于天地之性可參矣。是能繼天地之善者，人之性也。

仁者見之謂之仁，知者見之謂之知，

義曰：夫聖人得天性之全，故五常之道无所不備。賢人得天性之偏，故五常之道多所不備，或厚于仁而薄于義，或厚于禮而薄于信，是五常之性故不能如聖人之兼也。夫大易之道，卦于伏羲，重于文王，爻辭于周公，是三聖人垂萬世法則之書，其間寫天、地、水、火、風、雷、山、澤之象，本準擬于天地，統鬼神之妙用，惟變所適，量時制宜，故不可一義而求之也。若仁者見之則知聖人之仁，知者見之則知聖人之知，是各資其分而已矣。

百姓日用而不知，故君子之道鮮矣。

義曰：夫聖人得天地之正性，繼天地之行事，故无所不知，无所不明。賢人得天地之偏，又可以仰[一]及于聖人之行事。然聖人之道至深至奥，賢人尚可以偏窺之，至于天下百姓常常之人得天性之少者，故不可以明聖人所行之事。夫大易之道載聖人之行事，包乾坤之生育，鬼神之妙用、人道之終始，无不備于其間。聖人體其用，成其功業，發見于天下，則天下之人咸戴而行之，莫知所以然而然也。然而聖人君子雖能體易道以爲用，觀易道以施化，然能悟君子之道者亦鮮矣。

顯諸仁，藏諸用，

[一] 白石山房本、四庫薈要本皆誤作「俯」，當從文淵閣本作「仰」。

義曰：上言神之所爲，此論易道之大與神功不異也。「顯諸仁」者，言道之爲體，顯見仁功，衣被萬物，是其顯也。「藏諸用」者，謂潛藏功用，不使物知，是藏諸用也。夫天地之道，乾剛坤柔，日臨月照，春生夏長，秋殺冬藏，使萬物緜緜而不絶者，天地生成之仁也，然不知天地生成之用也。夫聖人之道，恩涵澤浸，政漸仁煦，薄賦輕役，恤孤軫貧，使百姓安其土而不遷，勸其功而樂事者，聖人生成之仁也，然不知聖人生成之用也。夫大易之道，寂然不見其體，杳然不見其形，以之悦懌生民，功業萬世施爲德澤，則可以衣被萬物，是顯諸仁也。及夫推究原本，測度云爲，不見其迹，是藏諸用也。是大易之與天地鬼神无以異也。

鼓萬物而不與聖人同憂。

義曰：夫天地之道以時而生，以時而殺，雷霆以鼓動之，風雨以滋潤之，使萬物洪者纖者、高者下者皆遂其性。或萬物之中有夭折、暴亡、凶荒、札瘥者，皆任自然之理，不能憂恤之。夫聖人代天牧民，繼天之善，以仁義之道生成于天下，物之夭折暴亡凶荒札瘥者，常如己内于溝壑之中。是天地之道但能鼓舞于萬物，而不能憂恤于萬物也。聖人能生成于萬物，又能憂恤于萬民也。惜乎聖人所不得者，天地之權也。故大易之道載天地生成之理，而不能與聖人同憂也。老子曰「天地之道，其猶槖籥」「以萬物爲芻狗」者，此也。

盛德大業至矣哉！

義曰：此已下至「陰陽不測之謂神」爲一章，此是十翼之中第五章。今注疏之説，皆以謂「顯諸仁，藏諸用」而下至「道義之門」爲一章。今觀「顯諸仁，藏諸用，鼓萬物而不與聖人同憂」三句，皆言上文天地不測之事，故自此「盛德」已下至「陰陽不測之謂神」爲一章，自「夫易，廣矣大矣」而下至「易簡之善」爲一章。「盛德大業至矣哉」者，夫天地之道无所不生，无所不育，以生成之功言之，其德至廣而其功至大也。聖人法天之用，廣生成之道，萬物由之而通，政教由之而理，而又作工巧以便器用，立商賈以通有无，爲之網罟則以畋以漁，爲之耒耜則以耘以耨。天下之人至于昆蟲草木无不被其賜者，是聖人充盛之德、廣大之業至極矣哉！然必云「盛德大業」者，蓋施于行則爲德，行于事則爲業也。

富有之謂大業，

義曰：自此已下覆説大業盛德，因廣明易與乾坤之事。夫天之生物，盈滿于天地之間，則謂之富。聖人法天之行事，布其德澤，施其教化，竭天下之財用，聚天下之民物，以爲之富有。富有天下，措當世于不拔，故謂之大業也。

日新之謂盛德，

義曰：夫天地之道，日往月來，陰極陽生，四時更變，寒暑相推，一日復一日，其德愈新，以至生成萬物，日日而盛大。聖人法此天地之道，增修其德，持循政教，適時之變，量事制宜，使其德日日盛大。

生生之謂易。

義曰：生生者，陰生陽、陽生陰也。天地之道、聖人之德，以富有言之則謂之大業，以日新言之則謂之盛德。而又生成之道，變化死生，生而復死，死而復生，使萬物緜緜而不絶者，天地、聖人之德業也。夫大易之道，盡七、九、八、六之數，寫天、地、水、火、雷、風、山、澤之象，總陰陽生殺之理，包人事萬物之宜，變而必通，終而復始，隨時之變，因事制宜，準擬天地之功，則其功不異，是生生相續而不絶也。

成象之謂乾，

義曰：乾者，健也。夫天以一元之氣，仰而望之，其色蒼蒼然；下周于地，其狀如倚杵，南樞入地三十六度，北樞出地三十六度，一晝一夜凡行九十餘萬里，自古至今未嘗有毫釐之差忒，亦未嘗有分毫之不及。以至生成萬物，皆以乾健而神其用，以成就萬物之形狀。非剛健之功，則不能如是也。故伏羲始畫乾卦，皆取健用爲象也。

效法之謂坤，

義曰：坤者，順也。夫坤地之道，承天之氣而始終萬物，无所不載，无所不生，皆效天而生育之。故伏羲畫坤之卦，亦皆取效坤順之義而名曰坤。然則必言「成象之謂乾，效法之謂坤」者，蓋萬物之生，必由天道剛健，然後成其形象；地道柔順，必得陽氣，然後順其物理。以人事言之，乾則爲君之象，坤則言臣之道。天下之事非君不能立，庶政之設非臣不能行也。

極數知來之謂占，

義曰：夫大易之道總包天地，動蹟鬼神。天下之事不言而自知，吉凶之道未萌而先見，皆聖人以蓍象之數占其事物之理，逆知來事之意，考其行事之驗，以成其文也。故下文所謂「將有爲也，問焉而以言，其受命也如響」，此之謂也。

通變之謂事，

義曰：夫暑往則寒來，陽生則陰伏。物之所以理，事之所以通，生而後滋，周而復始，皆自于變化之力也。故黄帝「通其變，使民不倦，神而化之，使民宜之」，「易窮則變，變則通，通則久」，是皆自通變之道，然後成天下之事也。

陰陽不測之謂神。

義曰：夫萬物之生，皆由天地、陰陽之功以生成之。然生成之道周而復始，極而復生，不言而信，不疾而行，以至變化之理，及究其生育之形，不可得而知也。

夫易，廣矣大矣，

義曰：自此已下至「易簡之善配至德」爲一章，此十翼之中第六章，贊明大易之道至廣而至大也。夫易，變化極于四遠，是廣矣；窮于上天，是大矣，故下文云「廣大配天地」是也。

以言乎遠則不禦，

義曰：遠者，四遠之外而不禦止也。夫大易之道至廣而至大，極天地之淵藴，盡人事之終始，推于天下則天下之事无不備，施之萬世則萬世之事皆可知，窮于四遠則四遠之處不能以禦也。

以言乎邇則静而正，

義曰：邇謂近也。夫邇近之地，目所可覩，耳所可聞，思慮之所可及之處也。故大易之道，雖于邇近之間窮理盡性，耳目之所覩，思慮之所及，寂然不見其形，杳然不見其迹，雖邪僻之不能干。至于幽，至于静默，然而得其正者，大易之道也。

以言乎天地之間則備矣。

義曰：言大易之道至廣而至大，以言乎遐遠之間則不可禦止，以言乎邇近之處則其道静默，以言乎天地變化之道則无所不備矣。

夫乾，其静也專，

義曰：乾者，天之用也。夫乾之體至剛至健，一晝一夜凡行九十餘萬里，其剛健之德也如此夫。然而生育之時，雖純陰用事，而坤道承陽之氣以發生萬物。雖當純陰用事之時，而陽氣凝然静默，任其專一之道以生于物也。

其動也直，

義曰：直謂正直也。言乾之用，雖未生萬物之時，其静也專。及其陽氣下降于地以生萬物，其運轉則四時不忒，寒暑无差，剛而得正。

是以大生焉。

義曰：言天地之道以其專一至静之德，運動而不失其正，是以能大生于萬物也。

夫坤，其静也翕，

義曰：翕者，斂也。夫坤之道凝然在下，承天陽之氣以生于萬物。當陽氣未降之時，則翕斂其氣，閉藏其用也。

其動也闢，是以廣生焉。

義曰：夫坤之道凝然在下，翕斂其氣，閉藏其用而不動。及其陽氣下降之時，開闢其用，承陽之氣以生于物，是以其生育之道至廣而无限極也。

廣大配天地，

義曰：此已下申明大易之道也。言大易之道至廣而至大，无所不包，无所不備，上可以配之于天，下可以周之于地，其道至深而至遠也。

變通配四時，

義曰：夫易之道至幽至賾，惟變所適，生而不絶，周而復始。變通之道，无所常定，亦可以配于四時。至如乾坤之道、生殺之理，春則生之；生之不已，必夏長之；長之不已，必秋成之；成之不已，必冬幹之，是四時生殺皆有其時而變通。易有變通之理，所以配于四時也。

陰陽之義配日月，

義曰：夫易之中有陰陽，猶乾坤之有日月。夫日者是至陽之精，照于晝而爲明；月者是至陰之精，照于夜而爲明。故大易之道、變通之理，有剛有柔，有陰有陽，猶乾坤之有日月，運其寒暑，以成晝夜。

易簡之善配至德。

義曰：夫大易之道包含萬象，至纖至悉无所不載。然而其道簡易，不尚煩勞，可以配天地之至德也。

子曰：易其至矣乎！

義曰：此已下至「成性存存，道義之門」爲一章，此贊美易道至大至廣也。

夫易，聖人所以崇德而廣業也。

義曰：夫大易之道至廣而至極，上可以括天之高明，下可以包地之博厚。聖人用之，可以增崇其至德，廣大其功業也。

知崇禮卑，

義曰：夫萬物之理、萬事之原，不能出于聖人之知，然聖人之知必由禮而修飾之。故知崇則如天之高，至貴而人莫能及；故禮卑如地之下，至微而人不能出。是至崇者不能及于知之高，至卑者不能出于禮之用也。

崇效天，卑法地。

義曰：言聖人之知崇而上效于天，禮卑而下法于地。知以幽遠爲上則爲崇，禮以卑退爲本故爲卑也。

天地設位，而易行乎其中矣。

義曰：夫天以純陽之氣積于上，地以柔陰之氣積于下，天地初判，二位既設，則大易之位〔一〕、萬物之情，以行于天地之間矣。

成性存存，道義之門。

義曰：性者，天所稟之性也；存存者，不絕之貌也。夫人稟天地之善性，至明而不昏，至正而不邪，至公而不私。若能觀天之性而成就己之性，則可以生成于天下以盡萬物之性，使萬物之性存存而不絕，而道義之門自此塗而出也。若夫不能觀天之性以正己之性，則陷于邪佞，而放僻之事從而至矣，如是則不能成其道義之

〔一〕「位」，疑「道」之誤。

門，不能開通其物。故此大易之道準擬于天地，至公至正，无私无曲，成其治性之道，存存而不絕；成其道義之門，爲人之所出入而取法也。

聖人有以見天下之賾，而擬諸其形容，象其物宜，

義曰：自此已下至「『負且乘，致寇至』，盜之招也」爲一章。注以謂至「其臭如蘭」，則非也。上既言易道變化，神理不測，此又明聖人見天下之賾以成萬物之形象也。賾者，幽賾也，人之難見者也。言聖人推測天下之幽賾，以擬度萬事之理，以準擬萬物之形容，以象萬物之所宜，使皆各得其宜，各順其性。至如剛之理則擬乾之形容，柔之理則擬坤之形容；艮之性則言其止，震之性則言其動；陽物則言其剛，陰物則言其柔；若泰卦則言泰之形容，象其泰之物宜，若否卦則言否之形容，象其否之物宜。其六十四卦之中，皆有所象矣。

是故謂之象。

義曰：此已上結成卦象之義也。夫言聖人因擬度萬物之形容，以象萬物之所宜，是故謂之象。象者，即文王所作彖辭，以明一卦之象也，則謂之象。然六十四卦之中皆謂之象，故前章云：「彖者，言乎其象也。」是言聖人因推測天下之理，以明萬物之宜，故謂之象也。

聖人有以見天下之動，而觀其會通，以行其典禮。

義曰：動，謂變動也；會，合也；通，謂通變也。言聖人觀此諸卦爻之變動，明其吉凶得失之要，以觀

天地萬物會合變通之事。其有合于理、通于道者，則爲之常體而行之；其有悖于理、違于道者，則舍而去之。是聖人明六十四卦動静之理、變通之事，會合其典禮者也。

繫辭焉以斷其吉凶，是故謂之爻。

義曰：夫六十四卦有剛有柔，有變有動，會合于典禮者則爲吉，不會合于典禮者則爲凶。然而其義幽微，常常之人不能明曉耳。是以聖人于諸卦諸爻之下，各繫屬其文辭以解釋之。若陽居陰位則言其吉，若陰居陽位則言其凶，或近而相得則言其吉，或遠而不相比則言其凶，或居泰之時而行君子之事則吉，或居夬之時而行剛壯之道則凶。是皆觀天下之變動，合剛柔之常理而繫屬其辭，以斷定其吉凶之效也，是故謂之爻。爻者，效也，效諸物之變動，明萬事之常理，得其正者爲吉，失其位者爲凶。是吉凶之效自爻之動静而見也，故上章云：「爻者，言乎變者也。」

言天下之至賾而不可惡也，

義曰：此覆説〔二〕上文聖人見天下之賾也。夫小人之性爲讒爲諂，常有害君子之心。然君子之人凡所作事，使小人不得間而窺，不得伺而疑，故所行之事坦然而行，小人不能以惡忌也。故大易之道，廣之如地，高之如天，君子、小人之道无不備載于其間。然雖有黜小人之辭，然无心專在于小人，但人事得失皆備言之。故雖小

〔二〕四庫薈要本誤作「説覆」。

人之心，亦不能惡大易之道也。

言天下之至動而不可亂也。

義曰：此覆説上文聖人見天下之動也。夫天下之動，吉凶是非，姦邪情僞，莫不錯雜于其間。既姦邪情僞錯雜于其間，則天下從而亂矣。今此大易之道亦无心于聖人，惟天地之通變、人事之終始，有會合于典禮者則爲吉，悖亂于常道者則爲凶。其文皆散在諸爻之下，以明變動之理，雖小人之情僞，亦不能錯雜而紛亂之。

擬之而後言，議之而後動，擬議以成其變化。

義曰：「擬之而後言」者，此覆説上文「天下之至賾而不可惡也」。「議之而後動」者，此覆説上文「天下之至動而不可亂也」。言聖人觀天下之運動，明人事之得失，一言之出，必深思遠慮，然後行之。何哉？蓋言之有善有不善，若擬而出之，則其言必善；若不擬而出之，則其言或有不善。必須擬而出之，則言滿天下无口過也。至〔二〕夫人動静之間，亦須合于道，若議論而動之，則无悔吝矣；若不議論而動之，則悔吝有時而至焉。若議而動之，雖行滿天下，亦无怨惡也。若能言動之間擬之而後爲，議之而後行，則深思遠慮，久而必精，則可以通天下之變化，爲天下之法則者也。

「鳴鶴在陰，其子和之。我有好爵，吾與爾靡之」，

〔二〕四庫薈要本誤作「故云」，當從白石山房本作「也至」。

義曰：上既言擬議于善則善應之，擬議于惡則惡應之，是猶鳴鶴之在陰，其同類者必相應之也。夫「鳴鶴在陰」者，此中孚之卦九二之爻辭也。夫中孚之九二上應于九五，當中孚之時，二、五以至誠相應，用心不私。然雖爲六三、六四以陰柔間厠于其間，進无所適，退无所遇，二、五雖不得相會，然至誠相待，終得其應。此中孚之時，卦象之如此也。是猶鳴鶴之在幽陰之中而聲聞于外，其子從而和之也。「我有好爵，吾與爾靡之」者，亦是言至誠相待之故也。夫美好之爵不自獨有，宜與爾同類之人共分而靡之。是言結之深，用心不私，至公至正也。然此引而證之者，蓋明聖人之言行當擬議而行之，言之善者則善者應之，言之惡者則惡者應之。

子曰：君子居其室，出其言，善則千里之外應之，況其邇者乎？

義曰：此孔子因言聖人之言，出于其近以行于遠，出于其内以及于外，出于其身以行于人也。故君子之人凡居其室，出一善言可以爲天下之法，可以興天下之利，雖千里之遠而人皆從之，況于邇近之人乎？

居其室，出其言，不善則千里之外違之，況其邇者乎？

義曰：言君子之人凡居其室，出一言不善，則不可爲天下之法，不能除天下之害，不能興天下之利，則千里之人皆違而不從之，況邇近乎？

言出乎身，加乎民；行發乎邇，見乎遠。言行，君子之樞機。

義曰：樞者，户樞，司其通塞之道；機者，弩牙，主其矢之中否也。夫言户樞之發，或明或暗，主其通塞之道；弩牙之發，或中或否，主其發矢之中。猶君子之人，言行〔一〕有善有不善者也。夫君子之言行出之于身，行之于外，自邇而及遠，由中而及外，若發而爲善，則天下從而法則之；若發而不善，則天下從而違去之。是言行之出，爲命爲令，有得有失，若户樞之主通塞，猶弩牙之有中否。中則爲天下之榮，否則爲天下之辱。是言行者，君子之樞機也。

樞機之發，榮辱之主也。

義曰：言行者，本由君子之出，發之中與不中，是榮辱之主也。

言行，君子之所以動天地也，可不慎乎！

義曰：夫君子之言行有善有不善，必當思慮之。若思之不精，慮之不深，則言之不善矣。善與不善，皆動之于天地也。故書曰：「天聰明自我民聰明，天明威自我民明威。」言天體雖高，而下聽于卑矣。夫君子之言，善則爲號令，以除天下之害，以興天下之利，天下之人和樂而從之；民既和之，則善聲動于天；善聲動于天，則上天降其福。若言之不善，不能興天下之利，不能除天下之害，則天下之人嗟怨而不從之；天下之人既嗟怨而不從之，則怨氣濆于天；怨氣濆于天，則上天降之以禍。是君子之言行，出則動乎天地，必當精心而致思

〔一〕白石山房本、四庫薈要本漏缺「行」字，從文淵閣本補。

之，可不戒慎乎？

同人「先號咷而後笑」，

義曰：此是同人九五之辭。言同人之九五下應于六二，然有九三、九四爲己之寇難。六二以至誠相待，雖爲三、四寇難，終得爲正應也。然此引之者，凡易之辭有理義未盡者，孔子復引而明之。言同人之九五始爲三、四寇難，不得與二爲應，是先號咷也；然二、五至誠相應，終得會遇，是後笑也。故因此言行陳其至誠之道，故引以爲義也。

子曰：君子之道，或出或處，

義曰：夫君子之人懷才抱道，有經邦濟世之才，若遇其時遇其君，則進登王者之朝以濟天下之民，故曰「或出」；若不遭其時不遇其君，則守其至正之道，待時而動，故曰「或處」。

或默或語。

義曰：夫君子之人凡居于室，不可以妄語，但寂然不言，默然不語。或當可言之時，必精思而慎慮之，然後可言也。夫如是，雖言滿天下无口過，行滿天下无怨惡，使天下之人莫不悦而從之，而其心一歸于大中之道也。然則君子之人同類相應，同心相得，不必同其道然後言之。至如禹、稷事于堯朝，憂天下之饑如己之饑，憂天下之溺如己之溺。又顏子一簞食，一瓢飲，在陋巷，人不堪其憂。孟子謂禹、稷、顏回同道。又如箕子佯狂，殷紂，微子去之，比干諫而死，是皆其心異而其道同也。惟君子之言必當擬而後言，議而後動，則語默出處自然合于道矣。

二人同心，其利斷金；

義曰：金者，至堅之物也。夫君子之人推誠以待物，則物以至誠待于己。凡是同心同類之人皆感悦而從之，不必求同于己之道者，但其心一同則可也。至如二人同心，合謀共慮，成天下之能事，雖至纖至悉之利，亦可以斷截堅剛之金。是同心之人，至利者也。

同心之言，其臭如蘭。

義曰：臭者，香氣也；蘭者，香草也。言君子之人既能同心同德，合謀共慮，吐言發語有馨香之臭，氣如芝蘭之馥郁芬芳，以達于天地之間也。

初六「藉用白茅，无咎」，子曰：苟錯諸地而可矣。藉之用茅，何咎之有？慎之至也。

義曰：自此已下當連上文爲一章。注疏以此爲第七章之始，非也，當連上文則是。此是大過初六之爻辭也。夫大過之時，政教陵遲，紀綱廢墜，上下失道，本末衰弱，惟是有大才德之人，過越常分以拯救之。然聖賢之人雖過越常分以拯救天下之事，然居事之始，不可不慎重之。苟不能慎重之，則害于成事而以災其身。夫置器于地，必安全而无傾覆之事。今置器于地，又以潔白之茅薦藉之，是過慎之至也。既過慎之，則安全而无傾覆也。故孔子因論君子擬議其言行，故以此明慎事之始，如置器于地，又藉以白茅，是慎之至也，何咎之有乎？

夫茅之爲物，薄而用可重也。慎斯術也以往，其无所失矣。

義曰：夫茅之爲物，雖柔弱菲薄，然祭祀之時必取而爲用，以薦藉宗廟之靈。雖爲物甚微，然有潔白柔順之質，其用也重矣。聖人因其慎事之始，又取茅之所用之重，以明慎重之術。以此而往，則无所失。且大過之事尚且如此，况于小小之事乎？

「勞謙，君子有終，吉」，

義曰：此是謙卦九三之爻辭也。夫謙之九三以陽居陽，在下卦之上，以位言之則居得其正，以身言之則在人臣之極位，上奉于君，下在百官之上，其責至重，其職非輕。是以上則勞謙以事于君，下則勞謙以接于人，不以勤勞爲慮，常惟曠官之責。夫如是，是「勞謙，君子有終」者也。然則必言君子之終者，何也？夫小人之性亦有謙順之時，然其心易變，朝行而夕改，不能終始而行之。唯其君子之人慎始知〔一〕終，有其本末，故云君子終吉也。在古之時，惟周公可以當也。夫周公是文王之子、武王之弟、成王之叔，當周之時而相武王伐紂，一戎衣而天下定。迨夫成王幼弱，己居三公之責，攝天子之位，握天下之重權，位非不尊也，權非不重也，天

〔一〕文淵閣本作「至」。

下非不歸也。而周公盡人臣之忠節，竭人臣之思慮，以事于冲君。復制禮作樂，朝諸侯于明堂，天下臣民陶然而歸之。然周公之心，猶且吐哺握髮以下白屋之士，上盡忠節以奉于君，下盡謙恭以下于人，自古至今，未有如周公之德者也。

子曰：勞而不伐，有功而不德，厚之至也。

義曰：此孔子因言君子勞謙以成功業，又不自矜伐其功，逞己之德，稱爲己善者也。在古之時，惟夏禹可以當也。夫夏禹事于堯舜之朝，洪水滔天，浩浩懷山襄陵，下民昏墊，天下之人物幾魚鱉矣。而禹獨以聖人之德，盡己之力，竭己之謀慮，周行天下，疏河决導、尋源分派以通水之性，成其功業，天下之人得免魚鱉之患。此禹功之最大者也，自古至今，天下莫有及禹之功者也。然禹不自以爲功，故舜舉之曰：「汝惟不伐，天下莫與汝爭功。汝惟不矜，天下莫與汝爭能。」是大禹不自矜伐其功德也，此是德厚至極者也。

語以其功下人者也。

義曰：上既言「勞謙，君子有終」，有功而不德，故此大易之道，語説謙卦之九三，能以謙順之功卑下于人者也。

德言盛，禮言恭。

義曰：夫君子之德以盛爲本，苟不盛大之，則不足以爲德。故「德言盛」者，取其日新之謂也。「禮言恭」者，夫君子之行禮必以謙順爲本，以恭敬爲先，苟不能恭敬而行之，亦不足謂之禮。故「禮言恭」者，取其恭順之謂也。

謙也者，致恭以存其位者也。

義曰：夫君子之人在人臣之極位，處百官之上，必當盡恭順之節以事于君，懷恭順之誠以接于下，然後可以存乎其位也。若居人臣之極位，在百官之上，不能盡恭順之節以事于君，不能懷恭順之誠以接于下，則不能保其禄位也。必須致恭，然後可存其位也。

「亢龍有悔」，子曰：貴而无位，高而无民，賢人在下位而无輔，是以動而有悔也。

義曰：上既明謙德保位，此明无謙則有悔也，故引乾卦上九之辭以證之。夫乾之上九處一卦之極，過于九五，在窮極之地，是知進而不知退，知存而不知亡也。夫君子之人若能居富貴之位，不自高亢，執其謙順，則可保其位而獲吉也。若不能謙順，是爲亢龍之悔咎矣。子曰「貴而无位，高而无民」者，夫人君之位止于九五，今上九之爻過于九五，失其中道而在窮極之地，是天下之民不與也，故云「貴而无位」。「高而无民」者，夫欲率天下之民，莫非有才有位，然後可以无悔。今上九已過中道，越于九五，雖居德位之尊，奈何天下之民皆歸于九五，上九之爻則是高而无民也。「賢人在下位而无輔，是以動而有悔也」者，夫天下之賢患乎不用；既得其用，患乎不才；既有其才，患乎无君；既有其君，即盡忠竭節以事之。今上九之爻過于九五，在窮極无位之地，則是无權之人也。雖天下賢才至衆，但甘于藜藿，處于蒿萊，不輔于上九過亢之人也。是以上九動静之間，必須有其悔吝也。

「不出户庭，无咎」，

義曰：此節卦初九之爻辭也。上既言乾之上九不知進退，恃其崇高之位，生其驕亢之心，以至其道窮極，動有悔吝。此又言聖賢語默之間必當周密，故引此節卦初九之辭以證之。夫節之爲道，節人之情，防人之欲，禁民之非，止民之僞，天下之所惡聞，人情之所不願者也。凡君子之人爲節之道，必當慎重而周密，不可使人窺覘。若一漏洩其幾，則人之情僞姦詐，萬狀叢然而生，壞于成事。如是則法出而姦生，令下而詐起耳。故君子凡節天下，不可不周密之。苟能周密慎重，不露其芒角，使小人不得間而窺，則可免其過咎矣。

子曰：亂之所生也，則言語以爲階。

義曰：階者，梯階，人之所履也。夫亂之所生也，皆言語以爲之梯階。夫君子之人排斥姦邪，創立制度，必當慎其言語。苟言之不慎，則亂之所由矣。是故亂之生，皆自言語以爲之梯階也。

君不密則失臣，

義曰：夫爲臣之道，盡忠竭節以諫于君，或興天下之利，或除天下之害，或斥言姦邪，或指陳僭忒，與君同謀共慮。君不能慎密，彰露其事，爲衆所共聞，則人生嫉妬之心，以至失臣之身也。

臣不密則失身。

義曰：夫人欲興天下之利，除天下之害，成一時之功，爲萬世之法，以鼎新天下之法制者，必當慎其幾，藏其密也。苟言行之有虧失，聞之于外，爲人之所疾害，則是自害失其身也。

幾事不密則害成。是以君子慎密而不出也。

義曰：言君子之人，幾密之事不可不慎。苟一漏洩其幾，爲小人之所窺覦，則姦邪互生，情僞交作，害廢于成事，敗壞于法制，如是則天下從而亂矣。是以君子凡立成事，謀議姦邪，不可不爲之慎密，是以君子慎密而不出也。

子曰：作易者，其知盜乎？

義曰：此又言人之愛惡相攻，遠近相取，盛衰相變，情僞相易，釁隙相乘，而成寇盜之事。故孔子因言易中知寇盜之事乎，故發而問之曰：「作易者，其知盜乎？」

易曰：「負且乘，致寇至。」

義曰：此解卦六三之辭也。夫解難之時，承蹇難之後，君子有才有位者，則可以釋天下之難。六三之爻以陰柔之質居于陽位，以位言之則不中也，以身言之則不正也。夫以陰柔不中不正之小人而居君子之位，行其諂佞之行，荼毒良民，不可以久居其位，必爲盜之所奪，人之所不與焉，故曰：「負且乘，致寇至。」

負也者，小人之事也；乘也者，君子之器也。小人而乘君子之器，盗思奪之矣。

義曰：負者，是負擔之小人；乘者，君子所乘之車也。夫人臣之位佐君澤民，須賢者居之，則天下之人受其賜，而太平之功可致矣。夫君子之器，必君子居之。若以負擔之小人而乘君子之器位，不惟天下之所厭棄，抑亦爲寇盗之所争奪也。

上慢下暴，盗思伐之矣。

義曰：夫小人居君子之位，驕慢在下之人，暴虐爲政，不唯盗之所奪，抑亦爲盗之侵伐矣。然則居人臣之位，處百官之上，必當任賢使能以居其位。今小人居君子之位，此蓋在上之人不能選賢任能，遂使小人乘時得勢而至于高位，非小人之然也，蓋在上者選之不精也。

慢藏誨盗，

義曰：夫爵禄之位、寶器之物，必當慎而藏之。苟不能自寶藏之，常守不謹，則是教誨竊盗之人以取之，是自己之招也，非盗賊之然也。

冶容誨淫。

義曰：冶者，夭冶也。夫强暴之男，不能侵人之正女。今女子不能内守閨門之行，反自妖冶其容，粧麗其色，使外人之窺覘而生不軌淫慾之心，是教誨淫者使侵于己也。此蓋非外物之然，蓋己身之不正所招也。至如小人在位，不能慎守其身，貪殘荼毒，恃其崇高，耽其驕慢，以至爲寇之所奪，亦由己之所招也，故復引易「負且乘」云。

易曰「負且乘，致寇至」，盗之招也。

義曰：言小人乘君子之位，必爲盗之所奪者，蓋由己身不正而然也。然則上文首尾皆稱「易曰『負且乘』」者，蓋欲人慎重其事，故再言之。

大衍章釋義

義曰：按此一章有脱落之處，亦有倒錯之文。何以知之？按下文云「子曰：知變化之道，其知神之所爲乎」，下文又不言變化之道。又一章言「天一地二，天三地四，天五地六，天七地八，天九地十」，下文又不言天地之事。大衍之數五十有五，而經文止言四十有九。以此推之，則此文倒錯而脱漏矣。今當先言「子曰：知變化之道者，其知神之所爲乎」，次言「天一地二，天三地四，天五地六，天七地八，天九地十」，又次言「天數五，地數五，五位相得而各有合。天數二十有五，地數三十。凡天地之數五十有五，此所以成變化而行鬼神也。乾之策二百一十有六，坤之策百四十有四。凡三百有六十，當期之日。二篇之策，萬有一千五百二十，當萬物之數也」，次言「大衍之數五十有五，其用四十有九。分而爲二以象兩，掛一以象三，揲之以四以象四時，歸奇于扐以象閏，五歲再閏，故再扐而後掛。是故四營而成易，十有八變而成卦。八卦而小成，引而伸之，觸類而長之，天下之能事畢矣。顯道神德行，是故可與酬酢，可與祐神矣」。

子曰：知變化之道者，其知神之所爲乎？

義曰：此言大易之道，知變化之理，知神所爲也。夫天地生成之道，變化萬品，春生、夏長、秋殺、冬藏，自然而然，莫知其變化神用之理。故大易之道，知其變化之理，其知神之所爲乎？

天一地二，天三地四，天五地六，天七地八，天九地十。

義曰：此言天地生成之數也。夫天以一生水生數一，地以二生火生數二，天以三生木生數三，地以四生金生數四，天以五生土生數五。此是天地之生數也。如是則陰无匹，陽无耦。故地以六成水故成數六，天以七成火故成數七，地以八成木成數八，天以九成金成數九，地以十成土成數十。陰陽有匹而物乃成，故謂之成數也。然數之所起，本起于陰陽。陰陽往來，見于日道。十一月冬至日南極，陽來而陰往。冬，水位也，以一陽生爲水數。五月夏至日北極，陰進而陽退。夏，火位也，當以一陰生爲火數。陰不名奇，數必以偶，故以二陰生爲火數也。自冬至以及夏至當爲陽來。正月爲春，木位也；三陽已生，故爲木數。夏至以及冬至當爲陰進。八月爲秋，秋，金位也；四陰已生，故四爲金數。三月春之季，季，土位也；五陽以生，故五爲土數。此其生數之由也。故五行始于水而終于土者，此也。然則天是純陽，故爲奇而稱九；地是純陰，故爲偶而稱十。是奇偶之數以分陰陽之象，故陽數奇者，一、三、五、七、九是也；陰數偶者，二、四、六、八、十是也。故天地奇偶之大數，總而言之，五十有五。陽數奇，故其數二十有五；陰數偶，故其數三十。是以天一加天三是四，四又加其天五是九，九又加其天七是十六，十六又加其天九是二十五數也；地數自二者，自二加其地四是六，六又加其地六是十二，十二又加其地八是二十，二十又加其地十是地數三十也。是以天地之數五十有五，以成變化之道，以盡生成之數，所以成天下之務。故天之數合而成二十有五，地之數合而成三十。自天一至九〔二〕是天之五數，自地二至十是地之五數也，故言「天數五，地數五」。

天數五，地數五，五位相得而各有合。

義曰：自天一合于地之六爲水，自地二合于天之七爲火，自天三合于地之八爲木，自地四合于天之九爲金，自天五合于地之十爲土，是五位相得而各有合者也。

天數二十有五，

義曰：言天之數奇，自一、三、五、七、九合爲二十五也。

地數三十。

義曰：言地數偶，自二、四、六、八、十合而爲三十也。

〔二〕各本皆誤作「五」。

凡天地之數五十有五，此所以成變化而行鬼神也。

義曰：此已下聖人因其揲蓍，以考天地幽賾之事，明其天地萬物之理，故以蓍草之數占之，以明陰陽之用也。言天地之數，自二十五至三十總而合之，則有五十五數，以成陰陽奇偶之數，成其變化之道、萬品之數，而行乎鬼神之幽賾者也。

乾之策二百一十有六，

義曰：夫乾坤二卦，陰陽之象，陽爻奇，故一爻有三十六策；陰爻偶，故一爻有二十四策。自乾坤而下凡三百八十四爻，陰陽之數相半，故陽爻一百九十二，陰爻亦一百九十二，總而言之有三百八十四爻。故乾爲老陽，一爻有三十六策，二爻是七十二策，三爻是一百單八策，四爻是一百四十四策，五爻是一百八十策，六爻是二百一十有六策也。

坤之策百四十有四，

義曰：夫坤爻偶，故一爻有二十四策，二爻有四十八策，三爻有七十二策，四爻有九十六策，五爻有一百二十策，六爻有一百四十四策。是乾坤之十二爻奇偶之策，總而言之，有三百六十。是故聖人因其乾坤奇偶之數成爲一歲，凡三百六十日也。

凡三百有六十，當期之日。

義曰：夫乾坤之策凡三百有六十，聖人因之以成爲一歲，一歲之内凡三百有六十日。然天之有三百六十五度四分度之一，故月行速一月一周天，日行遲一歲一周天。若以全數言之，則一歲三百六十日，餘其六度。又一歲有六小月，三年之中餘三十六日，故爲一閏。一閏之中又餘六日，又于五年之中積其二十四日，合前六日成三十日，又爲一閏，是五歲再閏也。此言期之日，爲一歲之期也。

二篇之策，萬有一千五百二十，當萬物之數也。

義曰：二篇者，言乾坤上下之二篇也。夫伏羲畫八卦，已後文王重爲六十四。以其易道廣大，卦義淵深，乾坤能始生萬物，故以乾、坤爲上經之首；以坎、離而終之，故爲上篇之終。自咸、恒明人事之大，故爲下篇之首；以既濟、未濟而終之，故爲下篇之終。凡此上下二篇有三百八十四爻，陰陽之數各半，故乾之爻一百九十二，坤之爻亦一百九十二。凡陽爻三十六策，十爻是三百六十策，一百爻是三千六百策，二百爻是七千二百策。却于二百爻中退八爻，三八二十四，除却二百四十策；又六八四十八，又除四十八策。是乾之爻一百九十二爻，都總策數是六千九百一十二策。陰爻亦一百九十二爻，每一爻策數是二十四策，十爻是二百四十策，一百爻是二千四百策，二百爻是四千八百策。却于二百爻内除了八爻，二八一十六，是一百六十策；又四八三十二，又除三十二策。内有一百九十二爻，都總策數是四千六百八策也。以乾之六千九百一十二策，合坤之四千六百八策，都合爲一萬一千五百二十策，以象萬物之數矣。然則陰陽奇偶之數，其中有萬有千，有百有十，故可以極天下之務，成天下之事。夫萬物之數，无所不備矣。然此皆是老陰老陽之數也，而乾坤之間亦有少陰少陽之數也。故少陽之數七，四七二十八，是少陽之數也；少陰之數八，故四八三十二，是少陰之數也。自二十八至十爻二百八十，一百爻是二千八百，二百爻是五千六百策。又于二百爻内除八爻，二八一十六，一百六十策；又八八六十四是六十四策。除了二百二十四策，内有五千三百七十六策。少陰之數三十〔一〕二，十爻三百二十，一百爻三千二百，二百爻六千四百策。却于二百爻内除了八爻，三八二十四，二百四十策；又二八一十六，一十六策，内有六千一百四十四策。共計少陰少陽之數一萬一千五百二十，當萬物之數。是少陰少陽與老陰老陽，其數皆一也。此不言少陰少陽，止言老陰老陽者，蓋易以變爲占，言其變則神其用，舉其大則明其小。蓋老陰老陽、少陰少陽其數皆一，亦有萬一千五百二十，當萬物之數。故但言老陰老陽，而少陰少陽從可知矣。然必曰老陽老陰、少陽少陰者，蓋陽以老爲尊，陰以少爲貴。

大衍之數五十，其用四十有九。

義曰：按此大衍之數當有五十有五，何以明之？按上文言「天一地二，天三地四，天五地六，天七地八，天九地十」，是天數二十有五，地數三十，總而五十有五也。今經文但言五十者，蓋簡編脱漏矣。然則天地生成之道，始于太極，是故聖人因其天地生成之道、自然之理，積其成數，總而五十有五，以明天地之大法。今注疏之説，但言其用五十，殊不知天地生成之數，上言「天一地二，天三地四，天五地六，天七地八，天九地

〔一〕各本皆誤作「百」。

十」之數。上文既言五十有五之數，豈得止言五十哉？此注疏之非也。歷代以來言之者甚衆。京房則五十者謂十日、十二辰、二十八宿也，凡五十。其一不用者，天之生氣，將欲以虚來實，故用四十九焉。馬季長云易有太極，是北辰也。太極生兩儀，兩儀生日月，日月生四時，四時生五行，五行生十二月，十二月生二十四氣。北辰居位不動，其餘四十九轉運而用也。荀爽則曰卦各有六爻，六八四十八，加乾坤二用，凡有五十。乾初九「潛龍勿用」，故用四十九也。鄭康成則曰天地之數五十有五之數。五十有五者，其六以象六畫之數，故減之，用四十九。王弼則曰演天地之數，所賴者五十。其一不用者，以其虚无，非所用也。子夏則曰其一不用者，太極也。无可名之，謂之太極。此皆殊无所據，獨鄭康成、姚信、董遇三人皆言天地之數五十有五，然而又不知四十九之用。今注疏之説，但言聖人推測天地之數，止用五十，非數而數以之通，不用而用以之成，又言虚一以象虚无之氣。此皆近于莊老空空之説，以惑後世。今止取五十有五之數，以其上文既言「天數二十五，地數三十」，是天地生成之數、自然之理。萬有一千五百二十，陰陽奇偶之數，天下人事之理、萬事之情、萬品之物，无不總此生成自然之數。然而其所賴者四十有九，何則？夫天數二十五，地數三十，是老陰老陽之數也。以數言之，陰數多于陽數。而陰者是臣之象也，陽者是君之象也。今地數三十，陰之盛于陽，臣之盛于君，子盛于父，卑盛于尊，此至逆之象也。是故聖人因其天地生成之數、自然之理，酌其老陰老陽之數，以其陰不可過于陽，臣不可盛于君，故于地數三十之中去其六策，又合于坤之一策二十四。遂以地數以卑爲尊，故去其六數，止以二十四合于天數二十五，共爲四十九數，取其陰下于陽，臣下于君，子下于父，卑下于尊，此是至順之道也。故其用四十有九，然後可以神其用矣。

分而爲二以象兩，掛一以象三，揲之以四以象四時，

義曰：夫大衍之數始本五十有五，然其所賴者四十有九。然四十九數未分之時則爲一，以象太極、天地未判之際。次分而爲兩以象陰陽，分剖之，理于左手則爲陽，于右手則爲陰。然陰陽既分而人事未備，又于左手之中掛其一于小指之間，以象三才，言天地人事、萬品之類皆備于其間。又揲數之以象四時者，又以左右手握之四數之，以象天之有春夏秋冬，四時運轉，寒暑往來，不絶之義也。

歸奇于扐以象閏，五歲再閏，故再扐而後掛。

義曰：言既揲數之，其有餘者，則歸之于左手所掛一之處，以象其閏。然則天之有三百六十五度四分度之一，日行遲一歲一周天，月行速一月一周天。以全數言之，則日一年行三百六十度，餘有六度。是故聖人因此大衍天地生成之數，推測幽隱，以其揲蓍之數四數之，其有歸餘殘奇之數，則歸于所掛小指之間以象其閏。既取歸餘殘奇之數以象其閏，然于二年之中爲閏，又其數未備；于三年之中爲一閏，又其數出剩，遂于五年再閏，則其數始足。故一歲之間所剩六度，又有六小月，是十二日也，三年之中凡三十六日，故閏一月。又剩六日，遂于五年之中積爲二十四日，加此六日，即爲三十日，故五年再閏也。然揲蓍之數歸餘殘奇零，止有一、二、三爲殘奇。今注疏之説，以謂四爲殘奇，則非也。且四四數之，是全數也。若以全數爲殘奇，則无所據，但止有一、二、三爲殘奇也。若无餘，則再扐而後掛之，然後見成閏積分之數也。然謂「再扐而後掛」者，蓋上言「歸奇于扐以象閏，五歲再閏，故再扐而掛之」是也。

是故四營而成易，

義曰：是故者，連上文也。「四營」者，則謂四度經營而成變易也。「四營」者，則謂上「揲之以四以象四時，歸奇于扐以象閏，五歲再閏，故再扐而後掛」是也。凡此四度經營，然後成其變易之道。

十有八變而成卦。

義曰：凡言一爻，凡三度揲之則爲一爻。一卦六爻，三六一十八，是十有八變而成一卦也。

八卦而小成，

義曰：言伏羲所畫八卦，乾、坤、艮、巽、震、離、坎、兑是也。八卦既立，寫其天、地、水、火、山、澤、風、雷之象。天、地、水、火、山、澤、風、雷之象既立，是以健、順、動、止、明、入、陷、説之性畢備。此八卦之小成者也。

引而伸之，觸類而長之，天下之能事畢矣。

義曰：言文王因此八卦小成之後，遂引伸八卦爲六十四卦。又因其事物萬品之類而增長之，若觸剛之事類以次增長其剛，若觸柔之事類以次增長其柔。是以天地之性、萬物之理、天下之情僞、萬物之本，至纖至悉，天下之能事无不畢載于其間。

顯道神德行，

義曰：上既言天地之數、天下之能事畢載于易，故可以顯明其萬物之理、萬事之情。原其所由，不知所以然而然。又可以神其德行，莫見其迹也。

是故可與酬酢，可與祐神矣。

義曰：酬酢者，謂報答之辭也。言易之道既言天地幽賾之事，又顯明萬事之理，又以蓍數明其吉凶之事，知其未來，明其已往，使人占兆之，知其吉凶之驗，使人從善而去惡，從吉而背凶，若響之應聲而應對之也。「可與祐神」者，言易道既言吉凶之事，使人占之，從吉而懼凶，是可以祐明神之德而行事者也。

易有聖人之道四焉。

義曰：此已下至「易有聖人之道四焉，此之謂也」爲一章，言大易之道，探賾索隱，以成其道，故所用之道有四焉。

以言者尚其辭，

義曰：言，則謂大易之中所述之言辭也。言聖人探賾索隱，作爲大易，聖人之情顯見于言辭之間。故君子之人欲觀大易之意，必觀聖人諸卦爻所繫屬之文辭，見聖人之情意也。

以動者尚其變，

義曰：動，則謂諸卦諸爻也，變動也。言聖人仰觀俯察，作爲大易，設爲六十四卦。其爻有得位者有失位者，有變有動，有正有不正，有中有不中，有應有不應者，是諸卦之爻有變動者也。既有變動，則吉凶悔吝生乎動矣。有動而悖于理者則凶，有動而合于道者則吉。是故君子之人凡欲知其吉凶悔吝存亡之機，必先觀其諸卦諸爻之變動，然後可以知吉凶之事、悔吝之虞、變通之理，然後趨其善而背其惡，向其吉而避其凶，所以致身于无過也。

以制器者尚其象，

義曰：象，則謂大易之中聖人所設六十四卦之法象也。至如伏羲作結繩而爲網罟，蓋取諸離；神農作耒耜，取諸益，宫室取大壯，弧矢取諸睽，如此之類，皆是尚其法象也。故君子欲觀制器之用，必觀聖人設卦制器之法象也。

以卜筮者尚其占。

義曰：筮，則謂蓍策龜兆之占筮也。夫凡人之生，必有疑貳之事、得失之理不得以前知。是故聖人作爲大易，設爲六十四卦，有變通之理，有吉凶之驗，以其凡人不能无疑，不能无吉凶。然吉凶之道，雖聖人有所不知。聖人既有所不知，必謀之于鬼神，以明得失吉凶之事。然鬼神之道至幽至隱，不可以形覩，不可以象窺，冥冥然莫知其所，與人有異。然聖人必謀之者，是故假其至誠，取其蓍龜之數，審之于天地之數，明諸卦諸爻變動之理，以明過去未來之事，則必以卜筮占策，然後可以前知矣。

是以君子將有爲也，將有行也，問焉而以言，其受命也如響。

義曰：言君子之人既能觀此四者之事，凡有所施爲，凡有所行往，必先問焉而以言，考其蓍龜之靈、占筮之策、通變之理、吉凶之道，然後其受命也如響之應聲。

无有遠近幽深，遂知來物。

義曰：言此大易之道告示于人，无有遐遠邇近、幽邃深密之間，皆前知其吉凶禍福之驗、天地陰陽之理，將來之事、已往之失皆前知矣。

非天下之至精，其孰能與于此？

義曰：言大易之道，若非至極精妙，通達天下，其孰能與于此哉？

參伍以變，錯綜其數。

義曰：參，則謂三也；伍，則謂伍也。言天一之數，有三有五。至如天之一下交于地之六生水，地之十上交于天之五生土，是天地之數三五通變，上下錯雜綜統，以成萬物之數。

通其變，遂成天地之文；

義曰：言天地陰陽之道、通變之理、化裁之迹，老陰老陽之數交而相雜，以成天地之文。若剛柔晝夜之道、寒暑往來之功、青赤交雜之類，二百一十有六以定乾之老陽之象，一百四十四策以定坤之老陰之象。如此之類，他皆可知也。

極其數，遂定天下之象。

義曰：言聖人窮極天下之數、陰陽之策、萬事之理、纖介之微，然後可以定天下之法象也。

非天下之至變，其孰能與于此？

義曰：言大易之道，極窮天地之數，以成天下之法象。若非天下至變至通之道，其曷能與于此哉？

易无思也，无爲也，寂然不動，感而遂通天下之故。

義曰：言大易之道能極盡天下之數，極盡天下之事。然而易之道不假思慮，任用自然，不須經營，任用自動，寂然不見其迹，默然不見其形。若聖人以至誠之心感而行之，則通變之理、萬事之宜，自然而達矣。

非天下之至神，其孰能與于此？

義曰：夫非忘象者則无以制象，非遺數者无以極數，至精者无筮策而不可亂，至變者體一而无不周，至神者寂然而无不應。斯盖功用之母，象數所由立也。言大易之道，若非道極微妙，變化如神，極深研幾，探賾索隱，其孰與于此哉？

夫易，聖人之所以極深而研幾也。

義曰：此以下又明聖人作易之道，極窮幽隱，識照幾先而作其易者也。深者，則謂未有其理，未見其形，而聖人極深其用者也；幾，則謂有其理未形，則謂之幾也，言聖人作易，以極其有理未形之幾也。

唯深也，故能通天下之志；

義曰：夫人之深，未有其理，未有其形，而又天下之心，億兆其心。而聖人以己之深，可以通天下之志，何也？蓋天下之心雖億兆之心，而聖人以己之心可以見天下之心，以己之志可以見天下之志。何則？夫人情莫不欲飽煖而惡其饑寒，人情莫不欲壽考而惡其短折，人情莫不欲富貴而惡其貧賤，人情莫不欲安平而惡其勞苦。是故聖人以己之心推天下之心，億兆之衆深情厚貌，皆可以見矣。雖億兆之心至多而難見，而聖人但以一己之心、一身之勞逸，雖未見其理，未顯其形，而天下之心自然而見矣。

唯幾也，故能成天下之務；

義曰：幾者，是有理未形之謂也。夫君子之人欲極天下之務，必先博學之、審問之、慎思之、明辨之、篤行之。既能如是，則雖天下之務、萬事之微，盡可見矣，所謂知至、知終者是也。

唯神也，故不疾而速，不行而至。

義曰：夫大易之道極深研幾，无思无爲，寂然不動，能通天下之志，能定天下之務，是其功如神，不疾而速，不行而至者也。

子曰：易有聖人之道四焉者，此之謂也。

義曰：此又言大易能通微妙，以言者尚其辭，以動者尚其變，以制器者尚其象，以卜筮者尚其占，故天下之能事畢矣。然則首尾俱言「聖人之道四」者，蓋爲此一章之中所陳者三事，一曰「非天下之至精」，二曰「非天下之至變」，三曰「非天下之至神」，皆是廣言大易之道。然三事之中亦不出于聖人之道四，故首尾總而結之也。

子曰：夫易，何爲者也？

義曰：自此以下至「民咸用之謂之神」爲一章，此十翼之中第十。〔二〕子曰「夫易，何爲者」，此蓋孔子歎大易之道，其功深賾，故假設此發問之辭以問之曰：「夫易者，何爲者也？」

夫易，開物成務，冒天下之道，如斯而已者也。

義曰：此夫子自釋易之體用也。開者，通也；冒者，覆也。言大易之道，其功宏博，能開通于萬物之志，成就夫天下之務，覆冒夫天下之物也。至如泰卦則言財成之義，履卦則言履素之宜，革卦則言治歷之事，鼎則言鼎新之旨，旅則言无敢折獄，遯則言遯尾之厲，大壯則言君子用罔，乾卦則言亢龍有悔者，如此之類，是皆開通萬物之志，成就天下之務，覆冒天下之道。如斯之道，則大易之體用也，故云「如斯而已」。

〔二〕按其意爲此上繫中第十章。

是故聖人以通天下之志，

義曰：夫大易之道，其功廣大。是故聖人以此之故，以通達天下之志者也。然則天下之人，心志至衆至繁，而聖人以大易之道以通天下之志者，何也？盖聖人有深幾之見，極未形之理，以己之心可以見天下之心，以己之志可以見天下之志。雖天下之人心志至衆至繁，然聖人以已之幾深度人之情僞利害，極未形之理，可以見天下之志者也。

以定天下之業，

義曰：言聖人以此大易之故，極其幽深研幾，成天下之務，冒天下之道，以定天下之功業也。

以斷天下之疑。

義曰：言大易之道，通于人事。一卦六爻，有得位失位者。然吉凶悔吝，雖聖人亦有所不知，于人事之間不能无疑。是故聖人雖以其蓍策占筮之，然亦不能无疑惑之心。而又謀之于鬼神，謀之于天地，以成其卦爻。又于卦爻之下繫屬其文辭，以决斷天下之疑也。至如乾之初九言「潛龍勿用」，離之六四言「突如其來如」，此是斷其疑也。

是故蓍之德圓而神，

義曰：夫蓍策之數未占已前，其吉凶悔吝人皆不可見，无有窮極，无有定止。其通變之道、天地之宜，其用如神，運而不窮，周流通暢也。

卦之德方以知，

義曰：言蓍策之數未占之時，雖其用如神，其吉凶悔吝周流通變，運而不窮。及其揲蓍之後布成其卦，卦有六爻，卦爻之下有得位有失位，有中有正，有凶有吉，有悔吝，皆繫屬而不可變動。故言「方以知」者，是知其過去未來之事，極其未形之理，其情僞利害盡可見矣。然則必言「蓍德圓而神，卦德方以知」者，盖神以知來，是來无方也；知以藏往，是往有常也。物既有常，猶方之有止；數无常體，猶圓之不窮。故蓍之變通則无窮，神之象也；卦解爻分有定體，知之象也。知可以識前言往行，神可以逆知將來，故蓍以圓象神，卦以方象知也。

六爻之義易以貢。

義曰：貢者，告也。言聖人因蓍策之數以布設六十四卦，卦有六爻，以盡萬物之理。然爻有應有不應，有正有不正，其間吉凶悔吝，皆不能告諭于人。故大易之道，極未形之理，知過去將來之事，故六爻之下皆繫屬文辭，以貢告于人也。至如比之初六言吉，大過上九言凶，如此之類，是皆告于人，使人從善而去惡，從吉而去凶也。

聖人以此洗心，

義曰：夫大易之道至公至正，極天地之理，盡人事之宜，其吉凶悔吝皆繫屬于諸卦爻之下，聖人觀之，可以洗蕩其心。至如萬物有疑則卜之，是洗蕩其疑心；行善則吉，行惡則凶，是洗蕩其惡心也。既洗蕩己之心，然後可以洗蕩萬物之心也。

退藏于密，

義曰：言此大易之道索隱窮神，能蕩滌萬民之心。雖有吉凶悔吝之變、仁義之術，而人不知自用，是其功如神之藏密也。故上文所謂「顯諸仁，藏諸用」者，此也。

吉凶與民同患。

義曰：夫人之生，愚夫愚婦者甚衆，其性昏蒙，憧憧然不知所以然而然，舉動之間，雖有凶咎悔吝之事而不知自止。是故聖人以此大易之故，明示其吉凶憂患，使趣其善者舍其惡，向其吉者背其凶。是大易之道，與民同憂患也。

神以知來，

義曰：言大易之道，知其未來之事，明其未形之理，故其用如神也。

知以藏往，

義曰：言此大易之道，因蓍之策，知其過去已形之理，其妙皆知之也。然則必言知來、藏往者，蓋蓍定數于始，于卦爲來；卦成象于終，于蓍爲往。

其孰能與于此哉？古之聰明睿知，神武而不殺者夫。

義曰：言大易之道，神以知來，知以藏往，非此之故，其孰能與于此哉？惟是古者聰明睿知之人可以與之。耳无所不聞故曰聰，目无所不見故曰明，思无所不通故曰睿，才无所不及故曰知。言惟是聰明睿知之人，有文有武，既能察微，又有剛斷，故于大易之間、卦爻之下，各隨動静，神其吉凶之事，明其威福之理，示人以信，則人自然而威服之。至如弧矢取諸睽，刑罰取諸噬嗑，如此之類，皆是神其威武，不用刑殺而天下自然威服也。

是以明于天之道，而察于民之故，是興神物，以前民用。

義曰：言聰明睿知之人，既能神其威武而不殺，是以大明天地陰陽變化之道，大察天下情僞利害之故。又以神靈之物，明其吉凶之驗，以前萬民之用。至于未來之事，皆繫屬其辭，使人通曉之，趣其善而去其惡者也。

聖人以此齋戒，

義曰：洗心則謂之齋，防患則謂之戒。言聖人以此大易之道齋心，防戒其患害之事，使憂虞悔吝不能及于己，至幽至微之處，皆得以先知也。

以神明其德夫。

義曰：言聖人既能以大易之道齋戒而防患，又能觀易道幽深以神明其德，使天下之人不知所以然而然也。

是故闔户謂之坤，

義曰：此以下又廣明大易自乾坤而來也。夫坤者陰也，主夫地。然坤之道，主夫生成萬物。若陽降其氣，則坤能成而生之；若陽氣不降，則地道闔閉，主其收藏，如户之閉也。

闢户謂之乾，

義曰：乾者陽也，主夫天。夫天陽之氣下生萬物，使萬品之物皆遂其生者，是乾爲開闢之端，如户之開通者也。然則先言坤而後言乾者，蓋凡物先藏而後出，故先言坤而後言乾也。

一闔一闢謂之變，

義曰：言陰主其閉闔又主其收藏，陽主其開闢又主其施散，是一闔一闢以成變化之道，春生、夏長、秋成、冬幹者也。

往來不窮謂之通，

義曰：言天地之道、生成之理，往來之間，循環不絶，周而復始，无有窮極，常自通流，是謂之通也。

見乃謂之象，

義曰：言天地之道、陰陽之功，生而不已。自十一月建子陽氣下復，至于丑寅之位，萬物顯見于世，有其形狀，故謂之象也。

形乃謂之器，

義曰：言天地之道生成不已，故萬物始有其形；形之不已，乃可成于器用。是故聖人因此大易六十四卦之形像，凡創制器用，必觀其形象，爲之準範，然後成其法式也。

制而用之謂之法，

義曰：言聖人裁制其物，凡所施用，垂爲範模，後世以之爲法式也。至如宫室取大壯，網罟取諸離，書契取諸夬，弧矢取諸睽，如此之類，皆是聖人制成器用，爲後世之法。

利用出入，民咸用之謂之神。

義曰：言聖人既制器用，或出于此，或入于此，使天下之人用之，皆得其利。天下之人既皆得其利，是聖人之妙用如神，而人不知所以然而然也。

是故易有大極，是生兩儀，

義曰：此以下至「自天祐之，吉无不利」爲一章。「易有大極」者，言大易之道始于大極。大極者，是天地未判、混元未分之時，故曰大極。言大極既分，陰陽之氣輕而清者爲天，重而濁者爲地。是大極既分，遂生爲天地，謂之兩儀。

兩儀生四象，

義曰：言天地之道、陰陽之氣，自然而然生成四象。四象者，即木、金、水、火是也。故上文謂天一下配地六生水，地二上配天七生火，如此之類，是天地陰陽自然相配，生成金、木、水、火之象。然此止言四象而不言土者，蓋天地既判，生爲五行。然二氣既分，則自然生爲木、金、水、火，則地之道本于土而成，但言四象，則土從可知矣。

四象生八卦，

義曰：言水、火、木、金互相生成而成八卦。至如水生于坎，火生于離，金生于兑，木生于巽，土生于艮，如此之類，是四象五行之所生也。是故伏羲因此五行所生，畫爲八卦也。

八卦定吉凶，

義曰：言伏羲既畫八卦之後，又繫屬其爻辭于諸爻之下，明吉凶之變，凡事之得者爲吉，事之失者爲凶。言于得失之間以成吉凶之事，使人退省其身，日修其德，趨其吉而避其凶，從其善而去其惡也。

吉凶生大業。

義曰：夫吉凶之兆也，皆在于六十四卦爻位之中，得其正者爲吉，失其位者爲凶。聖人又繫屬其辭，以明吉凶之驗，使人知自修省。人既知自修省，則能保守其分位以成其大業。故大業之成，必自吉凶而生矣。

是故法象莫大乎天地，

義曰：法象，則謂吉凶之理、得失之迹也。夫天地之大，萬物之理皆由二體互相推盪而生也。至于高者有其分，下者有其理，善者福之，惡者禍之，此常理也。聖人仰觀俯察，爲之法象，善者賞之，惡者罰之。然其功其理皆本始于天地，故云莫大乎天地。

變通莫大乎四時，

義曰：言天地之道、陰陽之氣、變通之道、生成之功，春秋冬夏生而不已，是以成之；成之不已，又殺之；殺之不已，又生之。是其天地之氣、生殺之功，千變萬化，皆由四時之氣推盪而成也。

縣象著明莫大乎日月，

義曰：言天地之道，布懸其法象星辰。其于著明，運行不息，无所不照者，莫大乎日月也。

崇高莫大乎富貴，

義曰：上既言天地之道、陰陽之理、變通之事、日月之明，此後言以富貴而繼屬之者，何也？蓋聖人非以恃其崇高，極侈其位，夸恃其富貴。是故天地之道但能生成萬物，不能生成天下之人。是故君子有大才大德，凡居崇高極盛之位，代天理物，能以仁義教化生成天下之人。若无富貴之位，則其功不能以及于天下也。是故其所以重富貴者，非重其位也，蓋重其行道于天下。故下繫曰：「聖人之大寶曰位。」是言聖賢所保重者曰位，惟在行道而已，故以富貴次于天地日月之後也。

備物致用，立成器以爲天下利，莫大乎聖人；

義曰：備物致用者，備天下之物，致天下之用也；立成器者，則謂建立成就天下之器用，以便于天下也。凡能便利天下者，无出于聖人也。聖人則无所不通，故能成天下之利也。至如包羲氏結繩爲網罟，以佃以漁；神農斲木爲耜，揉木爲耒，耒耨之利，以教天下；又如弦木爲弧，剡木爲矢，弧矢之利，以威天下；又如黄帝刳木爲舟，剡木爲楫，舟楫之利，以濟不通；又如宮室取大壯，掘地爲臼，斷木爲杵，臼杵之利，萬民以濟，如此之類，皆是備物致天下之用，立器爲天下之利也。故唐元次山曰：「吾人之苦兮山幽幽，網罟設兮山不幽。吾人之苦兮水深深，網罟設兮水不深。」是言聖人凡所創立其器，雖山川滄海之深遠，而聖人所作其器，无遠无近，无幽无深，皆得其利。故水之深而網罟不深，山之幽而網罟不幽。其功如是之廣，而人用之，皆得其利也，非聖人孰能如此哉？

探賾索隱，鈎深致遠，以定天下之吉凶，成天下之亹亹者，莫大乎蓍龜。

義曰：探謂探尋，賾謂幽隱難見之處。言至幽至遠、至隱至近之處，鈎深極遠之事。天地幽隱之處，過去未來之吉凶，惟是聖人以卜筮之占，皆得以知之也。若事得于道者爲吉，失于理者爲凶。以其吉凶之事告示于人，使人趨善從吉，去惡避凶，雖愚者昧者皆勉勉而知勸。夫如是，定天下之吉凶，成天下之亹亹者，皆由蓍龜之占筮也。

是故天生神物，聖人則之；

義曰：神物者，則謂神靈之物，蓍龜是也。灼龜以爲卜，揲蓍以爲筮。言天之所生者，蓍龜之靈，知人之休咎，明人之得失。是故聖人取之爲法則，考人之行事也。

天地變化，聖人效之；

義曰：言天地之道、陰陽之氣、生殺之理，春生夏長，四時代謝，千變萬化。聖人效法之，當賞則賞之，當刑則刑之。事之久者必改其弊，器之污〔二〕者必革其新，是聖人法效天地之變化也。若據疏説，以爲賞以春夏，刑以秋冬，則非也。

天垂象，見吉凶，聖人象之；

義曰：言天之垂象，以示人之吉凶。若陰陽之慘舒、日星之災變、風雨之不節、霜雪之不時，如此之類，皆是天垂象以示于人。聖人必當象之，或祥之來則象其吉，災之來則應以凶，或修其德而平其政也。

河出圖，洛出書，聖人則之。

〔二〕白石山房本、文淵閣本作「泥」。

義曰：按此河圖是天之大瑞也。若聖人在上，至德動于天地，天下之人和洽，則和氣充塞于天地之間，則河出圖、洛出書以爲瑞應之驗也。是故聖人所以法則之者，蓋法其時而行事，故曰「聖人則之」也。然按諸儒之説，以謂河圖、洛書出見于世，伏羲因得之而畫成八卦，感上天之美應者也。且上古洪荒之世，典章法度未立，伏羲以聖人之才德居位，是以經綸天地，畫成八卦，以爲萬世之法則。若河圖、洛書未出見之時，伏羲亦當畫爲八卦，以爲後世之法。且河圖、洛書是天之大瑞，若果河圖、洛書已有八卦，則八卦不當言伏羲所畫也。又按洛書賜禹，是亦八卦更有聖人所畫矣。且按下繫曰：「古者包羲氏之王天下，仰則觀象于天，俯則觀法于地，觀鳥獸之文，近取諸身，遠取諸物，于是始作八卦，以通神明之德，以類萬物之情。」此八卦自是伏羲觀天地取諸物而畫成八卦也，又豈得謂伏羲感河圖、洛書而畫八卦哉？若果河圖、洛書已有，則孔子不當言伏羲仰觀俯察而成八卦也。又如孔子曰：「鳳鳥不至，河不出圖，吾已矣夫。」是孔子因其鳳鳥而爲書也。又曰「龍在郊藪，河出圖，洛出書」，是亦因龜麟而至矣。此蓋孔子言麟、鳳者，天之瑞物難見者也。若聖人在上，錫五福于人，庶政行于國，和氣充塞于天地，則河圖、洛書、龜、麟、龍、鳳出爲瑞應之驗。是以聖人法則其時以行其事也，故云「聖人則之」。今鄭康成以春秋緯云河圖有九篇，洛書有二篇，孔安國以爲河圖爲八卦，洛書有九疇，皆失之矣。

易有四象，所以示也；

義曰：按此四象有二説，一説以謂天地自然相配，水、火、金、木以爲之象，所以示也；又一説吉凶者失得之象也，悔吝者憂虞之象也，變化者進退之象也，剛柔者晝夜之象也。是言大易之道，有此四象，所以示人之吉凶。疏莊氏謂六十四卦之中有實象有假象，有義象有用象，則非也。又何氏以爲「天生神物，聖人則之；天地變化，聖人效之；天垂象，見吉凶，聖人象之；河出圖，洛出書，聖人則之」，亦非也。

繫辭焉，所以告也；

義曰：上既言「天生神物，聖人則之；天地變化，聖人效之；天垂象，見吉凶，聖人象之；河出圖，洛出書，聖人則之。易有四象，所以示人之吉凶」，此言又繫屬其辭，明其得失，所以頁告于人，使人知憂患之慮也。

定之以吉凶，所以斷也。

義曰：言既繫屬其辭以明得失，又定其吉凶之驗以斷天下之疑惑，使人知其象，趨其吉而背其凶也。

易曰「自天祐之，吉无不利」，

義曰：此大有上九之爻辭也。言「易有四象，所以示也；繫辭焉，所以告也；又定之以吉凶，所以斷也」，言天下之人既知其吉凶之驗、禍福之理，又引此大有上九之爻辭以證之。言大有上九居大有之世，天下富盛，諸爻皆乘于剛，己獨下乘于陰。六五有厥孚交如之吉，己獨乘之，是以得「自天祐之，吉无不利」也。此大有之時如此也。

子曰：祐者，助也，天之所助者順也，人之所助者信也。履信思乎順，又以尚賢也，是以「自天祐之，吉无不利」也。

義曰：此孔子解釋之辭也。言大有上九所以得自天祐之者，蓋由己以陽承于六五柔順之君。天之所以祐之者，助其順也；人之所以助之者，信也。言六五居中，有信于天下，而上九承之，是履其信也。既已履信，則天下之人亦助以信也。既履其順又履其信，則是崇尚賢德矣。夫既爲崇尚賢德之人，則上天之所祐助，鬼神之所協吉，天下之人皆所信助。夫如是，何所不利哉？

子曰：書不盡言，言不盡意。然則聖人之意，其不可見乎？

義曰：自此以下至「默而成之」，是夫子總言大易之道，當連上文爲一章。「書不盡言」者，言聖人之言，出則爲天下之則，爲天下之令。然于簡牘之中所載，必不能盡聖人之言也。「言不盡意」者，言聖人之意，思慮宏達，无遠无近，无幽无隱，故三百八十四爻之間，雖皆聖人之言，必不能盡其聖人之意也。如是，則書不盡言，言不盡意。「于聖人之意，其不可見乎？」此孔子歎美聖人之言、聖人之意幽深宏遠，不可以見之耶？故假發問之辭，疑而問之。

子曰：聖人立象以盡意，

義曰：此夫子釋聖人之意，有可見之理也。言聖人之言，書不能盡其言，言又不能盡其意，惟是大易之道，六十四卦之中可以明之。至如天之道以乾爲名，取其天體剛健，生成不息；地之道以坤爲名，取其地體柔順，能承順于天。是聖人設乾坤之象，以盡聖人之意，宏功妙用，惟乾坤之象可以盡之。

設卦以盡情僞，

義曰：言聖人之言，出則爲天下之則。然既言不能盡意，又立象以盡意。既立物之形象以盡其意，又觀萬物之象、萬事之理、天下得失之迹，設爲其卦，以盡人之情僞，以盡物之得失也。

繫辭焉以盡其言，

義曰：言聖人雖立象以盡其意，設卦以盡其情僞，又于三百八十四爻之下，有得位失位者，有正有不正者，皆繫屬其辭，散于卦爻之下，以盡其言，使人通曉其意也。

變而通之以盡利，

義曰：夫萬事之理、萬物之情，若无其通變之道，以至窮極，必至于敗壞也。惟是聖人立象以盡意，設卦以盡情僞，繫辭焉以盡其言，而又裁制創立，千變萬化，隨時措置，立成其事，无有壅滯，量時制宜，變而通之，以盡天下之利也。

鼓之舞之以盡神。

義曰：此總結立象盡意、設卦盡情、繫辭盡言之意。言聖人以其仁義之道，以盡天下之情僞，以説天下之心，又鼓發之，致天下舞樂之。然則鼓舞何以爲發樂之義？盖聖人以仁義之道、教化之術，漸染于天下之人。天下之人雖冥然无所知識，然被上之教化，其心康樂，不知手之舞之，足之蹈之也。既不知手之舞之，足之蹈之，自不知聖人之道所以然而然。是聖人之道漸染于人，如神之功。

乾坤其易之緼邪？

義曰：上既言聖人立象盡意，此又言大易之道本始于天地。緼者，藏緼也。言天地初判之時，而大易之道已緼藏于天地之間。然天地之道、萬物之形象、萬事之理，皆藏緼于大易之道。是大易之道本始于乾坤，故乾坤爲大易緼積之根源也。

乾坤成列，而易立乎其中矣。

義曰：言天地設立，陰陽之端、萬物之理、萬事之情，以至寒暑往來、四時代謝、日月運行，皆由乾坤之所生。然乾坤既設，而大易之道、變通之理已立乎中矣。是大易之道，本始于天地也。

乾坤毁，則无以見易。易不可見，則乾坤或幾乎息矣。

義曰：言大易之道皆本起于乾坤。凡是天地之道、萬物之理、變化之道，皆在大易之中。至如乾生三男、坤生三女而爲八卦，變而相重爲六十四，分爲三百八十四爻。易之根源皆自乾坤而來，故乾坤成，而易道變化建立乎其中矣。若乾坤毁棄，則无以見易之用。夫易既毁，則无以見乾坤之用，如是則乾坤或幾乎息矣。

是故形而上者謂之道，

義曰：言天之道始于无形而終于有形，皆由道之所生。道者，人可以爲之法，由而通之謂之道，前乎天地則混于元氣，散乎方隅則潛于象類，浩然而不局于器用，推于天下則无所不通，舉而措之則曲盡其變。茲乃道之本也，皆始于无形而終于有形也。

形而下者謂之器，

義曰：器者，是有形之實。言天始于无形而生于有形，故形于下者則爲其器。器者則爲有形之用，但可止一而用之也。故在形之外者謂之道，在形之内者謂之器也。

化而裁之謂之變，

義曰：言聖人因其无形之道、有形之器，推而化之，裁制創立，設爲仁義教化，以至凡所器用，以利天下，无有窮極，无有凝滯，故謂之變。

推而行之謂之通，

義曰：言聖人因其天地陰陽之道，思之于心，緼之爲事業，推而行之，无有壅滯，皆得其亨，故謂之通。

舉而措之天下之民，謂之事業。

義曰：言聖人因其變通之道，措置其用，施之于天下，各從其時，以成天下之功業也。

是故夫象，聖人有以見天下之賾，而擬諸其形容，象其物宜，是故謂之象。

義曰：此以下皆覆言上文聖人立象以盡意，設卦以盡情僞，繫辭以盡其言，明言以爲教化之術也。象者，萬物之形象也。言聖人推其天地之理、萬物之形容，以象萬物之宜，故謂之象也。至如乾爲天〔一〕之象，坤爲地之象，離爲日之象，艮爲山之象，如此之類，皆是推廣形容而爲之也。

聖人有以見天下之動，而觀其會通，以行其典禮，繫辭焉以斷其吉凶，是故謂之爻。

義曰：言聖人以見天下之變動，觀萬物之形容，有會合通變之道，以行典常之禮。又于諸卦之下繫屬其文辭，有合于道則爲吉，有悖于理則爲凶，以定其吉凶得失之理，以示于人，故謂之爻也。爻者，效此者也。

極天下之賾者存乎卦，

義曰：言聖人窮極天下之幽賾、萬物之情僞，以存諸卦之中，使人觀之以爲法則也。

鼓天下之動者存乎辭，

義曰：鼓，謂發揚天下之動。有得有失，有吉有凶，存于爻辭之間，使人觀之，知其吉凶之如此也。

化而裁之存乎變，

〔一〕白石山房本作「馬」，文淵閣本作「龍」，當以作「天」爲長。

義曰：言聖人觀此萬事之理、萬物之情、天地之道、日月之經，創制裁度，立成其器，施爲仁義道德，千變萬化，以及于天下，故存乎變也。

推而行之存乎通，

義曰：言聖人觀此大易變化之道，推而行之，隨時措置，无有窮極，无有凝滯，故存乎通也。

神而明之，存乎其人，

義曰：言聖人既能極天下之賾存乎卦，鼓天下之動存乎辭，化而裁之存乎變，推而行之存乎通，以成其易。若章顯其功，則其用如神，仁者見之謂之仁，知者見之謂之知，无有窮極，是存乎其人矣。

默而成之，不言而信，存乎德行。

義曰：德行者，則謂聖人素蓄其德業行實也。言聖人素積其德，素蓄其行，内存忠恕，外有全德，如此則默而成之，雖不言而人自信從之，故中庸曰：「不怒而民威之，如鈇鉞者也。」此盖素藴德行之如此也。

周易口義繫辭下

義曰：此十翼之中第七翼也。然按上繫、下繫之説，先儒議者多矣。何氏則曰上篇明无，故曰「易有太極」；下篇明幾，故曰「知幾其神」。或曰上篇論易之大理，下篇論易之小理，皆失之。蓋以簡編重大，故分爲上繫、下繫也。

八卦成列，象在其中矣；

義曰：自此已下至「禁民爲非曰義」爲一章。言伏羲始畫八卦，取天、地、水、火、山、澤、風、雷之象，畫爲乾、坤、艮、巽、震、離、坎、兑之卦。八卦既成列，而天地萬物之象，莫不在于八卦之中也。

因而重之，爻在其中矣；

義曰：夫伏羲始畫八卦，以盡天、地、水、火、風、雷、山、澤之象。然于萬物之情、萬事之理，在伏羲之時，世質民淳，情僞未遷，利害未作，雖八卦之設，三畫可以盡人事之宜。迨乎後世，民欲叢生，巧妄交作，則八卦不能盡吉凶之變。文王囚于羑里，極天地之淵藴，明人事之終始，是以取伏羲所畫之八卦，因其數而重爲六十四卦，分爲三百八十四爻，以盡天地之賾、人事之理，有得有失，有吉有凶，有應有不應，有正有邪，有利有害，盡在此卦爻之中。然則爻者，效也，使後世之人效而法之。故卦爻之中有情僞之理，有是非之道，有變通之常，有動静之事，有剛柔之限。凡人觀其爻則知其效，法此象而行事也。然重卦之説，先儒議者多矣。或曰伏羲所重，或曰神農所重，或曰夏禹所重，皆失之。蓋見下文包犧氏之王天下，作結繩而爲網罟，蓋取諸離；神農氏作，斵木爲耜，楺木爲耒，耒耨之利，以教天下，蓋取諸益；又因尚書之文有洛書錫禹之言，故有此説。殊不知繫辭是仲尼所作。蓋仲尼因其聖人制立器用，以取合于聖人之卦，以其結繩爲網罟，蓋合德于離卦，取其有附麗之義；因其耒耜有益于人，蓋合德于益卦，以其有相資益之義。先儒不究原本，故疑而有此説也。且六十四卦既是伏羲、神農所重，則文王何心哉？不然何以仲尼曰：「易之興也，其于中古乎？作易者，其有憂患乎？」且伏羲之時，又非中古神農之時，又非憂患，推此以言，文王重卦之心，又可見也。

剛柔相推，變在其中矣；

義曰：剛者陽也，柔者陰也。夫六十四卦之中，卦有六爻，陽爲剛，陰爲柔，陽主其生，陰主其殺。故剛柔之位則有變有通，有動有静，故事之久静則動，物之久動則静，動静之道則有變有通。是故聖人因其剛柔二氣互相推盪于六爻之間，然後成其生養之道也，故上繫曰「剛柔相推而生變化」者是也。然則不言陰陽相推而止言剛柔者，蓋陰陽者天地之氣，剛柔者是陰陽之體，言剛柔，則陰陽之功可見矣。

繫辭焉而命之，動在其中矣。

義曰：言聖人既因剛柔二氣互相推盪而爲生成之道，又恐後世之人難曉，故于諸卦諸爻之下各繫屬其文辭，以明得失之道、吉凶之變、情僞之端、萬事之理，使人觀其得則可以知其失，趨其吉則可以明其凶。逆順之道、動静之理，在所命之辭，皆可見矣。

吉凶悔吝者，生乎動者也。

義曰：夫六十四卦有六爻，有吉有凶，有悔有吝，皆由爻位之動者也。若動而合于理則爲吉，動而昧于道則爲凶，有事之微小可以追悔者，有事之萌兆可以鄙吝者，皆繫在于卦爻之變動也。是故聖人因卦爻之變動，明人事之大體，推其情僞之端，明其得失之迹，使人觀之，不失于動静之道也。

剛柔者，立本者也；

義曰：言伏羲始畫八卦，始窮變于天地陰陽之理，以成剛柔之道，以爲萬事之大本，以成天下之大法，天下之人皆本此以爲法則也。故六十四卦之所本，君臣、父子之所法，皆由此剛柔之象爲之根本者也。至如剛定體爲乾，柔定體爲坤，陽卦兩陰而一陽，陰卦兩陽而一陰，是立其卦本而不遺也。

變通者，趣時者也；

義曰：凡六十四卦，卦有六爻，一卦之體，象其一時；一爻之義，象其一人。六爻之道，上下相應而成變通，所以趣就一時者也。至如屯之卦，言天下屯難之時，故其卦體以象其屯，故初六居卦之始，當屯難之時而「磐桓，利居貞，利建侯」，以蘇息天下之人；至于六二言「女子貞不字」，言女子守正應于九五，雖爲初九〔一〕寇難，然專應于五，不改其節；至于六四乘馬班如，退守其正，待時而行，如此之類，是皆一卦則言其一時，其諸爻各言其一人以趣就其時也。然則君子之人凡所動作，必從其時，不失其中。故中庸曰「君子而時中」，是言君子之人，動作之間皆從其時也。

吉凶者，貞勝者也；

義曰：貞者，正也。夫有動者則未免乎累，殉吉者則未免乎凶。盡會通之變而不累于吉凶者，其唯貞勝者。故六十四卦之内，人事之端、情僞之作、吉凶之驗，无不備載于其間。居爻位之吉，又能行其大正之道，則其事愈吉。若居爻位之凶而能行大正之道，則其事不至于凶。惟是貞正之道，則能勝于凶吉也。

天地之道，貞觀者也；

義曰：觀者，爲天下之所仰觀，則謂之觀。夫天本在上，地本在下，天地之性本不相得。及夫天以純陽之氣降于下，地以純陰之氣騰于上，二氣上下交相通感，然後以成生長之道。是天地之道、生成之理皆本貞一，故爲物之仰觀者也。

〔一〕各本有「九六」之語，然于義無所取，當删除。

日月之道，貞明者也；

義曰：夫日爲陽德，月爲陰精，運行四時，晝夜不息者，日月之明也。然而往來不停，照臨下土，不混其光者，蓋各得貞一而明有所一也。

天下之動，貞夫一者也。

義曰：夫少者多之所貴，寡者衆之所宗，故天下之情僞、人事之動静，皆歸一而後可正也。然則天下之廣，周于萬里；人心至衆，萬孔千狀，執一何由而治哉？蓋萬化一術也，天下一統也。若以至正之道、純一之德而治之，則天下自然而治矣。若不以純一之德而治之，則天下自然而睽乖矣。故王輔嗣嘗曰：「夫衆不能治衆，治衆者至寡者也。夫動不能制動，制動者貞夫一者也。」是天下之動，必由寡之所治，貞其一而已。

夫乾確然，示人易矣；

義曰：此又言天得一之道也。確者，則謂剛健者也。夫乾以剛健之德運行不息，生成萬物，示人以和易，由其得一之故也。故无爲而物成，不言而時化，是示人易也。

夫坤隤然，示人簡矣。

義曰：隤然，則謂柔順者也。此言地之得一也。夫坤之道，以柔順之德承天之氣，生成萬物，不煩而物成，不勞而物遂者，亦由其得一故也。故不須經營而萬品自化，是示人簡也。若乾不得專一之道，或有隤然，則不能示人易矣。若坤不得專一之道，或有確然，則不能示人簡矣。且以乾坤之道、生成之理，確然隤然，示人易簡，況爲天下之君者哉？夫尊爲聖人，必法此乾之剛健之德，生成天下，不至于煩勞，則天下從而治矣。夫爲人臣者，必法此坤之柔順之德，承君之命，行君之事，則天下不勞而治矣。若爲君爲臣能法易簡之道，則天下國家可正也。

爻也者，效此者也；

義曰：夫六十四卦分三百八十四爻，有動有靜，有邪有正，有凶有吉，有是有非，故通變之道皆在諸爻之中，爲人之所效法也。故所謂爻者，效物之變動者也。

象也者，像此者也。

義曰：夫六十四卦之象，皆法于天、地、水、火、風、雷、山、澤之象也。如乾以天爲象，坤以地爲象，艮以山爲象，坎以水爲象，如此之類，是皆象其卦之所本之像也，注所謂象此物之形狀也〔一〕。

爻象動乎内，吉凶見乎外，

義曰：夫六十四卦之象，三百八十四爻，爻象之間有正有不正，有應有不應，有善有不善，有吉有不吉。若爻象之發動于一卦之内，則吉凶之事顯見于一卦之外也。

〔一〕按此實孔疏文。

功業見乎變，

義曰：言聖人用此大易之道，觀其卦爻之變動，可行則行，可止則止，推而求之，以立成天下之功業，以通天下之心志。

聖人之情見乎辭。

義曰：辭者，則爻象之辭也。夫六十四卦之中，有情僞之端、得失之理，其吉凶悔吝皆在爻辭之間。欲知聖人設卦之情意者，觀其爻象之辭則可見矣。至如乾之初九言「潛龍勿用」，則聖人勿用之情可知矣；比卦上六曰「比之无首，凶」，則聖人无首之情可見矣。如此之類，皆在爻辭間可見矣。

天地之大德曰生，

義曰：夫天地之大德者，惟是陰陽二氣上下相交，生成萬物，周而復始，无有限極，故其德常大。若生之不常，運之有極，則所生之道不廣也。

聖人之大寶曰位。

義曰：寶者，愛也；位者，所守之位也。夫聖人之大寶者，惟在其位。然則聖人之大寶何以在乎位？蓋聖人之有才德，若无其位，則其功不能及于天下。若有其至尊至寶之位，則其功可以及于天下，无有遠近，皆被其澤，皆被其功德也。是故聖人重德行道于民，故大寶其位也。

何以守位曰仁，

義曰：言聖人既有才德，又能大寶其位，何以守其位哉？必須法天元之德，以仁愛之道生成于天下，使天下之人皆被已之仁德，然後父子有禮，上下相親也。

何以聚人曰財，

義曰：夫聖人何以萃聚于人哉？必曰財而已。財者，使衣食豐足，用度常備，仰有所奉，俯有所畜，則天下有戴君之心。若其衣食不足，用度不備，則不能萃于天下之民。是故古之聖人，修其水、火、金、木、土五行之事，正德利用厚生〔一〕，使天下之人各得其所，如是則父子、兄弟遞相親睦矣。至于爲農者勤于耕，爲商者勤于貨，爲工者勤于器，如此之類，則可以保六親。六親既相保，則親族内外自相親愛。如是，是聚人曰財也。

理財正辭，禁民爲非曰義。

義曰：言聖人既能守位以仁，又能聚人以財，使天下父子各有所養，各得其所。然而貨財之道必主于均平，使多者不得積其私，少者皆得盡其養。又須與正其辭，爲之節制，以禁民之有非僻者，使皆合于義而得其宜矣。然則所謂義者，蓋裁制合宜之謂義也。

〔一〕按此尚書大禹謨文。

古者包犧氏之王天下也，仰則觀象于天，俯則觀法于地，觀鳥獸之文與地之宜，近取諸身，遠取諸物，

義曰：自此已下至「蓋取諸夬」爲一章。言包犧氏以聖人之才德以王天下，爲天下之主。然于上古洪荒之世，典章法度未立，而包犧氏仰則觀象于天，俯則觀法于地。既觀察天地之象，又觀鳥獸之文與地之宜，以畫成其八卦也。然則上既言觀法于地，下又言與地之宜，既言觀鳥獸之文，下又言遠取諸物者，何哉？蓋上文言「仰則觀象于天，俯則觀法于地」者，蓋是伏義始觀象之初也。此又言鳥獸之文者，蓋東方之宿則爲蒼龍，南方之宿則爲朱鳥，西方之宿則爲白虎，北方之宿則爲軀蛇，如此之類，是伏義仰觀天之垂象之宿、鳥獸之文。又觀其地之動植、山川丘陵之象、萬物所生之宜。既觀天之垂象之文，又觀地之所生之宜。然後近取諸身者，至如乾爲首，坤爲腹，震爲足，艮爲手，又近取人之一身，其有思慮口鼻之屬，如此之類，是近取諸身也。既近取諸身，又遠取諸萬物之象，若乾爲龍，坤爲馬，山、澤、風、雷之類是也。

于是始作八卦，

義曰：作者，起也。言伏羲因此天地萬物之象，然後興起八卦，以象動植之宜也。

以通神明之德，

義曰：神明，即謂天地之道、陰陽之運、變通不測之宜、吉凶未兆之事，如此之類，則謂之神明。是八卦

通此神明之德也。

以類萬物之情。

義曰：夫萬物之情狀至繁至衆，故不可得而知之也。聖人作此八卦，取其天、地、水、火、山、澤、風、雷之象，以類聚萬品之情僞，皆可見也。

作結繩而爲罔罟，以佃以漁，

義曰：網罟者，取魚獸之物也。言伏羲既畫八卦，以通神明之德，以類萬物之情，以至天地之始終、人事之淵藴，无不畢備于其間。然而于人事之間，未有所食之物，是故伏羲又結繩以爲網罟，以佃以漁，使人取其魚獸以爲所養。

蓋取諸離。

義曰：蓋者，疑之之辭也；離者，麗也。言山之高而禽鳥麗之，水之深而魚鼈麗之。然則山之高、水之深，而人莫能及之。而聖人創立其事，結繩而爲網罟，使人用之，雖禽鳥居山之高，魚鼈居水之深，皆得而取之，是使人麗而用之也。然謂之蓋者，即疑之辭也。言聖人創立其事，不必觀此卦而成之。蓋聖人作事立器，自然符合于此之卦象也，非準擬此卦然後成之，故曰「蓋取諸離」。

包犧氏没，神農氏作，斲木爲耜，揉木爲耒，耒耨之利，以教天下，蓋取諸益。

義曰：言包犧氏既没之後，又有神農氏以聖人之才興起于世。以其人既得其網罟以佃以漁，然而未有飲食之道。神農氏是以樸斲其木以爲之耜。耜者，博五寸，其首有華觜，以爲耕作之用。又揉其曲木，其曲有鉤，以爲之耒。耒耨之利，以教于天下之人，使四時耕作之，種其禾黍之利，以爲飲食之養。「蓋取諸益」，益者，取其有益于人，爲萬世之利也。

日中爲市，致天下之民，聚天下之貨，交易而退，各得其所，蓋取諸噬嗑。

義曰：言于日中爲其市，以貿遷于貨財，以萃聚于天下之人，使皆貿易之相交，民之无者從而有之，民之有者從而散施之。既貨財交易，貿遷有无，天下之民各得其所，各得其宜，故曰市也。然必取于日中者，蓋日之早而遠者必不能及，若日之晚而又失其時，必于日中之時，取其遠近之人皆得以及矣，故于日中爲市也。然則「蓋取噬嗑」者，以其噬嗑之卦，上體是離，下體是震，震動于下，離明于上，是下動而上明，聚之則爲之市也。又「頤中有物曰噬嗑」，凡頤中有剛梗之物，必嚙而去之也，然後得其通而物有所合也。

神農氏没，黄帝、堯、舜氏作，通其變，使民不倦，

義曰：夫法之久則必弊，弊則物有所不通。法既不通，則人情多至怠惰而有厭倦之心。是故神農既没之後，復有黄帝以聖人之才德繼世而興起，能通人事之理。以其伏羲既結繩而爲網罟，而斲木爲耜，揉木爲耒，又聚天下之民財以交易之，爲之市。然事之久必有其弊壞，故黄帝能通其變化而裁之，引而伸之，隨其物之變

通，因其時而更造之，以爲萬世之法，使民宜之，皆得其利用。民既得其利用，則无怠倦之心也。

神而化之，使民宜之。

義曰：「神而化之，使民宜之」者，言天下之民既得其利用，則不知聖人之制作所以然而然也。既不知所以然而然，則所作爲用皆得其宜也。

易窮則變，變則通，通則久。

義曰：言黄帝既能通其變，使民不倦，神而化之，使民宜之，如此者，蓋得大易通變之道也。夫大易之道，窮極而復變，變極而必通。天地生成之道、人事終始之理，无有限極，周而復始，无有窮際，可以永久爲萬世通行之法也。

是以「自天祐之，吉无不利」。

義曰：言黄帝之法如此，爲萬世久行之道，則自天而下至于鬼神皆祐助之。在鬼神尚且祐助，况于天下之人乎？鬼神、人民既以祐助，則盡善盡美之功，所往之處何所不利哉？故引易文而證之。

黄帝、堯、舜垂衣裳而天下治，蓋取諸乾、坤。

義曰：自此已下凡有九事，皆黄帝、堯、舜因象而立制也。夫上古之時，世質民淳，民皆敦樸，則上如標〔二〕枝，下如野鹿，則上下自然而正矣。迨黃帝、堯、舜之世，垂衣裳而天下治，以其乾有剛陽之德在于上，故爲尊；坤有柔陰之德在于下，故爲卑。爰作衣裳，以分尊卑、上下、貴賤之等，此蓋取乾、坤之象也。然則黃帝、堯、舜連言之者，蓋衣裳之起始于黃帝，成于堯、舜之時，故以黃帝、堯、舜而通言之也。

刳木爲舟，剡木爲楫，舟楫之利，以濟不通，致遠以利天下，蓋取諸涣。

義曰：刳者，謂刳木之中，虚其中以爲舟也，以濟于水，使人乘載之以濟不通，免其沉溺之患也。「剡木爲楫」者，又剡削其木以爲舟之用也。凡人有川險之深而不可以涉之，而黃帝能刳木之中爲舟，又剡削其木爲楫，以濟川險之患，使人乘之，皆得以濟致遠之處，皆得以利。「蓋取諸涣」者，蓋涣之卦，上是巽，下是坎，巽爲木，坎爲水，故其象辭曰：「利涉大川，乘木有功也。」是言巽木爲舟，有涉川之象也。又曰「涣者，散也」，能散釋其民難，令爲舟以濟于天下，使人免其沉覆之患，故此亦得變通之一端也。

服牛乘馬，引重致遠，以利天下，蓋取諸隨。

義曰：夫物之重者，人力不能及之；地之遠者，人力不能至之。是故聖人服習其牛，調習其馬，使重者得以及之，遠者得以至之。然則牛馬本無知之物，而聖人能馴服之，使其至重之物亦得以行之，至遠之地亦得以至之，重者引之，遠者利之，天下之人皆得其利，蓋取諸隨也。然則隨者，是動作必隨于人，以之遠則亦隨

〔二〕白石山房本誤作「槁」。

于人，以之近則亦隨于人，是動作所在皆隨于人也。

重門擊柝，以待暴客，蓋取諸豫。

義曰：夫治平之世，不能无姦軌之人，是故聖人用其兩木相擊，昏夜之間擊其聲以爲之警備，使其姦人暴客不能踰越也。然而必取諸豫者，蓋豫者，樂也。按豫卦「雷出地奮，豫」，言雷自地奮出，以發生萬物。物既生，各遂其安，故曰豫樂也。此「重門擊柝，以待暴客」，而云「蓋取諸豫」者，蓋言凡人居治平之時，外既有警備，則姦人不能犯。姦人既不能犯，則在内者自然安矣。

斷木爲杵，掘地爲臼，臼杵之利，萬民以濟，蓋取諸小過。

義曰：言聖人既能教民以粒食五穀，然又不能精治其五穀以爲飲食之養。是故後世聖人復斷其木爲杵，又掘其地爲臼，以其臼杵之利以精治其五穀。夫既精治其五穀，則天下之萬民皆得以濟，故取諸小過焉。然則必取小過者，蓋小過之卦，聖賢之人過爲其事以矯過于人。今此杵臼而取小過者，蓋聖人既教人粒食以自養，又教人精治其五穀，是小有過爲其事故也。

弦木爲弧，剡木爲矢，弧矢之利，以威天下，蓋取諸睽。

義曰：夫治平之世不能无姦暴之人，堯、舜之代不能无逆命之人。是故聖人雖立刑罰之事以懲戒之，然其間亦有不庭不軌之人，非刑罰之威可以懲也。是故復以弦繫于木上以爲弧。弧者，即弓也。既以弦于木爲弓，又剡削其木，取其矯厲，故爲矢，以中于人。弧矢既成，以威中于不庭不軌之人。威既中于不庭不軌之人，則天下之姦暴者皆畏而懼矣。然「蓋取諸睽」者，蓋睽者，離也。言人心之乖離者，必用弧矢以威之。至如蠻夷之人，當奉于中國，反抗衡于中國，有離叛之心。又如諸侯，當尊奉于王者，今不能貢賦，反有倍于王者之心。又如姦猾之俗，不能歸奉于上，反有離二之心。如此之人，聖人因其有睽離之心，故制弧矢以威服之，故云「蓋取諸睽」也。然則弧矢、杵臼、服牛、乘馬、舟楫皆云利者，此蓋器物有益于人，故稱利也。然重門擊柝不言所利者，蓋擊柝之事止以禦暴客，是亦利之異名也。垂衣裳不言利，此亦隨便立義，故云天下治，治亦利也。此皆義便而言，故不可一例取也。

上古穴居而野處，後世聖人易之以宫室，上棟下宇，以待風雨，蓋取諸大壯。

義曰：夫上古之時，未有宫室。當此之時，人但冬則居營窟，夏則居層巢。人既安居，然于風雨之時无可禦止。是故後世聖人易之以宫室，上隆其棟，下爲之宇，以待風雨，有所棲止，故取諸大壯也。然必取諸大壯者，以其制度宏壯，有便于人，故取大壯也。

古之葬者，厚衣之以薪，葬之中野，不封不樹，喪期无數，後世聖人易之以棺槨，蓋取諸大過。

義曰：夫上古之時，凡人之死，不能蔽蔭其尸，但厚衣之以薪。及葬之中野之間，又不能封土爲墳，是不封也；又不能種樹爲別，是不樹也。及其哀戚又无時而止，但哭除則止，喪之期制又无其日月之限，是无數也。其于死者，知耶不知耶？是故後世聖人以木合爲之棺椁，以蔭庇其尸，又封其土以爲之墳，又種其樹以爲之別，又立五服之制、三年之喪，使其哀戚有時者也。然則「蓋取諸大過」者，原大過之卦，是聖人大有所爲，過越常分以拯救天下，則爲之大過。今此人之死，不能蔽蔭其尸，而取此大過者，何也？蓋聖人重人之生、孝子哀戚之情，以其人之生必有其死，蓋死者是人之終。人之既終，孝子之大事；重其死者，人之大事，故過爲棺椁以蔭庇其尸，又封土以爲之墳，種樹以爲之別，立其五服之制，又立饗祀之禮，其事過越至大，故取諸大過也。

上古結繩而治，後世聖人易之以書契，百官以治，萬民以察，蓋取諸夬。

義曰：夫上古之時，世質民淳，情僞未遷，凡人有事，必結其繩而取信，若有大事則結之以大繩，若有小事則結之以小繩。迨及後世，情僞已遷，利害漸作，巧詐萬狀，不可以救正之。是故後世聖人易之以文書，成之以契券，文書所以取其信驗，契券所以取其要約。文書既立，契券既明，則百官之事皆得其治，萬民之情皆得以察。然而「蓋取諸夬」者，蓋夬者，决也，能明決其事，驗人之情僞以決斷之。自此而後，民之利病、事之姦詐不可以隱也。

是故易者，象也；

義曰：自此已下至「小人之道」爲一章。夫大易之道，皆本諸萬物之形象而成。至如乾爲龍，坤爲馬，艮爲山，兑爲澤，如此之類，皆是本于物象也。

象也者，像也；

義曰：言聖人立六十四卦之象，皆因其物像而名也。至如兼山艮，麗澤兑，巽爲木，坎爲水，離爲火，如此之類，皆是本諸象也。

彖者，材也；

義曰：彖者，即六十四卦下彖辭也。如乾「元亨利貞」，坤「元亨，利牝馬之貞」，此類皆聖人設其彖辭，以象一卦之材德而成之也。

爻也者，效天下之動者也，

義曰：夫六十四卦，一卦則象其一時，一爻則象其一人。然而爻有變動，位有得失，變而合于道者爲得，動而乖于理者爲失。人事之情僞、物理之是非，皆在六爻之中，所以象天下之動，使人效法之也。

是故吉凶生而悔吝著也。

義曰：夫六十四卦之爻，有得位有失位者，有凶有吉者，皆繫于爻之動静也。若動得其道則吉，動失其道則凶。然動静之間有可追悔者，有可鄙吝者。若能慎于動静，則凶害不生矣；若不能慎于動静，則凶咎著焉。是吉凶悔吝著見于外，皆繫于爻之變動也，故上文所謂「吉凶悔吝，生乎動者也」。

陽卦多陰，

義曰：陽者，即剛也；陰者，即柔也。夫八卦之設，有純陽之卦，有純陰之卦，有一卦有二陽者，有一卦有二陰者。至如坎之一卦，上下二陰而一陽在其中矣；艮之一卦，一陽在上而二陰在其下矣；震之一卦，二陰在上而一陽在其下矣，是陽卦多陰也。

陰卦多陽，

義曰：夫八卦之中，有陰卦而多陽者。至于離之卦，二陽在外，一陰在內矣；兑之一卦，一陰在上而二陽在下矣；巽之一卦，二陽在上而一陰在下，是陰卦多陽也。

其故何也？

義曰：此是孔子疑問之辭也。言陽卦多陰，陰卦多陽，其故果如何多也？

陽卦奇，陰卦耦。

義曰：此是孔子復陳陽卦多陰，陰卦多陽，各有本末也。言陽卦所以多陰者，蓋陽卦純一，故多奇也；陰卦多陽者，蓋陰卦純二，故多耦也。是故聖人因其奇耦之數，所以如此也。

其德行何也？

義曰：此孔子又發問之辭。言陽卦所以多奇，陰卦所以多耦，其于德行果如何哉？

陽一君而二民，君子之道也；

義曰：此是孔子又自釋陽卦奇、陰卦耦之所由也。言陽之卦是君，陰之卦是民。一陽在上，則衆陰歸之；一君在上，則二民歸之。猶天下一統，衆歸于一主，則成邦國之道，是至治之本。此是君子之道者也。

陰二君而一民，小人之道也。

義曰：言陰者，是小人之象也。夫二陰在上而一陽歸之，是由二君在上，而在下之人无所的從。在下之人既无所的從，則天下不能統一。如此，則乖邦國之道，是致亂之本。此是小人之道也。

易曰「憧憧往來，朋從爾思」，

義曰：自此已下至「德之盛也」爲一段。「憧憧往來，朋從爾思」者，此是咸卦九四之爻辭。凡易卦中有義理深遠，卦爻之内未能盡其義者，孔子特引于此而明之。言天地之道、生成之理不能感于物，蓋物自然而咸感之。聖人之道亦不求感于人，蓋但任仁義之道以行于世，則天下之人自然而歸之。今九四以陽居陰位，是不正也。當咸感之時，以不正之身，不能任以仁義之道以感于人，反自思慮其朋以求所感，故所感之道不廣，但其憧憧然朋從爾思之，惟是己之朋黨者則感之也。

子曰：天下何思何慮？天下同歸而殊塗，

義曰：此孔子自釋九四之辭。言天下之大，萬宇之廣，爲感之道，聖人未嘗思之，但任其仁義之道以感于天下，則天下雖廣而人自感悅而隨之，故云「同歸而殊塗」。

一致而百慮，

義曰：言人之百慮，雖然煩多，及其歸也，終歸于一致也。

天下何思何慮？

義曰：此重言之者。言聖人凡有天下之衆，爲感之道不在思慮以感于人，如是則所感之道至廣也。

日往則月來，月往則日來，日月相推而明生焉。

義曰：此已下又明天地之道、陰陽之端、人事之理、萬物之情，亦自然而然也。言日往則月來，月往則日來，日月之道互相推盪于天地之間，而晝夜之道自然明矣。然則日月之道不求照耀于人，而天下之人物自然感日月之照臨也。

寒往則暑來，暑往則寒來，寒暑相推而歲成焉。

義曰：夫天地之道，晝則爲陽，夜則爲陰，以陰陽之道互相推盪而成寒暑，寒暑之道互相推盪而成歲功。然則寒暑之道，非自求成其歲功，蓋歲功自然而隨于寒暑也。

往者屈也，來者信也，屈信相感而利生焉。

義曰：此一節又明萬事之理，亦皆本于自然而然也。屈者，去也；信者，進也。往者既去，來者求進，屈信之間而利害生焉，是利害自然而生于屈信也。

尺蠖之屈，以求信也；龍蛇之蟄，以存身也。

義曰：夫尺蠖之屈，雖一本于天賦，然而凡于動静之間非自樂也，蓋所以求其信也。龍蛇之蟄潛其所處，蓋所以求其安身也。

精義入神，以致用也。

義曰：夫人得天性之自然，稟五常之至正，然而有服君子之事者，有服小人之事者，何也？蓋曰操心積慮，學而致諸善，不學而致諸不善也。惟是聖人得天地之全性，凡所動作，精思遠慮，以合于義，以通神妙。及發于外也，可以措天下之用，興天下之利也。至如網罟取諸離，書契取諸夬，宫室取諸大壯，凡百所爲之事有利用于民者，皆由聖人精義入神，然後能也。

利用安身，以崇德也。

義曰：言聖人既能精義入神以致天下之用，又能宴樂以安其神，飲食以養其體，居富貴而不自充詘，在貧賤而不自隕穫，如此則安于身而崇大其德業也。

過此以往，未之或知也。

義曰：言聖人舍其精義入神以致用、利用安身以崇德，舍此二道而往，則雖聖人亦不能知之也。

窮神知化，德之盛也。

義曰：言聖人既能精義入神，利用安身，如是則可以窮極鬼神之情狀，通曉變化之終始，此是德之至盛者也。

易曰「困于石，據于蒺藜，入于其宫，不見其妻，凶」，

義曰：此是困卦六三之辭也。言六三之爻以陰居陽位，是不正也；在下卦之上，是不中也。夫君子之人凡欲求進，必須俟其時。今此六三居困之時，其性動而欲上進，是故爲九四之所止，故困于石也。既上不能進，復退其居，又下乘九二之剛，故曰「據于蒺藜」。上既无所進，下既无所適，是猶入于其宫，不見其妻，凶之道也。夫妻者，至親之人，亦不可得而見之，况于他人乎？

子曰：非所困而困焉，名必辱；

義曰：此已下是孔子之辭。言此六三所以困于石者，非是所困而困焉。蓋六三居困之時，躁而求進，爲九四之所止。然君子之名必求榮，今爲九四所困，是其名必辱也。

非所據而據焉，身必危。

義曰：夫君子之人進必以道，動必合義，不惟澤天下之人，又且先安其身而不陷于過惡也。今六三既下乘九二之剛，爲九二之所據，爲九四之所止，是必不能安全其身，而身必自至于危厲也。

既辱且危，死期將至，妻其可得見邪？

義曰：言六三既非所困而困，非所據而據，既辱且危，是不知死期將至也。既死期將至，雖屬至親之人，必不可得而見也。

易曰「公用射隼于高墉之上，獲之，无不利」，

義曰：此是解卦上九之辭也。隼者，貪殘之禽也；墉者，牆也。言解難之時，而六三以陰柔不正之身居于下卦之上，是不正之小人也。夫居解之時而以小人居君子之位，是猶貪殘之禽居于墉牆之上，必爲人之所射而獲之。既射而獲之，則何所不利哉？

子曰：隼者，禽也；弓矢者，器也；射之者，人也。

義曰：夫弓矢之事，皆是威天下之器，除天下之害者也。今君子之人欲去貪殘之禽，必以弓矢而射去之，然後可也。

君子藏器于身，待時而動，何不利之有？

義曰：言君子之人凡去小人，必須有其才有其德，有其時有其位，然後可以有所施爲，有所動作也。若无才德无時位，欲去非類之人，必自取敗亡之道。是故君子之人必當藏畜其器、韜光其業于身，待其時而動之，則所往必有所獲也。

動而不括，是以出而有獲，語成器而動者也。

義曰：括者，結也。夫君子之人，凡能畜積其德，韜藏其器，則无有括結凝滯之事，如是則沛然莫之能禦也。以至凡有所施爲，有所動作，必有所獲，所在必有所成功，是「語成其器而動者也」。

子曰：小人不耻不仁，不畏不義，

義曰：此已下又言小人之道也。夫小人之性不常，亦不知仁義，不知廉耻，不以刑法威之，則不畏不義。是故古者聖人設其鞭朴之事、刑法之威者，蓋爲小人不耻不仁，所以設之，使知畏而爲義也。

不見利不勸，

義曰：言小人之心専在于利，凡事不見其利，則不知有所勸勉也。是故聖人立爲廛市，使得交相貿易；立農桑，使得互相耕養，而有所勸也。

不威不懲，

義曰：夫小人以小善爲无益而弗爲也，以小惡爲无傷而弗去也，但恣縱其心，而放僻邪侈之事无不至矣。若不以刑而懲之，則不知懲戒者也。

小懲而大誡，此小人之福也。

義曰：言君子之人既以刑懲于小人，亦非君子之素心也，蓋爲小人不耻之故也。然雖小有所懲，而若能戒懼不爲大惡，此亦小人之福也。

易曰「屨校滅趾，无咎」，此之謂也。

義曰：此是噬嗑初九之爻辭也。夫噬嗑之卦，是先王用刑以去剛梗之俗。今此初九居卦之初，是受刑之始也。然居受刑之始，其罪未至大，其惡未甚著，故但屨校其足，滅没其趾，而能改之，所以无咎。今此小人若小懲而能戒慎之，則其罪亦不至于大。此是小人之福，故引此噬嗑之初九而證之，故曰「此之謂也」。

善不積不足以成名，惡不積不足以滅身。

義曰：言凡人若能積小善以至于大善，積之不已，以至著見于外，則可以成萬世之名也。若小善不積，則不能以成其名也。若以小惡爲无傷而弗去，及小惡積之已久，反成大惡，及其著見于外，不惟受戮，亦致滅没其身也。

小人以小善爲无益而弗爲也，

義曰：夫小人之性，以小善不能益于身，是以因因循循，至于老耄，不能脩飾而不爲，以致喪身取咎，自取滅亡之道也。

以小惡爲无傷而弗去也，

義曰：言小人以惡爲无傷，積小惡以至大惡，從微至著，日復一日，不能悛改而弗去，以至惡大罪深也。

故惡積而不可掩，罪大而不可解。

義曰：言小人既不能積其小善，反自爲其小惡。小惡之積久而不已，及夫惡大而彰顯于外，不能以掩閉；罪大而及于身，不可以解脱，如是則滅身受戮也宜矣。

易曰：「何校滅耳，凶。」

義曰：此是噬嗑上九爻辭也。言初九居受刑之始而屨校其足，其罪亦未甚大。至此上九居受刑之終，不能悛改其惡，但以小惡爲无傷，以至惡積罪深而其身受戮，滅没其耳，何校其首。此是大凶之道也。

子曰：危者，安其位者也；

義曰：夫君子之人所以危者，蓋由安然居位，恃其泰不爲之備，恃其安不知其亂，以至泰久必否，安久必亂，所以致其不安而社稷之危也。若能居安慮危，居治思亂，然後可以保其位而不失也。

亡者，保其存者也；

義曰：夫人之所以亡者，蓋由恃其安不思其危，恃其存不思其亡，任其放僻邪侈之事，所以致其身之危亡、基業之隕墜也。若能常自深思遠慮，不爲奢侈之行，則可以保其存而不亡也。

亂者，有其治者也。

義曰：言人居安平之時，但恃其天下之治，不能思慮存亡之機，不能憂恤天下之人，恣其驕盈之志，不知亂之所生也。

是故君子安而不忘危，

義曰：言君子之人，若能居于安平之時常自戒慎，恐有傾危之事，則可以獲吉也。

存而不忘亡，

義曰：言居平易之時，能常思其危亡之事，所以保其存而不亡也。

治而不忘亂，

義曰：言居治平之時，當自恐懼修省，鑒其前車之覆，則无禍亂之事也。

是以身安而國家可保也。

義曰：言君子之人既能安而不忘其危，存而不忘其亡，治而不忘其亂，夫如是，其身可以安，其國家社稷可以永保也。

易曰：「其亡其亡，繫于苞桑。」

義曰：此是否卦九五之爻辭也。言當否塞之時，小人在下，皆失其道。獨九五能休去天下之否，常思其社稷之危亡，言「我其亡乎？我其亡乎」，是猶繫其社稷于苞桑之上者也。桑者，即是其根深固而不拔；苞者，即是叢生之類。言九五既居否塞之時，能休去天下之否，常自思慮戒懼，是猶繫其社稷于苞桑之上，而其根深固不可以拔也。

子曰：德薄而位尊，

義曰：夫居君子之位，必有才有德，然後可以居也。若才之薄、德之寡而居于尊貴之位，必不可也。

知小而謀大，

義曰：言人之才知之小，反欲謀國家之大事，是必不可也。然居幽闇之時，尚不免其誅戮，而况居于明盛之時？其有不受君之誅戮者鮮矣。是小知者不可謀國家之大事也。

力小而任重，鮮不及矣。

義曰：夫小力之才，必當任其輕小之用，若任以國家之重器，其勝任者亦鮮矣。

易曰「鼎折足，覆公餗，其形渥，凶」，言不勝其任也。

義曰：此是鼎卦九四之爻辭。言九四以陽居陰位，是不正也。夫以不正之身居于大臣之位，而才力之不勝其職，是猶鼎之折足而傾覆公家之美實，而又且污染其鼎也。然則君子之人凡居高位，必須有其才有其德，然後可以稱國家之大任也。若无才无德而居大位，是猶鼎之九四，以不才之身而居國家之重位，而傾覆公家之美實，敗壞國家之綱紀，是大凶之道也。如此之人，所謂不勝其任也。然則謂之「言不勝其任」者，此是孔子引此鼎卦之辭，以釋德薄位尊、知小謀大、力小任重之人，故以此爻而結言之。

子曰：知幾其神乎！君子上交不諂，下交不瀆，其知幾乎！

義曰：此一節是孔子釋豫卦六二之辭。子曰「知幾其神乎」者，幾者，是有理未[一]形之謂也；神者，妙微无方之謂也。夫君子之人有先幾之識，深思遠慮，凡有所施爲，必能極未形之理、未萌之兆者也。既未形之理、未萌之兆皆先知之，是其知如神之妙用而通于靈也。「君子上交不諂」者，夫常常之人凡于有權位之人，則必行苟諛佞媚，甘言巧語以求其説，以求其進。是故君子之人知其諂諛佞媚之道不可以求進，是以守其正，自潔其身，切問近思，博聞强識，待時而動，不以邪佞之道以求其進，不以甘言巧語以説其上也。「下交不瀆，其知幾乎」者，夫常常之人凡見其下交之人，必以强暴之性、苟悦之道以瀆亂于下。是故君子之人凡居上位，雖于下交，亦以中正之道、至正之德以待于下，未嘗敢以柔邪苟媚之道以瀆亂于下者也。言如此之人，既上交不諂，下交不瀆，又極于未形之理、未萌之兆，是知幾之人也。

幾者動之微，吉之先見者也。

義曰：言人知其有理未形之事，極其禍福萌兆之來，則于動静之間戒其微小之事，動得其道則吉，動失其道則凶。是以從其吉而背其凶，去无道而就有道。是幾者，吉之先見者也。

君子見幾而作，不俟終日，

[一] 四庫薈要本誤作「之」，當從白石山房本作「未」。

義曰：君子之人既知未形之理，慎其微小之事，夫如是，則吉凶之變，不俟終日之間而可以明見矣。

易曰：「介于石，不終日，貞吉。」介如石焉，寧用終日，斷可識矣。

義曰：此是豫卦六二之爻辭也。言豫之時，九四以剛陽之德居上卦之下，是居人臣之極位者也夫。居人臣之重位，必爲在下之所歸向。是故初六以陰柔之質居豫之初，爲九四之正應。當豫之時，不能守其正道，但以柔邪諂媚以説于上，以求其進，故爲九四之所見從，但有聲名虛譽以聞于外。然既有聲名傳聞于外，是虛譽也，故其爻辭曰「鳴豫，凶」。至于六三比于九四，居豫之時，在下卦之上，履非其位，上承于九四，亦以柔邪諂媚之道以悦于九四，故其爻辭曰「盱豫，悔」。惟此六二以陰居陰，居得其正，不爲富貴以易其志，不爲貧賤以易其心，堅然守一介之節，確然守不變之心，履得其中，居得其正。雖下比于初六，亦未嘗敢以非道而褻瀆；雖近于九四，亦未嘗敢以柔順而苟求。但堅執其心，不苟其進，故其心如石之堅，不能變動，不待終日而獲其貞吉。然則六二既能上交不諂，下交不瀆，動靜之間，幾微之事未嘗不知之。既幾微之事未嘗不知之，則吉凶之來，又寧用于終日之間而斷可見矣。此是知幾之人也。若見事于已萌之後，則是不知幾也。然則「介如石焉，寧用終日，斷可識矣」者，此是夫子解釋六二之爻辭也。言六二有如此之美，故仲尼稱美之也。

君子知微知彰，

義曰：此已下至「无祇悔，元吉」爲一節，以解復卦初九之辭也。言君子之人，凡所施爲、動作之間，必慎其微小之事。夫微者，亦是幾微之事，有理未形者也。唯君子之人凡所動静，凡有思慮，吉凶之兆、禍福之理未萌之前而已知之。既知之，則舍其凶而趨其吉，此是知微也。既知其微，逆知禍福，雖有其理，未有其形，更不可使彰露顯然而著聞于外，如此是知彰也。

知柔知剛，萬夫之望。

義曰：夫事之萌漸必始于柔小，得失之理亦自于幾微，以至凡百之事，皆是自小而至大，自柔而至于剛也。是故君子之人極未形之理，既知其本又知其末，本末之間不使吉凶之道形著于外。夫如是，則可以爲萬夫之所瞻望，天下之所仰賴也。

子曰：顔氏之子，其殆庶幾乎！有不善未嘗不知，知之未嘗復行也。

義曰：此孔子言知微知彰、知柔知剛也，自古已來惟顔子一人而已，其庶幾可以近之。夫顔氏之子者，即孔門之高弟、亞聖之上賢，能知禍福之萌、吉凶之兆，有不善未嘗不知，有一惡未嘗不悟。及其知也，便從而改之，未嘗復行于事業。故孔子曰：「有顔回者好學，不遷怒，不貳過，不幸短命死矣。」是言顔子能修其身，能深其慮，凡有吉凶不善之事，未嘗不知，既知之，亦未嘗復行。故唯顔子庶幾可以近乎。

易曰：「不遠復，无祇悔，元吉。」

義曰：此是復卦初九之爻辭。夫復之初九，以陽之德居復之初，當羣陰用事之時，獨以一陽而反于地下以萌生萬物，是復之初九而來復之速者也。亦猶賢人君子得天之性，凡思慮之間，亦有不善之事，則能早辨之，明其心，復其性，使過惡不形于外，所行之事皆合于中道。自古聖賢之中，惟顔氏之子知有不善，未嘗不速改之，以復于善道。故三千徒中惟此顔子一人而已，故孔子特稱舉之曰「不遠復，无祇悔」者，惟顔子一人而已。

天地絪緼，萬物化醇；

義曰：此已下至「言致一也」，解損卦六三之爻辭。絪緼者，蓋薰蒸之貌。夫天地之道，陰陽之氣二氣相薰蒸而成交感之象，是以萬物皆得以亨通也。

男女構精，萬物化生。

義曰：言男女相構和會，而萬品之物亦得以變化而生也。

易曰「三人行則損一人，一人行則得其友」，言致一也。

義曰：此損卦六三之辭也。夫損之時，損下以益于上，損民以益于君。今此六三、六四、六五以三陰上進，歸于上九之陽，是其志不能醇一也，必損于上九之陽者也。然則天地之道皆尚于醇一，故一陰一陽之謂道，男女相遇亦在于醇一。今若以三陰上進，必損上九之陽。若但六三獨往之，則得正應之道，然後得其友也。

子曰：君子安其身而後動，

義曰：自此已下至「立心勿恒，凶」，解益卦上九之爻也。「君子安其身而後動」者，言君子之人凡欲動作施爲，必先安其身。若身不安，則行事多失。是必凡所施爲，必先安静其身，然後動作施于行事，則无有所失者也。

易其心而後語，

義曰：言君子之人凡欲形于語默，必先平易其心，安静其志，深其思慮，然後形于言語。夫如是，則言无可擇，所出皆中于節，所行皆合于道也。

定其交而後求。

義曰：言君子之人凡欲求進，必須先定其交，觀其人之可否，量其人之賢愚，可與之求則求之，不可與之求則退之。其或不觀人之可否，不量人之賢愚，不素定其交分，躁而求之，則自取窮辱之事。

君子修此三者，故全也。

義曰：言君子若能安其身而後動，易其心而後語，定其交而後求，能修此三者，故所行之事得其全者也。

危以動，則民不與也；

義曰：言君子之人若不能安其身，而以危而動，必爲民之弗與也。此復解上三者之事也。

懼以語，則民不應也；

義曰：言君子之人若于言語之間不能安易其心，深思遠慮，反自以言語之間自恐自懼，所出之言必爲民之所弗應也。

无交而求，則民不與也，莫之與，則傷之者至矣。

義曰：言君子之人若不能先定其求，素結其分，妄而求之，必爲人之所不與也。既爲人之所不與，則傷害之事從而至矣。

易曰：「莫益之，或擊之，立心勿恒，凶。」

義曰：此是益之上九之辭也。當益之時，損上以益于下，損君以益于民。今此上九當益之時，反自求于下。既求于下，心又无厭，故爲人之所不與也，故云「莫益之」。「或擊之」者，言不惟所求之人不與，抑亦爲人之所擊棄也。既爲人之所擊棄，如此者，蓋是立心勿恒，所求无益之故也。

子曰：乾坤，其易之門邪？

義曰：此已下至「其當衰世之意邪」爲一章。言天地初判，乾坤已有形狀，而大易亦已行于其中矣。是故大易之道、變化之理，皆由乾坤而出，是以聖人迹乾坤而成諸卦之名。是乾坤者，其爲易之門户也。

乾，陽物也；坤，陰物也。陰陽合德，而剛柔有體，

義曰：言乾體剛健，爲陽物也；坤體柔順，爲陰物也。是以陰陽二氣上下相配合，而成生育萬物之道。

若乾坤上下不相配合，則萬物不生。故陰陽相配合，則萬物得以生。萬物得以生，則其剛柔之體、上下之象，自然而成也。

以體天地之撰，

義曰：撰者，數也。言陰陽相配合而生萬物，自然而成剛柔之體，以是而分陰陽，奇耦之數由此而成也。

以通神明之德。

義曰：神明之德者，即爲妙用无窮，不可測度也。今此大易之道、變化之理、生成之道，可以通于神明之德，窮于萬事之理也。

其稱名也，雜而不越，

義曰：言大易之道，其爻卦錯雜，物理煩碎，其稱名也雜然。雜而各有倫理，不相干亂，不相踰越也。

於稽其類，其衰世之意邪？

義曰：稽，考也；類，物類也。言上古之時，世質民淳，情僞未作，典章法度未立。伏羲畫爲八卦，以爲萬世之法。歷夏及商，世漸澆漓，民欲叢生。是故文王以伏羲所畫之八卦，重爲六十四卦，盡其天地人事之道、變通之理、吉凶悔吝之由，无不盡載于諸卦諸爻之間。然稽考其義類，其皆因衰世之意邪？

夫易，彰往而察來，而微顯闡幽。

義曰：自此已下至「以明得失之報」爲一章。夫大易之道至深至粹，明其吉凶之理、得失之迹，彰明已往未來之事，皆由易道可明也。既彰明已往未來之事，至于微小幽闇之理，凡事不可以明者，亦皆由此易道而顯闡之，故曰「微顯闡幽」。

開而當名辨物，正言斷辭，則備矣。

義曰：開謂開釋爻象，各當諸卦之名，辨其事物之理。正謂正其聖人之言，斷定其吉凶悔吝之事。皆繫屬之爻辭，无所不備矣。

其稱名也小，其取類也大。

義曰：言諸卦之名皆取其類而稱之，至于乾則稱龍，坤則稱馬，然則龍與馬皆天下之一物耳。雖稱名也小，然其取類也至大，故于人事則爲君臣、父子、夫婦、兄弟、長幼之道，天地之理、陰陽之端无不備于此矣。

其旨遠，其辭文，

義曰：旨者，意也。言其易之旨，至近至遠。其理雖委曲，然于其辭則有文采，不尚質朴者也。至如「龍戰于野」，是近明龍戰之事，遠明陰陽鬬争之理，是其旨遠也。又如坤言「黃裳，元吉」，不直言居中得位，乃言黃裳者，是其辭文也。

其言曲而中，

義曰：言變化无恒，不可爲體例，其言必隨物之屈曲而各中其理。

其事肆而隱。

義曰：肆者，陳列也。言易之所載之事，于爻象之間，雖其文皆陳列其事，然其義幽隱，不可驟然而曉之。

因貳以濟民行，以明失得之報。

義曰：貳，則謂吉凶二理也。言得失之理、吉凶之道，二者之理以濟萬民之行事。然萬事之理，有得位得正者爲吉，有失位不得正者爲凶，失則有凶報，正則有善應。因此二者之理以濟民之行事，以明得失之報，使人趨其吉而背其凶，向其善而違其惡也。

易之興也，其于中古乎？作易者，其有憂患乎？

義曰：自此已下至「巽以行權」爲一章。夫易之起始于伏羲上古之時，世質民淳，情僞未形，巧妄未作，世凝然而不撓。當此之時，雖八卦亦盡萬事之情。歷夏及商，至于桀、紂，暗君在上，情僞漸遷，巧妄已作，澆浮崇尚，不可勝説。文王罹于憂患之中，有聖人之才，上懼君之見去，下慮民之情僞，是以取伏羲所畫之八卦，重爲六十四卦，以盡天地之淵藴，以明人事之終始，至于吉凶之道、得失之理、憂虞之象、悔吝之事，无不備載于其間，使人知其吉而背其凶，向其善而捨其惡，以爲萬世之法，使人防患于未萌也。

是故履，德之基也；

義曰：此已下九卦是修身防患之術也。然則六十四卦皆是防患之術，何以特取此九卦者？蓋此九卦最是修德之基，爲人事之先，故特陳此九卦也。履者，禮也。言人踐行其禮，敬事于上，不失其尊卑之分。如此，是「履，德之基也」。

謙，德之柄也；

義曰：柄者，人之所以操持也。夫人雖有爵禄之分、崇高之位，若无謙順之德，恃其驕盈，必至于傾失。是故君子之人若能居爵禄之位，必當持謙順之德，則雖危而不失，雖高而不危。如此，是「謙，德之柄也」。

復，德之本也；

義曰：言君子之人若能復其性，明其心，至于思慮之間有不善之事，必先改之。如此，是復其性，爲德之根本也。

恒，德之固也；

義曰：言爲德之時，常能執守，終始不變，如此則其德固，故恒卦爲德之堅固也。

損，德之修也；

義曰：言君子之人若能謙損以自增新，降損其志，此是修身之本也。

益，德之裕也；

義曰：裕者，寬大也。言人凡所作事能利益于人，日新一日，則其德寬裕而有所包容也。

困，德之辨也；

義曰：言君子之人居于治平之時，恣其安逸之性，多不知艱險之事。惟是居困否之時，備歷艱苦，知其君子、小人之道，然後能明辨困苦之事者也。

井，德之地也；

義曰：夫君子之身可貴可賤，可貧可富，而其志不可易，其心不可變，其德不可改。猶井之居地，不可遷改也。

巽，德之制也。

義曰：夫愚民之性，蚩然而无所識，其非辟姦僞，无所不至矣。是故聖人必行號令，以示其法制。然行號令之始，必以權變之術而巽入于人心，然後民可制也。此已上九卦，各與德爲用也。

履，和而至；

義曰：此已下又復明九卦之德也。履者，禮也。言人有恭敬之德，有剛直之行，必須與人和同。既與人和同，則可以至于道也。

謙，尊而光；

義曰：夫人有其才有其德，雖在崇高之勢，必須謙恭以自卑，謙遜以接下，如是則德益大而身益光也。

復，小而辨于物；

義曰：物者，萬物之理也。言人于性之初，吉凶未形之時，始于微〔一〕小之事，有其不善便從而改之，使无能爲之咎也。

恒，雜而不厭；

義曰：言君子之人能守其常道，不改其操，不變其節，雖錯雜混處于小人之間，而其心不厭倦于事。

損，先難而後易；

義曰：言凡人若不能謙損于己，反欲他人謙損而奉于己，則失爲人之道。是故君子之人必須先減損其身，謙讓其己，以及于他人。是損己以益于下，損身以尊于人，是先難也。及其性既復，行既成，所言皆合于道，所行皆中于禮，不失其法度，是後易也。

益，長裕而不設；

〔一〕四庫薈要本誤作「爲」，從白石山房本改正。

義曰：言君子之人先求仁義以益于身，身既益，則其仁義之道可以推及于天下。然其仁義既及于物，則可長裕于天下，因其所利而利之，不待先爲施設而行之，而天下之人自有其餘者也。

困，窮而通；

義曰：言君子之人雖居困窮之時，身即困窮，而其道得以亨通也。

井，居其所而遷；

義曰：言井之道，居其所不可以遷改，而其澤可以遷施于人。猶君子之德固不可遷易，不可變改，而其道可以濟人。

巽，稱而隱。

義曰：巽者，是聖人之權也。言聖人以權變之術行其號令，以及于天下，而人不知所以然而然也。

履以和行，

義曰：言凡人有剛直之性、温良之行，必以禮而和之，故論語曰「禮之用，和爲貴」者是也。

謙以制禮，

義曰：言人性能謙順，自卑尊人，則可以裁制其禮法而行之也。

復以自知，

義曰：言人既于事微小之初，知其不善而能改過，是自知也。

恒以一德，

義曰：言人能守其常道，不變其節，終始不移，雖居富貴而不自恃，雖居貧賤而不自移，是純一其德者也。

損以遠害，

義曰：言人能自降損其身，謙冲其德以尊于人，則无患害之事也。

益以興利，

義曰：言人能以仁義之道自益于身，又益于他人，因其所利而利之也。

困以寡怨，

義曰：言人居困窮之時，守節不移，上不怨天，下不尤人，但守其正而已。

井以辨義，

義曰：言井之道，居其地而不移其濟天下之義。故于井之道，可以明辨其義也。

巽以行權。

義曰：權者，反經而合道也。言聖人凡發號施令，則以巽順之德而行之，以順其物性，以洽于人心也。既能順時，故能行權也。

易之爲書也不可遠，

義曰：自此已下至「道不虛行」爲一節。言大易之道，其爲書，言天地陰陽之事、吉凶之理、萬事之情僞、人事之終始，无不備載于其間。然于人之行事也不可遠之，故上文謂「吉凶悔吝生乎動」。是故君子所居而安者，易之序也；所樂而玩者，爻之辭也。君子居則觀其象而玩其辭，動則觀其變而玩其占，是言易之爲書也不可遠也。若一遠之，則是吉凶悔吝所生者也。

爲道也屢遷，

義曰：屢者，數也。言易之爲道，倣法陰陽，其變化之理，爻象之間數有遷易也。

變動不居，

義曰：言六爻之位互相更變，无有定止，或陰居陽位，或陽居陰位，是變動不居也。

周流六虛，

義曰：言一卦六爻有陰有陽，上下周徧，互相更易，在于六位之間也。

上下无常，

義曰：言六爻之位，位无常定，或上或下也。若九月剥卦一陽在上，十一月一陽在下，復是也。

剛柔相易，

義曰：言六爻之位交相錯雜，或剛或柔，剛柔之道互相推盪于其間，或陽易陰位，或陰易陽位是也。

不可爲典要，

義曰：言大易之中，剛柔二氣既互相推盪于六爻之間，則不可爲常典，不可爲要約，隨時所變而已故也。

唯變所適。

義曰：言隨其六爻之變動，以適萬事之用也。

其出入以度，

義曰：言大易之道，六爻之位周流六虚，上下无常，剛柔相易，不可爲常典，不可爲要約。既上下无常，不可爲典要，然其或出或入，或居或處，皆不失其法度，皆不失其倫理。若明以處暗，豈不至奢，是皆出入以度者也。

外内使知懼，

義曰：言大易之道，明其吉凶之理、得失之道，以至過去未來之事。朕兆之間，使人自内自外觀此大易之道，皆知戒懼而不敢爲非僻之事，明其用捨，則趨其吉而背其凶也。

又明于憂患與故，

義曰：言此大易之道，不惟言天地陰陽之理，亦言人之憂患之事，使人明曉之，不敢爲非也。

无有師保，如臨父母。

義曰：言大易之道，其卦爻之辭言其萬事之理、吉凶之朕兆，其教人也雖无師保之嚴，如有師保之教也。「如臨父母」者，自上而下爲之臨。言大易之道，其示人也雖无父母之教，如臨父母之慈，使人一歸于善道也。

初率其辭而揆其方，

義曰：率，循也；揆，度也；方，道也。言人初能率循大易之文辭，則可以揆其大易之道，而知典常之理，明其義之所歸也。

既有典常，

義曰：言人既能率循其大易之文辭，則知變化之理、典常之道也。

苟非其人，道不虚行。

義曰：言人既能率循大易之文辭，又揆度其道，知其常典，是易之道得行于世。然大易之文皆聖人所用之道，若非通聖之人，則不能曉達易之道理，則大易之道不虚行也。

易之爲書也，原始要終以爲質也。

義曰：自此已下至「觀其彖辭，則思過半矣」爲一章。質，體也。言大易之道，其爲書也，不獨明人之得失之理、憂患之事，而又原其萬事之始，要其萬物之終。至如乾之初九曰「潛龍勿用」，上九曰「亢龍有悔」，坤之初六曰「履霜」，上六曰「龍戰于野」，此是原始要終之大本也。既原始要終，則窮其大本以爲大易之體質，以成諸卦之用也。

六爻相雜，唯其時物也。

義曰：言一卦之中，六爻之位，剛柔上下交相錯雜，唯其時物之事、得失之理皆隨其時事而言之。若屯之初九言「磐桓，利居貞」，六二言「屯如邅如」，如此之類，是隨其時而言之。其諸卦諸爻，皆由此而可明也。

其初難知，其上易知，本末也；初辭擬之，卒成之終。

義曰：言一卦之始，始于細微。雖一卦之大義、吉凶之理、情僞之端，皆始于初始之間，然其爻象未備萬事之理。雖有其理，雖有其意，然于人事未能顯見矣，是難知也。「其上易知」者，上則謂上卦之上也。言一卦之事，雖有其理在于初爻，則其道難見。至于上九之時，其下五爻皆布列其位，剛柔之體、得失之理、吉凶之道、有正有不正者，可見矣。是其道已成，其理已定，其爻象以正也，是易知矣。「本末也」者，言大易之道，既原其始又要其終，原其始終則知本末。是初難見則爲本，終易知則爲末。已下終始之間，本末可見也。初擬其辭者，言六爻之位、剛柔之體，始雖擬度其萬事之宜、萬物之理而成其辭，是始于微而至于著者也。「卒成之終」者，言至終之時，卦之上是卒成之時者也。夫卒成之時，而其象以分，卦體以定，而吉凶悔吝之道皆可見矣。是事之卒了成就，皆在于上也。

若夫雜物撰德，辨是與非，則非其中爻不備。

義曰：此又言六爻之義。六爻之位，上下之體交相錯綜，雜聚天下之物，撰數聖人之德，辨定是之與非，則非中爻而不可明也。中爻者，則六二、六五，九二、九五是也。夫得之與失、正之與邪，惟在二、五之爻，斷可明矣。故初則不及其中，三則又過于中。過于中者，則凶危之道有時而至矣；不及中者，悔吝之事亦有時而至矣。唯在二、五之爻居得其中，履得其正，雖有其失，必不至于大咎也。至如乾之九二曰「利見大人」，九五曰「飛龍在天，利見大人」，又坤之六二曰「直方大」，六五曰「黄裳，元吉」，是皆中爻可以辨攝一卦之是非也。然則一卦六爻各主其物，各主其事，惟是中爻即可明辨其得失也。

噫！亦要存亡吉凶，則居可知矣。知者觀其彖辭，則思過半矣。

義曰：噫者，歎美之辭也。言凡欲知其存之與亡、凶之與吉，則其在中之一爻所居之位，則可知矣。若失其中，則是凶而不知其吉，亡而不知其存。如此，是大凶之道也。惟欲知吉凶存亡，但觀中爻所居之位，則可知矣。「知者觀其彖辭，則思過半矣」者，言大易之道，一卦之理以至萬事之端，皆在于卦下所屬之彖辭。然彖辭之間，雖未能盡萬事之理、一卦之情僞，然知者，觀其彖辭，則一卦之大義、吉凶之理，思慮之間已知一卦之本末，已過半矣。然則謂之彖者，則如乾則言「元亨利貞」，坤則言「元亨，利牝馬之貞」，如此之類，皆是卦下之彖辭。若聰明賢智之人觀之，則一卦之理已過半矣。

二與四同功而異位，其善不同，二多譽，四多懼，近也。

義曰：自此已下至「其剛勝邪」爲一章。言六十四卦之中，一卦六爻，六爻之内惟二與四皆是陰位，而得其位者故當以陰爻而居之，是同其陰功也。然而異位者，言二則在下卦之中，四則在上卦之下，是異位也。「其善不同」者，言二居下卦之中，是居得其中，行得其順，不失其中正之道，故其善也大矣。四居上卦之下，失其中道，故其善與二不同也。「二多譽」者，譽者，謂嘉美之譽也。言二居中而不失其正，又所行之事无過无不及，故有嘉美之譽以傳聞于外也。「四多懼」者，言六四居上卦之下，上比于五，是至尊之位也；下在九三之上，是權臣之上也。上則逼近于君，下則逼近于臣，故當恐懼之，是四多所懼也，故言「四多懼」也。

柔之爲道，不利遠者，其要无咎，其用柔中也。

義曰：此覆解上「四多懼」之意也。夫獨陰不立，必須比附于陽，則其功可以成。若遠于陽，則其道不能利。若欲要其无咎，必須用其柔中之道則可也。若非居得其中，履得其正，則必有咎也。

三與五同功而異位，三多凶，五多功，貴賤之等也。其柔危，其剛勝邪。

義曰：言九三與九五皆是陽位，故其功同也。然而三在下卦之上，五在上卦之中，是異位也。「三多凶」者，三在下卦之極，失于中道，故多凶咎之事。「五多功」者，五在上卦之中而有人君之位，其功德可以被于天下，爲天下之所歸向，是多功也。五爲貴，三爲賤，是貴賤之等也。五與三俱是陽位，若以剛陽居之，則克勝其任；若以柔陰居之，則失其所處而必至于傾危也。

易之爲書也，廣大悉備，有天道焉，有人道焉，有地道焉。

義曰：自此以下至「吉凶生焉」爲一章。言大易之道至廣至大，无不悉備于其間也。有天道、人道、地道者，言伏羲始畫八卦，以三爻爲一卦，故上一爻以象天，中一爻以象人，下一爻以象地。三爻既立，則天地人之事、萬物之理，无不備載于其間也。

兼三才而兩之，故六。六者非他也，三才之道也。

義曰：言伏羲畫卦，始以三爻爲一卦，天地之事、萬物之理无不畢備。後世聖人又從而兩之爲二體，兩而爲六爻，故上二爻以象天，中二爻以象人，下二爻以象地。所以六之者，非他也，蓋象三才之道也。

道有變動，故曰爻；

義曰：言六爻之内有變有動，動而合于道者爲吉，動而悖于理者爲凶。變動之間必合于道也，故曰爻。

爻有等，故曰物；

義曰：物者，類也。言六爻之位有陰有陽，有貴有賤，有等有差。至如乾之爻稱龍，故爲陽物；坤之爻稱馬，故爲陰物，如此之類，故曰物也。

物相雜，故曰文。

義曰：言萬物之類，皆在六爻之間。六爻之間有陰有陽，有柔有剛，互相錯雜而成文章，以顯著于外也。

文不當，故吉凶生焉。

義曰：言剛柔錯雜而成文章。若文妨于事，則有凶有吉，有邪有正。若文當其事，則吉凶不生；若不當位，則遺[一]于道者爲凶，順于理者爲吉。吉凶之道，皆生于文不當矣。

易之興也，其當殷之末世、周之盛德邪？當文王與紂之事邪？

義曰：自此以下至「易之道也」爲一段，明易之興起，在紂之末世者也。夫大易之道，始于伏羲仰觀俯察而成八卦，以爲萬世之法，以盡天下之事。然而寫其乾坤健順之性，天地之大象、人事之大紀无不畢備于其間。是以歷夏及商，至于桀、紂之世，民欲叢生，巧詐互起，左右前後皆非正人端士，小人在朝，君子在野，天下紛然不可以整之。文王有大聖人之才，罹于憂患之中，極天地之淵藴，極天下之能事，民之情僞、吉凶之理无不備載于其間，故曰易。是易之興也，其當殷之末世焉。

是故其辭危。

[一] 疑爲「違」字之誤。

義曰：言文王演其大易之道，因其桀、紂之君无道在上，故使天下之人思慮之間姦僞互起，以至天下大亂。文王罹于憂患之中，作爲大易，盡萬民之情僞，極天下之險阻，以至憂患之事无不備言于諸卦之下，是其辭危也。然則卦下之辭至簡至約，然有四德者，有一德者，有三德者，如此之類，推究卦義，是其辭危也。

危者使平，易者使傾。

義曰：言易之道，六爻之位有凶有吉，有得有失，皆在爻辭之間。若人觀此大易之道，見其凶事，能小心畏慎者，則危者使之平易，其文辭亦言其平易。若人觀此大易之道，見其吉事而慢易者，則易者使之傾喪，則其所繫之辭亦言其凶。是使人舍凶從吉，趨善背惡也。

其道甚大，

義曰：言此大易之道，示人之吉凶，明人之情僞，其爲道至廣而甚大也。

百物不廢。

義曰：言大易之道无所不包，至纖至悉之事、百種之物皆无有廢棄，如泰卦曰「包荒，用馮河，不遐遺」者是也。

懼以終始，其要无咎，此之謂易之道也。

義曰：言大易之道，若人觀其六爻之位、吉凶之理，若能觀其始而知懼慎其終，而思戒終始之間，極其思慮，常自戒慎，如此則要其无咎。此是大易之道也。

夫乾，天下之至健也，德行恒易以知險。夫坤，天下之至順也，德行恒簡以知阻。

義曰：自此以下至篇末爲一章，總明健順之美，兼明易道愛惡相攻之事。「夫乾，天下之至健也」，乾有剛健之德，以一元之氣下生萬物，故德行常易，不至于煩勞，而知艱險之事。「夫坤，天下之至順也」，承天之氣，以時而生成萬物，故德行常簡，不至于煩勞，而知艱阻之事。以天地之道、至健至順簡易之德、生成之理，自然不言而四時成，不勞而萬物得，而知險阻之事，其生成之理，故可知矣。

能説諸心，能研諸侯之慮，

義曰：按此「能研諸侯之慮」，其「侯之」二字，蓋是後人習慣其言而傳寫之誤也。若順其文而言之，則「能研諸侯之慮」，于義无取，當言「能研諸慮」也。言聖人作此大易之道，能自悦美其心，又能研究人之思慮，使其情僞之道不作，憂虞之理不生也。注疏之説，皆失之矣。

定天下之吉凶，成天下之亹亹者。

義曰：言聖人作易，既能悦懌諸心，又能研精諸慮，又定天下之吉凶，有得其理者爲吉，失其理者爲凶。既定吉凶于諸卦爻之中，則成天下之亹亹者，使人勉勉而從善，不陷于邪佞也。

是故變化云爲，吉事有祥；

義曰：言大易之道有變有化，有施有爲，若合于道則吉，違于道則凶。若行得其吉，則有嘉美之祥而應之也。

象事知器，占事知來。

義曰：言人觀此大易之象，則知作器之方；觀其占策之數，則知未來之事。是大易之中，總此諸德者也。

天地設位，聖人成能；

義曰：言天地設其上下之位而生成萬物，聖人由是乘天地之正以生成天下，以成就天地生成之功者也，如泰卦所謂「財成天地之道，輔相天地之宜」是也。

人謀鬼謀，百姓與能。

義曰：言聖人凡欲施爲，凡所舉動之時，必先與衆謀其得失之理，謀之卿士，謀及庶人，詢及衆庶，謀及鬼神，以明其得失，以别其吉凶。然而鬼神之道至幽至隱，不可以形見。而聖人與之爲謀者，蓋聖人取其卜筮之兆、占蓍之策，以考于天地鬼神，然後思慮之間不煩憂戚，決然而行之。又與百姓參合而行，則得其吉而不凶，向其善而獲福。夫如是，則天下之百姓樂推而與之。百姓既與之能，則不勞探賾而吉凶自見，不役思慮而得失自明，以至萬物之情僞自然而見矣。

八卦以象告，

義曰：言伏羲所畫八卦，寫其天、地、水、火、風、雷、山、澤之象。凡吉凶之事皆以象告于人，知其吉而背其凶也。

爻彖以情言，

義曰：此又明卦爻剛柔變動、情僞相感之事也。言伏羲畫八卦之後，文王重爲六十四卦，爻爲三百八十四爻，又于諸卦之下繫屬之彖辭，以明險阻之事、得失之理、憂虞之端，皆以人之情僞而言之也。

剛柔雜居，而吉凶可見矣。

義曰：言六爻之内有剛有柔，剛柔之位上下錯雜，有得有失，有正有不正，得于理者爲吉，逆于理者爲凶，吉凶之道自然可見矣。

變動以利言，

義曰：言六爻之内有變有動，皆以利告于人，使人由而勸之，以盡天下之利，以利天下之物也。

吉凶以情遷。

義曰：言大易之道，爻象之内有變有動，有凶有吉，動而合于道則吉，變而失其理則凶。然則吉凶之道、變動之理，皆由人之情僞遷移者也。

是故愛惡相攻而吉凶生，

義曰：言吉凶所生，皆由人之情性有所貪愛，有所忿憎。兩有所攻，或愛攻于惡，或惡攻于愛，是吉凶之道由此生矣。

遠近相取而悔吝生，

義曰：遠謂内外兩卦上下相應之類也，近謂爻位相比近也。言六爻之内有近而相得者，有近而不相得者，有遠而有應者，有遠而无應者。遠而有應，近而相得，則爲吉；遠而无應，近而不相得，則爲悔吝。悔吝之道，皆由遠近相資取而生也。

情僞相感而利害生。

義曰：言人之情實感物而動，得其理則爲利；人之虚僞感物而動，失其理則爲害。情者則情實也，僞者則虚僞也。是情僞相感而利害生于其間者也。既利害生于情僞之間，則吉凶之事由此而至矣。

凡易之情，近而不相得則凶，

義曰：言大易之道，六爻之情有近而相得者則吉，有近而不相得則凶。故吉凶之道，生于爻位之間也。

或害之，悔且吝。

義曰：夫凶咎之道亦有輕重，人之情僞亦有淺深。雖爻位相近，亦有不相得者，然不至于大咎。或有害之者，或有可悔之者，或有可鄙吝之者，如此雖有失，必不至于大咎也。

將叛者其辭慚，

義曰：言人之情或有叛違于己者，則其辭不同。位雖相親，而其容常有慚赧之色，其辭不以實告于人也。

中心疑者其辭枝，

義曰：言人中心之間有所疑惑，則言辭各異。其心不定，其辭一出，紛然有異，若樹之有枝葉，紛然盛多者也。

吉人之辭寡，

義曰：言吉善之人其辭寡少，不在言語，但默而成之，安而行之者也。

躁人之辭多，

義曰：言剛躁之人其辭繁多，不假思慮，而言辭紛亂而出者也。

誣善之人其辭游，

義曰：言誣罔善人之人，其心矯詐，其言虛誕，架虛爲實，從无入有，自然其言辭游蕩虛浮者也。

失其守者其辭屈。

義曰：言人居失其時，失其所守，不遂其志，志无所伸，必其辭屈撓者也。凡此六事，皆大易之中、六爻之位述此之意者也。

周易口義説卦

義曰：夫周易説卦者，此是孔子第八翼也。以其伏羲畫八卦之後，文王重爲六十四，復作爻象之辭以明卦爻之義。然其理或有未盡之事，孔子又作此説卦，以陳説諸卦之情僞、爻象之義理，故謂之説卦。

昔者聖人之作易也，幽贊于神明而生蓍，

義曰：言昔者聖人之作爲大易之道，以盡天地之理、人事之要，又通明贊助于鬼神，以生用蓍之法，然後揲蓍以求其萬物之數者也。

參天兩地而倚數，

義曰：言聖人既畫成八卦，作爲大易，上準擬于天地，下幽贊于神明，是以生其用蓍之法，以揲求天地之數。是以「參天兩地而倚數」者，因其天地生成之數以分陰陽奇耦之數也，生數則以一、三爲天之生數，二、四爲地之生數。因其天地之生數，又有七、九、八、六之數以爲天地之成數，然後分天地奇耦，老陰老陽、少陰少陽之數自此而立矣。

觀變于陰陽而立卦，

義曰：言聖人因其天地生成之數，分其奇耦之象，是以觀其奇耦之數、陰陽變動之理，而立成一卦者也。

發揮于剛柔而生爻。

義曰：言聖人既能參天兩地而倚數，又觀陰陽之變動而立成一卦，又察其變化之道、得失之理，發越揮散剛柔之體，互相資取而生于六爻也。

和順于道德而理于義，

義曰：言八卦之位、大易之道，上以通于天地，下又和合參順聖人之道德，又窮極萬物之象、人事之義理，以成變化之道者也。

窮理盡性以至于命。

義曰：言大易之道、爻象之設，上既通于天地，下又贊于鬼神，又發揮剛柔之體而分其爻，又和順聖人之道德而理于義，又窮極萬物之理以盡萬物之性，以至于命者也。命者，則謂長短、凶折、夭亡之類是也。然則大易之道皆能盡萬物之性，又能盡人之性者，蓋性者，皆天所禀受之善性者也，若能守己之性不陷于邪佞，則其命可以知矣。若人不能守己之性而放僻邪侈无所不至，則其命不能固矣。是故大易之道，爻象之間有變有動，皆所以盡人之性命者，使人觀之則趨吉背凶，向善改惡也。

昔者聖人之作易也，將以順性命之理。

義曰：自此已下至「六位而成章」爲一章，以明卦爻之意也。言古者聖人所以畫爲八卦，作爲大易者，蓋以上順天地之命[一]，下順萬物之性。既能順天地萬物生成之性命，則其言吉凶之道、情僞之理无不備載于其間也。

是以立天之道曰陰與陽，立地之道曰柔與剛，

義曰：言大易之道，既以盡天地萬物生成之性命，是以立天之道曰陰與陽；其地能承受天之氣而生成萬物，是以立地之道曰柔與剛。言其天地、陰陽、剛柔二氣上下交感，而成剛柔之理也。

立人之道曰仁與義。

義曰：天地既立，則人生于其間。人既生于其間，則立仁義之道以本于人。仁者，博愛之謂仁也；義者，行而宜之，合于道則謂義。又因其人而立仁義之道，以生成于天下也。

兼三才而兩之，故易六畫而成卦。

義曰：言伏羲既畫八卦之後，但以三爻爲一卦，故上一爻以象天，中一爻以象人，下一爻以象地，以盡三

[一] 白石山房本、四庫薈要本作「性」，當從文淵閣本作「命」。

才之道。後世聖人因而兼之，重其三才之道，兼而兩之，以六畫而成一卦，故上二爻以象天，中二爻以象人，下二爻以象地。六爻既備，以成一卦之理。

分陰分陽，迭用柔剛，故易六位而成章。

義曰：既以六畫而成卦，又以一、三、五爲陽位，二、四、六爲陰位，分爲陰陽之道。陰則爲柔，陽則爲剛。因其六爻之位，分其陰陽之象，用其剛柔之理，交相錯雜，或升或降。故此大易之道，六爻之間上下變動而成其文章者也。

天地定位，山澤通氣，雷風相薄，水火不相射，八卦相錯。數往者順，知來者逆。

義曰：此一章言伏羲畫卦之始，始因天地定位之後，作爲八卦。故因天地之道，畫爲乾、坤之象，取山之象爲艮，澤之象爲兑，雷之象爲震，風之象爲巽，水之象爲坎，火之象爲離。因天地定位之後，取此山、澤、雷、風、水、火之象，畫爲八卦，以盡萬物之理、萬事之情。後世聖人觀其天地生成之體，又艮有止静之德，澤有潤物之性，山澤之象其氣可以相通；又因雷之能震動萬物，風之能發生萬物，又取雷風之象能相擊搏以生萬物；又觀水火之性不相資射，言水之性其性濕而潤下，火之性其性燥而炎上，因其水火之性不相資射，以成八卦之象，互相變動，互相錯雜，以推測其物理，以稽考其人之情僞，分其奇耦之數。人之過去、未來之事，若數其已往之事，則以順而數之，言其易知也；若數其未來之事，則以逆而數之，言其難知也。是故聖人因此大易之象，逆人之吉凶之兆，皆以逆數之術以前萬民之用，使人知其吉而背其凶也。

是故易，逆數也。

義曰：言此大易之道，八卦之理交相錯雜，以盡吉凶，然而皆逆知來事以前萬民之用也。

雷以動之，

義曰：此一節總明八卦養物之功也。

風以散之，

義曰：言雷能鼓動萬物，風能散育萬物也。

雨以潤之，

義曰：潤，滋也。萬物之生，非雨而不潤也。

日以晅之，

義曰：既雨以潤之，又日以乾晅之。

艮以止之，

義曰：艮以止静之德，止于萬物而不使過其分也。

兑以説之，

義曰：兑能和説萬物，使之成就也。

乾以君之，

義曰：乾以剛健君臨于物也。

坤以藏之。

義曰：坤以柔順，能含藏于物也。此八卦交相錯雜，然後能成于物也。

帝出乎震，齊乎巽，相見乎離，致役乎坤，説言乎兑，戰乎乾，勞乎坎，成言乎艮。

義曰：帝者，生物之宗，以尊而言之則謂之帝。此復言八卦之用也。言帝之始生萬物，必自震而始，潔齊萬物則在乎巽，令萬物相見而繁盛必在乎離，致役萬物則在乎坤，和説萬物必在乎兑，陰陽相戰必在乎乾，受賜萬物則在乎坎，能成萬物則在乎艮者也。

萬物出乎震，震，東方也。齊乎巽，巽，東南也。齊也者，言萬物之潔齊也。離也者，明也，萬物皆相見，南方之卦也。聖人南面而聽天下，嚮明而治，蓋取諸此也。

義曰：言「萬物出乎震，震，東方」者，以震是東方之卦，斗杓指東，爲春主生，故萬物皆由震而出也。「齊乎巽」者，以巽是東南之卦，斗杓指東南之時，萬物潔齊而不相瀆亂也。「離者，明也」，以離是南方之卦，萬物盛大，必假離而臨照之，故萬物相見，必自離而後可明也。然而聖人之治天下，必法此離爲日之象以明天下之事，取其明无所不矚之義也。

坤也者，地也，萬物皆致養焉，故曰致役乎坤。兑，正秋也，萬物之所説也，故曰説言乎兑。戰乎乾，乾，西北之卦也，言陰陽相薄也。坎者，水也，正北方之卦也，勞卦也，萬物之所歸也，故曰勞乎坎。艮，東北之卦也，萬物之所成終而所成始也，故曰成言乎艮。

義曰：坤者，地也。以地能生養萬物，是有勞役之事，故曰「致役乎坤」。兑者，説也。萬物説兑必在于秋，故兑爲正秋之卦也。然不言方而言秋者，以兑説萬物非止于一方，故言秋也。「戰乎乾」者，以乾是純陽之卦，主于西北，西是陰地而乾居之，是有陰陽相薄之義，故曰「戰乎乾」。坎者，水也，北方之卦也。上下皆坎，有水之象焉。水行不舍晝夜，所以爲勞。萬物之生，非水而不滋益，故曰「萬物之所歸也」。艮者，東北之卦也。萬物之所成終，萬品之所成始，皆由艮以本之，其位在丑寅，故曰「東北之卦也」。

神也者，妙萬物而爲言者也。

義曰：此已下一節明八卦生成之用也。言八卦運動，交相錯雜，以妙萬物。然而求其真宰之用，无有遠近，不知所以然而然，是其用如神也。然則謂之神者，以其无形无狀，人之所不見者也。

動萬物者莫疾乎雷，撓萬物者莫疾乎風，燥萬物者莫熯乎火，説萬物者莫説乎澤，潤萬物者莫潤乎水，終萬物始萬物者莫盛乎艮。故水火相逮，雷風不相悖，山澤通氣，然後能變化，既成萬物也。

義曰：動者，鼓動也，言鼓動萬物莫疾乎雷。震者雷之象，故不言震而言雷也。撓散萬物者莫疾乎風，風者巽之象。乾燥萬物莫熯乎火，火者，離之象也。兑説萬物莫説乎澤，兑者，澤之象也。滋潤萬物莫潤乎水，水者，坎之象也。終始萬物者莫盛乎艮，艮者，止之象也。水火之性雖不相入，然而相逮，有相資之理，雷風相薄而不相悖逆，山澤相懸而能通氣，夫如是，然後能成變化之道、生成之理也。然則艮不言山而言艮者，以其動、撓、燥、潤之功，是雷、風、水、火之性，至于終始萬物之義于山爲微，故言艮而不言山也。然而雷風相薄而不言相逆者，蓋雷風若相悖逆，則生物之理息，故言相薄而不言悖逆也。

乾，健也。坤，順也。震，動也。巽，入也。坎，陷也。離，麗也。艮，止也。兑，説也。

義曰：此一節説八卦名訓也。乾象天運行不息，故爲健。坤象地能承順事，故爲順。震象雷能奮動萬物，故爲動。巽象風无所不入，故爲入。坎象水，水居險陷，故爲陷。離象火，能著于物，故爲麗。艮象山，山有止静之德，故爲止。兑象澤，能澤潤萬物，故爲説也。

乾爲馬，坤爲牛，震爲龍，巽爲雞，坎爲豕，離爲雉，艮爲狗，兑爲羊。

義曰：此一節説八卦畜獸之象也，所謂「遠取諸物」者此也。乾爲馬，健速之物也。坤爲牛，至順能任重也。震爲龍，潛動而變于陰也。巽爲雞，體多陽，輕舉之物，主于下也。坎爲豕，豕主污濕，故爲豕也。離爲雉，有文章也。艮爲狗，狗能善守，禁止外人，故爲狗。兑爲羊，外柔而不害物也。

乾爲首，坤爲腹，震爲足，巽爲股，坎爲耳，離爲目，艮爲手，兑爲口。

義曰：此一節説八卦人身之象也，所謂「近取諸身」者此也。乾尊在上，故爲首。坤能包容萬物，故爲腹。震動在下，故爲足。巽順于人，故爲股。坎陽明在内，故爲耳。離陽明在外，故爲目。艮能止静其物，故爲手。兑能和説于人，故爲口。

乾，天也，故稱乎父。坤，地也，故稱乎母。震一索而得男，故謂之長男；巽一索而得女，故謂之長女。坎再索而得男，故謂之中男；離再索而得女，故謂之中女。艮三索而得男，故謂之少男；兑三索而得女，故謂之少女。

義曰：此一節明乾坤六子父母之道也。索者，求也。乾爲天，父之道也。坤爲地，母之道也。二氣相求勝而男女生也，得父氣者爲男，得母氣者爲女。乾初求于坤而得長男曰震，乾生于坤也；坤之初求于乾而得長女曰巽，坤生于乾也。乾之再配于坤得中男曰坎，坤再配于乾得中女曰離。乾三配于坤得少男曰艮，坤三配于乾得少女曰兑。二氣相推，八卦著矣，男女之道備矣，天下之情見矣。

乾爲天，爲圜，爲君，爲父，爲玉，爲金，爲寒，爲冰，爲大赤，爲良馬，爲老馬，爲瘠馬，爲駁馬，爲木果。

義曰：此已下廣明卦象之義也。「乾爲天」者，此廣明乾之象也。乾爲天，剛健不息，萬物之宗也；爲圜，周萬物也；爲君爲父，有尊嚴之道也；爲金爲玉，性堅剛也；爲寒爲冰，氣凝嚴也；爲大赤，老陽之色也；爲良馬，行健也；爲老馬，行健之久也；爲瘠馬，无其膚，其骨堅也；爲駁馬，堅猛之至也；爲木果，老而爲實，生之本也。

坤爲地，爲母，爲布，爲釜，爲吝嗇，爲均，爲子母牛，爲大輿，爲文，爲衆，爲柄，其于地也爲黑。

義曰：此一節明坤之象也。坤爲地，能生育萬物，故爲母；爲布，取其廣載也；爲釜，取其化生成熟也；爲吝嗇，取其生物不移也；爲均，取其均平也；爲子母牛，取其生育之順也；爲大輿，取其能載萬物也；爲文，取其色雜也；爲衆，取其載物不一也；爲柄，取其生物之本也；其于地也爲黑，取其極陰之色也。

震爲雷，爲龍，爲玄黄，爲旉，爲大塗，爲長子，爲决躁，爲蒼筤竹，爲萑葦。其于馬也，爲善鳴，爲馵足，爲作足，爲的顙。其于稼也，爲反生。其究爲健，爲蕃鮮。

義曰：此一節廣明震之象也。爲雷，能震于物也；爲龍，陰中之畜也；爲玄黄，取其蒼雜之色也；爲旉，取其敷布而生也；爲大塗，取其剛動而上柔，萬物之出也；爲長子，以其爲初求也；爲决躁，以其剛性之甚也；爲蒼筤竹，取其堅貞而上虛也；爲萑葦，以其類而列也。其于馬也，爲善鳴，取其象雷聲之遠聞也；爲馵足，取其剛在下也；爲作足，取其一動也；爲的顙，取其陽下應于上也。其于稼也爲反生，取其反甲而出也。其究爲健，取其剛行也；爲蕃鮮，取其蕃育之盛也。

巽爲木，爲風，爲長女，爲繩直，爲工，爲白，爲長，爲高，爲進退，爲不果，爲臭。其于人也，爲寡髮，爲廣顙，爲多白眼，爲近利。市三倍。其究爲躁卦。

義曰：此一節廣明巽之象也。爲木，取其可揉而順也；爲風，取其陽在上也；爲長女，取其初求也；爲繩直，取其齊一也；爲工，取其能揉物爲器也；爲白，取其能潔于物也；爲長，取其風行之遠也；爲高，取其風性高遠也；爲進退，取其隨物之上下也；爲不果，取其能樂于物也；〔一〕爲廣顙，取其有容也；爲多白眼，取其色多白也；爲近利，取其躁人之情多近利也；市三倍，取其生物之盛也；爲躁卦，取勢躁急也。

坎爲水，爲溝瀆，爲隱伏，爲矯輮，爲弓輪。其于人也，爲加憂，爲心病，爲耳痛。爲血卦，爲赤。其于馬也，爲美脊，爲亟心，爲下首，爲薄蹄，爲曳。其于輿也，爲多眚。爲通，爲月，爲盜。其于木也，爲堅多心。

〔一〕按此處未解説「爲臭」「爲寡髮」，疑有脱文。

義曰：此一節廣明坎象也。爲水，取其北方也；爲溝瀆，取其水行无不通也；爲隱伏，取其水行地中也；爲矯輮，取其曲直得所也；爲弓輪，取其激矢運行。其于人，爲加憂，取其險難也；爲心病，取剛在中也；爲耳痛，取其主聽也。爲血卦，取其水行地中也；爲赤，取其血色也。其于馬也，爲美脊，取其陽在中也；爲亟心，取其急也；爲下首，取其水流向下也；爲薄蹄，取其水流行也；爲曳，取其行地也。其于輿也，爲多眚，取其重載也。爲通，取其水行也；爲月，取其水之明也；爲盗，取其潛行也。其于木也爲堅多心，取其剛在内也。

離爲火，爲日，爲電，爲中女，爲甲胄，爲戈兵。其于人也，爲大腹。爲乾卦，爲鼈，爲蟹，爲蠃，爲蚌，爲龜。其于木也，爲科上槁。

義曰：此一節廣明離之象也。爲火，取南方也；爲日，取火精也；爲電，取有明也；爲中女，取再求也；爲甲胄，取剛在外也；爲戈兵，取外剛利也；其于人也爲大腹，取其陰在内也；爲乾卦，取其日所烜也；爲鼈，爲蟹，爲蠃，爲蚌，爲龜，皆取剛在外也；其于木也爲科上槁，取其陰在中而空也。

艮爲山，爲徑路，爲小石，爲門闕，爲果蓏，爲閽寺，爲指，爲狗，爲鼠，爲黔喙之屬。其于木也，爲堅多節。

義曰：此一節廣明艮之象也。爲山，取其静而不動也；爲徑路，取其可上而行中也；爲小石，取其陽堅也；爲門闕，取其止出入也；爲果蓏，取其陽在上也；爲閽寺，取其禁止也；爲指〔二〕，取其止物也；爲狗爲鼠，取其止人也；爲黔喙之屬，取其剛喙而能喙物也；其于木也爲堅多節，取其陽生也。

兑爲澤，爲少女，爲巫，爲口舌，爲毁折，爲附决。其于地也，爲剛鹵。爲妾，爲羊。

義曰：此一節廣明兑之象也。爲澤，取潤下也；爲少女，取三索也；爲巫，取其順也；爲口舌，取其能口説人也；爲毁折，取其缺于上也；爲附决，取柔附上非所麗也；其于地也爲剛鹵，取其下堅而上潤也；爲妾，取其少女也；爲羊，取其中壯而外順也。

〔二〕四庫薈要本、文淵閣本誤作「止」，當從白石山房本作「指」。

周易口義序卦

義曰：夫序卦者，所以序説六十四卦之義也。按文王既繇六十四卦，分爲上下二篇。其先後之次，其理未見，在于常常之人故難曉矣。孔子就上下二篇，各序其相次之義，以序説六十四卦之本，因以發明大易之淵蘊，故謂之序卦。自乾、坤而下，至于既濟、未濟，皆言相受之理也。

有天地，然後萬物生焉，盈天地之間者唯萬物，故受之以屯。屯者，盈也。

義曰：夫乾卦，是伏羲所畫八純之卦。乾者，天之用也，生成之祖宗也。萬物之生，必自乾而始，故乾爲六十四卦之首也。然而獨陽不生，獨陰不成。陽不得陰，不能成生物之道；天不降地，无以爲育物之理。故有天，然後有地。地者，載萬物之本也。坤者，地之用也。坤能順承于天以生成萬品之物，故以坤次于乾也。故乾坤者，天地之用，萬事之本始者也。然天地之生，萬物必須屯難，然後成也。故草木之生，莩甲之時必先屯難，而後至于盛大，盈滿于天地之間也，故屯卦所以次于乾坤也。

屯者，物之始生也。物生必蒙，故受之以蒙。蒙者，蒙也，物之穉也。物穉不可不養也，故受之以需。需者，飲食之道也。飲食必有訟，故受之以訟。訟必有衆起，故受之以師。師者，衆也。衆必有所比，故受之以比。比者，比也。比必有所畜，故受之以小畜。物畜然後有禮，故受之以履。

義曰：夫物既屯難而生，未至于盛大，故必蒙然而盤屈。盤屈不已，然後盛大，故以蒙卦次于屯也。然物生蒙昧，若不滋潤之以成生養之道，則不能成也，故以需卦次于蒙也。然而需者，養也，飲食之道也。飲食之道，養而不已，必有其爭訟之事，故以訟卦次于需也。然而爭訟不已，物情乖離，必有行師用兵之事，故以師卦次于訟也。行師不已，必須親比，故以比卦次于師也。然而親比之道，貴于得正。既得其正，必有所畜，故以小畜次于比也。物既畜聚，必須合禮，故以履卦次于小畜也。

履而泰，然後安，故受之以泰。泰者，通也。物不可以終通，故受之以否。物不可以終否，故受之以同人。

義曰：能行禮者，其身必安，故以泰卦次于履也。安之既久，必有其否，故以否卦次于泰卦也。然而否之既久，其道必亨，必須和同，故以同人之卦次于否卦也。

與人同者，物必歸焉，故受之以大有。有大者不可以盈，故受之以謙。有大而能謙必豫，故受之以豫。

義曰：既與人同，衆物必歸，必須大有其衆，故以大有次于同人也。既大有其衆，不可剛暴，必須謙順，故以謙卦次于大有也。然而既大有天下之衆，又能謙順，則人必悦豫而隨之，故以豫卦次于謙也。

豫必有隨，故受之以隨。以喜隨人者必有事，故受之以蠱。蠱者，事也。有事[一]而後可大，故受之以臨。

義曰：天下既悦豫，則人樂然而隨之，故以隨卦次于豫也。然而以喜隨人，久而必極，必敗于成事，故以蠱卦次于隨卦也。事既已久敗，必須有才德之人以臨治之，故以臨卦次于蠱也。

臨者，大也。物大然後可觀，故受之以觀。可觀而後有所合，故受之以噬嗑。

義曰：臨人之道，必在中正，中正必有可觀，故以觀卦次于臨也。觀民之道必以德化，德化既行，必須去其剛梗之物，故以噬嗑次于觀也。

嗑者，合也。物不可以苟合而已，故受之以賁。賁者，飾也。

義曰：物既相合，必須修飾于外，故以賁卦次于噬嗑也。

致飾然後亨則盡矣，故受之以剥。

[一] 四庫薈要本誤作「時」。

義曰：物既文飾，久而必敝，故以剥卦次于賁也。

剥者，剥也。物不可以終盡剥，窮上反下，故受之以復。復則不妄矣，故受之以无妄。有无妄然後可畜，故受之以大畜。物畜然後可養，故受之以頤。頤者，養也。不養則不可動，故受之以大過。

義曰：物不可終剥，必復其性，故以復卦次于剥也。既復其性，必有由中之信以行于己，故以无妄次于復也。物既无妄，必有可畜，故以大畜次于无妄也。物既大畜，必有所養之道，故以頤卦次于大畜也。養之必以其道，苟失其節，必致于大過，故以大過次于頤卦也。

物不可以終過，故受之以坎。坎者，陷也。

義曰：物既大過，必至險陷，故以坎卦次于大過也。

陷必有所麗，故受之以離。離者，麗也。

義曰：險難既久，必須明德之人以治之，故以離卦次于坎也。自此以上凡三十卦爲上經，統言天地之道，故以坎、離而終之，其實三才之道皆備矣。蓋咸、恒首明人事，夫子以丁寧而説之，後人以簡編重大而分之也。

有天地然後有萬物，有萬物然後有男女，有男女然後有夫婦，有夫婦然後有父子，有父子然後有君臣，有君臣然後有上下，有上下然後禮義有所錯。

義曰：自此以下凡三十四卦，咸、恒首明夫婦之道、人倫之本，故爲下經之首也。「有天地然後有萬物」者，此廣明夫婦之道，必自陰陽爲本始也。夫天地交錯而生萬物，而有男女；男女既成，則有夫婦；夫婦既正，則有父子；父子既立，則有君臣；君臣既正，則有上下；既有上下，則禮義之道有所注錯。此正天下、治邦國，人倫之大本也。

夫婦之道不可以不久也，故受之以恒。恒者，久也。物不可以久居其所，故受之以遯。遯者，退也。

義曰：夫咸者，感也。艮體在下，兑體在上。艮爲少男，兑爲少女，以少男下于少女，以成夫婦之道，以成咸感之象，此萬世不易之法也。然而咸道貴速，故以二少而言之。夫婦之道不可不久，以須常久，然後可以成室家之道也，故以恒卦次于咸也。物既常久，必至退遯，故以遯卦次于恒也。

物不可以終遯，故受之以大壯。

義曰：物不可以終遯而退處之，必須用剛壯之道以出其所處也。不動則不能出，故以大壯次于遯也。

物不可以終壯，故受之以晉。晉者，進也。

義曰：物既大壯，動而出乎遯，必須進之，故以晉卦次于大壯也。

進必有所傷，故受之以明夷。

義曰：物不可以久進，進之不已必爲人之所不與。人既不與，必有所傷，故以明夷卦次于晉也。

夷者，傷也。傷于外者必反其家，故受之以家人。

義曰：傷于外者必反于家，故以家人之卦次于明夷也。

家道窮必乖，故受之以睽。

義曰：夫治家之道，必須嚴正，然後无咎。苟失嚴正，則其道必乖，故以睽卦次于家人也。

睽者，乖也。乖必有難，故受之以蹇。

義曰：物既乖離，必成蹇難之事，故以蹇卦次于睽也。

蹇者，難也。物不可以終難，故受之以解。解者，緩也。緩必有所失，故受之以損。損而不已必益，故受之以益。益而不已必決，故受之以夬。

義曰：物不可以久難，必須解而散之，故以解卦次于蹇也。解人之難必有所損，故以損卦次于解也。損之不已，必須益之，故以益卦次于損也。益之不已，必須決去之，故以夬卦次于益也。

夬者，决也。決必有所遇，故受之以姤。

義曰：剛決之道，必須以正。既以正而決之，則君子有所喜遇也，故以姤卦次于夬也。

姤者，遇也。物相遇而後聚，故受之以萃。萃者，聚也。聚而上者謂之升，故受之以升。

升而不已必困，故受之以困。困乎上者必反下，故受之以井。井道不可不革，故受之以革。

義曰：君子既有所遇，則萬物莫不萃聚之，故以萃卦次于姤也。既萃之上，必須升進，故以升卦次于萃也。升而不已，其道必困，故以困卦次于升也。升之既久，必反于下，故以井卦次于困也。井道既得其所，不可不革治之，故以革卦次于井也。

革物者莫若鼎，故受之以鼎。

義曰：革之必得其道，有鼎新之義焉，故以鼎卦次于革也。

主器者莫若長子，故受之以震。震者，動也。物不可以終動，止之，故受之以艮。艮者，止也。物不可以終止，故受之以漸。漸者，進也。進必有所歸，故受之以歸妹。得其所歸者必大，故受之以豐。豐者，大也。窮大者必失其居，故受之以旅。旅而无所容，故受之以巽。

義曰：物既鼎新，凡所主者莫非長子，故以震卦次于鼎也。物不可以終動，動必有所止，故以艮卦次于震也。止物必有所漸，故以漸卦次于艮也。漸必有所歸，故以歸妹次于漸也。物既歸之，可以致天下于豐大，故以豐卦次于歸妹也。時既豐大，或有所過失而爲旅，故以旅卦次于豐也。既居爲旅，不可以剛强，必須巽順，故以巽卦次于旅也。

巽者，入也。入而後説之，故受之以兑。兑者，説也。説而後散之，故受之以涣。

義曰：人既巽順，物亦和説，故以兑卦次于巽也。説之既久，不可偏係，必須散之，故以涣卦次于兑也。

涣者，離也。

義曰：物既涣散，必致于乖離也。

物不可以終離，故受之以節。

義曰：物不可以終離，必須有止節之道也，故以節卦次于涣也。

節而信之，故受之以中孚。

義曰：爲節之道，必須由中之信以符合之，故以中孚次于節也。

有其信者必行之，故受之以小過。

義曰：孚信之道，或失其正，或過越其事，必須小有所過，故以小過之卦次于中孚也。

有過物者必濟，故受之以既濟。

義曰：事既過越，凡矯過者必附人而行之。既附人而行之，則有所濟，故以既濟之卦次于小過也。

物不可窮也，故受之以未濟終焉。

義曰：物既得所濟，或居安不能慮危，故以未濟之卦次于既濟也。然觀六十四卦，始于乾坤，終于未濟者，以其乾坤是生成之宗，故爲六十四卦之首也；必以未濟而終之者，以其常人之性多失成事，或居安不能慮危，居存不能思亡，以至自取其咎，故以未濟而終之也。此聖人垂教之深旨也。

周易口義雜卦

義曰：夫周易所以言雜卦者，蓋孔子取其六十四卦之中人所常行之事，交相錯雜以陳其義也。以其事无常定，物无常體，可以施則施之，可以止則止之，故揉雜諸卦之義以爲行事之本，故謂之雜卦也。此十翼之中第十翼也。

乾剛坤柔。比樂師憂。

義曰：夫乾用剛健，必以柔順而資之，故曰「乾剛坤柔」。夫親比之道貴于和順，和順則人心樂，樂得其道則正，樂失其道則憂，必致于行師動衆也。

臨觀之義，或與或求。

義曰：夫防民之道，貴于中正。既中且正，則可以風化于天下。既可以風化于天下，則爲下之所相與，或爲下之來求也。

屯，見而不失其居。

義曰：夫屯難之世，是君子經綸之時，必須利建侯以安天下，使天下之人皆安其居，不失其所。此則是君子治屯之事也。

蒙，雜而著。

義曰：夫蒙昧之人未知所著，必求賢者以發明之。然而既得賢者以發明之，則无所錯雜而自然著見也。

震，起也。艮，止也。損益，盛衰之始也。

義曰：震，東方[一]之卦，能起生萬物也。艮有止静之德，故爲止。損益之道，與時偕行，可損則損之，可益則益之，故曰盛衰之始也。

大畜，時也。

義曰：夫物既无妄，天下之人所共信，故爲大畜之時也。然大畜，其道必須以正，然後畜其物也，是因其時而畜之也。

无妄，災也。

義曰：夫无妄之時，天下之所共信，人心之所樂與。若以不信之人厠于其間，則自取其災也。

萃聚而升不來也。

[一] 四庫薈要本誤作「北」，當從白石山房本改正。

義曰：夫萃聚之時，天下之所和洽也，故能聚。聚之不已，其道必上進可也。若進不由其道則凶，進得其道，不還可也。

謙輕而豫怠也。

義曰：夫謙恭之道，不自尊大，是謙輕也。然而爲逸豫之道，又自怠也。

噬嗑，食也。賁，无色也。

義曰：夫雷電相合，如口頤之中噛去其剛梗之物也，故言食也。夫山火之賁，貴其文飾，但合于中而已，不在煩多之色，是无所定也。

兑見而巽伏也。

義曰：夫爲兑説之道，必貴其顯見，顯見于外，合于正則吉也。夫巽順之道，貴其卑伏，若不能卑伏，則非爲行巽之道也。

隨，无故也。蠱，則飭也。

義曰：夫隨時之義，不在于有故，可行則行之，可止則止之，故云无故也。夫蠱敗之事，必須整飭之，然後事有濟也。

剥，爛也。復，反也。晉，晝也。明夷，誅也。

義曰：夫五陰一陽，小人剥君子之象也，衆陰消萬物之義也，故云爛。夫五陰在上，一陽在下，是陽氣反復之時也。夫晉者，日出地上爲陽，陽爲晝，故曰晝也。夫明入地中，明有所傷，必有誅傷之事。

井通而困相遇也。

義曰：夫井以濟人爲德，故曰通也。夫物既久困，必須所遇有賢德之人以出之也。

咸，速也。

義曰：夫夫婦之道，貴于得正。兑爲少女，艮爲少男，以少男下于少女，是貴速也，故有咸之象也。

恒，久也。涣，離也。節，止也。解，緩也。蹇，難也。睽，外也。

義曰：夫婦之道貴于長久，故曰久也。涣散之久，物必乖離也。物不可以久離，必須節止之。「解，緩」者，言天下蹇難解而緩散之。蹇者，山上有水，故曰難也。睽者，乖也。物既乖離，必居于外也。

家人，内也。否泰，反其類也。大壯則止遯，則退也。

義曰：夫家人之道，必處于内也。夫天氣下降，地氣上騰，泰之象也；天氣在上，地氣在下，否之象也，是否泰二卦反其類也。雷在天上，大壯之道。物不可終壯，則必止遯之，乃可也。

大有，衆也。同人，親也。革，去故也。鼎，取新也。小過，過也。中孚，信也。

義曰：夫火在天上，明有所矚，故可大有天下之衆也。與人同者，必親也。革，去其故舊者也。鼎，有自新之義也。小過者，人情小有過差也。中孚者，有孚信及于天下也。

豐，多故也。親寡，旅也。

義曰：豐言盛大，高者懼危，滿者懼溢，故多憂也。親者寡少，故曰旅也。

離上而坎下也。

義曰：離爲日，故宜在上也；坎爲水，故宜在下也。

小畜，寡也。

義曰：小畜者，言風行天上，不能徧及于物，故曰寡也。

履，不處也。

義曰：履以謙爲本，隨人而行，故不可定處也。

需，不進也。

義曰：需者，養也。但待其時而養焉，故曰不進也。

訟，不親也。大過，顛也。

義曰：天水相違，訟之道也，故曰不親。不親者，不相親洽也。大過者，上下相陵，本末顛錯，故曰顛也。

姤，遇也，柔遇剛也。漸，女歸待男行也。

義曰：姤者，遇也，天下會遇之時，柔遇剛也。漸者，進也。男女之行，必以漸而進之，然後成其夫婦之道也。

頤，養正也。

義曰：山下有雷，爲頤之象，故曰養也。養其正則吉。

既濟，定也。

義曰：言水火相濟，君臣相得，是天下大治、物性大定之時也。

歸妹，女之終也。

義曰：夫女者有適人之義，若從男得其道，以成夫婦，此則是女之終者也。

未濟，男之窮也。

義曰：夫男子之道，多失于怠事。故居安不能慮危，以成其未濟，是自取窮之道也。

夬，決也，剛決柔也，君子道長，小人道憂也。

義曰：夫五陽一陰，是五剛而決一柔也，五君子而決一小人也，故君子之道得以長，小人之道所以憂也。

此十翼之中，惟文言繫在乾、坤之卦内，更不必詳解之。

附　録

一　洪範口義

四庫提要

洪範口義二卷，宋胡瑗撰。瑗有周易口義，已著録。是書文獻通考作洪範解，朱彝尊經義考註云未見。今其文散見永樂大典中，尚可排纂成書。周易口義出倪天隱之手，舊有明文。晁公武讀書志謂此書亦瑗門人編録，故無銓次首尾。蓋二書同名口義，故以例推。其爲瑗所自著與否，固無顯證。至其説之存于經文各句下者，皆先後貫徹，條理整齊，非雜記語録之比，與公武所説不符。豈原書本無次第，修永樂大典者爲散附經文之下，轉排比順序歟？抑或公武所見，又别一本也？洪範以五事配庶徵，本經文所有，伏生大傳以下，逮京房、劉向諸人，遽以陰陽災異附合其文，劉知幾排之詳矣。宋儒又流爲象數之學，圖、書同異之是辨，經義愈不能明。瑗生於北宋盛時，學問最爲篤實，故其説惟發明天人合一之旨，不務新奇。如謂天錫洪範，爲錫自帝堯，不取神龜負文之瑞；謂五行次第爲箕子所陳，不辨洛書本文之多寡；謂五福、六極之應通于四海，不當指一身而言。俱駁正注疏，自抒心得；又詳引周官之法，推演八政，以經注經，特爲精確。其要皆歸于建中出治，定皇極爲九疇之本，辭雖平近，深得聖人立訓之要，非讖緯術數者流所可同日語也。宋史本作一卷，今校定字句，析爲二卷。

洪範口義卷上

洪範

夫武王既勝殷殺受，乃立其子武庚爲後，遂以箕子歸。武王於是問以天道，箕子陳述天地人之常經、聖王治國之大法，無出於洪範，故作洪範之篇。此篇得入周書者，以此篇箕子爲武王述大法九類之書，故得入周書也。

惟十有三祀，王訪于箕子。

此武王訪箕子之年。周既受命，惟十有三年四月，伐紂而歸京師。既告武成，太平天下。武王以箕子大賢，遂訪而問焉，故曰「惟十有三祀，王訪于箕子」。

王乃言曰：嗚呼！箕子。惟天陰騭下民，相協厥居。

騭，定也。王乃問而言曰「嗚呼！箕子」，欲問箕子而先嘆者，所以重之也。言天不言而默定下民之命，又且相助合協其居，而使有常生之資。定下民之命者，或貧或富，或貴或賤，或夭或壽，莫匪天定之使然也。然則既有短長之命，又定其貴賤之材，而且助合其居，使有恒産，則如懋稼穡以足食，勤蠶桑以有衣，使樂歲上可以供給父母，下可以畜妻子，凶年免於死亡，莫非天之佑而使然也。故曰王乃言曰「嗚呼！箕子。惟天陰騭下民，相協厥居」。

我不知其彝倫攸叙。

此言上天之定民，固有常道如此。我不知其常道之次叙者何哉，故曰「我不知其彝倫攸叙」。

箕子乃言曰：我聞在昔，鯀陻洪水，汨陳其五行。

自此以下至「彝倫攸叙」，是箕子既承武王之問，遂爲王而言曰：「我聞往古之時，鯀塞洪水，亂陳五行之道。」夫水性，罔有不就下者。當堯之時，水逆行於中國，汎濫天下，率土成江河，人民爲魚鼈，故命鯀治之。鯀不能順水之性，導之通之，使歸於江海，反陻塞而壅遏之，如是則何有其成功哉？故禮祭法曰「鯀障洪水而殛死」是也。鯀既陻洪水，是亂五行之道，故曰箕子乃言曰「我聞在昔，鯀陻洪水，汩陳其五行」。

帝乃震怒，不畀洪範九疇，彝倫攸斁。

帝，謂堯也。堯見鯀陻洪水，亂陳五行之道，於是震動而忿怒，乃不與大法九章。此常道所以敗。然則謂之不與者如何？夫陻洪水，亂五行之道，不能行帝堯洪範九疇之義，則堯不與之也，故曰「帝乃震怒，不畀洪範九疇，彝倫攸斁」。

鯀則殛死，禹乃嗣興。

夫鯀以無功而竄逐之，虞書曰「殛鯀於羽山」是也。禹爲人之子，其父不成功，不可不紹而終之。書曰：「咨禹，汝平水土，惟時懋哉。」則是鯀以殛而死，禹繼父而興也，故曰「鯀則殛死，禹乃嗣興」。

天乃錫禹洪範九疇，彝倫攸叙。

天，帝，稱之者尊貴之也。夫禹既興起，則反乎父業之所爲，乃導江浚川，水患大息。堯善禹治水之故，乃與禹大法九章。此常道所以叙。然則水患既下，百穀既登，天地無不得其成平，故虞書曰「地平天成」也。然則亦謂之與者，又如何哉？亦以其導江浚川，順水之性，能行夫帝堯洪範九疇之義，則是帝堯與之也。

初一曰五行，

自此以下至於「威用六極」，箕子總陳九疇之名，以說九章次叙之事也。五行者，即謂水、火、木、金、土是也。夫有天地，然後有陰陽；有陰陽，然後有五行；有五行，然後有萬物。是則五行者，天地之子，萬物之母也。然謂之行者，以其斡旋天地之氣而運行也，故謂之行。夫人既禀五行之氣而生，亦由逆五行之氣而死。聲音乎是，氣味乎是，性乎是，色乎是，舉天下之萬類，未有不由於五行而出，是則五行豈不大乎？故五者因其數，明其性，成其氣，辨其味，有其臭，著其聲，彰其色，爲其物，各以類而推之，則可見矣。所謂數者何？即天地之生成數，天奇地偶，日月晷度，星辰躔次，歲時歷象，律吕損益是也。所謂性者，潤下、炎上、曲直、從革、稼穡，爲仁、爲義、爲禮、爲智、爲信是也。所謂氣者，在四時則爲春夏秋冬、温凉寒燠是也。所謂味者，酸、鹹、辛、苦、甘是也。所謂臭者，朽、焦、腥、羶、香是也。所謂聲者，宫、商、角、徵、羽是也。所謂色者，青、赤、白、黑、黄是也。所謂物者，介蟲、鱗蟲、倮蟲、羽蟲、毛蟲是也。在人則爲五事。若居五福之世，則其數弗乖，其性不悖，其氣不愆，其味不變，其臭不亂，其聲不謬，其色不異，其蟲不怪，皆順其常。若居六極之世，則皆逆其常，天反時爲災，地反物爲妖，人反德爲亂，亂起則妖生。各以其類而推之，亦可見也。故五行者，聖人爲國之大端，萬類之所祖出，而冠於九疇，故曰「初一曰五行」。然而不言用者，蓋以五行斡旋二儀之氣，天地〔二〕所以生成萬物者也，豈聖人所用治國之物乎？故不言用。

〔二〕文淵閣本漏失「旋」「地」二字，依墨海金壺本校補。

次二曰敬用五事，案漢書五行志作「羞用五事」，隋書五行志作「庶用五事」。胡氏所定經文，多從孔傳。

五事者，貌、言、視、聽、思也。貌者，萬民所瞻仰；言則爲命令，萬民之所聽；視不明，則及邪；聽不聰，則容姦；思不睿，則失謀。此五者，聖人治國之大本、檢身之常法也，其可不敬而後用之乎？故五事謹則長興，慢則取亡。然次之於五行之後者，以五行陳天地之德，而五事者，人君之所爲。人君蓋體天而御邦，故以次於五行也。

次三曰農用八政，

八政者，謂食、貨、祀、司空、司徒、司寇、賓、師是也。食以勸播種，貨以通有無，祀以事鬼神，司空以均土地，司徒以行政教，司寇以正賞罰，賓以明禮，師以立威。此八者，皆國家所急之政，則當厚用之，政乃和平。繼於五事者，以人君既嚴五事以當國，然後謹民以八政也。

次四曰協用五紀，案漢書五行志作「叶用五紀」，顏師古曰：「叶讀爲叶，和也。」古者叶、叶、協三字通用。

五紀者，歲、月、日、星辰、歷數也。歲有四時，月有晦朔，日有甲乙，星有運行躔次，作爲歷數以節之也。夫聖人仰以觀天，俯以察地，南面而聽天下，將欲三光全，寒暑平，百穀登，四時叙，未有不用五紀而調和之。然此五紀繼於八政之後，聖人爲政，未有不得於天時者，故用五紀而協和之，所以次八政也。

次五曰建用皇極，

皇，大；極，中也。言聖人之治天下，建立萬事，當用大中之道。所謂道者，何哉？即無偏無黨，無反無側，無有作好，遵王之道；無有作惡，遵王之路是也，下文備詳。使天下賢者則不過，愚則跂而及之，平平然蕩蕩然，而使民無傾危之過者，皇極之義也。故一門之内得其中，則父義、母慈、子孝、兄友、弟恭；朝廷之内得其中，則君義臣忠，四海無淫朋之人，一鄉一黨則無遺親，此皇極之道行也。故皇極行則五行不相侵，五事不相徇，八政以之成，五紀以之明，三德以之平，卜筮以之靈，庶徵以之順，五福來臻，六極不至矣。然皇極獨不言數者，何也？蓋皇極者，萬事之所祖，無所不利，故不言數。以此觀之，包括九疇，總兼萬事，未有不本於皇極而行也，故處於中焉。

次六曰乂用三德，案漢書五行志作「艾用三德」，顏師古曰：「艾讀爲乂。」艾、乂二字古通用。

德者，内則得之於心，外則得其理，故謂之德。德有三者，即正直、剛、柔是也。世之平康，則用正直之德治之；世有强悍不順，則用剛德治之；世之和順，則用柔德治之。此三德者，聖人既由中道而治天下，又慮執中無權猶執一，故用三德者，所以隨宜制民，一歸安寧之極也。故皇極則見聖人之道，三德則見聖人之權，故曰「次六曰乂用三德」。

次七曰明用稽疑，

稽，考也。聖人有疑事，必用考疑之物，決而明之，即下文謂擇建立卜筮之人而命之，曰雨、曰霽、曰蒙、曰驛之類是也。然卜筮以決疑惑，定猶豫，無出於此。故聖人凡舉一事，發一政，若有疑於心者，必用卜筮以決之，故卜筮得爲決疑之物。然則聖人果有疑乎？曰無也。既無其疑，何用其卜哉？夫聖人至聰明也，至周盡也，故易曰「聖人與天地合其德，與日月合其明，與四時合其序，與鬼神合其吉凶」，中庸亦曰「從容中道，不勉而中，不思而得」，然則又何疑乎哉？猶謂之考疑者，何也？即見聖人不專任其斷，而思與天下同之也。故下文謂「汝則有大疑，謀及乃心，謀及卿士，謀及庶人，謀及卜筮。汝則從，卿士從，庶民從，龜從，筮從，是之謂大同」，然後見聖人無過舉。故上文能乂用三德以適變，此然後明於考稽而與衆定之，故曰「次七曰明用稽疑」。以疑事不一，故不言數。

次八曰念用庶徵，

庶徵者，即謂休徵、五咎。徵五統而稱之，故曰「庶徵」。君能與衆同欲，君臣上下無相奪倫，蠻夷戎狄[一]莫不寧謐，故五行爲之遂性，天地爲之昭感，則休徵胡爲而不至哉？休徵之實有五，曰雨、曰暘、曰燠、曰寒、曰風是也。休徵至，則五者皆順其時，五者各得其叙，而爲執五事之應也。故曰：肅，時雨順之也；乂，時暘順之也；哲，時燠順之也；謀，時寒順之也；聖，時風順之也。此蓋和氣之所感召也。若君不能與衆同欲，君子、小人各反乎所爲，遠近、大小罔有寧謐，則五行爲之失性，二儀爲之愆和，如此是咎徵胡爲而不至

[一] 墨海金壺本作「四方萬國」，不知何據，或是南三閣本之異？

哉？故咎徵至，則五者不順其時，不得其叙，則爲悖五事之應也。恒雨順之，貌之狂也；恒暘順之，言之僭也；恒燠順之，視之豫也；恒寒順之，聽之急也；恒風順之，思之蒙也。此蓋逆氣之所感召也。以此衆徵莫不本人君之感召，故王者作一事，必念一事之應；行一政，必念一政之報。事謹則休徵至焉，事悖則咎徵至焉，人君敢不恭承天而謹於御國乎？故曰「次八曰念用庶徵」。然此次於稽疑之後者，夫龜筮共從於人，神明胥契其道，則庶徵莫不至，故次於稽疑也。不言數者，蓋休咎總而言之也。

次九曰嚮用五福，威用六極。案史記宋世家引洪範作「畏用六極」。

五福，即一曰壽，二曰富，三曰康寧，四曰攸好德，五曰考終命是也；六極，即一曰凶短折，二曰疾，三曰憂，四曰貧，五曰惡，六曰弱是也；嚮，勸也；威，畏也。以五福者，天下之民所共欲，故王者用是五福之道，勸民慕而歸之，以趨於治也。六極者，天下之民所共惡也，王者用是六極之道，威民畏而懼之，以避其亂焉。是五福、六極莫非聖人用人，以爲天下之數，故曰「次九曰嚮用五福，威用六極」。然次於九疇之末者，何也？首陳五行，是聖人法天地以爲德，漸次爲治，故天時順而休徵至，則五行皆得其性矣。庶徵即叙，則政教之成敗著焉，故彝倫叙而政教成，則五福之道彰；彝倫敗而政教悖，則六極之報應。五福者，君子之吉成德也；六極者，人道之窮也。如是，則王道終始，斯可見矣，故因而終於九疇焉。注以謂天以五福、六極嚮勸威沮於人，則不然矣。按下文「建用皇極」曰「斂時五福，用敷錫厥庶民」，彼注云「斂是五福之道以爲教，用布與衆民以慕之」。以嚮威而言則曰天，以皇極而言則曰教，何義之異也？以五福、六極，民各有命，非人力之使然，故稱天；以皇極錫於民者，君也，故稱教。前言乎天不繫乎教，後言乎教不繫乎天，是亦依文而解之，非達其所以爲教也。然則五福、六極，果天使然耶？君使然耶？曰君使然者存乎教，故中庸曰「率性之謂道，修道之謂教」是也；天使然者存乎命，故易曰「乾道變化，各正性命」是也。言乎命，一人之私也；言乎教，天下之公也。洪範九疇何嘗以私言哉？然則嚮非天之勸，威非天之沮，果誰歟？曰君也。何以知乎？夫九疇之類，惟五行不言用，蓋爲天所任，非人君所用爲教也。餘八者皆言用，蓋人君所用爲教也。故王者用五福，則民勸而歸至焉；用六極，則民畏而避亂焉。是福、極者，治亂之大本也。故人備五福者，全福之人也；人備六極者，窮極之人也。其次則福極雜得之，不可定矣。夫人既壽既富，既康寧，既考終命，其間凶惡懦弱者有之矣，既好德而凶短折者有之矣，疾憂貧者有之矣。然惟好德者雖憂雖貧，雖凶短折，不害爲君子；惡而弱者雖富雖壽，雖康寧，雖考終命，不免爲小人。各以稟受而得之者，命也，非教也。命有定分，教隨變化，故聖人言教不言命也。安國之傳，何失之遠哉？然此福、極别而言之者，何也？夫五福、六極切於教化，故析而言也。且五行者，萬事之本，故首於九疇；八事得則福，八事失則極，故以福、極終之。

一五行，一曰水，二曰火，三曰木，四曰金，五曰土。

自此以下至終篇，皆是箕子歷説九疇之名，廣演九疇之義。此「初一曰五行」至「稼穡作甘」，説五行之一節。「一曰水」至「五曰土」，解五行之名也。夫潤萬物莫如水，燥萬物莫如火，木可揉而曲直，金可范而成器，土則兼載四者而生殖其中也。故人之飲食，必待水火而烹飪；宮室必待金木而斵樸；土，稼穡之利，欲百穀之生，未有不在乎土也。故五行，萬物、人用之由出也，聖人豈不修之哉？故傳曰「天生五材，人並用之」是也。然則一曰水，五曰土，何也？此以生數成數言之也。按易繫辭曰：「天一地二，天三地四，天五地六，天七地八，天九地十。」此即是五行生成之數。天一生水，地二生火，天三生木，地四生金，天五生土，此其生數也；地六成水，天七成火，地八成木，天九成金，地十成土，陰陽各有匹偶而數得成焉，謂之成數。故五行始於水，終之於土，是其義也。

水曰潤下，火曰炎上，

自此至「作甘」，皆說五行之性，順其勢而行，各有不同也。夫水之性無有不潤下，火之性罔有不炎上，故水之性，決之東則東流，決之西則西流，引之穴坎之間則莫不盈積，是則水之性可見矣；燥萬物而升上者，莫如火之性，故易乾卦曰「水流濕，火就燥」，類相感也。故聖人之治天下，若能順五行之性，修其水德，導達溝瀆，濬治河渠，號令不違其時，水性無有壅遏，如是則潤下矣。治之三載而功成者，水潤下故也，故舜曰：「地平天成，六府三事允治，萬世永賴，時乃功。」若其河渠不通，溝澮不濬，政教違時，水行不由其道者，是水不潤下矣。故堯有洪水汎溢中國，禹能下矣。鯀之所以治洪水，九載功用弗成者，水不潤下故也。聖人能順五行之性而修火德，鼓鑄有時，焚萊有節，號令當火，政修如是，則火炎上矣。故周禮司烜氏「中春以木鐸修火禁於中國」是也。若其焚萊不時，鼓鑄無節，火官廢，火政墮，則災宮館，災宗廟，此火不炎上也。鄭鑄刑鼎，後乃有災亂，火不炎上故也。故潤下、炎上，皆性之自然也。

木曰曲直，金曰從革，

此亦自然之性也。木可揉而爲曲直方員，故爲之相其方則中矩，員則中規，直則中矢，方則中輿，又員中輪，曲中鈎，惟矯之何如爾。荀子曰「木之鈎者，必將待檃栝，矯然後直」，又曰「木直中繩，揉以爲輪，其曲中規，雖有槁暴，不復挺者，揉使之然也」。是曲直者，木之性也。人君順五行之性，修其木德，營建宫室，不奪農時，斧斤以時入山林，材木不可勝用，若是則木順其曲直矣。若用民力，奪農時，斬不時之材，供非度之用，如此則木不曲直矣。從革者，以金性雖至剛方[一]，隨鼓鑄而變，故鎔之則流形，范之則成器，利可以爲劍戟，鋭可以爲戈矛，惟鎔范之如何耳。故董仲舒曰：「金之在鎔，惟冶者之所鑄。」故能變革者，豈非金之性哉？故人君能順五行之性而修其金德，兵興以法，師出以時，持旌仗鉞，臨戰誓士，足以抗威武而誅叛逆。此之謂金從革矣，則如周有牧野之命，湯有南巢之兵是也。若其師出踰時，兵興無法，好攻戰之事，輕百姓之命，以致殺人滿野，傷人盈城，如此則金不從革矣。故古之秦皇黷武，漢之孝武窮兵是也。

土爰稼穡。

[一] 墨海金壺本作「亦」，從下句讀，其義爲勝。

爰，於也。始種而生謂之稼，將斂而成謂之穡。土持萬物，載華岳而不重，振河海而不泄〔一〕，含厚於下者也。故春耕之，百穀然後生；秋斂之，百穀然後成。土之性厚待於稼穡，然後見其性也。惟聖人能修五行之德，順其土性，陋宮室，省臺榭，闢土地之事，勸耕鑿之業，不奪農時，而深耕易耨，乃土爰稼穡矣。故禹卑宮室，堯有土堦，而民厚生者，此也。若其侈宮室，華臺榭，離宮廣闢，別館閎開，國多苦役之事，野無加闢之田，如此則不稼穡矣。故秦築阿房，漢罷路臺，何興亡之異也？

潤下作鹹，

此説五行之味也。水性本甘，由浸漬於地，發味而爲鹹，月令云「其味鹹」是也。

炎上作苦，

火本炎上，焚物則焦。夫氣既焦，則味發而爲苦，月令云「其味苦」是也。

曲直作酸，

木之結實者，味成多酸，月令云「其味酸」是也。

從革作辛，

〔一〕墨海金壺本作「洩」。按此中庸文，當作「洩」。

金就鎔鑄，即有腥氣。非苦非酸而近於辛者，金之味，月令云「其味辛」是也。

稼穡作甘。

百穀之味，甘可知矣。然百穀本由土地而生也，甘者實爲土味，月令云「其味甘」是也。所引月令之文者，皆五行所屬之月而味之屬也。

二五事，一曰貌

自此以下至「睿作聖」，皆説五事之節也。貌者，即謂威儀容貌，人可觀望者，皆謂之貌。此分解五事之名。

二曰言，

凡有號令天下，使天下之人莫不從者，王者之言也。

三曰視，

夫善觀人者，觀其情，情得則人斯見矣。

四曰聽，

夫納芻蕘之言，來廊廟之語，而求天下之情者，未有不自君耳聽之。

五曰思。

夫天下茫茫，萬事籍籍，神而明之，研思極慮。然而首曰貌，而終曰思者何？夫民之先見者，君之貌；次而禀受者，君之言。視不待號召而神化，言必有戒諭而順從。思者包括四事，一本於心矣。

貌曰恭，

此一節言王者必須持謹五事。夫君之貌爲人所觀仰，則必端嚴恭莊，而後民望而畏之。故行步有佩玉之聲，登車有和鸞之節，錯衡養目，蘭茝養鼻，在田獵而有三驅之制，在飲食而有饗獻之禮，出入有節，動静有時，凡舉一事，未有不由禮而行之，如是則「貌曰恭」矣。若其起居無時，行步無節，馳騁田獵，喪棄禮儀，如是則貌不恭矣。故王者之貌，必須恭敬者也。

言曰從，

夫君有言，則四海皆仰而聽之。是故雖在巖廊之上，言出而可行；雖在九重之内，令出而可從。使民有時，用民有節，有功者必賞，有罪者必罰，如此則言乃可從矣。若其政教二三，號令反覆，功者未必賞，罪者未必罰，使萬民也不永安而欲逸，戒百官也惟朝定而夕移，若是則君之出言，而豈有從者哉？故必須至當也。

視曰明，

夫王者將欲觀人情，則紛華盛麗，不可閱也；淫哇柔曼，不可蔽也。分别賢佞，殊異適庶，官人有序，舊章不迷，如此則視之謂明矣。若其耽色悦聲，信譖放賢，亂其適庶，不肖與賢者淆混，如此則視不明矣。故王者之視，必明而後可。

聽曰聰，

夫十室之邑，有邪有正，况四海之内，有佞有賢。訪芻蕘有廊廟之語，面恭有欺天之言。苟非人君廓黈纊之塞，舉未進之賢，可謂耳之不聽也。故堯命龍作納言，而不使讒説殄行，得耳聰之道也。若其親嬖倖，遠忠良，如此則正士退，讒夫興，此率耳之不聽也。

思曰睿。

思者，深微之義。夫聖人既有天下之廣、四海之大，萬幾之叢脞、庶政之至煩，未有不思而得也。朝不暇食，所以慮之；夜不安寢，所以思之。利於民則行之，益於國則行之。思深則事當，事當則可久矣。此聖人所以思慮至深微也。若其思之不深，慮之不遠，雖苟取一時之利，豈無後世之患乎？

恭作肅，

前文既定「貌曰恭」以下五事，皆由一人之身，五事當，可以成天下之化。君貌恭，天下皆知有所敬，故近則臣敬之，遠則民敬之。由乎一國，達乎四海，天下莫不敬上者，君恭德使之然也。

從作乂，

夫言既可從，則政教有一定之制，天下無反汗之號。言出，則天下莫不從風而起治矣，然則四海百官皆從聽而爲治也，中庸曰「言而世爲天下法」是也。

明作哲，案哲字，孔傳作「哲」，正義曰：「王肅及漢書五行志皆云悊，智也。」鄭本作「哲」與孔傳同。悊，古哲字也。胡氏定從「哲」，爲蔡氏書傳所本。

夫君視既明，貌恭心狠則不能容於國，堯言桀行則不能留於朝。惟賢德是用，惟邪佞是除，若天地之無不覆載，日月之無不照臨，苟非至明，何以能取人若是哉？故唐虞命羣臣而登於朝，放四凶而流於野，故曰「知人則哲，能官人」，明可知矣

聰作謀，

夫君耳既聰，則能立事，故來廟堂之語，納芻蕘之言。良籌碩策，日聞於朝；深規極諫，日達於耳，若是則何患不能謀天下之事哉？能成天下之謀者，惟在君之聰爾。

睿作聖。

聖者，無所不通之謂也。夫君之所以治天下之務，思慮之深，則無有不通矣。政無小大，能通之也；情無昭隱，皆見之也。舉天下之大、四海之遠，人所及者莫不通於耳，雖天地鬼神亦能通之也。中庸曰「建諸天地而不悖，質諸鬼神而無疑」，詩曰「鳶飛戾天，魚躍于淵」，上下察則聖可知矣。

三八政，一曰食，

自此而下至「八曰師」，皆說八政之目也。食者，即嘉穀可食之類也。夫聖人之治天下，未有不以足食爲

本。故鑿井耕田，勸農而厚業，使民無遊手，而人皆種作於田畝。所謂倉廩實然後語榮辱之分，衣食足然後議廉恥之事。故堯命四子而節授時候，舜命后稷而播時百穀，皆爲此也。

二曰貨，

貨者，即布帛可衣之類也。夫古之聖王治天下，既不欲一民之餒，又不欲一人之寒，於是環廬樹桑，勸蠶繭，力組紃，勤織紝，〔二〕使女無棄業，室無停機，如此則通貨之道也。故易曰：「日中爲市，聚天下之民，通天下之貨，交易而退，各得其所。」斯邦厚民富之道也。

三曰祀，

上郊天，所以荅陽功；下祀地，所以報陰道；享宗廟，所以奉先祖，昭孝心，示民有尊也。又且内有膢臘之事，外有山川之舉，以至門行户竈、邱陵原隰，皆有其祭者，是聖人之廣極其敬而有所尊也。於是羞其簠簋，陳其籩豆，薦其黍稷，饋其牢醴，外盡備物，内竭至誠，如此則鬼神幽明胡不享哉？故祭祀所以爲教本。禮曰「使民不忘本」，此之謂也。

四曰司空，

夫聖人既有天下之廣、四海之大、民人之衆、生齒之繁，欲安其土而不遷，敦其業而阜盛，何以至哉？故

〔二〕文淵閣本脱「紝」字，從墨海金壺本補。

王者立司空之爲此責也。土維有瘠壤〔二〕，此辨之也；地居有上下，此相之也。故禮曰「量地以制邑，度地以居民」，又周官〔三〕「司空掌邦土，居四民，時地利」，此其司空之任也。

五曰司徒，

夫民既有棟宇以避燥濕，有永食以禦飢寒，然則教化不行，禮義不著，何以成至治之道？故司徒之官，所以教也。父之未義者，教之以義；母之未慈者，教之以慈；兄與兄，則言友；弟與弟，則言恭；人子之道，孝弟而已矣。夫能教此五者，則天下莫不驅頑鄙之行而臻廉讓之域者也，司徒之教使然矣。故書云「契作司徒，敬敷五教在寬」，又周官「司徒掌邦教，敷五典，擾萬民」，皆責於司徒也。

六曰司寇，

夫聖人之治天下，雖欲以仁愛之道行化於四海，然其間有姦猾，則奈何？故大則四夷之不賓，小則諸侯之不臣，凶夫肆逆，頑臣姦驕，若是則如何制哉？故司寇者，所以爲禦寇之官也。周禮曰「司寇詰邦國，刑百官」，又周官曰「司寇掌邦禁，詰姦慝，刑暴亂」，乃掌嚴邦法，修度天威，小大之刑無有不正，所以討天下之亂臣賊子，無非繫於司寇之官也，皆其責矣。

〔二〕　墨海金壺本作「土壤有肥瘠」，於義爲長。
〔三〕　按此周官乃周書中一篇。

七曰賓，

夫聖人既不能獨治，必建賢諸侯，所以爲王室之輔也。然則分茅受土，何以得其懽心哉？故限之朝覲之禮，分之會同之事，爲之享燕之節，設其委積之事。始來也，有郊共之禮，示慇懃之意也；及其還，則有餞送之道，致丁寧也。若此，則四海之内，凡爾諸侯，烏有不親睦哉？振鷺詩曰「有客宿宿，有客信信」〔一〕，此周家之客，其親睦也可知矣。故人主治天下，當延其賓客也。

八曰師。

師者，師保之師也。夫能探天下之術，論聖人之道，王者北面而尊師，則有不召之師。師之猶言法也，禮義所從出也，道德以爲法也。故王者有疑，則就而問焉，謀而有成，言而可行，率能備王者之疑，輔人主以道。故湯學伊尹，而商祚所以興；成王事周公，而姬邦所以昌；武王之聖，尚有吕望之請；明帝之盛，亦有桓榮之尊。自古聖帝明王，未有不由師而後興也。故傳曰「國將興，尊師而重道」，又曰「三王四代惟其師」，故師者，天下之根本也。然八政之次，首曰食而終曰師者，何也？夫食者，萬民之命也，一日而不可闕，故居於首焉。有食必有衣，故貨居二焉。食貨充盈，莫不由明靈祐之，故傳曰「聖王先成民，而後致力於神」，此祀所以居其三也。雖

〔一〕按此周頌有客之詩。

有養身之具，必有安身之居，司空主民土，故叙之於四也。雖有安民之道，非禮義不能立，故司徒教之，居於五也。教之不能入，不能無小人之行者，故司寇主刑詰之，居於六也。姦猾既去，則天下皆相親，遠域來朝，則賓禮待之，居其七也。夫然，行七者之事，未有不決於師，明其義，達其禮，教而行之，所以終於八也。

四五紀，一曰歲，

此説五紀之一節也。歲有四時，春夏秋冬，以推移天地之氣是也。

二曰月，

自朔至晦，是爲一月，每歲十有二月是也。

三曰日，

自甲至癸，凡有十日，此之謂也。

四曰星辰，

二十八宿分見於四方，日月相會之次謂之辰，辰之由[一]言時也，專以正時候之節也。

五曰歷數，

[一] 墨海金壺本作「猶」。

歴者，陰陽之紀，歴數則謂紀。周天三百六十度。夫一歲之間，日月之推移，星辰之轉運，聖人作爲之歴，紀其運行伏見之事，可以調一歲之氣，而節授人時，使人東作西成，南訛朔易，不愆耕鑿之候，以承天地之和，歴數明之致也。故堯則命四子，舜則在璇璣，而寒暑平，四序均，謂之正也，得五紀之效也。然而首曰歲，終曰歴者，歲可統月，月可統日，星辰運行，在天歴數者，所以紀四者而正一歲之候也。然則皆謂之紀者，括陰陽之運行，爲天地之大化，故皆言紀。

洪範口義卷下

五皇極，皇建其有極，

自此而下至「天子作民父母，以爲天下王」，是箕子廣皇極之義也。以大中之道至深，聖人之教至廣，故箕子慇懃丁寧而備言之。皇，大；極，中也。自聖人治天下，當大立其大中之道而後可。然則謂之中道者如何？夫王者由五常之性，取中而後行者也。剛則不暴，柔則不懦，賢則不過，愚者亦能及，推而使施諸天下，使天下之人莫不能由而行之者，聖人之中道也。故記曰「從容中道」，又語曰「允執厥中」是也。然則謂之大者，何哉？無限極之辭也。夫聖人既有天下之廣、四海之大，將欲叙彝倫之法，行九疇之義，上則際乎天，下則接乎地，舉天地覆燾[一]之義，莫不臻坦蕩之風也。非聖人廣大、無限極而行，何施而後可哉？

斂時五福，用敷錫厥庶民。案宋世家作「用傅錫厥庶民」，敷、傅二字古通用。

夫聖人既能由大中之道，然化天下之民，如何致哉？故人君斂時五福之道以爲教，用布於民，使慕而勸之。五福生於五事，五事皆謹，則五福集而歸之。夫福既有可驗之迹，故聖人斂此可致五福之道，使民慕而歸之，則行善者得其福，不善者不得其福。故樂其業則爲富，遂其生則爲壽，知廉耻則爲好德，無疾憂則爲康寧，不爲非僻而不墮於刑戮，則爲考終命矣。惟行善者可以語此五福之道。

惟時厥庶民于汝極，錫汝保極。

夫君既有五福之教，衆民皆動，其心仰慕教化，皆就其君酌取中道而行之。既能行之，朝廷莫不同風，遠邇以之一化，皆與君安於中道也。

凡厥庶民，無有淫朋，人無有比德，惟皇作極。

夫民既稟君之教化，皆安處于中道，如是則天下之人何有淫佚乎？則使過度而失中者，朋黨而構惡者、阿比而爲邪者，皆修大中之道而行之。

[一] 墨海金壺本作「幬」。

凡厥庶民，有猷有爲有守，汝則念之。

夫中道既行之後，滛朋者不作，阿黨者不爲，是則足以驅小人之行而循君子之途。故衆民之間有所謀，足以興天下之事；有所爲，足以興天下之功；有所守，不變君子之節。汝則當念之，於是與之高爵，加之厚禄。所以然者，以勸人趨於中道也。

不協于極，不罹于咎，皇則受之。

雖然，爵者，以勸中人之道也。若其間亦有智慮未深服，教化未甚悟，[一]不能盡合于中道[二]，雖不合於中道，亦不至墮於大惡。汝則無限極受之，待其修飭，於是進用。所以然者，聖人不欲遽絶乎人，待民于大中之域，如此則道之甚大也。

而康而色，曰「予攸好德」，汝則錫之福。

然則勸人之法，不可驕慢也，不可傲易也，又當和汝之辭氣，安汝之顔色以待于人。人若能改其前行，克新厥心，而乃曰：「我今所好者德爾。」如此，則可以入大中之域也，汝當以爵禄報之矣。

時人斯其惟皇之極。

[一] 按此「服」「悟」兩字疑應互倒换。
[二] 墨海金壺本有「者」字。

大凡素不能行中道者，則君勸之以至於中道；素非君子者，則勸之皆爲君子，皆由勸導之甚厚。故若此之人，率然盡納于大中之道，思棄其偏詖之行也。

無虐煢獨而畏高明。案宋世家作「毋侮鰥寡」。

煢獨者，則是無兄、無弟、無子，煢獨之人；高明者，則是有權有位，寵盛之人，人情之中附之者衆也。在聖人之心則不然矣，雖有鰥寡，未嘗暴虐也；雖有權位，未嘗畏憚也。故不虐鰥寡，則天下無窮民；不憚權位，則天下無驕臣。苟非聖人節以中道，胡能若是哉？

人之有能有爲，使羞其行而邦其昌。

此又言用臣之法。若人之有能有爲，有能謂才能之人也，有爲謂興爲之士也。有才能足以經綸國家之政，幹整國家之事，有棟隆之任，無覆餗之凶者，才能之人也。有興爲者，則能源國家之大利，除國家之大害，奮不世之策，立千古之功者，有爲之士也。夫然，有能有爲之人，人君當頒爵禄以敦勵其節，修進其行，如此則國乃取其昌盛之道。蓋人有所勸，則不墮其後効；廣得人，則可樹太平之基矣。

凡厥正人，既富方穀。

此又言馭臣之法也。夫正直之人既以爵禄任之，又當以善道接之。爵所以馭其貴也，禄所以馭其富也。爵禄者，固臣之有也。然則既有爵禄之道，又必當推心以任之，言聽計從，温顔改容，推誠屈體，内既盡其信，外又盡其禮，如此則恩義克浹，烏有不得天下之心者哉？若其雖有爵禄以貴其己，奉其身，然而言色不温，誠既不厚，禮亦不充，如此則犬馬畜其臣也，惡有天下之士而肯就犬馬之恩哉？故君能盡其待臣之道，臣下所以感恩竭力，進謀樹勲，可以固於磐石矣，故曰「凡厥正人，既富方穀」。

汝弗能使有好于而家，時人斯其辜。

夫臣之在位，既優之以高爵，又接之以善道，如此則感恩戴德，進謀樹勲，有好善於國家者衆矣。若其人之在位，推誠不甚專，待之不甚厚，禮遇踈薄，恩義衰微，言未必行，計未必用，如此則皆將奮衣而去，安能久處於朝廷哉？故曰汝不能使正直之人好善于國家，其人若被罪而去，殊不知待之無素也。

于其無好德，汝雖錫之福，其作汝用咎。

夫無好德者，即是行之惡者也。行之惡者，外則險陂其行，内則脂韋其心，惟嫉媢其忠良，不願人之治理。其行之惡者，君屏棄之可也，故舜流四凶而海内悦服者是也。若其行之惡者，汝反與之爵禄，置之朝廷，則雜忠比邪，賢害良退〔二〕，間其君臣，願聞一日之治，不可得也。此皆用惡行以敗汝善道，何以任哉？言勸善則可以享天下之治，不用惡則所以防天下之亂也。

無偏無陂，遵王之義； 案陂字，古本作「頗」，胡氏從開元改本。

〔二〕墨海金壺本作「則是奸邪比黨，善良退」。

此又言王者行大中之體也。偏之言私也，陂之言曲也。夫聖人中天下而立，四海一道也，萬民一情也，近何殊也？遠何異也？故欣然莫不如赤子而視之者，聖人之情同也。然則又何偏爲一人而有厚薄，曲爲一人而有愛憎？故不敢偏私，不敢陂曲，一循先王正義而行。蓋先王者亦以此而有天下，未嘗偏也，未嘗曲也。

無有作好，遵王之道；無有作惡，遵王之路。

夫好者，天下所同好也；惡者，天下所同惡也。故今有道義之人、君子之行，行之善者也，何人不好之？而王者好之，同天下之好也。有暴慢之人、小民之行，行之惡者也，何人不惡之？而王者惡之，同天下之所惡也。夫好既同天下之所好，則有賢必登，有善必進，位之高爵，食之厚禄，天下胡爲而不勸哉？記曰「君子不賞而民勸」是也。惡既同天下之所惡，則有惡必誅，有罪必去，加之刑典，置之海隅，天下胡爲而不畏哉？記曰「不怒而民威」是也。聖人能均其好惡，酌中道而治天下如此也。若或好非天下之所公好，則愛者未必有善，賞者未必有功，伸己之私而不與衆同，則天下之人何有勸者矣？若惡非天下之所公惡，則所誅者未必有罪，所去者未必有惡，若此則天下之人何有畏者矣？賞罰既不公，畏勸既不行，天下何由而治哉？故王者不敢私其所好，不敢私其所惡，一遵於先王道路而行，其得中可知矣。既得中道，烏有不治者哉？

無偏無黨，王道蕩蕩；無黨無偏，王道平平；

夫聖人既無一人之私欲，亦無一人之阿黨，又且好惡一同於天下，則王者之治道何偏何黨乎？是皆蕩蕩而通達於四闢矣。平平，平治之義也。夫既無自私之意而無所黨，亦不爲物所累而有所偏，如此則王道莫不平平然坦平矣。

無反無側，王道正直。

反則反覆之義，側則傾側之義。夫王者既由中道而行，無反覆於中道者，亦無欹危於中道者，則王者之道莫不一歸諸正直，則是無毫髮之偏也。正直，則爲聖人大中之道矣。

會其有極，歸其有極。

夫王者既無所私邪，去其所阿黨，所履者一歸於正，所守者一歸於直，以四海爲一家，以萬民爲一人，其情則天下同也。舉萬事而無有過者，無有不及者，是聖人會合大中之道而後行之。聖人非要中道於一身，蓋所爲天下之教也。故天下之人既仰觀君子之法，則禀受君子之教化，爲人子、爲人父、爲兄、爲弟、爲僚友者，閨門之内、朝廷之上者，由乎一國，達乎四海，致乎天下，舉天下之人莫不納於君子之途者，由上會合而行之也。

曰皇極之敷言，是彝是訓，于帝其訓。案宋世家作「于帝其順」。

曰者，大其皇極之義而言之。「皇極之敷言，是彝是訓」者，言聖人立大中之道，於是布之爲言，擴而爲教，是可爲治國之常法，使民可以順而行之。「于帝其訓」者，天且順，而况於人乎？天順之者，即如行皇極則全五福之道，獲美驗之應，况於人乎？皇極行，則人莫不羞其小人之行，而願納諸君子之途，則是皇極大矣。

凡厥庶民，極之敷言，是訓是行，以近天子之光。

此又言大中之道至矣，何但出於天子之貴？夫民承教化之後，而亦有中和之心。凡其衆民之心所出之言，言大中之道，信可奉順而行之，竭蹶而爲之，痊除頑鄙之性，願躋君子之域，以附近天子光輝之盛德，則可知。所以然者，見上行而下效，君唱而民隨。言身能唱率大中之道，然後可以感天下之心，成皇極之風教也。

曰天子作民父母，以爲天下王。

此於皇極之終，又大其皇極之義，人君可不加意哉〔一〕？夫天生蒸民，有欲無主，乃亂，於是命其君而司牧之。民不能自衣，君爲勸其蠶而使衣；民不能自食，君爲勸其耕而使食；民不自安，君爲營棟宇以居之；民不知仁義，君爲設庠序以教之。是天子之於兆民，不啻若父母之於赤子，恩愛之甚也。然則天子既爲民父母，以爲天下之所歸往，如何而治？舍皇極之道不可也。故大中之道行，天下無叛道之士，四海無違教之民，皆知禮義，皆爲君子也。皇極之道廢，則天下未必皆康，四海未必皆安，人黨偏者有之，人怨曠者有之。以是觀之，

〔一〕墨海金壺本作「見人君不可不務之意」。

欲一民無不得其所，欲一物無不受其賜，舍中道，何以哉？故堯、舜以此道而能爲二帝，禹、湯以此道而能爲三王；周公思兼三王，致成王於有道；孔子不得其位，則著之於六經。不得志者則可以卷懷於一身，得志者則可擴充於天下。夫欲極天地之彝倫，治國家之大法，而將登太平之域者，惟用皇極而後可。

六三德，一曰正直，

此極言正直，無邪回之義，故聖人所謂中道也。

二曰剛克，

至剛之德，然後能斷。

三曰柔克。

凡爲和柔者，亦能治事正中道也。剛過則剛，柔過則柔，三者當隨時制宜而用之〔二〕也。

平康正直，

此又言三德各有所宜之民。而平安既無傾欹之事，亦無反側之慮，彼既中道而行，已者則以中道而治之也。

彊弗友剛克，

〔二〕墨海金壺本作「行」。

若民之有彊悍不順，大則諸侯之不賓，四夷之不臣，小則姦宄矯詐，悖德慢禮，非可和顏悅色而諭之也。必須以過剛之德而治之，大則甲兵，小則鞭撻，皆謂治彊禦惡之道也，故曰「彊弗友剛克」。

燮友柔克。

燮，和也。若民之行爲和順者，人君當以和順而接之，屈體以下之。彼既過恭而順于己，則安得不過禮而待之哉？

沉潛剛克，案宋世家作「沉漸剛克」。

沉，深；潛，藏也。前既述聖人之三德，此又恐未盡剛柔之宜，故重言以戒之。夫聖人之剛德，不可露見於外，則必深藏於内，待其犯者，然後發見。且若有所不賓之諸侯，有所不臣之四夷，頑嚚姦宄，悖亂紀綱，君然後大則致其誅討，出則利其甲兵，所以征姦猾而詰暴亂也。如此，則海内罔有不肅不畏者，此得用剛之道也。若其人君惟好傷人肌膚，殘民性命，誇示威嚴，暴露剛德，用刑無度，出兵無時，如此則非所以禦暴之道，而自賊之本也。故蒙卦曰「不利爲寇，利用禦寇」者，用剛深戒也。

高明柔克。

夫聖人既有柔順之德，不可深潛蘊蓄，必顯明於外而行之，發於面，盎於背，形於動静，著於四體，俱常恭謹，則天下之人敬之；俱常謙和，則天下之人懷之，不待刑罰而民自畏，不待鈇鉞而民自戒，此柔德之所致也。故深藏剛德於內，則天下之人無不畏也；大明柔德於外，則天下無不愛之。在泰之象曰「內陽而外陰，內健而外順」，斯君子之道也。若夫高明其剛，沉潛其柔，若此則內陰而外陽，內柔而外剛，則是小人之道也。以此觀之，剛柔之道，人君不可不慎。

惟辟作福，惟辟作威，惟辟玉食。

福，賞也；威，罰也；玉食，珍食也，謂玉爲珍，以至珍惟金玉耳，故玉食爲珍食也。前既言彊弗友剛克，則彊暴弗順者以剛克之。此以下言大臣有專威福者，不可不誅也。夫賞者，所以爲天下勸善也；威者，所以爲天下誅惡也；盛饌，天子所宜有也。夫此三者，天子之用，何人臣可得爲哉？

臣無有作福、作威、玉食。臣之有作福、作威、玉食，其害于而家，凶于而國，人用側頗僻，民用僭忒。

夫臣，佐君而爲治者，故君唱則臣和，君動則臣隨，以至凡出一號令，行一政教，未有不承于君而後爲者也。故賞罰盛饌，莫非天子所有，臣下安敢爲之？爲臣者，何有專盛饌賞罰之禮哉？故曰惟辟作福、作威、玉食。若其臣心僭踰，竊弄君權，有作威福、玉食者，此〔二〕惟肆惡于汝家，亦將禍及于汝國矣。夫大臣既爲此

〔二〕墨海金壺本作「豈」，於義爲長。

行，則小臣觀之，能不危側而頗僻？則天下之人，能〔二〕不僭差而離於中道哉？若大臣不道則亡家、亂國、喪天下者，未有不由此而致也。然三德本以治天下之民而自持。以衆民之中，若有彊禦之人弗友順者，易爲克也。以大臣柄君之權，享其重位，密邇天子，一有不法，則如何而制之？或專賞罰，或玉食者，有其一行，則必誅之。若誅之不速，則漢之莽、卓，皆由此致也。故易曰「辨之不早辨也」，其此之謂乎？以此觀之，則大臣不可不防。特言之者，以爲萬世之警戒也。

七稽疑，擇建立卜筮人，

夫聖人有大疑，非至神之物不可決之，於是灼龜以爲卜，揲蓍以爲筮。故卜筮者，所以決疑於天下，定四海之猶豫也。然則灼龜以爲卜，揲蓍以爲筮，非通曉，孰能之？是以必選賢能，通其卜筮之人以建立之。

乃命卜筮。

既擇有才之人爲卜筮之官，因命之以卜筮之事。

曰雨，曰霽，（案宋世家霽作「濟」。）

此即卜筮之事也。灼龜之兆，其種有五兆者，即是以火灼龜，而其分拆者爲兆。其兆文有雨飛而淋流者曰

〔二〕墨海金壺本作「孰」。

雨，其兆又若雨而舒豁者曰霽也。

曰蒙，（案宋世家蒙作「霧」。）

其氣蒙昧而連沿者曰蒙。

曰驛，（案正義引鄭康成注驛作「圛」，許氏說文引洪範亦作「圛」。）

其氣絡驛而不連屬者曰驛。

曰克，

其文交相往來而相參錯者曰克。

曰貞，曰悔。

此卜筮卦之法，始揲而定則爲内卦，因而重之故爲外卦。是卦體本是内起，故謂之正〔一〕；因而有所終，故謂之悔，取晦終之義也。

凡七，卜五占，用二衍忒。立時人，作卜筮，三人占，則從二人之言。

謂筮也。内卦外卦（案此處原本有闕文），夫卜以火灼龜，著以揲爲筮。二者之事，又以推衍其義而知差忒，然後吉凶可以

〔一〕墨海金壺本作「貞」，合於經文。

辨，禍福可以知也。既立知卜筮之人，而因命卜筮之事，故卜龜揲蓍，皆取三次而驗之。若一人言凶而二者言吉，則從二者之吉，違一人之凶也；若二人言凶而一人言吉，則從二者之凶，違一人之吉也。蓋卜筮事大，故取其衆而驗吉凶也。

汝則有大疑，謀及乃心，謀及卿士，謀及庶人，謀及卜筮。

此又言將求卜筮，必先斷之心，諮於臣，謀之民，次與卜筮相合之意。夫君有大疑，惟是立君、遷國、平治危亂、征討不臣。國之大事，猶豫不決，必求衆志以決之。然則謀及其心，則思慮之淵而爲興事之主，未有不先果決之也。然雖已決，而未可行，又諮之於卿士之官。以卿士者，惟其才智之人爲之。然則諮之既畢，猶未爲當，又就衆民而爲之謀慮。且庶民雖鄙賤，而爲之謀者，芻蕘之間亦有廊廟之語，如何而敢違棄哉？諮民既畢，乃就卜筮而決之。卜筮者，問天地之情，考鬼神之意也。然則聖人舉事，必先諮之於人，然後問之於卜筮者，何哉？兹見聖人將有爲，未嘗不與人謀。謀之既同，則天下之情往往合矣。

汝則從，龜從，筮從，卿士從，庶民從，是之謂大同。

若其君心既從，龜筮從，卿士從，庶民亦從，五者皆然，夫是之謂大同。龜筮從者，則是鬼神之情協同；卿士與庶民從者，則是人心悦順。夫人心爲之悦順，鬼神爲之相通，聖人有不舉則已，動則未有不獲其吉。故舜命禹而得此道也，書云「朕志先定，詢謀僉同，鬼神其依，龜筮協從」，如是豈不謂大同之驗哉？

身其康彊，子孫其逢吉。

夫鬼神既從，卿士民人爲之悦豫，聖人有動，豈惟享一身之利，獲一時之安佚？雖千萬世，而子子孫孫亦當遇其厚福也，以其得人心故焉。

汝則從，龜從，筮從，卿士逆，庶民逆，吉。

君心既從，龜亦同，筮亦同，卿士違，衆違。龜筮從，則是天地之情已和；卿士與庶民違者，則是人心有所不順。雖不能全進，然王者戴天履地而治也。順天地而行，亦可以獲吉矣。

卿士從，龜從，筮從，汝則逆，庶民逆，吉。

君臣之情雖不同，天地之心亦應，故得爲中吉。

庶民從，龜從，筮從，汝則逆，卿士逆，吉。

民雖與上異心，然天地之心尚應，亦可爲次吉。

汝則從，龜從，筮逆，卿士逆，庶民逆，作内吉，作外凶。

鬼神之心猶相違，君民之心亦未合，惟可小事，不可大事。祭祀婚冠可也，出師征伐不可也。

龜筮共違于人，用静吉，用作凶。

龜筮者，所以求情也。今天地之情皆不與，而衆人之心亦不同，如是則不可舉事，惟安静而無爲則可。若有興事者，不惟大小，皆取凶也。

八庶徵，曰雨，曰暘，曰燠，曰寒，曰風，曰時。

蓋王者修五事，有恭與不恭；叙五行，有順與不順。及其陰陽以之交感，天地爲之見象，如是則衆徵至焉。然則所爲徵者，即雨、暘、寒、燠、風是也。雨以潤萬物，暘以乾萬物，長乎萬物者惟燠，成乎萬物者惟寒，風者，春生、夏長、秋成、冬藏，鼓舞萬物而不知其所以然，莫疾乎風也。五者皆天地陰陽之氣，而種植萬物者，未有不由此而出也，王者豈可不修德而召之哉？謂之時者，各得其時。若順時而來，則爲嘉爲瑞；若不時而來，則爲災爲孽。五者各以其時，然後爲庶徵之應，故用時而結之。

五者來備，各以其叙，庶草蕃廡。

此言五者得其時，然後可以爲庶草蕃廡。若五者備，各以其次序，即如須雨則雨至，須風則風至，久雨而思暘，久寒而思燠，如是則五穀如何而不登熟，草木如何而不蕃滋哉？

一極備，凶；一極無，凶。

此又言此五者不時，致凶災之道。「一極備，凶」者，一者備極過甚，則如不當雨而却雨，不當風而風至，暘不以時，寒不以節，凶之道也。「一極無，凶」者，一者極而不至，則如當雨而不雨，欲風而無風，冬而氣不寒，夏而氣不燠，亦爲凶之道也。

曰休徵：

王者有美行之實，天從而有感應之徵，下文雨若、暘若之類是也。

曰肅，時雨若：

貌之既恭，是謂之肅。肅者，民勸威儀而莫不整肅也，於是則有時雨順之。時雨順之，百穀草木皆被其膏澤之德。詩曰「有渰萋萋，興雨祁祁。雨我公田，遂及我私」，雨之順時也。必知貌肅而雨應之者，雨者〔二〕木之氣，貌得其理則木氣〔三〕應之，故有雨順之事也。

曰乂，時暘若：

言之可從，是謂之乂。乂者，民稟號令而從治也。於是則有時暘順之，則是百穀草木皆荷其乾烜之力，故易繫曰「日以烜之」，暘順時之謂也。必知言乂而暘應之者，暘者金之氣，言得其理則金氣應之，故有暘順之事。

曰哲，時燠若：

視之既明，是謂之哲。哲者，人君能知人之謂也，於是則有時燠順之。時燠順之，則是百穀草木蕃茂皆蒙其溫煦之力，春則有溫風，夏則有暑雨，燠之順時也。必知視明而燠應之者，以燠者火之氣，視得其理則火之

〔二〕文淵閣本誤作「則」，從墨海金壺本改正。
〔三〕「貌得其理則木氣」，文淵閣本脱去，從墨海金壺本補。

氣應之，故有燠順之事。

曰謀，時寒若：

聽之既聰，是謂之謀。謀者，納言而成天下事也，於是則有時寒順之。時寒順之，則是百穀草木無不荷揫斂肅殺之德。故詩云「十月蟋蟀入我床下……嗟我婦子，聿爲改歲，入此室處」，寒之順時也。必知能謀而寒應之者，以寒者水之氣，聽得其理則水氣應之，故有寒順之事也。

曰聖，時風若。

思之既通，是謂之聖。聖者，萬事無不通之謂也。於是有時風順之，則是百穀草木皆荷其鼓舞之力也，故舜之琴歌曰：「南風之時兮，可以阜吾民之財兮。南風之薰兮，可以解吾民之愠兮。」此風之順時也。必知聖然後風應之者，以風屬土之氣，思得其理則土之氣應之，故有風順之事。此以上皆是王者謹五事，則有美徵之道。夫修五事，政令明，教化行，民有歡愉之心，無怨嗟之聲，和氣充塞於天地之間，美徵如何而不至哉？故五行各得其叙，五者各來以時，則五穀豐登、草木蕃廡可見矣。舉萬事之疇類，莫不納之於亨嘉之會者，一歸五事之所致也。

曰咎徵：

王者有惡行之實，天亦從而報之以咎徵之事也。

曰狂，恒雨若；案恒字，原本避宋諱作「常」，今改正。

夫貌之不恭，是謂不肅，則反而爲狂。狂者，君行妄之甚也。威儀不嚴，舉措無節，於是恒雨順之，則百穀不免乎水潦之苦，所謂秋有苦雨是也。必知狂而恒雨順者，以雨屬木。今貌既不恭，謂之不肅，金之氣沴木，故罰有恒雨之災。

曰僭，恒暘若；

夫言之不從，是謂不乂，乃轉而爲僭差者，君言不當之謂也。於是恒暘順之，則百穀不免乎旱暵之苦。詩曰「旱既太甚，滌滌山川。旱魃爲虐，如惔如焚」，此暘之過甚也。必知僭而恒暘順之者，以暘屬金。今言既不從，謂之不乂，則木之氣沴金，故罰有恒暘之災。

曰豫，恒燠若。

夫視之不明，是謂不哲，乃反轉而爲逸豫者，窺視失宜之致也。無憂勤之行，惟耽樂之從，於是有恒燠順之，則百穀不免乎疫殞之苦，所謂冬有愆陽是也。必知豫而致恒燠者，以燠屬火。今視既不明，謂之不哲，則水之氣沴火，故罰有恒燠之災。

曰急，恒寒若；

夫聽之不聰，是謂不謀，則反轉而爲卞急者，謂君不納人言而好用己見也。於是則有恒寒順之，則百穀不茂，艱于長養也，所謂夏有伏陰是也。必知急而致恒寒者，以寒屬水。今聽既不聽，謂之不明，則火之氣沴水，故罰有恒寒之灾。

曰蒙，恒風若。

夫思之不通，是謂不聖，乃反轉而爲闇蒙者，君行暗昧之甚也。舉事不知其宜，臨政惑於所爲，於是則有恒風順之。恒風順之，則不無偃禾拔木之異。詩所云「終風且霾，不日有曀」，風之過甚者也。必知蒙而致恒風者，以風屬土。今思既不通，謂之不聖，金、木、水、火四者皆沴於土，故罰有恒風之灾。此在上者不謹五事之所致也。夫五事不謹，政令不明，教化不行，民多窮困者，道有嗟怨者，愁恨之聲塞於天地之間，則咎徵之事至矣。故五者不以時，百穀以之灾傷，草木以之衰落。舉萬物之類莫不受其害者，君不謹五事所致也。

曰王省惟歲，卿士惟月，

此以下廣説爲君能供君之職，爲臣能盡臣之道，如是則不惟百穀豐登，致美徵而已，可以長保國家、福禄之道。若其爲君不能守君之職，爲臣不能盡臣之節，亦不惟致百穀灾傷，招咎徵而已，所以招天下之亂。故王省惟歲，卿士惟月，師尹惟日，此先舉君臣之職之分之道。夫歲，所以兼總四時而成一歲之功也。王者之治天下，綱紀百官，總統萬幾，幹[一]旋天下之事，而歸乎治者也。是王者之所省職至廣大，還如一歲之兼載四時也。

[一] 墨海金壺本作「斡」，於義爲長。

卿士惟月。夫月者，自朔至晦，兼總三十日者也。九卿之官、衆士之職，不得擬之於王，但使各分其曹掌其事，如一月之有别也。

師尹惟日。歲月日時無易，

夫日者，自早至暮之謂。月則有三十日，歲有三百六十日。衆正官之使，既不得比之於王，又不得擬之於卿士，但陳力就列，分職共治，還如日之統屬於歲月。然歲月日時無易，爲君者專供君之職，爲臣者各盡臣之道，上下無差僭，堅慤而無變易故也。

百穀用成，乂用明，

教化興行，和氣充塞，然後百穀用成，年豐登也；治道用明，政大行也，故曰「百穀用成，乂用明」。

俊民用章，家用平康。

俊民用章，賢者進也。家用平康，國家安而長保其福也。

日月歲時既易，百穀用不成，乂用昏不明，俊民用微，家用不寧。

君不供君之職，臣不盡臣之道，上或侮於下，下或僭於上，則變易形矣。百穀用不成，年凶荒也。乂用昏不明，其政亂也。俊民用微，小人進也。家用不寧，國家所以顛覆之道起，是上下失職之所致也。

庶民惟星，星有好風，星有好雨。

冥冥無知，蚩蚩無識，民之性也。以民繁衆而處于國，一如衆星之在于天。則衆星之間有好風者，箕星是也；有好雨者，畢星是也。星有好惡，則民之性有好惡可知矣。

日月之行，則有冬有夏；

周天三百六十五度四分度之一。日行遲一日行一度，一歲然後周行於天；月行速一日十三度十九分度之七，一月然後周行于天，是日月之行自有常度也。又如日南極則爲冬至，日北極則爲夏至，是日月迭運於天，自有冬夏之常候。

月之從星，則以風雨。

月經于箕則多風，離于畢則多雨。亦如正〔一〕教失常，以從民欲，亦所以亂。故王者莫非一正其德，深飾于下，無相奪倫，順其職次，然後可以安於大治也。

九五福，一曰壽，

民得永年者爲壽，即如詩稱「爲此春酒，以介眉壽」者，爲永年之人也。注謂百二十年者，未可限也。

二曰富，

〔一〕墨海金壺本作「政」。

民樂業而勤農桑，仰足以事父母，俯足以畜妻子，樂歲終身飽，凶年免於死亡，富之道也。注謂財豐備，亦未必然。

三曰康寧，

和氣充盈，兵革寢息，天下無疾疫之苦、戍役之勞，民安濟之道也。

四曰攸好德，

出孝入悌，愛賢慕能，德之所好者也。

五曰考終命。

天與人之命，有短者，有長者。人但隨其短而善終，任其長而吉盡，不爲征戰之所殞滅，刑罰之所桎梏，無横夭毁傷而死者，皆自成天命以終也。

六極，一曰凶短折，

人之窮極之事，有六凶。短折者，不以善而終。既不得其壽，又不得考終命，是謂凶短折之人。或因征戰之所死，或被桎梏之所殄，皆不遂天命也。注謂短未六十，折未三十，皆不然矣。

二曰疾，

陰陽乖則風雨暴，和氣隔塞，天災流行，民則疾癘矣。

三曰憂，

上未有以奉父母，俯又闕于畜妻子，無安堵之業，而勞征伐之行役，日虞流轉于溝壑，即民憂之甚也。

四曰貧，

繇役頻，租歛煩，男不耕，女不織，田畒荒，機杼空，民貧之道也。

五曰惡，六曰弱。

惡與弱，皆不好德者也。好德者由乎中道也，惡與弱皆過乎中道與不及中道也。惡者嚚而無所不至，弱者懦怯而終無所立也。此二者，人行之窮極，故入在六極之内。然則人君教化不行，禮義不著，民不知有盛德之事，所以致如此應也。則知六極者，皆反五福者也。五福曰壽曰考終命，六極曰凶短折，此一極而反二福也；五福曰康寧，六極曰疾曰憂，二極而反一福也；五福曰富，六極曰貧，此一極而反一福也；五福曰攸好德，六極曰惡曰弱，此亦二極而反一福也。六極與五福，通貫而言之則可；若離而解之，則殊失聖人之意。夫五福者，天下之至美者也；六極者，天下之至惡者也。聖人不能獨爲之教，是必兼講九疇而用之，然後可以驗於民也。昔鯀陻洪水，汨陳五行。帝乃震怒，不畀洪範九疇，彝倫攸斁。鯀則殛死，禹乃嗣興。天乃錫禹洪範九疇，「初一曰五行」至「九曰嚮用五福，威用六極者」，何也？夫王者體五行以立德，謹五事以修身，厚八政以分職，協五紀以正時，建皇極以臨民，乂三德以通變，明稽疑以有爲，念庶徵以調二氣。彝倫攸叙，是謂至治之世，五福被於民；彝倫攸斁，是爲至亂之世，六極傷於民。夫五行者，水、火、金、木、土，在天則爲五星，在地則爲五行，在人則爲五事。王者五事皆謹，則五常不失其道，五行皆順其性，五星不失其明，五事謹之致也。厚八政則食以足，務稼穡則貨以通，有祭祀以事鬼神，司空以平土地，司徒以均教化，司寇以正刑罰，賓所以明禮，師所以爲法。協五紀則四時不差，建皇極則民履中道。乂三德則馭下有方，明稽疑則與衆同欲。如是，則君子在位，小人在野，君臣上下交相和同，蠻夷戎狄〔二〕無不寧謐，然後可以驗於庶徵也。庶者，則曰雨、曰暘、曰燠、曰寒、曰風。五者皆順其時，各得其驗，則爲謹五事之應也。故經曰「肅，時雨若」至「聖，時風若」，此和氣之感召也。故下文云「王省惟歲」至「家用平康」。此美徵之大者也。故美徵既至，則五福被於民矣。舒泰則各盡其壽，壽不必百二十歲爲限；民樂康則各得其富，富不必以財豐爲備；無疾憂，所以康寧；知禮讓，所以好德；不經于征戰，不被于刑戮，爲考終命之道。以此觀之，王者兼講九疇而次序之，則可以獲五福之應。若王者不能謹五事，則五常皆失其道，五行失其性，五星失其度，八政由是而隳〔三〕焉。農失業則食不足，商失業則貨不通，祀失時則鬼神惡，司空失職則土地曠，司徒失職則教化衰，司寇失職則刑罰濫，賓失職則禮壞，師不嚴則道不尊。五紀亂則時令差，皇極傾則王道塞，三德乖則政治廢，稽疑逆則衆心異。夫

〔二〕墨海金壺本作「四方萬國」。
〔三〕墨海金壺本作「墮」。

然，則小人在位，君子在野，上下交相侵陵，蠻夷戎狄擾于中國[一]，故有咎徵者，悖五事之應也。五事悖而貌不恭，反而爲狂；言不從，則反而爲僭；視不明，則反而爲豫；聽不聰，反而爲急；思不睿，反而爲蒙。故經曰「狂，恒雨若」至「蒙，恒風若」，此逆氣之所感召也。故下文云「日月歲時既易」至「月之從星，則以風雨」，此咎徵之大者也。咎徵既著，則六極然後被于民矣。民死於征戰而困於刑戮，所以凶短折；陰陽不調，所以疾；不得其所，所以憂；衣食不充，租斂急厚，所以貧；庠序不設，教化不興，不知君子之正道，徒著小人之邪行，故爲惡與弱。以此觀之，王者不能用九疇爲治本，所以有六極之道。然則五福、六極，莫非聖人爲教之道，可以驗王道成敗之迹，故因以終焉。

二　拾遺

論語説

友者輔仁之任，不可以非其人。故仲尼嘗曰：「吾死，商也日進，賜也日退。商好與勝己者處，賜好與不

[一] 墨海金壺本作「邊隅不靖，擾攘無窮」。

如己者處也。」無友不如己者。

非止聞夫子之道，凡聞人之善言善行，皆如是。子路唯恐有聞。

命者稟之于天，性者命之在我。在我者修之，稟于天者順之。愚、魯、辟、喭，皆道其所短而使修之者也。愚、魯、辟、喭。

公叔文子與大夫僎同升諸公，孔子曰：「可以爲文。」臧文仲知柳下惠之賢而不舉，孔子謂之「竊位」。由此觀之，君子以薦賢爲己任。臧文仲竊位。

子貢之言，甚而言之也。孔子固學于人而後爲孔子。子貢言夫子不可及。

冉求有爲政之才，故曰「可使爲宰」；及其聚斂，不合正道，故曰「小子鳴鼓而攻之可也」。如美管仲之功，則曰「如其仁，如其仁」；至于鄙管仲之僭，則曰「管氏而知禮，孰不知禮」。孔子稱冉求可使爲宰，又鄙爲小子。

古之取人以德，不取其有言，言與德兩得之，今之人兩失之。有德者必有言，有言者不必有德。

取以一時之能，而不責以平生之行。孔子見互鄉童子。

編者按，此以上見宋元學案。「公叔文子與大夫僎同升諸公」以下又見黄氏日鈔。

中庸義

天命之謂性，率性之謂道，修道之謂教。

性之善，非獨聖賢有之也，天下至愚之人皆有之。然愚者不知善性之在己也，不能循而行之。在上者當脩治充廣無常之道，使下之民覩而傚之，故謂之教。老吾老以及人老，幼吾幼以及人幼，此教民以仁也；制爲廬井，使出入相友，守望相助，疾病相扶持，此教民以義也；郊社宗廟，致敬鬼神，此教民以智也；設爲冠、昏、喪、祭、鄉飲酒之儀，此教民以禮也；發號施令，信賞必罰，不欺於民，此教民以信也。

仲尼曰：君子中庸，小人反中庸。君子之中庸也，君子而時中。小人之中庸也，小人而無忌憚也。

君子有一不善，慮爲名教之罪人。小人由其無所畏忌，故棄中道而不顧也。

子曰：道之不行也，我知之矣，知者過之，愚者不及也。道之不明也，我知之矣，賢者過之，不肖者不及也。人莫不飲食也，鮮能知味也。

道之不行，以知愚言之；道之不明，以賢不肖言之者，知者，有知之謂也；賢者，道藝德行之總稱。行其道，凡有知之人皆能之也；明其道，非大才大德之人則不可也。故或言賢，或言知者，各係其輕重而言也。愚與不肖對賢知言之，因以别其名。肖者，似也。本有賢人之質，但以不能遵履賢人之業，故曰不肖。以此言之，道之不行，重於道之不明。何哉？道之不行，尚有能明之者，但不能行耳。道之不明，是世無人能明之，則大中之道幾乎絶矣。

子曰：舜其大知也與！舜好問而好察邇言，隱惡而揚善，執其兩端，用其中於民，其斯以爲舜乎！

舜有大知，樂與人同爲善，故好問於人，又好察邇近之言。有惡不隱，則人懷畏忌之心，邇言不来矣；有善不舉，則人不知勸。故惡則隱之，善則揚之，所以来羣言而通下情也。又執過與不及兩端之事，用大中之道於民，使賢知則俯而就，愚不肖則企而及也。

子曰：人皆曰予知，驅而納諸罟擭陷阱之中，而莫之知辟也。人皆曰予知，擇乎中庸而不能期月守也。

人至於殺身辱親，如魚獸然爲人驅而納諸罟擭陷阱之中，而不知避，如此又烏得爲知？

子曰：回之爲人也，擇乎中庸，得一善，則拳拳服膺而弗失之矣。

一善，小善也。得一小善，拳拳然奉持於胷膺之間，弗失之，言能躬行之也。

子曰：天下國家可均也，爵禄可辭也，白刃可蹈也，中庸不可能也。

天子十倍於諸侯，諸侯十倍於卿大夫，是不可均也。若以大中之道較之，尚可均也，中庸則不可能。君子須得位，然後可以行道，是爵禄不可辭。然而尚可辭，中庸則不可辭。白刃，自非死君親之難，則不可蹈。然而尚可蹈也，中庸則不可蹈。中庸乃常行之道，孔子言其難如此，蓋設教以勉人也。

子曰：素隱行怪，後世有述焉，吾弗爲之矣。君子遵道而行，半塗而廢，吾弗能已矣。君子依乎中庸，遯世不見知而不悔，唯聖者能之。

隱者，非謂山林常住，巢棲谷處之謂也，韜藏其知，不見於外之謂隱。故論語稱甯武子之知，邦無道則愚。此所謂愚者，韜光晦智，若愚人然。如此者，非愚也，蓋隱也。凡人見有人才能在己下，而爵禄居己上，則必有怨心；見有人才知在己下，而名譽在己上，則必有怨心，此中知所不能免也。故不見知而不悔者，惟聖人能然。易稱「遯世無悶，不見是而無悶」，故知惟聖人能之。此既陳隱之道，又恐人之輕於隱，故再言君子隱遯之道。

子曰：道不遠人。人之爲道而遠人，不可以爲道。詩云：「伐柯伐柯，其則不遠。」執柯以伐柯，睨而視之，猶以爲遠。故君子以人治人，改而止。忠恕違道不遠，施諸己而不願，亦勿施於人。君子之道四，丘未能一焉：所求乎子以事父，未能也；所求乎臣以事君，未能也；所求乎弟以事兄，未能也；所求乎朋友，先施之，未能也。庸德之行，庸言之謹，有所不足，不敢不勉，有餘不敢盡；言顧行，行顧言，君子胡不慥慥爾！

此言忠恕之道，不遠於人情。內盡其心謂之忠，如己之心謂之恕。人能推己之欲以及人之欲，推己之惡以及人之惡，己愛其親，必思人亦愛其親；己愛其子，必思人亦愛其子，至於好安佚惡危殆，趨歡樂惡死亡，是人情不相遠也。故忠恕之爲道，不遠於人情。遠人者，謂己欲之，不顧人之不欲也；己惡之，不顧人之不惡也。是非忠恕，故云不可以爲道。引豳詩，以證不遠人之義。執其柯以伐柯，其法則不過於手目之間耳，固不遠也。伐柯之時猶須邪視，顧其長短，恐有所差。若比之於忠恕，則伐柯猶以爲遠。何者？忠恕積於心，發於外，所爲必中，不勞思慮，自然合於人情。是則執柯伐柯，尚勞顧視，猶以爲遠者，言忠恕近人情之甚也。忠恕違道不遠者，此復言忠恕之美也。道者，五常之總名；違，去也。去道不遠者，夫忠恕以博愛言之，仁也；以合宜言之，義也；以退讓言之，禮也；以察於物情言之，知也；以不欺於物言之，信也，故曰「違道不遠」。「君子之道」已下，又説忠恕之難。夫爲人父者，莫不責其子以孝，推其責子之心以事其父，不可勝孝也；爲人君者，莫不責其臣以忠，推其責臣之心以事其君，不可勝忠也；爲人兄者，莫不責其弟以弟，推其責弟之心以事其兄，不可勝弟也；己之於朋友，莫不責人以先施，推其責友之心以處於己，不可勝義也。其道至廣，其行至難，聖人猶言未能，他人則須當勉之不已也。

君子素其位而行，不願乎其外。素富貴，行乎富貴；素貧賤，行乎貧賤；素夷狄，行乎夷狄；素患難，行乎患難：君子無入而不自得焉。

位者，所守之分；外者，分外之事。富貴、貧賤、夷狄、患難，皆守己分而行不過分也。君子向富貴之時，則得富貴之中道；貧賤之時，則得貧賤之中道；在夷狄、處患難亦然。所謂富貴，聖人固無心於此，假之以行其道耳。博施濟衆，舉賢援能，是富貴之中道也。不爲苟進，不求苟得，此貧賤之中道也。言忠信，行篤敬，此行夷狄之中道也。患難有二，或一身之患難，或天下之患難。處天下之患難，生重於義，則捨義而取生；義重於生，則捨生而取義。一身之患難，但自守其道，不變其志，此行患難之道也。入猶向也。

子曰：鬼神之爲德，其盛矣乎！視之而弗見，聽之而弗聞，體物而不可遺。使天下之人齊明盛服，以承祭祀。洋洋乎如在其上，如在其左右。詩曰：「神之格思，不可度思！

矧可射思！」夫微之顯，誠之不可揜如此夫。

鬼神，以形言之則天地，以氣言之則陰陽，以主宰言之則鬼神。鬼神無形，故視之弗見；無聲，故聽之弗聞；無體，以物爲體。視其所以生所以成，莫非鬼神之功，故天下之人不可遺忘。以神無形無聲，故其來也不可億度。人當敬事之不暇，况可厭射之乎？

子曰：「舜其大孝也與！德爲聖人，尊爲天子，富有四海之内，宗廟饗之，子孫保之。故大德必得其位，必得其禄，必得其名，必得其壽。故天之生物，必因其材而篤焉。故栽者培之，傾者覆之。詩曰：『嘉樂君子，憲憲令德。宜民宜人，受禄于天。保佑命之，自天申之。』故大德者必受命。」

「子孫保之」者，武王下車而封舜之後胡公滿于陳，是子孫長保其福禄也。「尊爲天子」，是必得其位也。竭天下之産以奉一人，是「必得其禄」也。萬世而下，言帝王者必稱堯舜，是「必得其名」也。舜年三十而登庸，在位五十載，陟方乃死，是「必得其壽」也。「宜民」者，興庠序，務農桑，使男不釋耒，女不廢機，薄賦斂，節用度，若此之類，是宜民也。「宜人」者，内朝廷，外方國，自宰輔以至於百執事，自方伯連率以至于邑宰里長官，皆得其人，人皆稱其職，若此之類，是宜人也。

子曰：無憂者其唯文王乎！以王季爲父，以武王爲子，父作之，子述之。武王纘大王、王季、文王之緒，壹戎衣而有天下，身不失天下之顯名，尊爲天子，富有四海之内，宗廟饗之，子孫保之。

上言舜以匹夫積德而有天下，此言周家累世積德而有天下，以爲天子。凡父能作之，或無子以述成之；子能述之，或無父以倡始之。堯、舜之子則朱、均，舜、禹之父則瞽、鯀，三聖父子之間，不令如此。唯文王以王季爲父，以武王爲子。王季作之，文王述成之；文王作之，武王述成之。上有賢父，下有聖子，夫何憂哉？聖人非其道、非其義，殺一不辜而得天下，不爲也。武王仗大義、誅殘賊而有天下，身不失天下之顯名，而又尊爲天子。

子曰：武王、周公，其達孝矣乎！夫孝者，善繼人之志，善述人之事者也。春秋脩其祖廟，陳其宗器，設其裳衣，薦其時食。宗廟之禮，所以序昭穆也；序爵，所以辨貴賤也；序事，所以辨賢也；旅酬下爲上，所以逮賤也；燕毛，所以序齒也。踐其位，行其禮，奏其樂，敬其所尊，愛其所親，事死如事生，事亡如事存，孝之至也。郊社之禮，所以祀上帝也；宗廟之禮，所以祀乎其先也。明乎郊社之禮、禘嘗之義，治國其如示諸掌乎。

達，明達也；人，謂其先文王。文王之志，在於天下生靈，故視民如傷，保民如赤子，惡紂殘暴，有志伐之，然而志未果而終。武王能仗大義，誅殘賊，救塗炭之苦，解倒懸之急，以承文王之志，豈非善繼志者也？文王有文德，創王基。周公能輔相成王，制禮作樂，以述成文王之業，豈非善述人之事歟？以天子之尊，莫之與抗，然上知報天之功，下知報地之力，中知事祖宗之靈，至尊尚如此，况於卿大夫之卑、士庶人之賤，固當恭謹而事其上矣。在易觀卦曰：「觀盥而不薦，有孚顒若。」言在上之人於宗廟之終，致其孝謹；在下之人觀而化之，孚信顒然。故聖人之制祭祀，爲教化之本原，其於治國之道，如指掌中之物。禘，夏祭之名；嘗，秋祭之名。

哀公問政。子曰：文武之政，布在方策。其人存，則其政舉；其人亡，則其政息。人道敏政，地道敏樹。夫政也者，蒲盧也。故爲政在人，取人以身，修身以道，修道以仁。仁者，人也，親親爲大；義者，宜也，尊賢爲大。親親之殺，尊賢之等，禮所生也。在下位不獲乎上，民不可得而治矣。故君子不可以不修身；思修身，不可以不事親；思事親，不可以不知人；思知人，不可以不知天。

堯、舜率天下以仁而民從之，文、武興而民好善，是人道敏疾於政也。蜾蠃無子，取螟蛉之子，化而爲己子。如聖人以善政善教化於民，化其邪歸於正，化其惡歸於善，化其佻薄歸於醇厚，如蒲盧然。則聖人欲善政善教之被於天下，何道則可？在乎得賢人爲之輔佐。欲得賢人，以何道？在乎從己之身以觀之。何者？惟聖知聖，惟賢知賢。周公攝政則召公疑，仲尼見互鄉童子而門人惑。以召公之賢、孔門之哲，尚疑周公，惑仲尼，故將欲知人，必先自修身以至於聖人之域，然後從而觀人，則無不知矣。雖親親爲大，然恩當有隆殺。如三年周朞，大功、小功之服，下至緦麻、袒免，是各有隆殺也。雖則尊賢，然德有小大，爵有高下。禮者，所以辨其隆殺、高卑之别，故曰「禮所生也」。思事其親，不可以不知人。須得賢人而親附之，則知所以事親之道。故尚書載堯之事曰：「克明俊德，以親九族。」堯能明俊德之人而與之處，故九族之人相與親睦。思欲知人者，必知天之心；知天心，則聖賢之心也。天以生成萬物爲心，而聖人以生成天下爲心，其體雖異，其德一也。故孟子曰：「盡其心者知其性，知其性則知天矣。」能知天，則是知性者也，知性則知人矣，故曰「思知人，不可以不知天」。

天下之達道五，所以行之者三。曰君臣也，父子也，夫婦也，昆弟也，朋友之交也，五者天下之達道也。知、仁、勇三者，天下之達德也，所以行之者一也。或生而知之，或學而知之，或困而知之，及其知之一也。或安而行之，或利而行之，或勉强而行之，及其成功一也。子曰：好學近乎知，力行近乎仁，知恥近乎勇。知斯三者，則知所以修身；知所以修身，則知所以治人；知所以治人，則知所以治天下國家矣。

君臣、父子、夫婦、昆弟、朋友五者，人倫之大端，百王不易之道，可通行於天下，故曰「達道」。博通物理謂之知，廣愛無私謂之仁，果於行事謂之勇。無知則不足以知事之是非，無仁則不能行知，無勇則不能果敢。而行三者，皆人之性内，得於心謂之德，可以通行於天下，故曰「達德」。行此五者，在乎知、仁、勇。知、仁、勇三者，行之在乎至誠。一者，至誠也。困者，臨事不通之辭。安行者，從容中道，舜由仁義行，非行仁義也。利而行之者，謂不由中，有所利而行之。勉强行之者，謂有所不足，或有所畏懼，不得已而爲之也。

又曰：天下之事至廣也，聖人之言至深也。惟聖人能通之，賢人以下，必學然後可以幾近於聖人之道。博學之，審問之，慎思之，明辨之，篤行之，如此，故天下之事可以通，聖人之言可以知，是能幾近聖人之知。仁之道至大，孔子曰：「若聖與仁，則吾豈敢？」至於子路、冉有、公西赤，但言治千乘之賦，爲百里之宰，仁則吾不知也。是聖人之重仁也。彼若能勉强於道，力行孝於其親，力行忠於其君，力行慈於其民，則可以幾於聖人之仁矣。聖人之勇勇於義，能知有所恥，則可以幾近於聖人之勇，如恥其不仁而爲仁，恥其不義而爲義。孟子曰：「舜何人也？予何人也？舜爲法於天下，我未免爲鄉人。」此知恥者也。知自修身，則可以治於人；

知治一人，則千萬人之情是也；知所以治人之道，則至天下之大、國家之衆，皆可知也。

凡爲天下國家有九經，曰修身也，尊賢也，親親也，敬大臣也，體羣臣也，子庶民也，來百工也，柔遠人也，懷諸侯也。修身則道立，尊賢則不惑，親親則諸父、昆弟不怨，敬大臣則不眩，體羣臣則士之報禮重，子庶民則百姓勸，來百工則財用足，柔遠人則四方歸之，懷諸侯則天下畏之。齊明盛服，非禮不動，所以修身也；去讒遠色，賤貨而貴德，所以勸賢也；尊其位，重其禄，同其好惡，所以勸親親也；官盛任使，所以勸大臣也；忠信重禄，所以勸士也；時使薄斂，所以勸百姓也；日省月試，既廩稱事，所以勸百工也；送往迎來，嘉善而矜不能，所以柔遠人也；繼絶世，舉廢國，治亂持危，朝聘以時，厚往而薄來，所以懷諸侯也。凡爲天下國家有九經，所以行之者一也。

「修身則道立」，以下明九經之效。「敬大臣則不眩」者，大臣盡忠竭節以事其上，賢不肖乃分辨，故上之瞻視無所眩惑。「體羣臣」者，君之視臣如手足，則臣視君如腹心。「來百工則財用足」者，制度修舉，器用充給，故財用足。「齊明盛服」者，既齊潔嚴明以治性於内，又盛飾其服以整飭於外。「去讒遠色」者，讒人不退，則賢人不進；色惑人則性昏，性昏則善惡不能別。「賤貨而貴德」者，國寶於賢，不寶於貨。「重其禄」，不言與之政者，親族之間有賢則任之，不賢者但尊其禄位而已。「同其好惡」者，富貴，人之所共欲也；貧賤，人之所共惡也。「官盛任使」者，大臣之居朝廷，總綱領而已，繁細皆委之有司，然後大臣得安逸而正其綱領。「忠信重禄」者，既推忠信以待人，又副之以重禄。行之者一也，至誠也。

凡事豫則立，不豫則廢。言前定則不跲，事前定則不困，行前定則不疚，道前定則不窮。

所行之事，必豫定乃能立。若豫思之，豫爲之，豫修之，豫防之，則事無不立，不然則必有廢敗。建邦能命龜，田能施命，作器能銘，使能造命，升高能賦，師旅能誓，山川能説，至於喪紀能誄，祭祀能語，是能豫定，則臨事而言，無有顛躓。困者，臨事不通之辭。凡事或施之一身，或施之一家，或施之一國，或施之天下，皆當豫定，則無有不通。所行之事，如欲事君，必豫思其事君之道，莫非以忠；若事其父，必豫思其事父之道，莫非以孝；至於朋友以信，事兄以弟，皆當豫思之，則心無疚病也。道者，五常之總名。道能前定，則施諸一身，施諸天下，施諸萬世，無有窮匱也。

在下位不獲乎上，民不可得而治矣。獲乎上有道，不信乎朋友，不獲乎上矣。信乎朋友有道，不順乎親，不信乎朋友矣。順乎親有道，反諸身不誠，不順乎親矣。誠身有道，不明乎善，不誠乎身矣。

必先得上之信任，然後道得以行，民得以治。朋友信之，然後聲譽聞達，可以取信於上。朋友未信，况可取信於君乎？閨門之內，其親且未能順，朋友肯信之乎？順親有道，當以至誠自持其身。何者？凡所爲善，則親喜悦；所爲不善，則親愧辱。故不能以至誠自持，則不順其親矣。事有善惡，若誠於惡，則失所以誠身之道。當明於善而固執之，然後可以誠身矣。

唯天下至誠，爲能盡其性；能盡其性，則能盡人之性；能盡人之性，則能盡物之性；能盡物之性，則可以贊天地之化育；可以贊天地之化育，則可以與天地參矣。

性者，五常之性。聖人得天之全性，衆人則禀賦有厚薄。聖人盡己之性以觀人之性，然後施五常之教以教人，使仁者盡其所以爲仁，義者盡其所以爲義，至於禮、智、信皆然，則天下之人莫不盡其性。物，萬物也。萬物之性雖異於人，然生育之道、愛子之心，至深至切，與人不殊。故聖人將盡物之性，設爲制度，定爲禁令，不使失其生育。如獺祭魚，然後漁人入澤梁；豺祭獸，然後田獵。交於萬物有道，故物無不盡其性。物既盡性，則可以贊助天地化育之功。天地以化育爲功，聖人以生成爲德，可以輔相天地之宜，贊助天地之化育，其功與天地參美矣。

至誠之道，可以前知。國家將興，必有禎祥；國家將亡，必有妖孽。見乎蓍龜，動乎四體。禍福將至，善，必先知之；不善，必先知之。故至誠如神。

此一節言至誠前知之事。由身有至誠，而其性明。性既明，則可以豫知前事。雖未萌未兆，可以逆知國家將興將亡之理。若進賢退不肖，其政教皆仁義，雖未大興，至誠之人必知其將興也。又天必有禎祥之應，若小人在位，賢人在野，政教廢弛，綱紀紊亂，雖未絶滅，至誠之人必知其將亡也。又天必有妖孽之應，此皆至誠前知，默契天意者也。蓍龜，先知之物。聖人有先知之見，如蓍龜之靈也。人有四體，四體之動，必先知之。聖人於禎祥之兆，亦先知之。神者，陰陽不測之謂也。

誠者自成也，而道自道也。誠者物之終始，不誠無物。是故君子誠之爲貴。誠者非自誠己而已也，所以成物也。成己，仁也；成物，知也。性之德也，合外内之道也，故時措之宜也。

學其所未能，行其所未至，思其所未得，是所以自成於己也。修其道以自引導，其自小賢至於大賢，自大賢至於聖人，是自道達其身也。「合内外之道」者，外則成於物，内則成於己，皆本至誠，相合而行。

故至誠無息。不息則久，久則徵，徵則悠遠，悠遠則博厚，博厚則高明。博厚，所以載物也；高明，所以覆物也；悠久，所以成物也。博厚配地，高明配天，悠久無疆。如此者，不見而章，不動而變，無爲而成。天地之道，可一言而盡也，其爲物不貳，則其生物不測。天地之道，博也，厚也，高也，明也，悠也，久也。今夫天，斯昭昭之多，及其無窮也，日月星辰繫焉，萬物覆焉。今夫地，一撮土之多，及其廣厚，載華嶽而不重，振河海而不洩，萬物載焉。今夫山，一卷石之多，及其廣大，草木生之，禽獸居之，寶藏興焉。今夫水，一勺之多，及其不測，黿鼉、蛟龍、魚鱉生焉，貨財殖焉。詩曰：「維天之命，於穆不已！」蓋曰天之所以爲天也。「於乎不顯！文王之德之純。」蓋曰文王之所以爲文也，純亦不已。

誠，故無休息；無休息，故能久於其道；能久於其道，則其德著驗，則可以施於久遠；能施久遠，則德業深固而博厚；既博厚，則功高明。以博厚言之，則配地；以高明言之，則配天；以悠久言之，則可以傳之無窮，施之罔極。聖人能如此，心不欲功之顯而自然章著，身無所動作而民自然從上，無所營爲而治道自成，皆至誠而然也。物謂誠也。天地以至誠純一不貳之德，乃能生育萬物，不可測量。舉目而視天，目之所見，不過昭昭之多，甚小也。及究其無窮，日月之所繫著，萬物之所覆燾，臨照無有遺者，誠故也。舉足而履地，足之所著，不過一撮土之多。及究其廣大，承載華嶽而不重，振起河海而不洩，萬物皆承載而無窮者，誠故也。於，歎嗟之辭。

大哉聖人之道！洋洋乎發育萬物，峻極于天。優優大哉！禮儀三百，威儀三千。待其人而後行。故曰苟不至德，至道不凝焉。故君子尊德性而道問學，致廣大而盡精微，極高明而道中庸。温故而知新，敦厚以崇禮。是故居上不驕，爲下不倍。國有道，其言足以興；國無道，其默足以容。詩曰：「既明且哲，以保其身。」其此之謂與！

禮儀，禮之大經；威儀，曲禮也，委曲繁細之威儀；至德者，至誠之德也；德性，善性也；道，由也；崇，尚也。爲下不倍者，不巧言令色，倍叛於聖道也。有道之世，其言足以興起國家；無道之世，知幾識微，全身遠害也。

非天子，不議禮，不制度，不考文。

禮樂自天子出，非天子不可議禮。度，法度也。律度量衡之事，皆是非天子不可制之。文者，文教之令；考，成也。文教，非天子不可成。

王天下有三重焉，其寡過矣乎！上焉者雖善無徵，無徵不信，不信民弗從；下焉者雖善不尊，不尊不信，不信民弗從。故君子之道，本諸身，徵諸庶民，考諸三王而不謬，建諸天地而不悖，質諸鬼神而無疑，百世以俟聖人而不惑。質諸鬼神而無疑，知天也；百世以俟聖人而不惑，知人也。

上焉者，天子居天下之上，諸侯居一國之上，卿、大夫居一邑之上；下焉者，諸侯、卿、大夫居天子之下。考，稽也。知天者，天地鬼神之道，不過生成。以聖人之德質之而無疑，是知天之道也。知人者，君子之道百世相俟而不惑，是知人也。

唯天下至聖，爲能聰明睿知，足以有臨也；寬裕温柔，足以有容也；發强剛毅，足以有執也；齊莊中正，足以有敬也；文理密察，足以有别也。溥博淵泉，而時出之。溥博如天，淵泉如淵。見而民莫不敬，言而民莫不信，行而民莫不説，是以聲名洋溢乎中國。

兼聽之謂聰，善視之謂明，智慮深遠之謂睿，有知之謂智。寬裕則不暴，温柔則不猛，故可涵容天下之人。發謂奮發，强能任事，剛則不撓，毅則果敢，故能臨事固執而不回。齊，潔也；莊，端莊也；中正則不諂，足以保其敬之道。文理者，言動之間有文理，如枝葉葩華是其文，經理條貫是其理。密而不洩，察而能辨，君子身既文理，然後從己之身，觀人之身，密察而不洩其機，故足以有别於天下。溥言溥徧，博言廣博。時出之者，以時發見，出其政教號令，溥博如天，高之不可窮；淵泉如淵，深之不可測。發見於政教，民皆敬之，言而民皆信之，行而民皆説之，是以聲名洋溢。

編者按，以上見衛湜禮記集説。

春秋説

（隱公）三年春王二月，己巳，日有食之。胡氏論曰：既稱周正焉，取夏、商，雖重三微，不必二代質文有變，損益可知矣。夫子之修春秋也，正月有事則云王正月，二月有事則言王二月，三月有事則書王三月，一時無事，惟紀首月；有王、無王，由班歷也。

（隱公三年）癸未，葬宋穆公。胡氏曰：天子七月而葬，過之則緩，不及七月則速，五月則偪諸侯，三月則偪大夫，逾月則偪士。諸侯五月而葬，過之則緩，七月則僭天子，不及五月則速，三月則偪大夫，逾月則偪士。

（桓公元年）三月，公會鄭伯于垂，鄭伯以璧假許田。胡氏論曰：夫鄭之歸祊，不祀泰山，於文猶順。魯之易許，不祀周公，於文爲逆。逆順之間，文義必變。故祊入魯而言歸，許歸鄭而言假。因魯、鄭會垂之禮，就玉帛交贄之儀，假玉以易田，飾辭以藉口，謂若璧假，改逆從順也。璧非鄭獻，許實祊易，魯國之史也。以璧假田，去逆效順，孔子之經也。傳當云鄭人請復周公之祀，易祊田。三月，鄭伯取我許田，書曰鄭伯以璧假許田，爲周公祊故也。如此則易祊爲魯事，取許爲鄭文。璧假許田，聖人之旨也。而左氏以經爲傳，傳有失實之言；杜預以魯爲文，文有誣告之咎，垂之後世，豈不妄哉？

（桓公二年）三月，公會齊侯、陳侯、鄭伯于稷，以成宋亂。胡氏曰：孔父者，仲尼之祖也；華督者，殺祖之賊也；魯桓者，弑兄之人也；春秋者，撥亂之書也。魯合三國，欲討于宋，先會于稷，不能致討，是成亂也。成者，讀如三年有成之成，成，就也。凡會不書，而此書者，盡而不汙也。（又見春秋胡傳附録纂疏）

（桓公）三年春正月。胡氏曰：春者，天時也；月者，王正也。天統王，故春在王上；王統月，故月在王下。有月則可以繫王，無月則不可言春王。

（桓公五年）秋，蔡人、衛人、陳人從王伐鄭。胡氏論曰：桓王伐鄭，鄭伯與戰，戰而不書，是王者無敵天下，非所得與戰也。戰而大敗，當書曰「王師敗績于鄭」，茅戎之例也。然則茅戎曷爲書敗？夷狄非有禮義，王者不畜也；王師者，非王親兵致討，故敗而書之，於文不嫌矣。伐鄭則王親兵戰，則王敗身傷。書戰則王者可敵，書敗則諸侯得禦。故孔子之於春秋也，尊周、王魯，而後王道行焉。是以言伐而不言敗，與君而不與臣。以此防民，猶有陵上脅君，不從命者，況得開其路者哉？杜預以爲不書敗者，不以告，誤矣。（又見春秋胡傳附録纂疏、宋元學案）

（桓公十一年）秋七月，葬鄭莊公。胡氏以爲逼大夫。

（桓公十一年）九月，宋人執祭仲。突歸于鄭。胡氏論曰：突公子，不當立者也；忽世子，當立者也。不當立而當國，故不得稱公子，而不以國氏者，明其不當立者也。赤國于曹亦是也。有當立而未踰年，不得稱鄭伯，又不得稱世子，而以國氏者，明其當立也。劉子、單子以王猛居于王城，亦是也。杜預以突爲宋所納，不稱公子，從告也。文連祭仲，故不言「鄭」。莊公既葬，忽不稱爵者，鄭人賤之，以名赴也。此二注皆非也。

（桓公十一年）柔會宋公、蔡叔盟于折。胡氏曰：春秋之例，卿書名氏，大夫稱人。又諸侯大夫不以國爲氏，名不見經，是知蔡叔非大夫也，其蔡侯之弟乎？列諸侯之會，合四國之衆，於文不得言蔡侯之弟。與諸侯會盟，安國家，定社稷，得以書字，猶許叔、紀季之類也。陳公子招，哀公之弟也。昭元年會于虢，不稱「陳叔」者，會諸侯之大夫，不與諸侯之齊盟。盟大會小，故蔡叔不稱公子。（又見春秋闕疑）

（桓公十六年）冬，城向。胡氏曰：周之十月、十一月、十二月，乃夏之八月、九月、十月也。八月則妨乎田事，九月則奪彼農收，十月則依于詩、禮，合于傳例。乃知十二月而城者，當時也。十月、十一月，不得謂其時矣。

（莊公九年）九月，齊人取子糾殺之。胡氏曰：桓公請魯殺之，而云齊取之者，魯殺子糾，則是殺齊當立之君，於文不順。齊來逼魯，魯人殺之，則是齊人取而殺之，於其事正也。

（莊公十四年）夏，單伯會伐宋。胡氏曰：天子之大夫而會諸侯大夫，非禮也。良以齊率陳、曹，先會伐宋。兵衆已往，單伯後至，不云爲會，而謂將兵故也。

（莊公二十五年）冬，公子友如陳。胡氏曰：春秋之文，以魯爲主，故其辭也略外以别内，重義而尊王。諸侯來魯者謂之朝，大夫來魯謂之聘。朝聘者，事上之禮，尊魯之文。尊魯以定王文，假魯以行王道。王道一正，則爲聖人之致理也。魯君朝諸侯大夫，聘四方，書之曰如君臣同。不以諸國而受朝，四方而受聘，彼我之殊禮，内外之異辭也。

（文公元年）秋，公孫敖會晉侯於戚。胡氏曰：春秋主魯而行王道，内大夫比之天子之大夫，故可以會公侯。

（文公三年）夏五月，王子虎卒。胡氏曰：來赴乃王叔之家事。非有天王之告弔者，魯待同盟之舊禮。定四年劉卷卒，亦是也。杜氏以爲不書爵者，天王赴之，非也。

（文公三年）秦人伐晉。胡氏曰：春秋用兵，諸侯稱爵，正也；稱師，貶也；稱人，重貶也。卿書名，正也；書師，異辭也；書人，貶也。大夫名氏不見，無貶也。孟明之戰也，一敗于殽，再敗于彭衙，喪軍辱國，罪不容誅。而穆公用之以終其功，功成而晉畏業著，而秦伯不亦善乎？故二年晉先且居伐秦，傳曰卿不書爲穆公，尊秦也。尊秦者，以穆公用人之有始終也，則孟明之名顯矣。春秋之例，不當書名而稱人矣。稱人者，爲孟明也，非所謂以微者而告也。夫傳稱秦伯，先君而後臣，舉重以畧輕也。經書秦人，顯穆公之明，嘉孟明之忠也。

（文公八年）乙酉，公子遂會雒戎盟于暴。胡氏曰：襄仲預防國患，權與戎盟，雖云專命，乃與公子結同列。公子結盟齊、宋二國，本自爲魯，非有可虞之患，不可爲貴。故一書公子襄仲，見戎東行，知必有事，專命會盟，故别日而再書公子，于義可貴也。春秋内大夫，嘉之則書字。按公子遂無字，故名之而再書曰「公子遂」，珍之也。

（文公十八年）冬十月，子卒。胡氏曰：古者國君薨，嗣子定位於初，喪既葬而除哭位，逾年而改元，始行即位之禮。書曰「子卒」者，未逾年已葬，未即位之稱也。杜氏以爲子卒，先君既葬，不稱君者，魯人諱弑，以未成君書之。是徒知既葬便可爲君，不待逾年而行即位也。

（宣公十年）癸巳，陳夏徵舒弑其君平國。胡氏曰：書夏徵舒弑其君者，明君雖不君，臣不可臣。故書「臣」，罪之也。

（宣公十年）齊侯使國佐來聘。胡氏曰：雖葬先君，尚爲嗣子，蓋未踰年，未成君也。今齊頃公父卒，未及踰年，子命交乎鄰國，結兩國之歡好，非禮也。故書「齊侯」，不稱子者，以示譏。杜氏謂既葬成君，蓋失之矣。

（成公十六年）乙酉，刺公子偃。胡氏曰：大夫有罪而刺者，公子偃是也。無罪而刺者，公子買戍衛，不卒戍，刺之是也。

（襄公五年）公會晉侯、宋公、陳侯、衛侯、鄭伯、曹伯、莒子、邾子、滕子、薛伯、齊世子光、吴人、鄫人于戚。胡氏曰：吴以九年之内爲會者三，一歲之中來會者再，故進之也，則比小國而稱人。

（昭公八年）葬陳哀公。胡氏曰：孔子閔哀公之易嗣，致爲楚師所滅。素不養賢而有輿嬖，不能興國，尚能葬君。所以書葬者，明袁克之忠藎也。

（昭公二十二年）王室亂。胡氏曰：太子死，有母弟則立之，無則立長，年鈞擇賢，義鈞則卜，古之道也。十五年，太子壽卒，至此八年不更立者，有母弟故也。母弟者，王猛是也。敬王又猛弟也。子朝，景王長庶子也，有二弟當立，而己不當立。故劉蚠惡其欲立之，言以爲亂也。夫嫡庶既明，曲直自曉，王崩則猛立。既葬而朝亂，書曰「王室亂」，實譏之也，又憫之也。譏之者，周室東遷，諸侯僭暴，自平至景二百年矣，天下擾擾，周不能定，春秋實譏之也。天下至大也，萬民至衆也，禮樂征伐不能有，德禮刑政不能修，蒼生嗷嗷，若墜於鼎。孔子長於靈、景，目睹其事，力不能救，心徒自傷，非傷也，實憫之也，故春秋之文爲斯而作矣。杜預以爲承叔鞅之言而書之，豈不誣哉。

（昭公二十二年）冬十月，王子猛卒。胡氏曰：周王庶子卒，皆不書。今書，其文頗似庶子，文同義異，亦深旨焉。生則書王，明實爲嗣；死乃稱子，正未踰年，未成天子之至尊，遂比諸侯之書卒。明年，經書尹氏立王子朝者，直書尹氏立王子，無異義也。聖人之筆，豈不詳哉？杜預謂未即位而書名，又不言崩，不詳仲尼之旨也。（又見春秋胡傳附録纂疏、宋元學案）

（哀公十三年）公會晉侯及吴子於黄池。胡氏曰：吴自會於鍾離，皆殊會者，不與蠻夷，與中國同也。

至其來聘，稱「子」者，嘉其慕王化而向中國也。及乎黃池之會也，與晉争伯，尊周主盟，有歸禮教之風，漸敦華夏之義，故書曰「子」，尚爵也。杜氏以史承而書之，此不達聖人之旨甚矣。言「及」者，孔子新意也，不與諸國會盟例同。雖云進爵，亦殊會同文也。進爵而殊會，公羊所謂許夷狄者，不一而足。

編者按，此以上見杜諤春秋會義。

（隱公元年）公子益師卒。傳曰衆父卒。海陵胡氏曰：益，師字；衆父，衆仲其後，理或然也。春秋於諸侯書卒書葬，與魯君及夫人同。於大夫書其卒而不書葬，恩紀詳畧之差等也。君之卿佐，是謂股肱。股肱或虧，何痛如之？故問其疾，弔其喪，賵其葬，臣鄰之義，必厚其送終之恩，此春秋大夫卒必書之旨也。（又見春秋胡傳附録纂疏）

編者按，此以上見張洽春秋集注。

（僖公）二年春王正月，城楚丘。海陵胡氏曰：齊命魯同往城之，然以魯自城爲文而不言齊城之者，蓋孔子略之也。

編者按，此以上見張洽春秋集傳。

（隱公二年）十有二月乙卯，夫人子氏薨。伊川、安定、劉氏權衡皆以爲妻。

（隱公七年）戎伐凡伯于楚丘以歸。胡安定曰：楚丘，衛地。書「于楚丘」者，衛不能救。書「以歸」者，凡伯辱命。

（隱公九年）三月癸酉，大雨，雷電。庚辰，大雨雪。胡安定曰：震，霹靂也。電者，陰擊陽，爲雷之光也。

（隱公十年）秋，宋人、衛人入鄭。宋人、蔡人、衛人伐戴。鄭伯伐取之。胡安定曰：鄭伯無仁心，乘戴之弊而伐取之。

（桓公十年）冬十有二月丙午，齊侯、衛侯、鄭伯來戰于郎。胡安定曰：言「來戰」者，不予三國加兵於我也。

（桓公十二年）丙戌，衛侯晉卒。再書「丙戌」，孫泰山、胡安定皆曰羨文也。

（桓公）十有三年春二月，公會紀侯、鄭伯。己巳，及齊侯、宋公、衛侯、燕人戰。齊師、宋師、衛師、燕師敗績。孫泰山、胡安定則皆謂齊以郎之戰，未得志于魯，今因宋、鄭之仇，故帥衛、燕與宋來伐魯。魯親紀而比鄭，故會紀侯、鄭伯，以敗四國之師。不書地，戰于魯也。

（桓公十四年）夏五。孫泰山、胡安定皆曰：聖人專筆削，豈不能刊正？後人傳之脱漏耳。

（桓公十七年）秋八月，蔡季自陳歸于蔡。胡安定曰：蔡季者，蔡桓侯之弟。弟季當立。歸者，善辭也。

時多弒奪，明季無惡。字者，諸侯之弟例書字。（又見宋元學案）

（桓公十七年）癸巳，葬蔡桓侯。胡安定曰：爵稱侯，正也。

（莊公六年）六年春王正月，王人子突救衛。夏六月，衛侯朔入于衛。胡安定曰：諸侯伐衛以納朔，天子不克救，朔卒爲諸侯所納，天子威命盡矣。先師謂猶愈乎不救。書王人子突之救，以王法尚行於此也。勢既已去，烏能必勝哉？（又見宋元學案）

（莊公十二年）冬十月，宋萬出奔陳。胡安定曰：八月弒君，十月出奔，臣子不討賊，可知。（又見宋元學案）

（莊公十三年）冬，公會齊侯盟于柯。胡安定曰：公不及北杏之會，齊既滅遂，公懼其見討，故爲此盟。

（莊公十七年）冬多麋。胡安定曰：麋，魯常有，但以多爲異耳。

（莊公二十四年）秋，公至自齊。八月丁丑，夫人姜氏入。戊寅，大夫宗婦覿，用幣。胡安定曰：婦人，從夫者也。公親迎于齊，夫人不從公而至，失婦道也。大夫宗婦者，同宗大夫之婦，非謂大夫與宗婦也。覿者，見夫人也。用幣者，女贄不過榛栗棗脩。今婦人而用男子之贄，莊公以誇侈失禮也。（又見宋元學案）

（莊公二十五年）六月辛未，朔，日有食之，鼓、用牲于社。胡安定曰：日食三十六，書鼓、用幣者三。

（閔公二年）夏五月乙酉，吉禘于莊公。安定云：審諦。

（僖公三十年）晉人、秦人圍鄭。安定亦云討翟泉之不會。

（僖公三十年）冬，天王使宰周公來聘。公子遂如京師，遂如晉。胡安定曰：公子遂如京師，報周公之聘也。然王者至尊，非諸侯可抗也。

（宣公二年）秋九月乙丑，晉趙盾弑其君夷皋。胡安定曰：三傳皆謂趙盾不弑。今經書盾弑，若言非盾，是憑傳也。

編者按，此以上見黄震黄氏日鈔。

（隱公元年）夏五月，鄭伯克段于鄢。胡安定先生曰：鄭伯，兄也，不能教弟，以養成其惡。是兄不兄，弟不弟，故聖人書以交譏之。（又見黄氏日鈔）

（隱公九年）三月癸酉，大雨，震電。庚辰，大雨雪。胡安定先生曰：若不書日，則何以知八日之中大雨震電，又大雨雪也？

（桓公元年）秋，大水。胡安定先生曰：聖王在上，五事修而彝倫序，則休徵應之；聖王不作，五事廢而彝倫斁，則咎徵應之。大水者，常雨也，傷禾稼，壞廬舍，故曰「大水」。

（桓公二年）滕子來朝。胡安定先生謂或以侯禮來朝。

（桓公六年）秋八月壬午，大閲。胡安定先生曰：書「八月」，非時也；書「大閲」，非禮也。

（桓公十一年）九月，宋人執鄭祭仲。胡安定先生曰：宋公執人權臣，廢嫡立庶，以亂鄭國，故奪其爵。

（莊公四年）紀侯大去其國。安定先生曰：紀侯自去國，爲齊有不言滅者，非滅也。齊未嘗加兵于紀之都城。不言奔者，非奔也。奔者，身雖奔而國家在焉。

（莊公十一年）秋，宋大水。胡安定先生曰：春秋惟内災悉書，外災或舉一二，以見天下之大異。

（莊公）十有三年春，齊侯、宋人、陳人、蔡人、邾人會于北杏。胡安定先生曰：桓公徒有尊周之名，無尊周之實。觀其貪土地之廣，恃甲兵之衆，驅逐迫脅，强制諸侯，納之以會，要之以盟，臨之以兵，制之以力。其有不徇者，小則侵之伐之，甚則執之滅之，其實假尊周之名以自封殖爾。

（莊公二十二年）夏五月。胡安定先生曰：春秋未有書五月首時者。此「五月」之下有脱誤，春秋用竹簡故也。

（閔公）二年春王正月，齊人遷陽。胡安定先生曰：陽，微國也。齊桓逼逐而遷之，以著齊桓之惡，故貶而人之。

（僖公）二年春王正月，城楚丘。胡安定先生曰：按閔二年，狄入衛，衛國君死民散。齊侯視之不救，至此年方始城之，怠于救患。可知與其亡而存之，不若未亡而救之之善也。

（僖公五年）冬，晉人執虞公。胡安定先生曰：稱人以執，惡晉侯也。

（僖公七年）秋七月，公會齊侯、宋公、陳世子款、鄭世子華盟于甯母。胡安定先生曰：鄭伯以逃首止之盟，齊人連年伐鄭未已。鄭懼，欲求成于齊，故先使世子受盟于甯母。

（僖公九年）甲子，晉侯詭諸卒。冬晉里克殺其君之子奚齊。胡安定先生曰：按文十四年五月，齊侯潘卒；九月，齊公子商人殺其君舍，舍亦未踰年之君，何以不稱「君之子」而謂「殺其君」？蓋嫡嗣當立，雖未踰年，亦稱君也。

（僖公十五年）季姬歸于鄫。胡安定先生曰：歸者，始嫁之辭。

（僖公十九）梁亡。胡安定先生曰：大抵邦國用賢則存，失賢則亡。賢既不用，上下放恣，百度頽圮，何止于土工刑法淫威而已哉？故梁之自亡，失賢而亡也。

（僖公二十年）五月乙巳，西宫災。胡安定先生曰：若是閔宫，則明書新宫，不得謂之西宫也。此西宫，蓋公之别宫也。

（僖公）二十有二年春，公伐邾，取須句。胡安定先生曰：僖公伐邾，非伐其罪，但利其土地而已。

（僖公二十二年）冬十有一月己巳朔，宋公及楚人戰于泓，宋師敗績。胡安定先生曰：襄公無桓公之資，欲紹桓公之烈，以宗諸侯，以致强楚，故盂之會被執受伐。今復與楚争鄭，衆敗身傷，喪師泓水，七月而死，爲中國羞。惜哉！蓋有善志，無其才，取辱强楚而羞及中國也。

（僖公）二十有三年春，齊侯伐宋，圍緡。胡安定先生曰：宋伐齊，使殺無虧而立孝公。今齊侯反伐之，是宋自召其伐之禍。然齊伐人之國，又圍其邑，其惡甚矣，故聖人備志之。

（僖公二十八年）公子買戍衛，不卒戍，刺之。　胡安定先生曰：公叛晉與楚，故使公子買戍衛。且晉之兵力，非買之所抗也，故不卒戍而歸。公聞楚人救衛，懼其見討，故殺買以悦楚僖公。内殘骨肉，外悦强楚，其惡可知。

（僖公二十八年）夏四月己巳，晉侯、齊師、宋師、秦師及楚人戰于城濮，楚師敗績。　胡安定先生曰：往者齊桓既死，楚人復張猖狂不道，欲宗諸侯，與宋並争，欲取宋者數矣，天下諸侯無敢與楚抗者。晉文一出，討逆誅亂，以三國之師敗得臣于城濮，自是楚人遠屏，不犯中國十五年。從簡書救中國之功，可謂不旋踵而見。春秋最美文公，以其有城濮之戰也。

（僖公二十八年）秋，杞伯姬来。　胡安定先生曰：無故而来，書之以著其非禮。

（僖公二十八年）諸侯遂圍許。　胡安定先生曰：此會温之諸侯也。

（文公八年）公孫敖如京師，不至而復。丙戌，奔莒。　胡安定先生曰：弔天王之喪，廢命不行，中道而止，如公孫敖之罪，不容誅矣。文公不能誅之，致使自恣出奔，文公之失政，又可誅矣。不書至某地而復者，以京師爲重也。

（文公九年）二月，叔孫得臣如京師。辛丑，葬襄王。　胡安定先生曰：按六年晉侯驩卒，冬，公子遂如晉，葬晉襄公。前年天王崩，今年叔孫得臣如京師，葬襄王。晉，諸侯也。襄王，天子也。魯皆使臣會，則是諸侯、天子可得而齊也，故書以惡之。

（宣公八年）冬十月己丑，葬我小君敬嬴。雨，不克葬。庚寅，日中而克葬。胡安定先生曰：禮，平旦而葬，日中而虞。今言日中而葬，是無備也。

編者按，此以上見鄭玉春秋闕疑。

（襄公三十年）五月甲午，宋災，宋伯姬卒。安定胡氏曰：伯姬，乃婦人中之伯夷也。（又見宋元學案）

（僖公三十三年）夏四月辛巳，晉人及姜戎敗秦于殽。海陵胡氏曰：荷殯逼塟，冒衰起兵，故晉侯稱人。

（昭公二十二年）劉子、單子以王猛居于皇。安定胡氏曰：奉王，正也。以王，非正，臣不宜以君也。安定先生則曰：太子有母弟者，王猛是也。敬王又猛弟也。

（昭公二十二年）秋，劉子、單子以王猛入于王城。安定胡氏曰：王不當稱，非王無以定尊位。猛不當顯，非猛無以明嗣。

（昭公二十六年）冬十月，天王入于成周。安定胡氏曰：因狄泉，故稱入。

編者按，此以上見汪克寬春秋胡傳附録纂疏。

其他

繫辭下「後世聖人易之以宮室，上棟下宇，以待風雨，蓋取諸大壯」，馮椅厚齋易學引胡翼之曰：「二陰，風雨之象；四陽，棟宇也。」編者按，胡瑗以爲聖人制器，「不必觀此卦而成」，知其義而自然合於卦象，故胡瑗多以取義來解説聖人制器。馮椅所引與此不類，故疑非胡瑗之説，備存。

今人家以鄭衛之樂教處女，於禮義無所取。鄭衛之音導淫，以教女子，非所宜也。（呂希哲呂氏雜記卷上，真德秀讀書記卷二十一）

頭容直，所以檢其外也。（真德秀讀書記卷十九）

侍講治家甚嚴，閨門整肅，尤謹内外之分。兒婦雖父母在，非節朔不許歸寧。先子年弱冠，常侍立左右，賓至則供億茶湯。并有遺訓：「嫁女必須勝吾家者，娶婦必須不若吾家者。」或問其故，曰：「嫁勝吾家，則女之事人，必欽必戒。婦不若吾家，則婦之事舅姑，必執婦道。」曾孫滌所記。（朱熹五朝名臣言行録卷十）

三　胡瑗傳記資料

胡瑗，字翼之，泰州如皋人。七歲善屬文，十三通五經，即以聖賢自期許。鄰父見而異之，謂其父曰：「此子乃偉器，非常兒也！」家貧無以自給，往泰山，與孫明復、石守道同學，攻苦食淡，終夜不寢，一坐十年不歸。得家書，見上有「平安」二字，即投之澗中，不復展，恐擾心也。以經術教授吴中，范文正愛而敬之，聘爲蘇州教授，諸子從學焉。景祐初，更定雅樂，文正薦先生，以白衣對崇政殿。授試祕書省校書郎，辟丹州軍事推官，歷保寧節度推官。滕宗諒知湖州，聘爲教授。先生倡明正學，以身先之。雖盛暑，必公服坐堂上，嚴師弟子之禮。視諸生如子弟，諸生亦愛敬如父兄。其教人之法，科條纖悉具備。立經義、治事二齋，經義則選擇其心性疏通、有器局、可任大事者，使之講明六經；治事則一人各治一事，又兼攝一事，如治民以安其生，講武以禦其寇，堰水以利田，算曆以明數是也。凡教授二十餘年。慶曆中，天子詔下蘇、湖，取其法，著爲令于太學。召爲諸王宮教授，辭疾不行。尋爲太子中舍，以殿中丞致仕。皇祐中，更鑄太常鐘磬，驛召先生與阮逸，同太常官議于祕閣，遂典作樂事。授光禄寺丞、國子監直講。樂成，遷大理寺丞，賜緋衣、銀魚袋。嘉祐初，擢太子中允、天章閣侍講，仍專管句太學。四方之士歸之，至庠序不能容，旁拓軍居以廣之。既而疾作，以太常博士致仕。東歸之日，弟子祖帳，百里不絶，時以爲榮。卒年六十七，謚文昭，詔賻其家。所著有易、書、中庸義，景祐樂議。雲濠案謝山學案劄記：「安定易傳十卷。」又案四庫書目采録周易口義十二卷、洪範口義二卷，餘書佚。學者稱爲安定先生。是時禮部所得士，先生弟子十常居四五，隨材高下而修飾之，人遇之，雖不識，皆知爲先生弟子也。在湖學時，福唐、劉彝往從之，稱爲高弟。後熙寧二年，神宗問曰：「胡瑗與王安石孰優？」對曰：「臣師胡瑗，以道德仁義教東南諸生時，王安石方在場屋中修進士業。臣聞聖人之道，有體、有用、有文。君臣父子，仁義禮樂，歷世不可變者，其體也。詩書史傳子集，垂法後世者，其文也。舉而措之天下，能潤澤斯民，歸於皇極者，其用也。國家累朝取士，不以體用爲本，而尚聲律浮華之詞，是以風俗偷薄。臣師當寶元、明道之間，尤病其失，遂以明體達用之學授諸生。夙夜勤瘁，二十餘年，專切學校。始于蘇、湖，終于太學，出其門者無慮數千餘人。故今學者明夫聖人體用，以爲政教之本，皆臣師之功，非安石比也。」帝曰：「其門人今在朝者爲誰？」對曰：「若錢藻之淵篤，孫覺之純明，范純仁之直温，錢公輔之簡諒，皆陛下之所知也。其在外，明體達用之學，教于四方之民者，殆數十輩。其餘政事、文學粗出于人者，不可勝數。此天下四方之所共知也。」帝悦。明嘉靖中，從祀孔廟，稱「先儒胡子」。

先生世居安定，流寓陵州。父訥爲寧海節度推官，隨任生于泰州寧海鄉，先生故址也。人稱之爲安定先生，溯其源也。

先生在太學，其初人未信服。使其徒之已仕者盛僑、顧臨輩分置執事，又令孫覺説孟子，中都士人稍稍從遊。日升堂講易，音韻高朗，旨意明白，衆皆大服。五經異論，弟子記之，目爲胡氏口義。

先生在學時，每公私試罷，掌儀率諸生會于肯善堂，合雅樂歌詩，至夜乃散。諸齋亦自歌詩奏樂，琴瑟之聲徹于外。

先生嘗召對，例須就閤門習儀。先生曰：「吾平生所讀書，即事君之禮也，何以習爲？」閤門奏上，人皆謂山野之人必失儀。及登對，乃大稱旨。上謂左右曰：「胡瑗進退周旋，皆合古禮。」

先生初爲直講，有旨專掌一學之政，遂推誠教育多士。亦甄别人物，故好尚經術者，好談兵戰者，好文藝者，好尚節義者，使之以類群居講習。先生亦時時召之，使論其所學，爲定其理。或自出一義，使人人以對，爲可否之。或即當時政事，俾之折衷，故人人皆樂從而有成效。朝廷名臣，往往皆先生之徒也。

徐積初見先生，頭容少偏。先生厲聲云：「頭容直！」積猛然自省，不特頭容要直，心亦要直，自是不敢有邪心。

某先生，番禺大商子也。安定爲國子日，遣之就學京師，所齎千金，儇蕩而盡，身病瘠將危，客于逆旅。適其父至，閔而不責，攜之謁安定，告其故。曰：「是宜先警其心，而後教諭之以道也。」乃取一帙書曰：「汝讀是，可以知養生之術。知養生，而後可學矣。」視之，乃素問也。讀未竟，惴惴然懼伐性之過，自痛悔責。安定知已悟，召而誨之曰：「知愛身，則可修身。自今以始，其洗心向道，取聖賢書次第讀之。既通其義，然後爲文章，則汝可以成名。聖人不貴無過，而貴改過。勉勤事業！」先生鋭穎善學，取上第而歸。

編者按，此以上見宋元學案安定學案。

胡瑗，字翼之，泰州海陵人。以經術教授吳中，年四十餘。景祐初，更定雅樂，詔求知音者。范仲淹薦瑗，白衣對崇政殿。與鎮東軍節度推官阮逸同較鐘律，分造鐘磬各一虡。以一黍之廣爲分，以制尺，律徑三分四釐六毫四絲，圍十分三釐九毫三絲。又以大黍累尺，小黍實龠。丁度等以爲非古制，罷之。授瑗試祕書省校書郎。范仲淹經略陝西，辟丹州推官。以保寧節度推官，教授湖州。瑗教人有法，科條纖悉備具，以身先之。雖盛暑，必公服坐堂上，嚴師弟子之禮。視諸生如其子弟，諸生亦信愛如其父兄。從之游者常數百人。慶曆中，興太學，下湖州取其法，著爲令。召爲諸王宫教授，辭疾不行。爲太子中舍，以殿中丞致仕。皇祐中，更鑄太常鐘磬，驛召瑗、逸，與近臣、太常官議于祕閣，遂典作樂事。復以大理評事兼太常寺主簿，辭不就。歲餘，授光禄寺丞、國子監直講。樂成，遷大理寺丞，賜緋衣、銀魚。瑗既居太學，其徒益衆，太學至不能容，取旁官舍處之。禮部所得士，瑗弟子十常居四五，隨材高下，喜自修飭，衣服容止，往往相類。人遇之，雖不識，皆知其瑗弟子也。嘉祐初，擢太子中允、天章閣侍講，仍治太學。既而疾，不能朝，以太常博士致仕，歸老於家。諸生與朝士祖餞東門外，時以爲榮。既卒，詔賻其家。

編者按，此以上見宋史卷四百三十二。

胡安定在湖州，置治道齋。學者有欲明治道者，講之於中，如治兵、治民、水利、算數之類。嘗言劉彝善治水利，後果爲政，皆興水利有功。（卷二上）

安定之門人，往往知稽古愛民矣，則於爲政也何有？（卷四）

馮道更相數主，皆其讐也。安定以爲當五代之季，生民不至於肝腦塗地者，道有力焉。雖事讐，無傷也。荀彧佐曹操，誅伐而卒死於操。君實以爲東漢之衰，彧與攸視天下，無足與安劉氏者，惟操爲可依，故俯首從之。方是時，未知操有他志也。君子曰：在道爲不忠，在彧爲不智。如以爲事，固有輕重之權。吾方以天下爲心，未暇恤人議己也，則枉己者未有能直人者也。（卷四）

時海陵胡翼之先生方主教導，嘗以顔子所好何學論試諸生。得先生所試，大驚，即延見，處以學職。（附録，又見二程文集卷八）

編者按，此以上見二程遺書。

安定胡翼之，皇祐、至和間國子直講，朝廷命主太學。時千餘士，日講易，余執經在諸生列。先生每引當世之事明之，至小畜，以謂「畜，止也，以剛止君也」。已乃言及中令趙普相藝祖日，上令擇一諫臣，中令具名以聞，上却之，弗用。異日又問，中令復上前劄子，亦却之。如此者三，仍碎其奏，擲于地。中令輒懷歸。他日復問，中令仍補所碎劄子呈于上。上乃大悟，卒用其人。

編者按，此以上見王得臣麈史卷上。

太常博士致仕胡君墓誌

胡氏世居長安，詢爲唐兵部尚書，其孫韜因亂留蜀，爲僞蜀陵州刺史。蜀平，歸京師，終衛尉卿。於君爲曾祖，生泰州司寇參軍諱修，已卒，葬海陵。司寇生寧海軍節度推官諱訥，贈太子中允，博學善屬文。吕文靖公夷簡嘗薦其書，備修國史。君其長子也，諱瑗，字翼之。少有氣節，顓意經學，兼通律吕之法。力貧以撫兄弟之孤，愛義良厚。景祐中，范文正公仲淹上言君知古樂，召見論樂，拜試秘書省校書郎。康定初，元昊寇邊陝西，帥以辟爲丹州推官，後移密州觀察推官。丁父憂，舉其族之亡於遠者九，喪歸葬。服除，遷保寧軍節度推官，治湖州州學。又召教授諸王宫，病家辭免，遂以太子中舍致仕。泛恩，改殿中丞。驛召會秘閣議樂，除大理評事，兼太常主簿，尋復解罷。歲餘，授光禄寺丞、國子監直講，仍與議樂。樂成，改大理寺丞，賜緋魚。嘉祐元年，遷太子中允，充天章閣侍講。既而疾，不能朝，拜太常博士。還官政，從其子志康杭州節度推官以就養。四年六月六日，終于杭州，享年六十有七。明年十月五日，葬於湖州烏程何山之原。母隨氏，贈京兆縣太君。娶王氏，封長安縣君。有子三人，志康進士及第，志寧、志正皆力學。長女婚大理寺丞滕希魯，次進士王伯起，季女尚幼，孫守約。君孤進所立，不恤權貴，義以自信。本朝承周用樂，其聲高不合中和。太祖皇帝嘗詔下一律，而未遑制作。天子知樂，命李照等修之。君初得對崇政，廷辨照等所修樂非是。詔令改作，未幾，報罷。及會秘閣議，按周禮以正鐘律，用上黨黍列爲九等，彔其中者爲尺，尺定而律成。驗之，比舊下一律，於是黴前樂而新之。天子臨紫宸，鐘磬在廷。天子曰：「學者能通典故而不能知聲，工者習其聲之傳而不知制器之理。斯佳能也。」先有議鑄鐘，當有大小。今與黄鐘一之，非古制，乃用倍半之法，作應鐘，至是鐘成，特小小者不堪備宮縣。諸儒侍從無異議者，天子可之，用於郊廟。又令作皇祐新樂圖記，布之天下，蓋積二十年而後成。其間同議論，皆貴官老儒，相抵止者豈一二哉？然君未始恤之也。尤患隋唐已來，仕進尚文詞而遺經業，苟趨禄利。及爲蘇、湖二州教授，嚴條約，以身先之，雖大暑，必公服終日，以見諸生，設師弟子之禮。解經至有要義，懇懇爲諸生言，其所以治己而後治乎人者。學徒千數，日月括劘爲文章，皆傳經義，必以理勝，信其師説，敦尚行實。後爲大學，四方歸之，庠舍不能容，旁拓步軍居署以廣之。五經異論，弟子記之，目爲胡氏口義。侍邇英講，不以諱忌爲避。既疾，上數遣中貴人就問安否，蓋亦有所待矣。比去，京諸生詣闕下，乞留者累日。公卿祖送都門甚盛，莫不惜其行也。君雖老於訓導，在丹州實與帥府事，建議更陳法，治兵器，開廢地爲營田，募土人爲兵，給錢使自市勁馬，漸以代東兵之不任戰者。雖軍校蕃酋、亭障廝役，以事見，輒飲之酒，訪被邊利害，以資帥府。府多武人，初謂君徒能知古書耳。既觀君之所爲，不以異已，又翕然稱之。君儁材而行篤，卒艱勤以歿。所著資聖集十五卷，藏於家。嗟乎！士之有志於道，以身法世，莫不欲致之於用，推之於遠。然才德之士，多亦蹇軋難通，豈不有命乎？君不鄙小官，進不及用，功於誨人，其施博矣！晚乃得侍天子左右，若將有爲，輒病以廢，豈人事也哉？謹誌！

此以上見蔡襄端明集。

四　清康熙二十六年白石山房本序

晁氏讀書志云：「胡安定易義傳十卷，乃門人倪天隱所纂，非其自著，故序首稱先生。」按今所刊口義，即此書也。安定，故泰州人。此書仍得之於其鄉人，大抵詳於義理而略於象數。蓋自漢以來，言易者多泥於象數之學，未免有穿鑿傅會之弊。至王輔嗣一舉而空之，專以義理爲主。唐人疏解，獨宗輔嗣，而諸家之説遂廢。宋邵堯夫始得先天圖於李挺之，以爲天地萬物之理盡在其中。圖出自希夷，四傳而至堯夫。堯夫得之，遂明於象數之學。而伊川之易則異於是。其言曰：「至微者理也，至著者象也。體用一源，顯微無間。」又曰：「有理而後有象，有象而後有數。因象以知數，得其義，則象在其中矣。」議者以爲易有聖人之道四，而伊川專求之於辭，似乎有闕然。而自宋迄今，學者言易，莫不以伊川爲大備，何也？象數固不在義理之外，舍義理而言象數，雜以機祥，墮於隱怪。此焦、京、管、郭之術，非儒者之務也。然人皆知伊川之易爲大備，而不知其淵源實由於安定。方安定在太學時，以顔子所好何學論試諸生，得伊川作，大奇之，即請相見，處以學職，其獨知之契如此。他日伊川示人學易之方，亦令先讀王輔嗣、胡翼之、王介甫三家易。三家者，皆詳於義理而略於象數者也。此可以知其淵源之所自來矣。然輔嗣之易，宗旨不離老氏；而介甫多偏駁之説，其解易亦未必盡當。

求其粹然一出於正而不詭於聖人之道者，未有如安定此書者也。大路託始乎椎輪，八音造端乎土鼓，讀程易者惡可忘其所自哉？睢陽湯潛菴先生，當世大儒也。是書初出，先生篤信而深好之，書以告余。余得而讀之，曠若發矇，遂刊之，以惠來學。讎校文字，省視鐫工，則訓導丁德明之力也。倪天隱不知何許人也，其所述上下經口義十卷外，又有繫辭上、下及説卦三卷。此三卷者晁氏所不載，而宋藝文志有之，但既列易傳十卷，復列口義十卷，而揚州志亦仍其目，誤也。蓋安定講授之餘，欲著傳而未逮；天隱述之，以非其師之親筆，故不敢稱傳而名之曰「口義」。傳諸後世，或稱「傳」，或稱「口義」，各從其所見，實無二書也。嗟乎！孟喜假田生，劉炫假連山，張弧假卜子夏，阮逸假關子明，易之依託名字者多矣。而此書獨源流井然，無可訾議。學者當潛心玩味，以爲入道之門，愼勿與嚮者矯誣之徒同類而並疑之也。

康熙二十六年歲在丁卯孟春下澣吉水

中外哲學典籍大全·中國哲學典籍卷
已出版書目

《讀禮疑圖》,〔明〕季本著,胡雨章點校。

《王制通論》《王制義按》,程大璋著,吕明烜點校。

《關氏易傳》《易數鈎隱圖》《删定易圖》,劉严點校。

《易説》,〔清〕惠士奇著,陳峴點校。

《易漢學新校注(附易例)》,〔清〕惠棟著,谷繼明校注。

《春秋尊王發微》,〔宋〕孫復著,趙金剛整理。

《春秋師説》,〔元〕黄澤著,〔元〕趙汸編,張立恩點校。

《宋元孝經學五種》,曾海軍點校。

《孝經集傳》,〔明〕黄道周撰,許卉、蔡傑、翟奎鳳點校。

《孝經鄭注疏》《孝經講義》,常達點校。

《孝經鄭氏注箋釋》,曹元弼著,宫志翀點校。

《孝經學》,曹元弼著,宫志翀點校。

《四書辨疑》,〔元〕陳天祥著,光潔點校。

《小心齋劄記》,〔明〕顧憲成著,李可心點校。

《太史公書義法》,孫德謙著,吴天宇點校。

《肇論新疏》,〔元〕文才著,夏德美點校。

《張九成集》,〔宋〕張九成著,李春穎點校。

《周易口義》,〔宋〕胡瑗著,白輝洪、于文博、〔韓〕徐尚賢點校。

《周易外傳校注》，〔清〕王夫之著，谷繼明校注。

《周易内傳校注》，〔清〕王夫之著，谷繼明校注。

《春秋集注》，〔宋〕張洽著，蔣軍志點校。

《春秋集傳》，〔宋〕張洽著，陳峴點校。

《錢時著作三種》，〔宋〕錢時著，張高博點校。

《涇皋藏稿》，〔明〕顧憲成著，李可心點校。

更多典籍敬請期待……